Christian Lütke-Uhlenbrock

Bewertung öffentlich-rechtlicher Sparkassen

GABLER EDITION WISSENSCHAFT

Christian Lütke-Uhlenbrock

Bewertung öffentlich-rechtlicher Sparkassen

Mit einem Geleitwort von Prof. Dr. Stefan Müller

Deutscher Universitäts-Verlag

Bibliografische Information Der Deutschen Nationalbibliothek
Die Deutsche Nationalbibliothek verzeichnet diese Publikation in der Deutschen Nationalbibliografie; detaillierte bibliografische Daten sind im Internet über <http://dnb.d-nb.de> abrufbar.

Dissertation Universität Oldenburg, 2006

1. Auflage April 2007

Lektorat: Brigitte Siegel / Stefanie Brich

Der Deutsche Universitäts-Verlag ist ein Unternehmen von Springer Science+Business Media.
www.duv.de

Umschlaggestaltung: Regine Zimmer, Dipl.-Designerin, Frankfurt/Main
Gedruckt auf säurefreiem und chlorfrei gebleichtem Papier
Printed in Germany

ISBN 978-3-8350-0680-5

Geleitwort

Die Möglichkeiten zu Veränderungen in der Trägerschaft von Sparkassen werden derzeit vor dem Hintergrund sich ändernder Rahmenbedingungen kontrovers diskutiert. Dies sind insbesondere der Wegfall der Gewährträgerhaftung, Fragen des Namensrechtes und sparkassenspezifische Besonderheiten, wie etwa die Gemeinwohlorientierung.

Basis für jegliche Art der Veränderung in der Trägerstruktur von öffentlich-rechtlichen Sparkassen muss eine professionelle Wertfindung sein. Dies gilt nicht nur für die in letzter Zeit kontrovers diskutierte Möglichkeit des Verkaufs von Sparkassen, sondern auch insbesondere für Fusionen zwischen Sparkassen.

Unabhängig von der konkreten Position in dieser Diskussion fällt auf, dass erhebliche Unsicherheiten bei der Bewertung von Banken im Allgemeinen und von Sparkassen im Besonderen bestehen, was nicht nur negative Auswirkungen auf Fusions- und Verkaufsprozesse hat, sondern sich letztlich auch auf die Möglichkeiten der Steuerung von Sparkassen durch Management und Träger auswirken. Schließlich kann nur das zielorientiert gesteuert werden, was auch gemessen werden kann.

Letztlich lassen sich alle Verfahren zur Unternehmensbewertung auf das Cash Flow-Modell zurückführen. Unter Einhaltung der theoretisch gesetzten Prämissen müssten sie zum gleichen Ergebnis führen. Bei Umsetzung dieser Konzepte ergeben sich jedoch eine Reihe von Schwierigkeiten, die auf bank- und sparkassenspezifische Besonderheiten zurückzuführen sind. Fundierte Ansätze für die Bewertung von Sparkassen liegen bislang indes kaum vor.

Vor diesem Hintergrund ist die vom Verfasser erstellte wissenschaftliche Untersuchung zu sehen. Ausgehend von der Problemstellung, Ansätze zur Bewertung von Sparkassen zu finden, werden zum einen die Erkenntnisse der modernen Bewertungstheorie und zum anderen die sparkassenspezifischen Besonderheiten fundiert aufgezeigt. Aufbauend auf dieser theoretischen Basis wird ein Bewertungstool für Sparkassen entwickelt, welches die erarbeiteten Spezifika in die klassische Bewertungskonzeption des Ertragswertverfahrens integriert.

Die Veröffentlichung stellt ein gelungenes Beispiel für die Forschung im Verständnis von Betriebswirtschaftslehre als angewandte Wissenschaft dar. Einerseits werden die nötigen theoretischen Grundlagenklärungen geleistet, andererseits wird bis zu konkreten Fragen der praktischen Umsetzung der Bewertung von Sparkassen vorgedrungen, so dass insgesamt ein interessanter Impuls für die Sparkassenbewertung gegeben wird.

Aufgrund der hohen praktischen und theoretischen Bedeutung sowie Aktualität der behandelten Themenkreise ist der Arbeit eine intensive Diskussion im wissenschaftlichen Schrifttum ebenso wie in der Sparkassenpraxis zu wünschen.

Univ.-Prof. Dr. Stefan Müller, Hamburg

Vorwort

Die bislang veröffentlichte Literatur zur Bewertung von Kreditinstituten beschäftigt sich überwiegend mit der Bewertung von Universalbanken. Eine intensive Auseinandersetzung mit den öffentlich-rechtlichen Sparkassen erfolgte bislang nicht. Vor diesem Hintergrund wurde mit der vorliegenen Arbeit das Ziel verfolgt, aufzuzeigen, wie die wesentlichen sparkassenspezifischen Besonderheiten in die klassische Konzeption des Ertragswertverfahrens übertragen werden können.

Mein besonderer Dank gilt Herrn Prof. Dr. Stefan Müller, der die Betreuung dieser Dissertation nach dem plötzlichen Tode von Herrn Prof. Dr. Gebhard Zimmermann übernommen hat. Ebenso danke ich Herrn Junior-Prof. Dr. Jörg Prokop für die Übernahme und schnelle Erstellung des Zweitgutachtens.

Für die zahlreichen wertvollen Anregungen möchte ich mich auch bei meinen Kollegen und Freunden bedanken. Zu erwähnen sind an dieser Stelle insbesondere Herr WP StB Dr. Gebhard Zemke sowie Herr WP StB Matthias Schätzle, die mich durch ihre Diskussionsbereitschaft in allen Phasen der Promotion unterstützt haben. Ebenso danke ich meinem Arbeitgeber, der BDO Deutsche Warentreuhand AG, für die mir eingeräumten Freiräume, die zum Erfolg der Arbeit beigetragen haben.

Herzlich danke ich meinen Eltern sowie meiner Frau Kathrin, die mich mit ihrer liebevollen Unterstützung und ihrer Zuversicht durch die Höhen und Tiefen der Promotion begleitet haben. Ihnen sei daher die vorliegende Arbeit gewidmet.

Christian Lütke-Uhlenbrock

Inhaltsverzeichnis

Abbildungsverzeichnis

Tabellenverzeichnis

Abkürzungsverzeichnis

§	Paragraf
%	Prozent
A	
AktG	Aktiengesetz
APT	Arbitrage Pricing Theory
APV	Adjusted Present Value
Aufl.	Auflage
B	
BaFin	Bundesanstalt für Finanzdienstleistungsaufsicht
BB	Betriebs-Berater (Zeitschrift)
Bd.	Band
BFuP	Betriebswirtschaftliche Forschung und Praxis (Zeitschrift)
C	
CAPM	Capital Asset Pricing Model
c. p.	ceteris paribus
D	
DB	Der Betrieb (Zeitschrift)
DBS	Durchschnittliche Bilanzsumme
DBW	Die Betriebswirtschaft (Zeitschrift)

DDM	Dividenden-Diskontierungs-Modell
d. h.	das heißt
DSGV	Deutscher Sparkassen- und Giroverband
DStR	Deutsches Steuerrecht (Zeitschrift)
DVFA	Deutsche Vereinigung für Finanzanalyse und Anlageberatung e. V.
E	
EAD	Exposure at Default
EBDIT	Earnings before Depreciation, Interest and Taxes
EBIT	Earnings before Interest and Taxes
EBITDA	Earnings before Interest, Taxes, Depreciation and Amortization
EK	Eigenkapital
EPS	Earnings-per-share
e. V.	eingetragener Verein
F	
f.	folgende (Seite)
ff.	fortfolgende (Seite)
FCF	Free Cash Flow
FK	Fremdkapital
FTD	Financial Times Deutschland (Zeitung)
FTE	Flow to Equity

G

GE	Geldeinheit
GewStG	Gewerbesteuergesetz
GewStDV	Gewerbesteuerdurchführungsverordnung
GGM	Gordon-Growth-Modell
GK	Unternehmensgesamtwert
GuV	Gewinn- und Verlustrechnung

H

HGB	Handelsgesetzbuch
Hrsg.	Herausgeber

I

IAS	International Accounting Standards
i. d. F.	in der Fassung
i. d. R.	in der Regel
IDW	Institut der Wirtschaftsprüfer e. V.
IDW S 1	IDW Standard: Grundsätze zur Durchführung von Unternehmensbewertungen (IDW S 1) (Stand: 18.10.2005)
IFRS	International Financial Reporting Standards
i. S.	im Sinne

K

KGW	Kurs-Gewinn-Verhältnis

KoR	Kapitalmarktorientierte Rechnungslegung (Zeitschrift)
KStG	Körperschaftsteuergesetz
KWG	Gesetz über das Kreditwesen (Kreditwesengesetz - KWG) i. d. F. der Bekanntmachung vom 9.9.1998, zuletzt geändert durch Gesetz vom 22.9.2005

L

LGD	Loss Given Default

M

M	Maturity
MaRisk	Mindestanforderungen an das Risikomanagement
Mio.	Million(en)
Mrd.	Milliarde(n)
m. w. N.	mit weiteren Nachweisen

N

NRW	Nordrhein-Westfalen

O

ÖBA	Österreichisches Bank-Archiv (Zeitschrift)
o. g.	oben genannt
o. V.	ohne Verfasser

P

p. a.	per annum

PD	Probability of Default
PrüfBV	Prüfberichtsverordnung

R

RechKredV	Verordnung über die Rechnungslegung der Kreditinstitute und Finanzdienstleistungsinstitute (Kreditinstituts-Rechnungslegungsverordnung - RechKredV) vom 11.12.1998, zuletzt geändert durch Gesetz vom 22.5.2005
RSGV	Rheinischer Sparkassen- und Giroverband

S

S.	Seite
Sp.	Spalte
SpK	Sparkasse
SpkG	Sparkassengesetz
SpkG Brem.	Sparkassengesetz für öffentlich-rechtliche Sparkassen im Lande Bremen vom 27.9.1994, zuletzt geändert durch Gesetz vom 8.4.2003
SpkG BW	Sparkassengesetz für Baden-Württemberg (SpG) i. d. F. vom 23.1.1992, zuletzt geändert durch Gesetz vom 19.5.2003
SpkG Hess.	Hessisches Sparkassengesetz i. d. F. vom 24.2.1991, zuletzt geändert durch Gesetz vom 13.12.2002
SpkG MV	Sparkassengesetz des Landes Mecklenburg-Vorpommern (SpkG) vom 26.7.1994, zuletzt geändert durch Gesetz vom 30.4.2002
SpkG Nds.	Niedersächsisches Sparkassengesetz (NSpG) i. d. F. vom 14.12.2004

SpkG NW	Gesetz über die Sparkassen sowie über die Sparkassen- und Giro verbände (Sparkassengesetz - SpkG -) i. d. F. der Bekanntmachung vom 10.9.2004
SpkG RP	Sparkassengesetz für Rheinland-Pfalz vom 1.4.1982, zuletzt geändert durch Gesetz vom 22.12.2004
SpkG Saarl.	Saarländisches Sparkassengesetz (SSpG) i. d. F. vom 1.4.1993, zuletzt geändert durch Gesetz vom 27.11.2002
SpkG SH	Sparkassengesetz für das Land Schleswig-Holstein i. d. F. vom 9.2.2005
SpkG Thür.	Thüringer Sparkassengesetz (ThürSpkG) vom 19.7.1994, zuletzt geändert durch Gesetz vom 3.12.2002
SpkVO Brand.	Verordnung über die Geschäfte und die Verwaltung der Sparkassen (Sparkassenverordnung -SpkVO) vom 26.8.1997
SpkVO Sachsen	Verordnung über die Geschäfte und die Verwaltung der Sparkassen (Sächsische Sparkassenverordnung - SächsSpkVO) i. d. F. vom 11.1.2002
StSenkG	Gesetz zur Senkung der Steuersätze und zur Reform der Unternehmensbesteuerung (Steuersenkungsgesetz - StSenkG) vom 23.10.2000

T

Tz.	Textziffer

U

u. a.	unter anderem
UEC	Union Européenne des Experts Comptables et Financiers
UM	Unternehmensbewertung & Management (Zeitschrift)
UmwG	Umwandlungsgesetz

V

vgl.	vergleiche

W

WACC	Weighted Average Cost of Capital
WISU	Das Wirtschaftsstudium (Zeitschrift)
WLSGV	Westfälisch-Lippischer Sparkassen- und Giroverband
WPg	Die Wirtschaftsprüfung (Zeitschrift)

Z

z. B.	zum Beispiel
ZBB	Zeitschrift für Bankrecht und Bankwirtschaft
ZfB	Zeitschrift für Betriebswirtschaft
ZfbF	Zeitschrift für betriebswirtschaftliche Forschung
ZfgK	Zeitschrift für das gesamte Kreditwesen
ZögU	Zeitschrift für öffentliche und gemeinwirtschaftliche Unternehmen

Symbolverzeichnis

A_t	Wert der Aktie im Zeitpunkt t
BZSP	Bruttozinsspanne
D_M	Dividendenrendite des Marktportfolios
D_t	Dividendenzahlung im Zeitpunkt t
EK^v	Marktwert des Eigenkapitals des teilweise fremdfinanzierten (d. h. verschuldeten) Unternehmens
EPS_t	geschätzter Gewinn je Aktie in Periode t
F_j	Wert der Schuldenposition j
FCF_t	Free Cash Flow in der Periode t
FK_t	Marktwert des Fremdkapitals am Ende der Periode t
FTE_t	Flow to Equity in der Periode t
G_t	Gewinn im Zeitpunkt t
h	Steuerhebesatz
i	Fremdkapitalkosten
k_{EK}	Risikoäquivalente Renditeforderung der Eigenkapitalgeber (Eigenkapitalkosten)
k_{EK}^u	Risikoäquivalente Renditeforderung der Eigenkapitalgeber (Eigenkapitalkosten) des (fiktiv) vollständig eigenfinanzierten (d. h. unverschuldeten) Unternehmens
k_{EK}^v	Risikoäquivalente Renditeforderung der Eigenkapitalgeber (Eigenkapitalkosten) des teilweise fremdfinanzierten (d. h. verschuldeten) Unternehmens

k_{TS}	Risikoäquivalenter Kalkulationszinsfuß zur Diskontierung des Tax Shields
k_{wacc}	gewogene durchschnittliche Kapitalkosten
m	Steuermesszahl
MZ	Marktzins
P_t	Aktienkurs zum Zeitpunkt t
r_f	risikoloser Zinssatz
r_i	erwartete Rendite eines Wertpapiers i
r_j^{nSt}	Alternativrendite der Vergleichsinvestition nach Steuern
r_M	erwartete Rendite des Marktportfolios
r_m^{vSt}	Bruttorendite des Marktportfolios
RW_T	Fortführungswert zum Zeitpunkt T
s_{ESt}	persönlicher Einkommensteuersatz
s_{GE}	Gewerbeertragsteuersatz
s_K	Körperschaftsteuersatz
s_u	Unternehmenssteuersatz
s_V	Ertragsteuersatz des Vergleichsunternehmens
t	Zeitindex
T	Länge des Detailplanungszeitraums
TS_{t*}	Steuervorteil aus der Fremdfinanzierung (Tax Shield) in der Periode t

UW	Unternehmenswert (Marktwert des Gesamtkapitals)
UW_V	Unternehmenswert des Vergleichsunternehmens V
w	Wachstumsrate der finanziellen Überschüsse
x_S	Bezugsgröße des Bewertungsobjektes
x_V	Bezugsgröße des Vergleichsunternehmens V
V_i	Wert der Vermögensposition i
ZAE	Zinsanpassungselastizität
β_i	Betafaktor eines Wertpapiers i
β_{uV}	Betafaktor des unverschuldeten Vergleichsunternehmens
β_{vV}	Betafaktor des verschuldeten Vergleichsunternehmens
μ_i	Zufallsfehler
σ	Standardabweichung
σ^2	Varianz
cov_{im}	Kovarianz der Rendite des Wertpapiers i mit der Rendite des Marktportfolios
R^2	Bestimmtheitsmaß

1 Einleitung

1.1 Problemstellung

Die deutschen Kreditinstitute, insbesondere die öffentlich-rechtlichen Sparkassen, stehen gegenwärtig vor großen Herausforderungen. Neben den weiterhin schwierigen gesamtwirtschaftlichen Rahmenbedingungen sehen die Sparkassen sich vor dem Hintergrund des Wegfalls der Gewährträgerhaftung mit einem stark veränderten Wettbewerbsumfeld konfrontiert.

In der deutschen Bankenlandschaft war in den letzten Jahren ein tiefgreifender Strukturwandel zu verzeichnen, der vom technischen Fortschritt, insbesondere im Bereich der Informations- und Kommunikationstechnik, ausgelöst wurde. Dieser führte u. a. zu einer deutlichen Erhöhung der Markttransparenz der Bankkunden und damit einhergehend zu einem Abbau des Informationsvorsprungs der Banken.[1]

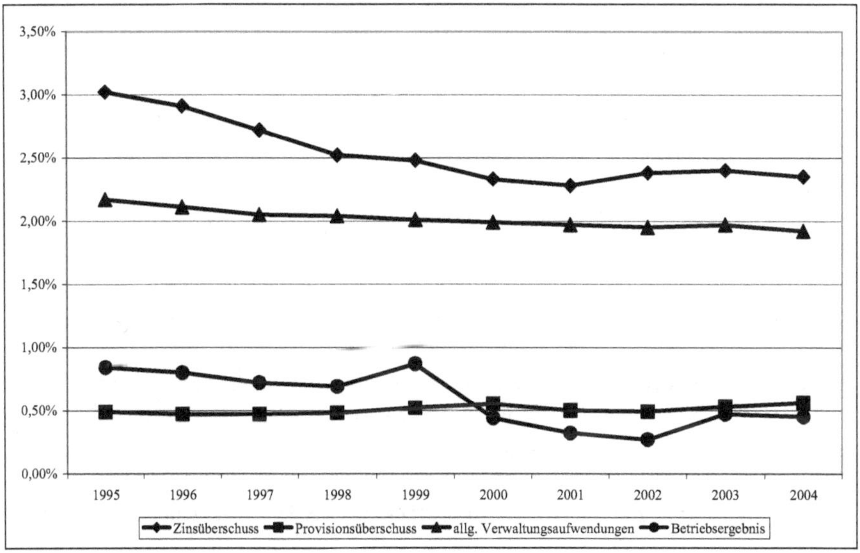

Abbildung 1: Ertragslage der deutschen Sparkassen[2]

Bei den Verhaltensweisen von Bankkunden sind nachhaltige Veränderungen zu einem verstärkt renditeorientierten Anlageverhalten zu beobachten. Wurden früher Gelder

---

1 Vgl. Schuster [Herausforderungen (2005)], S. 281 f.

2 Quelle: Deutsche Bundesbank [Ertragslage 2004 (2005)], S. 33 ff.; Deutsche Bundesbank [Ertragslage 2001 (2002)], S. 37 ff.

primär in Bankeinlagen angelegt, wird das Geld mittlerweile verstärkt in Wertpapiere investiert.[3] Durch den Markteintritt neuer Wettbewerber ist der Wettbewerbsdruck innerhalb der Branche weiter angestiegen, da Spezialanbieter mit ihrem teilweise eingeschränkten Produktangebot und schlanken Kostenstrukturen für einen massiven Wettbewerbsdruck sorgen.[4] Hiervon sind insbesondere die Sparkassen mit ihrem kostenintensiven Filialnetz betroffen, deren Marktanteilsverluste in wichtigen Geschäftsfeldern zu einer Belastung der Ertragslage führen. Hinzu kommt, dass sich die hohe Anzahl an Unternehmensinsolvenzen in deutlich höheren Kreditausfällen niederschlägt. Verbunden mit den hohen Aufwendungen für die Erfüllung aufsichtsrechtlicher Anforderungen (z. B. Basel II) ist die Ertragslage der Sparkassen aus den beschriebenen Gründen in den letzten Jahren unter Druck geraten (vgl. Abbildung 1).

Als Reaktion auf die veränderten Bedingungen war in den vergangenen Jahren bei den Sparkassen eine Vielzahl an Fusionen zu beobachten, mit denen das Ziel einer Verbesserung der Wettbewerbsposition durch die Bündelung von Marktanteilen, Ressourcen und Know-How erreicht werden sollte.[5] Die Zahl der Sparkassen reduzierte sich allein im Zeitraum von 1995 bis 2005 um rund 25,8% auf 463 Institute (vgl. Abbildung 2, S. 3). Ein Anhalten dieses Fusionstrends wird auch für die Zukunft erwartet.[6]

Anlässlich einer Fusion von Sparkassen sehen die Sparkassengesetze keine zwingende Bewertung der fusionierenden Institute vor. Dies erscheint vor dem Hintergrund, dass Sparkassen über keine Eigentümer, sondern nur über Anstaltsträger verfügen, auf den ersten Blick plausibel. Allerdings ist zu berücksichtigen, dass bei einer Fusion die Anteilsverhältnisse der Träger an der „neuen" Sparkasse festzulegen sind, die die Grundlage für die Haftungs- und Gewinnverteilung sowie die Sitzverteilung in den Sparkassenorganen bilden, so dass eine Ermittlung der Wertverhältnisse erforderlich ist.[7]

In der Praxis werden diese Wertverhältnisse überwiegend anhand von sparkassenspezifischen oder externen Faktoren, wie z. B. dem Geschäftsanteil in Bezug auf Kundeneinlagen oder Kreditvolumen, Bilanzsumme, Eigenkapitalrelation oder den Anteilen an den Einwohnerzahlen, ermittelt.[8] Diese Vorgehensweise steht aufgrund einer mangelnden Orientierung an einer Bewertungsfunktion sowie des fehlenden Subjektbezu-

---

[3] Vgl. Kirchhoff [Arbeitsteilung (2001)], S. 44.
[4] Vgl. Betsch/Thomas [Industrialisierung (2005)], S. 21 f.
[5] Vgl. Betsch/Thomas [Industrialisierung (2005)], S. 68 ff.
[6] Vgl. BDO Deutsche Warentreuhand AG [Sparkassenstudie (2005)], S. 36.
[7] Vgl. Zensen [Bewertung Universalbanken (2002)], S. 33.
[8] Vgl. Matschke/Witt [Entscheidungswertermittlung (2004)], S. 249.

ges im Widerspruch zur entscheidungsorientierten funktionalen Unternehmensbewertungstheorie.[9]

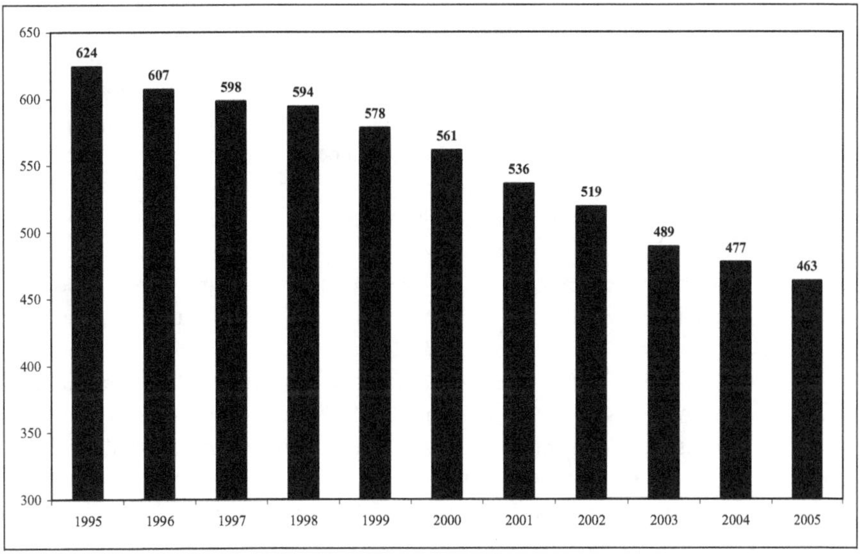

Abbildung 2: Entwicklung der Anzahl deutscher Sparkassen[10]

Mit dieser Arbeit soll aufbauend auf den Erkenntnissen der modernen Bewertungstheorie versucht werden, die bank- und sparkassenspezifischen Besonderheiten in die klassische Bewertungskonzeption des Ertragswertverfahrens zu integrieren.

1.2 Gang der Untersuchung

Nach der Definition von Besonderheiten der Sparkassen als Bewertungsobjekt werden in *Kapitel 3* zunächst die allgemeinen Grundlagen der Unternehmensbewertung dargelegt. Neben einer Darstellung möglicher Bewertungsanlässe bei Sparkassen sowie möglicher Funktionen des Bewerters werden verschiedene Unternehmensbewertungsverfahren auf ihre Eignung zur Bewertung von Sparkassen untersucht. Die hierfür notwendige Auseinandersetzung mit den einzelnen Verfahren, die generell zur Bewertung von Unternehmen eingesetzt werden können, beschränkt sich auf die Sachverhal-

9 Vgl. Matschke/Witt [Entscheidungswertermittlung (2004)], S. 253.

10 Quelle: Deutsche Bundesbank [Ertragslage 2004 (2005)], S. 33 ff.; Deutsche Bundesbank [Ertragslage 2001 (2002)], S. 37 ff.; Deutscher Sparkassen- und Giroverband [Märkte 2005 (2006)], S. 12.

te, die für die Beurteilung der Vorteilhaftigkeit eines bestimmten Verfahrens bei der Sparkassenbewertung notwendig erscheinen.[11]

Im anschließenden *Kapitel 4* werden die Grundlagen für die Ermittlung der Ertragsüberschüsse von Sparkassen dargelegt. Neben einer Definition der relevanten Ertragsüberschüsse befasst sich dieses Kapitel mit den grundsätzlichen Überlegungen zur Erfolgsprognose. In der Praxis zeigt sich, dass eine Ermittlung der Ertragsüberschüsse auf Ebene der Gesamtsparkasse aufgrund der bestehenden Komplexität nicht möglich ist. Aus diesem Grund wird aufgezeigt, nach welchen Kriterien die Sparkasse in einzelne strategische Geschäftsfelder aufgeteilt werden kann.

Kapitel 5 beschreibt die Durchführung einer Bewertung von Sparkassen auf Basis des Ertragswertverfahrens. Aufbauend auf den aus der Analyse der Rahmenbedingungen gewonnenen Erkenntnissen wird anschließend die Prognose der einzelnen Wertdeterminanten beschrieben. Hierbei werden u. a. die sich aus der Erfüllung der aufsichtsrechtlichen Anforderungen an die Eigenmittelunterlegung sowie aus den jeweiligen (Landes-)Sparkassengesetzen ergebenden Ausschüttungsrestriktionen erläutert und untersucht, wie diese Ausschüttungsrestriktionen in die Bewertungskonzeption integriert werden können. Einen weiteren Schwerpunkt bildet die Integration bankspezifischer Risiken in das Unternehmensbewertungsmodell.

Im Anschluss an die Prognose der einzelnen Wertdeterminanten werden mögliche Verfahren zur Ermittlung der Eigenkapitalkosten untersucht. Aufbauend auf der Erkenntnis, dass das so genannte Tax-CAPM für die Ermittlung der Eigenkapitalkosten am besten geeignet ist, wird dargelegt, wie die einzelnen Komponenten des Tax-CAPM bestimmt werden können.

Bevor zum Ende des Kapitels die Vorgehensweise zur Bewertung des nicht betriebsnotwendigen Vermögens beschrieben wird, erfolgen Ausführungen zur Ermittlung des Restwertes. Es erfolgt insbesondere eine Untersuchung, ob auch bei Sparkassen grundsätzlich der Ansatz eines Wachstumsabschlags gerechtfertigt ist.

[11] Für eine ausführliche Darstellung der Bewertungsverfahren wird auf die allgemeine Literatur zur Unternehmensbewertung verwiesen. Vgl. exemplarisch Mandl/Rabel [Methoden (2005)]; Mandl/ Rabel [Unternehmensbewertung (1997)]; Drukarczyk [Unternehmensbewertung (2003)].

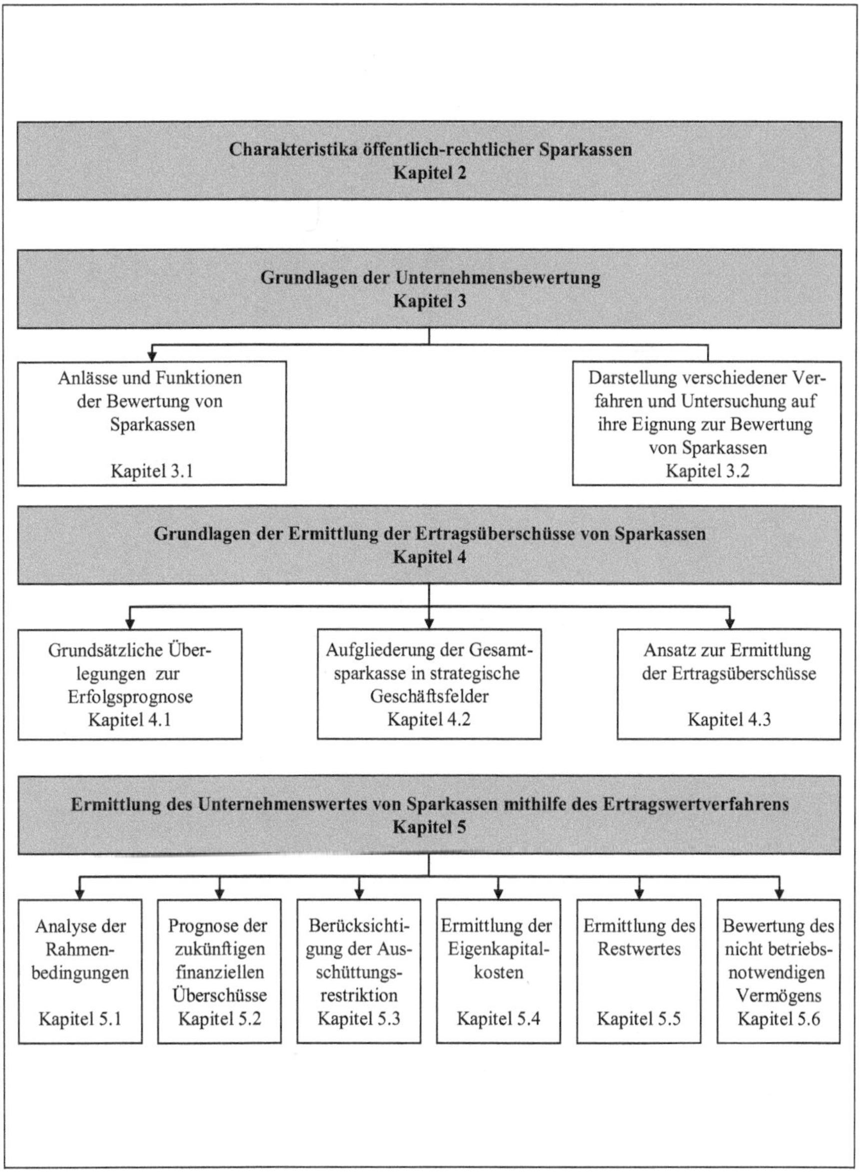

Abbildung 3: Graphische Darstellung des Aufbaus der Arbeit

2 Charakteristika von öffentlich-rechtlichen Sparkassen

2.1 Definition des Begriffs „Sparkasse“

Für die weitere Arbeit ist eine Abgrenzung des Banktypus „Sparkasse“ von den anderen in Deutschland tätigen Banken vorzunehmen.

Eine Bestimmung des Kreditinstitutsbegriffs wird in § 1 Abs. 1 S. 1 KWG vorgenommen. Hiernach werden Kreditinstitute unabhängig von ihrer Rechtsform und Größe als „Unternehmen, die Bankgeschäfte gewerbsmäßig oder in einem Umfang betreiben, der einen in kaufmännischer Weise eingerichteten Geschäftsbetrieb erfordert“, definiert.[12] Eine enumerative Aufzählung von Bankgeschäften wird in § 1 Abs. 1 S. 2 KWG vorgenommen.

Aufgrund dieser Definition unterscheiden sich Sparkassen im Sinne des Kreditwesengesetzes nicht von ihren Konkurrenten. Für die weitere Arbeit ist diese Definition jedoch nicht ausreichend, um die Besonderheiten der Sparkassen angemessen darzustellen.

Eine Unterteilung der Banken kann über die angebotenen Bankgeschäfte vorgenommen werden. Hierbei ist zwischen Spezial- und Universalbanken zu unterscheiden.

Die Universalbanken zeichnen sich dadurch aus, dass sie mehrere der in § 1 Abs. 1 S. 2 KWG enumerativ aufgeführten Bankgeschäfte, mindestens aber das Einlagen- und Kreditgeschäft sowie das Effektengeschäft, betreiben.[13] Hierunter fallen auch die Sparkassen. Von den Universalbanken abzugrenzen sind die Spezialbanken, zu denen beispielsweise die Hypothekenbanken und Bausparkassen gehören, deren Geschäftstätigkeit sich nur auf einen Teil der aufgeführten Bankgeschäfte konzentriert. In Deutschland dominiert der Universalbankentypus.

Aufgrund unterschiedlicher geschäftspolitischer Ausrichtungen kann eine weitere Unterteilung der in Deutschland tätigen Universalbanken in drei Gruppen als Definitionsgrundlage vorgenommen werden (Drei-Säulen-System). Neben den Kreditbanken und den Banken des Genossenschaftssektors stellen die Sparkassen und Landesbanken die dritte Säule dieses Systems dar.

---

[12] Für eine bestimmte Gruppe von Instituten wird in § 2 KWG explizit die Eigenschaft eines Kreditinstituts abgesprochen. Hierunter fallen z. B. die Deutsche Bundesbank und die Kreditanstalt für Wiederaufbau.

[13] Vgl. Büschgen/Börner [Bankbetriebslehre (2003)], S. 57.

Die *Kreditbanken*, zu denen gemäß der Bankenstatistik der Deutschen Bundesbank Groß-, Privat- und Regionalbanken sowie Zweigstellen ausländischer Banken gehören, zeichnen sich durch ihre primäre Firmierung als Kapitalgesellschaft sowie fehlenden Beschränkungen hinsichtlich ihrer Geschäftsaktivitäten aus. Sie verfolgen in der Regel das Ziel der Gewinnmaximierung.[14]

Die zweite Gruppe, die *Kreditgenossenschaften*, sind als Genossenschaften dem Grundsatz der wirtschaftlichen Förderung ihrer Mitglieder durch Gewährung von Darlehen und der Durchführung sonstiger bankmäßiger Geschäfte verpflichtet.[15]

Die dritte Gruppe umfasst die *Sparkassen und Landesbanken*. Eine Legaldefinition der öffentlich-rechtlichen Sparkassen kennt das Kreditwesengesetz nicht. Für die Bestimmung dessen, was eine Sparkasse ausmacht, kann hilfsweise auf § 40 Abs. 1 Ziffer 3 KWG zurückgegriffen werden. Danach ist eine Sparkasse ein Unternehmen, welches aufgrund seiner „Satzung besondere Merkmale, insbesondere eine am Gemeinwohl orientierte Aufgabenstellung und eine Beschränkung der wesentlichen Geschäftstätigkeit auf den Wirtschaftsraum, in dem das Unternehmen seinen Sitz hat", aufweist. Alternativ könnte auf die weitergehende Definition von Schlierbach[16] abgestellt werden. Hiernach handelt es sich bei einer Sparkasse um eine „rechtsfähige, mündelsichere Anstalt des öffentlichen Rechts, die als kommunales Wirtschaftsunternehmen mit eigener Prägung gesetzlich begrenzte, sozialverpflichtende Aufgaben zu erfüllen hat, die die Kaufmannseigenschaft besitzt und für deren Verbindlichkeiten (bisher) ein kommunaler Gewährträger unbeschränkt haftet(e)".

Beide Definitionen betonen, dass die Geschäftspolitik der in der Rechtsform einer Anstalt des öffentlichen Rechts agierenden öffentlich-rechtlichen Sparkassen wesentlich vom Prinzip der Gemeinnützigkeit bestimmt wird. Demnach sind Sparkassen zwar verpflichtet, die Geschäfte unter wirtschaftlichen Gesichtspunkten zu führen, jedoch ohne eine Gewinnmaximierung anzustreben.[17]

---

14 Vgl. Hartmann-Wendels/Pfingsten/Weber [Bankbetriebslehre (2004)], S.27 f.

15 Vgl. Büschgen/Börner [Bankbetriebslehre (2003)], S. 76.
Für eine ausführliche Erläuterung der relevanten Charakteristika von Genossenschaftsbanken vgl. u. a. Reicherter [Kreditgenossenschaft (2000)], S. 4 ff.; Büschgen [Bankbetriebslehre (2003)], S. 75 ff.

16 Vgl. Schlierbach [Sparkassenrecht (2003)], S. 40.

17 Neben den öffentlich-rechtlichen Sparkassen existieren historische bedingt sieben Freie Sparkassen, die weitgehend nach den gleichen Prinzipien wie die öffentlich-rechtlichen Sparkassen geführt werden. Sie werden in der Rechtsform der juristischen Person des privaten Rechts als Stiftung, Verein oder Aktiengesellschaft geführt.

Die den Sparkassen im Vergleich mit anderen Kreditinstituten eigenen, wesensbestimmenden Merkmale, die sich insbesondere aus der historischen Entwicklung ergeben, werden im Folgenden erläutert.

2.2 Beziehung zwischen Sparkasse und Anstaltsträger

2.2.1 Rechtsfähige Anstalt des öffentlichen Rechts

Als „Ersparungskasse" der Allgemeinen Versorgungsanstalt in Hamburg wurde 1778 die erste deutsche Sparkasse gegründet. Ihr folgte eine erste Gründungswelle von Sparkassen, die vor allem durch Privatpersonen in der Rechtsform von bürgerlichen Vereinen gegründet wurden. Ihr Ziel bestand in der Förderung der Ersparnisbildung und der finanziellen Vorsorge breiter Bevölkerungsschichten zur Bekämpfung des Armutsproblems sowie darin, die angelegten Mittel in der Region für die wirtschaftliche Entwicklung auszuleihen.[18]

Die erste unmittelbar durch eine Kommune gegründete Sparkasse entstand mit der „Spar- und Leihkasse Göttingen" im Jahre 1801.[19] In den darauf folgenden Jahren wurden weitere zahlreiche kommunale Sparkassen gegründet. Eine Vielzahl der ursprünglichen Bürgersparkassen gingen in die Trägerschaft von Kommunen über. Bis zum Jahr 1931 wurden diese kommunalen Sparkassen überwiegend als rechtlich unselbständige Anstalten der Kommunen geführt.[20] Mit der Verabschiedung der bis heute gültigen Dritten Reichsnotverordnung „zur Sicherung von Wirtschaft und Finanzen und zur Bekämpfung politischer Ausschreitungen" vom 6. Oktober 1931 wurde die Selbständigkeit der kommunalen Sparkassen gesetzlich fixiert. Die Sparkassen wurden zu rechtlich selbständigen kommunalen Anstalten des öffentlichen Rechts.[21] Durch die Verordnung sollte ein dem Zugriff der kommunalen Gläubiger entzogenes, vor ihnen abgeschirmtes Sondervermögen gebildet werden. Die organisatorische und personelle Verbundenheit der Verwaltung von Sparkasse und Kommune wurde stark eingeschränkt.[22]

Die Rechtsform der Anstalt des öffentlichen Rechts stellt sicher, dass die Sparkasse im Rahmen der Gesetze eine sich selbst verwaltende öffentliche Einrichtung mit eigenem Vermögen ist.[23] Hieraus ergibt sich, dass Sparkassen keine Eigentümer, sondern An-

---

[18] Vgl. Brandt [Sparkassen (1993)], S. 54.
[19] Vgl. Wehber [Gewährträgerhaftung (2005)], S. 752.
[20] Vgl. Brandt [Sparkassen (1993)], S. 54; Schlierbach [Sparkassenrecht (2003)], S. 22 f.
[21] Vgl. Wehber [Gewährträgerhaftung (2005)], S. 753.
[22] Vgl. Piorkowski [Sparkassenorganisation (1997)], S. 101 ff., Blume [Sparkassen (2000)], S. 18. Für eine ausführliche Beschreibung der Entwicklung der Sparkassen bis zur Umwandlung in Anstalten des öffentlichen Rechts vgl. Piorkowski [Sparkassenorganisation (1997)].
[23] Vgl. Schlierbach [Sparkassenrecht (2003)], S. 57.

staltsträger besitzen.[24] Die Anstaltsträger wurden bislang aufgrund der unbeschränkten Haftung für sämtliche Verbindlichkeiten der Sparkasse (Gewährträgerhaftung) auch als Gewährträger bezeichnet.

Der Kreis der zulässigen Anstaltsträger ist in den jeweiligen (Landes-) Sparkassengesetzen geregelt. Im Regelfall kommen hierfür Gemeinden (Städte), Gemeindeverbände (Landkreise) sowie Zweckverbände infrage.[25] Einige (Landes-)Sparkassengesetze sehen zusätzlich Regelungen zur Beschränkung der Anzahl der Anstaltsträger vor.[26]

Im Rahmen ihrer Verselbständigung wurden die Sparkassen von den Anstaltsträgern nicht mit Eigenkapital ausgestattet. Ergänzend hierfür wurden jedoch Teilfunktionen des Eigenkapitals von den Gewährträgern durch die Gewährträgerhaftung und Anstaltslast übernommen.[27] Bis heute sehen die gesetzlichen Regelungen in der Regel keine Verpflichtung zur Ausstattung von Sparkassen mit Eigenkapital vor.[28] Sie verfügen daher nicht über ein Grund- oder Stammkapital[29], so dass das zur Einhaltung der aufsichtsrechtlichen Eigenkapitalvorschriften des Kreditwesengesetzes erforderliche Eigenkapital im Wesentlichen aus thesaurierten Gewinnen gebildet wurde, die der Sicherheitsrücklage zugeführt wurden.

2.2.2 Anstaltslast und Gewährträgerhaftung

Mit der Anstaltslast und der Gewährträgerhaftung bestanden (bislang) zwei weitere wesentliche Eigenschaften der Sparkassen.

Eine Definition der *Anstaltslast* wurde 1968 durch die Wettbewerbsenquete der Bundesregierung vorgenommen. Sie definierte diese als kommunale-, landes- oder bundesrechtliche Verpflichtung der Errichtungskörperschaft der Sparkasse, „die Anstalt für die gesamte Dauer ihres Bestehens funktionsfähig zu erhalten und etwaige finanzielle Lücken durch Zuschüsse oder auf andere geeignete Weise auszugleichen“.[30]

---

[24] Vgl. Brandt [Sparkassen (1993)], S. 54.

[25] Vgl. exemplarisch § 1 Abs. 1 S. 1 SpkG NS; Schlierbach [Sparkassenrecht (2003)], S. 41.

[26] Für Sparkassen in Nordrhein-Westfalen ist beispielsweise nur ein Anstaltsträger zulässig. Vgl. Wolfers/Kaufmann [Öffentlich-rechtliche Rahmenbedingungen (2004)], S. 206.

[27] Vgl. Blume [Sparkassen (2000)], S. 18.

[28] Eine Ausnahme stellt das Sparkassengesetz Schleswig-Holstein vor. Dieses Sparkassengesetz sieht die Möglichkeit einer Ausstattung der Sparkasse mit Dotationskapital vor (§ 28 Abs. 3 SpkG SH). Vgl. Schlierbach [Sparkassenrecht (2003)], S. 265.

[29] Aktuell wird in Hessen eine Änderung des Sparkassengesetzes diskutiert, nach der Sparkassen mit Stammkapital ausgestattet werden können. Vgl. o. V. [Sparkassengesetz (2006)], S. 1; o. V. [Sparkassen (2006)], S. 3.

[30] Vgl. BT-Drucks. V/3500, S. 47.

Hiernach ist der Anstaltsträger - ungeachtet der Möglichkeit der Auflösung der Sparkasse - verpflichtet, diese während ihres Bestehens zur Erfüllung des öffentlichen Auftrages zu unterstützen und damit die Eigenkapitalbasis und die bankwirtschaftliche Funktionsfähigkeit zu erhalten.[31] Im Bedarfsfall kann dies durch den Ausgleich einer Unterbilanz durch den Einschuss von Barmitteln erfolgen.[32]

Für diese im Innenverhältnis zwischen den Anstaltsträgern und der Sparkasse geltende Verpflichtung liegt mit einigen Ausnahmen keine gesetzliche Normierung zugrunde;[33] sie wird jedoch in der Rechtsprechung und Literatur als verfassungsrechtlich verankert angesehen.[34]

Neben der Anstaltslast, die die Beziehung zwischen Anstaltsträger und Sparkasse im Innenverhältnis regelt, bestand für Sparkassen bislang die *Gewährträgerhaftung*, die die Beziehung zwischen den Anstaltsträgern und den Gläubigern der Sparkasse im Außenverhältnis regelte.

Die Gewährträgerhaftung sah vor, dass die Anstaltsträger unbegrenzt für die Verbindlichkeiten der Sparkasse haften. Eine Inanspruchnahme der Anstaltsträger konnte jedoch erst dann erfolgen, wenn eine Befriedigung aus dem Vermögen der Sparkasse nicht möglich war.[35] Sie wies daher den Charakter einer Ausfallbürgschaft auf.

Ihren Ursprung hat die Gewährträgerhaftung in der rechtlichen Verselbständigung der Sparkassen durch die 3. Reichsnotverordnung von 1931. Bis zu diesem Zeitpunkt wurden die Geschäfte der Sparkasse unmittelbar durch die jeweiligen Gebietskörperschaften betrieben, die daher für die Verbindlichkeiten unbegrenzt hafteten. Um eine Bonitätsverschlechterung aufgrund der Verselbständigung der Sparkassen zu verhindern, wurde die Gewährträgerhaftung zum Schutz der Gläubiger der Sparkasse eingeführt.[36]

Die Gewährträgerhaftung ist der Anstaltslast nachgelagert, da sie nur dann zum Tragen kommen kann, wenn der Anstaltsträger seine Verpflichtung aus der Anstaltslast nicht erfüllt.[37]

---

[31] Vgl. Stern/Nierhaus [Regionalprinzip (1991)], S. 26 f.
[32] Vgl. Schlierbach [Sparkassenrecht (2003)], S. 148 f.
[33] Die Anstaltslast wurde 1982 für Sparkassen in Rheinland-Pfalz und 1986 für die Sparkassen in Schleswig-Holstein gesetzlich normiert. Vgl. Schlierbach [Sparkassenrecht (2003)], S. 144.
[34] Vgl. Blume [Sparkassen (2000)], S. 21 f.
[35] Vgl. Stern/Nierhaus [Regionalprinzip (1991)], S. 26.
[36] Vgl. Friesen [Haftungszusagen (1998)], S. 42 f.
[37] Vgl. Friesen [Haftungszusagen (1998)], S. 43.

Die privaten deutschen Banken sahen in der Anstaltslast und in der Gewährträgerhaftung eine *verbotene Beihilfe* im Sinne von Art. 87 EGV.[38] Aufgrund dieser Beschwerde wurde am 17. Juli 2001 ein Kompromiss zwischen der EU-Kommission und Vertretern der deutschen Regierung getroffen. In diesem Kompromiss verpflichtete sich Deutschland, die Anstaltslast in eine marktübliche Eigentümerbeziehung umzuwandeln und die Gewährträgerhaftung abzuschaffen. Um den Sparkassen und Landesbanken eine Anpassung an die geänderten Rahmenbedingungen zu ermöglichen, wurden Übergangsfristen vereinbart. Diese sahen vor, dass für alle bestehenden Verbindlichkeiten die Gewährträgerhaftung bis zum Laufzeitende fortbesteht. Verbindlichkeiten, die nach dem 18. Juli 2001 bis zum 18. Juli 2005 eingegangen wurden, dürfen durch die Gewährträgerhaftung längstens bis zum 31. Dezember 2015 gedeckt sein.[39]

Im Rahmen der Umsetzung wurden die Sparkassengesetze der einzelnen Länder angepasst. Die Anstaltslast wurde durch eine nicht näher definierte Unterstützungspflicht ersetzt. § 5 Abs. 1 SpkG Nds. sieht exemplarisch vor, dass der Träger die Sparkasse bei der Erfüllung ihrer Aufgabe mit der Maßgabe, dass ein Anspruch der Sparkasse gegen den Träger oder eine sonstige Verpflichtung des Trägers, der Sparkasse Mittel zur Verfügung zu stellen, nicht besteht. Der Wegfall der Gewährträgerhaftung wurde dadurch verdeutlicht, dass in den Sparkassengesetzen ein Passus aufgenommen wurde, der eine unbeschränkte Haftung der Sparkasse gegenüber ihren Gläubigern vorsieht, die Träger aber explizit nicht mehr für die Verbindlichkeiten der Sparkasse haften.[40]

2.3 Öffentlicher Auftrag und Gewinnverwendung

Öffentlich-rechtliche Sparkassen sind als dem öffentlichen Interesse verpflichtete Kreditinstitute mit einem *öffentlichen Auftrag* versehen. Aufgrund ihrer Rechtsform bildet dieser öffentliche Auftrag die Legitimationsbasis für ihre Geschäftstätigkeit. Ohne das Vorliegen eines solchen Auftrages würden Sparkassen über keine Existenzberechtigung verfügen.

Die Festlegung des öffentlichen Auftrages ist in den Sparkassengesetzen der Länder sowie den länder- und institutsspezifischen Satzungen erfolgt. Er umschreibt die Funk-

---

[38] Vgl. Gärtner [Sparkassen (2003)], S. 39 ff.
[39] Vgl. Gärtner [Sparkassen (2003)], S. 39 ff.
[40] Vgl. § 5 Abs. 1 und 2 SpkG Nds.

tionen, die die Sparkasse im öffentlichen Interesse erfüllen soll.[41] Im Wesentlichen gehören hierzu die Verpflichtungen:[42]

- für alle Bevölkerungskreise und insbesondere die mittelständische Wirtschaft eine flächendeckende Versorgung mit geld- und kreditwirtschaftlichen Leistungen sicherzustellen (Gewährleistungsfunktion),
- den Sparsinn und die Vermögensbildung der Bevölkerung zu fördern (Förderfunktion),
- einen Beitrag zu einer räumlich ausgeglichenen Wirtschaftsstruktur zu leisten (Struktursicherungsfunktion),
- zur kreditwirtschaftlichen Unterstützung der öffentlichen Aufgaben der Gewährträger beizutragen (Hausbankfunktion).

In jüngster Zeit wird zusätzlich die Verpflichtung zur Förderung des Wettbewerbs zum öffentlichen Auftrag gezählt.[43]

Aufgrund der im öffentlichen Auftrag formulierten Gemeinnützigkeit darf die *Gewinnerzielung* - im Gegensatz zu den Geschäftsbanken - *nicht* als *Hauptzweck* verfolgt werden. Dies kommt u. a. darin zum Ausdruck, dass die Teile des Jahresüberschusses, die nicht zur Erfüllung der Eigenkapitalanforderungen thesauriert werden, „für öffentliche, dem gemeinen Nutzen dienende Zwecke, insbesondere für Investitionen, zu verwenden" sind.[44] An dieser Stelle sei darauf hingewiesen, dass die Geschäfte jedoch nach kaufmännischen Grundsätzen unter Wahrung des öffentlichen Auftrags zu führen sind.[45]

---

[41] Im Sparkassengesetz von Mecklenburg-Vorpommern wird exemplarisch der öffentliche Auftrag in § 2 Abs. 1 SpkG MV wie folgt definiert: „Sparkassen sind selbständige Wirtschaftsunternehmen in kommunaler Trägerschaft mit der Aufgabe, auf der Grundlage der Markt- und Wettbewerbserfordernisse für ihr Geschäftsgebiet den Wettbewerb zu stärken und die angemessene und ausreichende Versorgung aller Bevölkerungskreise und insbesondere des Mittelstandes mit geld- und kreditwirtschaftlichen Leistungen auch in der Fläche ihres Geschäftsgebietes sicherzustellen. Sie unterstützen die Aufgabenerfüllung der Kommunen im wirtschaftlichen, regionalpolitischen, sozialen und kulturellen Bereich."

[42] Vgl. Brümmerhoff/Lehmann [Öffentlicher Auftrag (2000)], S. 133 ff.; Claussen [Teilprivatisierung (1990)], S. 29 ff.

[43] Vgl. Neuberger/Schindler [Öffentlicher Auftrag (2001)], S. 89.

[44] Vgl. § 27 Abs. 5 SpkG MV.

[45] Vgl. Wittmann [Sparkassenverbund (2004)], S. 10.

2.4 Beschränkung der Geschäftstätigkeit

2.4.1 Räumliche Beschränkung (Regionalprinzip)

Aufgrund ihrer Rechtsform der Anstalt des öffentlichen Rechts sind Sparkassen kommunale Einrichtungen. Als Teil ihres Trägers kann eine Sparkasse nicht über mehr Rechte als der Anstaltsträger selbst verfügen. Hieraus leitet sich die Konsequenz ab, dass Sparkassen nur in dem Wirkungsbereich ihrer Anstaltsträger geschäftliche Aktivitäten entfalten dürfen. Diese räumliche Begrenzung der Geschäftstätigkeit wird in der Literatur als Regionalprinzip beschrieben.[46] Die räumliche Begrenzung betrifft lediglich das *Aktivgeschäft*. Kredite dürfen grundsätzlich nur an Personen oder Unternehmen vergeben werden, die ihren Wohnsitz oder eine Niederlassung im Geschäftsgebiet haben.[47] Für das Passiv- und Dienstleistungsgeschäft gibt es keine Beschränkungen.[48]

Erst die räumliche Beschränkung stellt ein überschneidungsloses Nebeneinander von Sparkassen sicher. Hierdurch wird eine Konkurrenz zwischen den Sparkassen weitgehend vermieden, die als zwingende Voraussetzung für die Dezentralität und Funktionstüchtigkeit des Sparkassensektors angesehen wird.[49]

Durch die Begrenzung des Geschäftsbereiches wird zum einen eine Konzentration des Kapitals in wirtschaftlich stärkeren Regionen verhindert. Die Mittel, die als Einlagen hereingenommen werden, müssen im Geschäfts- bzw. Ausleihbezirk der Sparkasse wieder der Bevölkerung und der Wirtschaft zur Verfügung gestellt werden. Durch diese Restriktion wird eine dezentrale flächendeckende Versorgung der Bevölkerung mit Sparkassenleistungen sichergestellt. Zum anderen bleiben die Risiken infolge der Ortsgebundenheit überschaubar und das Regionalprinzip entfaltet eine risikobegrenzende Wirkung.[50]

---

46 Vgl. Schlierbach [Sparkassenrecht (2003)], S. 132 ff.; Stern/Nierhaus [Regionalprinzip (1991)], S. 1 ff.; Blume [Sparkassen (2000)], S. 24 f.

47 In einigen Bundesländern ist für die Gewährung von Darlehen und Krediten speziell ein Ausleihbezirk vorgesehen. Dieser muss satzungsmäßig festgelegt werden. Für weitergehende Informationen über eine Ausdehnung des Geschäftsgebiets über das Gewährträgergebiet vgl. Schlierbach [Sparkassenrecht (2003)], S. 136 ff.

48 Vgl. Blume [Sparkassen (2000)], S. 25; Schlierbach [Sparkassenrecht (2003)], S. 138.
Dies wird z. B. daran deutlich, dass Sparkassen verpflichtet sind, von jedermann Spareinlagen anzunehmen.

49 Vgl. Wolfers/Kaufmann [Öffentlich-rechtliche Rahmenbedingungen (2004)], S. 208; Stern/ Nierhaus [Regionalprinzip (1993)], S. 1 ff.

50 Vgl. Schlierbach [Sparkassenrecht (2003)], S.134 f.; Stern/Nierhaus [Regionalprinzip (1991)], S. 68.

Die sich aus der regionalen Beschränkung ergebenden bankwirtschaftlichen Nachteile werden durch das funktionierende Verbundsystem der Sparkassenorganisation ausgeglichen.[51]

2.4.2 Arbeitsteilung innerhalb der Sparkassenorganisation (Subsidiaritätsprinzip)

Ein weiteres Wesensmerkmal der Sparkassen besteht darin, dass jede Sparkasse Bestandteil der Sparkassenorganisation ist. Die charakterspezifischen Eigenschaften des Sparkassenverbundes liegen im dreistufigen und im eigentümerspezifisch dualistischen Aufbau.

Auf der Primärstufe des Verbundes stehen die von den Kommunen getragenen Sparkassen. Die Sparkassen und deren Träger sind in der Sekundärstufe zum einen über regionale Sparkassenverbände organisiert und zum anderen tragen sie die jeweilige Landesbank, an der das jeweilige Bundesland im Regelfall mitbeteiligt ist. Diese regionalen Sparkassenverbände und die Landesbanken tragen den Deutschen Sparkassen- und Giroverband ö.K. Über den DSGV halten die Sparkassen 50% der Anteile an der DekaBank als Tertiärstufe. Die andere Hälfte der Anteile an der DekaBank wird von den Landesbanken gehalten.[52]

Durch die regionale Beschränkung und die im Vergleich zu Geschäftsbanken kleinen Betriebsgrößen kann die jeweilige Sparkasse nicht alle Aufgaben eigenständig abwickeln. Aus diesem Grund gilt bei den Aufgaben und der Zusammenarbeit in der Sparkassenorganisation das *Subsidiaritätsprinzip*. Dieses Prinzip legt fest, dass die Zuständigkeit für die Marktbearbeitung und Kundenbetreuung grundsätzlich auf der Stufe der Primärinstitute angesiedelt ist. Sofern eine Aufgabe auf dieser Stufe nicht mehr effektiv und effizient durchführbar ist, werden diese Tätigkeiten von der nächst höheren Stufe übernommen.[53]

---

[51] Vgl. Berndt [Verbund (2001)], S. 7.

[52] Vgl. Adrian/Heidorn [Bankbetrieb (2000)], S. 24 f.; Langschied [Sparkassenverbund (1993)], S. 10 ff.

[53] Das Subsidiaritätsprinzip lässt sich aktuell an den abgeschlossenen Verbundvereinbarungen zwischen einzelnen Landesbanken und den in ihrem Geschäftsgebiet ansässigen Sparkassen verdeutlichen. So hat bspw. die WestLB mit den Sparkassen in NRW sowie dem RSGV und WLSGV in 2004 zur Ausgestaltung eines Verbundkonzeptes eine Rahmenvereinbarung abgeschlossen. Die Vereinbarung sieht u. a. vor, dass die WestLB als Kompetenzzentrum die Sparkassen mit attraktiven Dienstleistungen, Produkten und einer effizienten Abwicklung versorgt. Vgl. Deutscher Sparkassen- und Giroverband [Märkte (2003)], S. 61.

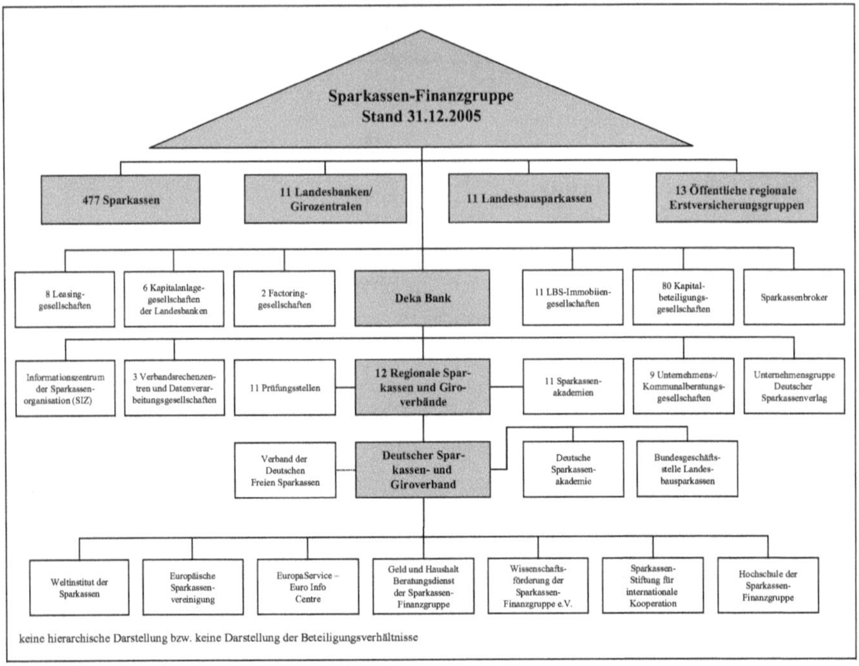

Abbildung 4: Sparkassenfinanzgruppe (Stand 31.12.2005)[54]

Das Subsidiaritätsprinzip ist vom Regionalprinzip zu trennen. Während das Regionalprinzip die örtliche Beschränkung der Geschäftstätigkeit beschreibt (Horizontalgliederung), regelt das Subsidiaritätsprinzip die Kompetenzabgrenzung zwischen den einzelnen Stufen der Sparkassenorganisation (Vertikalprinzip).[55]

2.4.3 Einschränkung zulässiger Geschäfte (Enumerationsprinzip)

Neben räumlichen Beschränkungen in ihrer Geschäftstätigkeit unterliegen Sparkassen zusätzlich *inhaltlichen Beschränkungen*. Wie alle übrigen Kreditinstitute haben Sparkassen die Regelungen des Kreditwesengesetzes zu beachten, welches an einigen Stellen eine Begrenzung der erlaubten Geschäfte sowie des Volumens[56] vorsieht. Neben den in § 3 KWG aufgeführten verbotenen Geschäften sind auch die Restriktionen bezüglich der Beteiligungen (§ 12 und § 12a KWG) und der Großkredite nach

[54] Quelle: Deutscher Sparkassen- und Giroverband [Märkte 2005 (2006)], S. 12.

[55] Vgl. Stern/Nierhaus [Regionalprinzip (1991)], S. 59.

[56] So sieht beispielsweise § 10 SpkVO Brand. vor, dass die Blankoanteile bei den Personalkrediten nicht das Achtfache des nach § 10 KWG anerkannten haftenden Eigenkapitals überschreiten dürfen.

§ 13 Abs. 3 und § 13a Abs. 3 KWG zu beachten. Darüber hinaus kann sich gegebenenfalls eine Begrenzung der Geschäftstätigkeit aufgrund der nach § 10 KWG und § 10a KWG erforderlichen Eigenkapitalunterlegung ergeben.

Neben den Restriktionen des Kreditwesengesetzes sieht das Sparkassenrecht für Sparkassen weitergehende Begrenzungen der erlaubten Geschäfte vor. Sparkassen dürfen nur die Geschäfte betreiben, die in den jeweiligen Sparkassenverordnungen bzw. Sparkassensatzungen abschließend als zulässig aufgeführt sind. Aus diesem Grund sind z. B. Spekulationsgeschäfte mit eigenen Geldern verboten.[57] Die detaillierte Aufzählung der erlaubten Geschäfte für Sparkassen wird in der Literatur als *Enumerationsprinzip* bezeichnet.[58] In jüngster Zeit gilt in den Sparkassengesetzen einzelner Bundesländer das Enumerationsprinzip in Bezug auf die Sparkassengeschäfte nicht mehr. Vielmehr ist ein Übergang zum so genannten *Verbotsprinzip* erfolgt, wonach grundsätzlich alle banküblichen Geschäfte erlaubt sind, es sei denn, sie sind ausdrücklich verboten bzw. beschränkt.[59]

Durch die über die Beschränkungen des Kreditwesengesetzes hinausgehenden inhaltlichen Einschränkungen der Geschäftstätigkeit wird eine Risikobegrenzung zum Schutz der Einleger sowie der Anstaltsträger angestrebt.[60]

2.5 Relevante Besonderheiten bei der Bewertung von Sparkassen

Sparkassen, die als Dienstleistungsunternehmen betrachtet werden, weisen gegenüber Industrie- und Handelsunternehmen Besonderheiten auf, die im Rahmen der Bewertung zu berücksichtigen sind. Diese lassen sich in geschäftspolitische Besonderheiten, spezielle gesetzliche Reglementierungen sowie exogene Einflussfaktoren und die in den vorherigen Kapiteln beschriebenen sparkassenspezifischen Besonderheiten unterscheiden.[61]

Wesentliches Kennzeichen der Bankleistungen ist ihre *finanzielle Natur*. Sie sind in der Regel immateriell, abstrakt und unstofflich. Bedingt durch ihre Abstraktheit unterliegen sie einer erhöhten Erklärungsbedürftigkeit. Die Unstofflichkeit der Bankleistungen hat zur Folge, dass eine Lagerung dieser Leistungen nicht möglich ist und Sparkassen dementsprechend angehalten sind, ausreichende Kapazitäten vorzuhalten um auftretende Nachfragespitzen abdecken zu können.[62] Bankleistungen sind darüber

[57] Vgl. exemplarisch § 9 Abs. 2 SpkVO Sachsen.
[58] Vgl. Klein [Sparkassen (2003)], S. 48; Blume [Sparkassen (2000)], S. 23 f.
[59] Vgl. Matschke/Witt [Entscheidungswertermittlung (2004)], S. 256 f.
[60] Vgl. Blume Sparkassen (2000)], S. 23 f.
[61] Vgl. Höhmann [Shareholder Value (1998)], S. 11.
[62] Vgl. Büschgen [Bankbetriebslehre (1998)], S. 312.

hinaus aufgrund der fehlenden Möglichkeit zur Patentierung von Leistungen durch eine fehlende Schutzfähigkeit gekennzeichnet, die ein leichtes und schnelles imitieren durch Konkurrenzinstitute ermöglicht.

Hinzu kommt, dass sich die Bankleistungen häufig einander bedingen, wie beispielsweise Finanzierungs- und Zahlungsverkehrsleistungen, die als Teile eines Leistungspaketes zusammen vertrieben werden.[63]

Eine weitere charakteristische Besonderheit ist der *Dualismus* des einzelnen Bankproduktes, das sich in eine Stück- und Wertleistungskomponente aufteilt. Während die Stückleistungskomponente eine Kombination von personellen, informationellen und sachlichen Faktoren darstellt, besteht die Wertleistungskomponente aus der Annahme, Schaffung und Weitergabe von Geldwerten.[64]

Durch ihre Rolle als *Finanzintermediär* stellt die Finanzierungsseite bei Sparkassen im Gegensatz zu anderen Unternehmen, bei denen die Finanzierung ein notwendiges Mittel zur Erstellung betrieblicher Leistungen ist, einen wesentlichen Bereich der Wertschöpfung dar und ist der operativen Tätigkeit der Sparkasse zuzurechnen.[65] Aus diesem Grund ist eine Berücksichtigung aller Finanzierungsmaßnahmen im Bewertungsmodell vorzunehmen.[66]

Neben geschäftspolitischen Besonderheiten unterliegen Sparkassen speziellen *gesetzlichen Reglementierungen*, die auf die besondere Rolle der Banken in der Volkswirtschaft zurückzuführen sind. Durch die Geld- und Kreditversorgung der Wirtschaft besteht ein gesamtwirtschaftliches Interesse. Die Stabilität des Bankensektors ist wesentlich durch potenzielle Dominoeffekte gefährdet. Vertrauensverluste der Anleger gegenüber einer Bank aufgrund von eingetretenen bzw. drohenden Ausfällen der Einlagen können die Insolvenz der betroffenen Bank zur Folge haben, die sich auf andere Banken übertragen kann.[67] Zur Vermeidung eines Zusammenbruchs des Bankensystems unterliegen daher Banken und Sparkassen besonderen staatlichen Regulierungsvorschriften, die die bankbetrieblichen Risiken offen legen und begrenzen sollen. Hierunter fallen aufsichtsrechtliche Restriktionen[68], wie die Anforderungen an die Ei-

---

63 Vgl. Matschke/Witt [Entscheidungswertermittlung (2004)], S. 254 f.
64 Vgl. von Stein [Bankleistung (1993)], S. 358 f.
65 Vgl. Koch [Unternehmensbewertung (2004)], S. 119.
66 Vgl. Kunowski [Bewertung (2002)], S. 20.
67 Vgl. Hartmann-Wendels/Pfingsten/Weber [Bankbetriebslehre (2004)], S. 363 f.
68 Vgl. zu den bankaufsichtsrechtlichen Regelungen Boos/Fischer/Schulte-Mattler [Kreditwesengesetz (2004)] sowie Kapitel 5.3.2.

genmittel bzw. der Liquiditätsvorsorge sowie spezielle Rechnungslegungsvorschriften.[69]

Als dritte wesentliche bewertungsrelevante Besonderheit ist die hohe Abhängigkeit von *exogenen Einflussfaktoren* zu sehen.[70] Die Entwicklung auf den internationalen Finanzmärkten, die Finanz-, Geld- und Währungspolitik sowie die gesamtwirtschaftliche Lage wirken sich direkt auf die Nachfrage nach Bankleistungen und somit auch auf den Bankerfolg aus. Bei der Bewertung von Sparkassen ist aus diesem Grund eine umfassende Analyse der wirtschaftlichen Rahmenbedingungen erforderlich.[71]

Bei Sparkassen sind darüber hinaus zusätzlich die in den jeweiligen (Landes-) Sparkassengesetzen enthaltenen Vorschriften bezüglich der sparkassenspezifischen Besonderheiten, wie z. B. die Rechtsform als Anstalt des öffentlichen Rechts, der öffentliche Auftrag sowie die Ausschüttungsrestriktionen, zu berücksichtigen.[72]

Diese Bewertungsbesonderheiten bei Sparkassen wirken sich überwiegend auf die den Eigentümern zufließenden Ausschüttungen aus und sind somit zwingend bei der Aufstellung des Bewertungskalküls mit zu berücksichtigen.

---

69 Bezüglich der speziellen Rechnungslegungsvorschriften für Kreditinstitute vgl. u. a. Krumnow/ Sprißler/Bellavite-Hövermann [Rechnungslegung Kreditinstitute (2004)].

70 Vgl. Höhmann [Shareholder Value (1998)], S. 11.

71 Vgl. Becker [Bewertung (1999)], S. 27.

72 Vgl. für einen Überblick über sparkassengesetzliche Vorschriften u. a. Schlierbach [Sparkassenrecht (2003)].

3 Grundlagen der Unternehmensbewertung

3.1 Anlässe und Funktionen der Bewertung von Sparkassen

3.1.1 Anlässe der Bewertung

Eine Bewertung von Unternehmen bzw. Unternehmensanteilen erfolgt in der Praxis aufgrund von vielfältigen Bewertungsanlässen. Aus diesem Grund darf ein ermittelter Unternehmenswert nur im Zusammenhang mit dem zugrunde gelegten Bewertungszweck interpretiert werden.

In der Literatur hat sich eine zweistufige Systematisierung der Bewertungsanlässe durchgesetzt.[73] Die Bewertungsanlässe können in einem ersten Schritt in Anlässe differenziert werden, bei denen ein Eigentumswechsel angestrebt wird oder nicht. Sofern ein Eigentumswechsel beabsichtigt ist, können diese Bewertungsanlässe weitergehend in dominierte und nicht dominierte Verhandlungssituationen unterschieden werden.[74]

Bei einer *dominierten Verhandlungssituation* ist eine Änderung der Eigentumsverhältnisse von einer der beteiligten Transaktionsparteien auch gegen den Willen der anderen Partei möglich. Hierunter fallen beispielsweise die Zahlung eines angemessenen Ausgleichs gem. § 304 AktG für Minderheitsgesellschafter bei Abschluss eines Gewinnabführungs- oder Beherrschungsvertrages im Sinne des § 291 AktG sowie die Barabfindung für ausscheidende Minderheitsgesellschafter (Squeeze-out).[75]

Eine *nicht dominierte Verhandlungssituation* liegt indes dann vor, wenn keine der beteiligten Parteien die Möglichkeit besitzt, ohne Zustimmung der anderen Partei einen Eigentumswechsel zu erreichen. Zu den nicht dominierten Bewertungsanlässen gehören insbesondere der Kauf bzw. Verkauf von Unternehmen oder Unternehmensanteilen.[76]

Bei den Bewertungsanlässen, bei denen kein Eigentumswechsel angestrebt wird, wird in der Literatur vorrangig an extern hervorgerufene Unternehmensbewertungen gedacht. Hierunter fallen steuerliche Bewertungsanlässe, Kreditwürdigkeits- und Sanierungsprüfungen.[77] In letzter Zeit sind aufgrund der Einführung einer wertorientierten Unternehmensführung vermehrt intern veranlasste Unternehmensbewertungen zu be-

---

73 Vgl. Drukarczyk [Unternehmensbewertung (2003)], S. 122 ff.; Sieben [Unternehmensbewertung (1993)], Sp. 4320 f.; Mandl/Rabel [Unternehmensbewertung (1997)], S. 12 ff.

74 Vgl. Behringer [Unternehmensbewertung (2004)], S. 33 ff.

75 Vgl. Drukarczyk [Unternehmensbewertung (2003)], S. 123.

76 Vgl. Drukarczyk [Unternehmensbewertung (2003)], S. 123.

77 Vgl. Sieben [Unternehmensbewertung (1993)], Sp. 4321.

obachten. Der Unternehmenswert stellt hierbei die maßgebliche Zielgröße für die strategische Steuerung des Unternehmens sowie die Basis für die variable Entlohnung des Managements dar.[78]

Die nachfolgende Abbildung zeigt anhand der beschriebenen Systematisierung beispielhaft die wichtigsten Bewertungsanlässe von Kreditinstituten auf.

<table>
<tr><th colspan="3">Nicht entscheidungsabhängige Bewertungsanlässe</th></tr>
<tr><td></td><td>- Prüfungen gem. § 44 Abs. 1 S. 2 bis 4 KWG
- Steuerliche Bewertungsanlässe
- Performancemessungen (Controlling, Entlohnung)</td><td>- Kreditwürdigkeitsprüfungen
- Sanierungsprüfung
- Informationszwecke (z.B. für Anteilseigner im Zuge einer Shareholder-Value Ausrichtung)</td></tr>
<tr><th colspan="3">Entscheidungsabhängige Bewertungsanlässe</th></tr>
<tr><th></th><th>Nicht dominiert</th><th>Dominiert</th></tr>
<tr><td>Typ Kauf/Verkauf</td><td>- Kauf oder Verkauf eines Kreditinstituts als Institut, Tochterunternehmen oder Beteiligung
- Festlegung eines Emissionspreises im Rahmen des Going Public von Sparten eines Kreditinstituts oder in Umwandlungsfällen
- Vermögensübertragung eines Kreditinstituts auf einen anderen Rechtsträger gemäß §§ 174 ff. UmwG</td><td>- Ausscheiden von Gesellschaftern eines Kreditinstituts, soweit Partizipation an der Unternehmenswertentwicklung vertraglich vereinbart wurde.
- Zahlung eines angemessenen Ausgleichs für Minderheitsgesellschafter bei Abschluss eines Gewinnabführungs- oder Beherrschungsvertrages (§ 204 AktG)
- Barabfindungen von Minderheitsgesellschaftern gemäß §§ 305, 320b AktG, §§ 29, 36, 125, 174, 176-180, 184, 188, 189, 207 UmwG</td></tr>
<tr><td>Typ Fusion</td><td>- Verschmelzung von Kreditinstituten durch Aufnahme oder Neugründung gemäß § 2 UmwG
- Gründung von Kreditinstituten mit Einbringung von Gesellschaftsanteilen oder Betriebsvermögen
- Aus-, Abspaltung oder Ausgliederung von Kreditinstitutsanteilen gemäß §§ 123 ff. UmwG</td><td>- Abfindung von Minderheitsgesellschaftern bei Abschluss eines Gewinnabführungs- oder Beherrschungsvertrages sowie der Eingliederung durch Mehrheitsbeschlus in Aktien gemäß §§ 305, 320b AktG
- Abfindung von Minderheitsgesellschaftern bei Verschmelzung nach §§ 2 ff. UmwG</td></tr>
</table>

Tabelle 1: Bewertungsanlässe von Kreditinstituten[79]

Bei den Anlässen zur Bewertung von Sparkassen greift der klassische Bewertungsanlass des Kaufs bzw. Verkaufs von Unternehmen oder Unternehmensanteilen bislang ins Leere. Bis zum heutigen Zeitpunkt sehen die jeweiligen (Landes-) Sparkassengesetze keine Möglichkeit zum Verkauf von Sparkassen vor.[80]

Ende Juni 2006 ist ein Entwurf für die Novellierung des Hessischen Sparkassengesetzes vorgestellt worden. Mit dem neuen Gesetz wird den Sparkassen u. a. die Möglichkeit zur Bildung von Stammkapital eingeräumt. Das Stammkapital soll aus dem vor-

---

78 Vgl. Zensen [Bewertung Universalbanken (2002)], S. 27 f.

79 Quelle: Kunowski [Bewertung (2002)], S. 12.

80 Vgl. Luttmer [Sparkassen-Privatisierung (2005)], S. 23. Diese Restriktion besitzt für die freien Sparkassen keine Gültigkeit. Eine Ausnahme stellt das Sparkassengesetz in Rheinland-Pfalz dar, welches seit 1999 die Bildung und Übertragung von Stammkapital bei Sparkassen ermöglicht. In 2004 wurde bei der Sparkasse Linz am Rhein erstmalig das Stammkapital einer Sparkasse an eine andere Sparkasse übertragen. Vgl. o. V. [Novum (2004)], S. 8.

handenen Vermögen der Sparkasse (Rücklagen) gebildet oder von öffentlich-rechtlichen Dritten eingeholt werden. Mit dem vorliegenden Gesetzesentwurf werden die Voraussetzungen geschaffen, damit zwischen öffentlichen Trägern Anteile an Sparkassen übertragen werden können. Die Regelungen sehen jedoch vor, dass eine Übertragung nur an vorhandene Träger, z. B. Gemeinden, Gemeindeverbände, Zweckverbände in Hessen, oder an Sparkassen in Hessen oder an die Helaba übertragen werden können. Im Falle einer Übertragung kann zwischen den beteiligten Parteien ein Wertausgleich vereinbart werden.[81]

Der bedeutendste Bewertungsanlass bei Sparkassen ist indes die Bewertung anlässlich einer angestrebten *Fusion* zwischen Sparkassen. Da Sparkassen in der Rechtsform der Anstalt des öffentlichen Rechts betrieben werden, verfügen sie über keine Eigentümer, sondern über Anstaltsträger. Diesen Anstaltsträgern steht zwar nicht das Eigentum an der Sparkasse zu, jedoch sind bei einer Fusion die „Anteile" an dem „neuen" Institut festzulegen, die die Grundlage für die Haftungs- und Gewinnverteilung sowie Stimmrechtsverhältnisse bilden. Aus diesem Grund ist bei der Fusion von Sparkassen eine Unternehmensbewertung zur Feststellung der Anteilsverhältnisse erforderlich.[82] In der Praxis werden diese Verhältnisse überwiegend anhand von sparkassenspezifischen und externen Faktoren vorgenommen, wie z. B. der Geschäftsanteil in Bezug zu Kundeneinlagen oder Kreditvolumen, Bilanzsummen oder der Anteile an den Einwohnerzahlen. Eine Ermittlung des Unternehmenswertes auf Basis der den Trägern zukünftig zufließenden Nettozuflüsse erfolgt nicht, so dass die bisherige Vorgehensweise aufgrund des fehlenden Subjektbezugs, der fehlenden Zukunftsorientierung und der mangelnden Orientierung an einer Bewertungsfunktion im Widerspruch zur entscheidungsorientierten funktionalen Bewertungstheorie steht.[83]

Bewertungen können jedoch nicht nur bei der Fusion von Sparkassen, sondern auch bei der Fusion von Sparkassen mit anderen Unternehmen der Sparkassen-Finanzgruppe erforderlich sein. Hierunter fallen beispielsweise die Fusion der Südwestdeutschen Landesbank, der Landeskreditbank sowie der Landesgirokasse zur Landesbank Baden-Württemberg, die Gründung der Sachsen-Finanzgruppe sowie die Übernahme der Fraspa durch die Landesbank Hessen-Thüringen.

Ein weiterer denkbarer, aber derzeit nicht möglicher Anlass zur Bewertung von Sparkassen würde in der *Privatisierung* von Sparkassen bestehen. Hierbei ist zwischen einer formellen und materiellen Privatisierung zu unterscheiden. Bei einer formellen Privatisierung erfolgt lediglich ein Wechsel der Rechtsform, z. B. durch Umwandlung

---

81 Vgl. Entwurf eines Siebenten Gesetzes zur Änderung des Hessischen Sparkassengesetzes (Stand: Juni 2006).

82 Vgl. Zensen [Bewertung Universalbanken (2002)], S. 33.

83 Vgl. Matschke/Witt [Entscheidungswertermittlung (2004)], S. 253.

in eine Aktiengesellschaft.[84] Bei der materiellen Privatisierung werden hingegen Anteile an der Sparkasse an einen externen Dritten veräußert.[85] Neben der Fusion und Privatisierung können Bewertungen von Sparkassen aufgrund einer wertorientierten Unternehmensführung bzw. als Grundlage für die Ermittlung der variablen Entlohnung des Managements erforderlich werden.

Inwieweit bei Sparkassen eine *wertorientierte Unternehmensführung* zu befürworten ist, ist aufgrund der eindimensionalen Zielausrichtung auf die Steigerung des Shareholder Values kritisch zu hinterfragen. Aus Sicht des Verfassers ist der Kerngedanke des Wertmanagements aus folgenden Gründen auf öffentlich-rechtliche Sparkassen übertragbar. Sparkassen stehen in einem intensiven Wettbewerb mit den Kreditinstituten aus den anderen Bankengruppen. Bedingt durch die derzeitigen rechtlichen Rahmenbedingungen ist eine externe Eigenkapitalaufnahme nur bedingt möglich. Um ihren Marktanteil zu halten bzw. auszubauen, ist bei einem hierfür erforderlichen stetigen Bilanzsummenwachstum eine Thesaurierung von Gewinnen erforderlich, dessen Bildung durch eine wertorientierte Unternehmensführung erleichtert wird. Hinzu kommt, dass aufgrund der angespannten finanziellen Lage vieler Träger das Interesse an höheren Ausschüttungen der Sparkassen ansteigt. Mit einer konsequenten Umsetzung des Shareholder Value-Ansatzes kann ein höheres Ausschüttungspotenzial generiert werden. Diese höheren Ausschüttungen liegen auch im Interesse der Allgemeinheit, da die jeweiligen (Landes-)Sparkassengesetze vorsehen, dass die ausgeschütteten Beträge ausschließlich für gemeinnützige Zwecke verwendet werden dürfen.

3.1.2 Funktionen bei der Bewertung von Sparkassen

Die Entwicklung der Unternehmensbewertung wurde viele Jahre durch *einen Methodenstreit* zwischen Anhängern der subjektiven und objektiven Unternehmensbewertungslehre geprägt. Dieser Disput konnte durch die Entwicklung der funktionalen Werttheorie gelöst werden.

Bis zum Ende der 50er Jahre sprach sich die herrschende Lehrmeinung für die *objektive Werttheorie* aus. Nach dieser Werttheorie ist für jedes Individuum der Wert eines Unternehmens identisch. Der Wert eines Unternehmens wurde als eine dem Unternehmen an sich anhaftende Eigenschaft angesehen.[86] Bei dem objektiven Unternehmenswert handelt es sich um eine unabhängige Wertermittlung, bei der von den sub-

[84] Insbesondere bei den freien Sparkassen war in den letzten Jahren eine Umwandlung in Aktiengesellschaften zu beobachten. So haben u. a. die Hamburger Sparkasse AG, Frankfurter Sparkasse AG, Die Sparkasse Bremen AG, Sparkasse zu Lübeck AG, Spar- und Leihkasse Bredstedt AG sowie die Sparkasse Mittelholstein AG ihre Rechtsform in eine Aktiengesellschaft umgewandelt.
[85] Vgl. Scheike [Privatisierung (2004)], S. 40.
[86] Vgl. Mellerowicz [Wert (1952)], S. 12.

jektiven Wertvorstellungen der am Bewertungsprozess beteiligten Personen, wie z. B. Käufer bzw. Verkäufer, abstrahiert wird.[87] Der objektive Unternehmenswert lässt sich als den Preis definieren, den jeder Käufer für das bestehende Unternehmen zu zahlen bereit sein würde.[88] Eine Unterscheidung zwischen dem Wert und Preis wird folglich bei der objektiven Werttheorie nicht vorgenommen, da keine subjektiven Bestandteile in die Wertermittlung einfließen. Die Kritik an der objektiven Werttheorie bezog sich zum einen auf die fehlende Berücksichtigung der besonderen Situation von Käufern und Verkäufern und ihrer Interessenlage. Zum anderen ist ein objektiver Wert generell nicht ermittelbar, da sich der Wert aus einer Objekt-Subjekt-Beziehung ergibt.[89]

Die Anhänger einer *subjektiven Unternehmensbewertungslehre* vertraten hingegen die Auffassung, dass in die Berechnung des Unternehmenswertes auch die individuellen Fähigkeiten und Gegebenheiten des Käufers bzw. Verkäufers einfließen müssen.[90] Die subjektive Werttheorie verfolgt das Ziel, individuelle Entscheidungswerte und nicht - wie bei der objektiven Werttheorie - normalisierte Werte ermitteln zu können.[91] Ein rational handelnder potenzieller Käufer bzw. Verkäufer wird seine Entscheidung nicht auf Basis eines normalisierten Unternehmenswertes treffen. Er wird den für ihn geltenden Grenzpreis unter Berücksichtung des für ihn mit dem Bewertungsobjekt verbundenen individuellen Nutzens treffen. Der Unternehmenswert ermittelt sich demzufolge aus einer bestimmten Subjekt-Objekt-Relation.[92] Der individuelle Grenzpreis ist für den einzelnen Investor unter Berücksichtigung seiner vorhandenen Anlagealternativen und den subjektiven Einflussmöglichkeiten auf zukünftige Erträge zu bestimmen.[93] Folglich können im Gegensatz zur objektiven Werttheorie für ein einzelnes Unternehmen mehrere subjektive Unternehmenswerte existieren.

Der zwischen der objektiven und subjektiven Werttheorie bestehende Konflikt wird seit 1971 mithilfe der *funktionalen Unternehmensbewertungslehre* gelöst.[94] Die funktionale Werttheorie leitet den Wert in Abhängigkeit von der gegebenen Zielsetzung unter Berücksichtigung des Entscheidungsfeldes des Bewertenden ab. Hierbei wird die Gesamtheit der dem Bewertenden in einer bestimmten Situation zur Verfügung stehenden Handlungsmöglichkeiten im Sinne der subjektiven Werttheorie berücksich-

87 Vgl. Peemöller [Werttheorien (2005)], S. 5.
88 Vgl. Herzog [Substanzwert (1962)], S. 1615.
89 Vgl. Peemöller [Werttheorien (2005)], S. 5.
90 Vgl. Busse von Colbe [Zukunftserfolg (1957)], S. 16 ff.; Münstermann [Wert (1970)], S. 21 ff.
91 Vgl. Bretzke [Methodenstreit (1976)], S. 543 f.
92 Vgl. Bretzke [Unternehmensbewertung (1975)], S. 126.
93 Vgl. Moxter [Grundsätze (1983)], S. 9 f.
94 Vgl. Sieben [Entscheidungswert (1976)], S. 492 ff.; Sieben [Funktionen (1983)], S. 539; Matschke [Arbitriumwert (1971)], S. 508 ff.; Mandl/Rabel [Unternehmensbewertung (1997)], S. 9 f; Matschke [Argumentationswert (1976)], S. 517 ff.

tigt.[95] Dementsprechend gibt es „nicht den schlechthin richtigen Unternehmenswert".[96] Vielmehr ist der ermittelte Wert einer Sparkasse abhängig von dem Zweck, dem die Bewertung dient (vgl. Abbildung 5).[97]

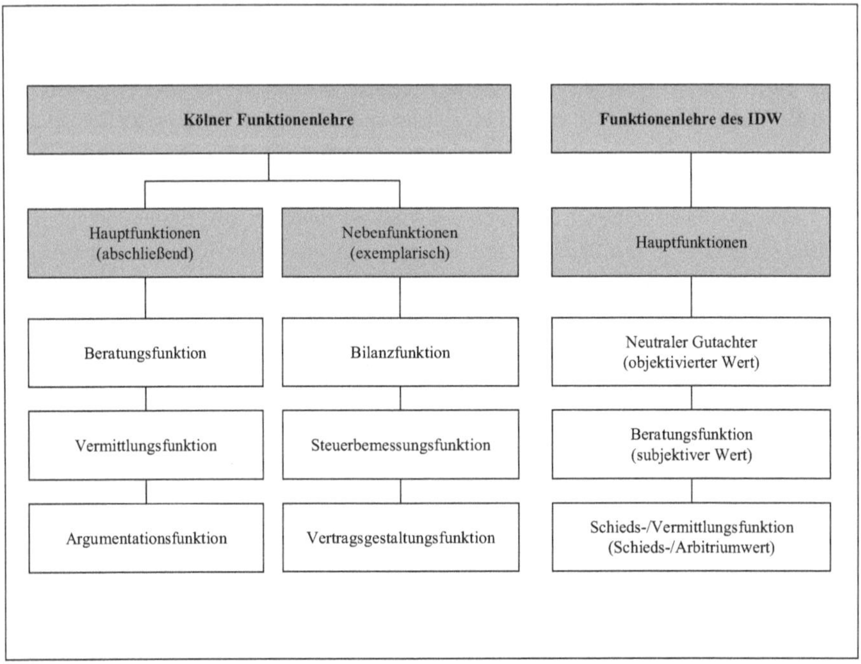

Abbildung 5: Funktionen der Unternehmensbewertung[98]

Bei der *Kölner Funktionslehre* werden die unterschiedlichen Bewertungsanlässe mit den zugrunde liegenden Aufgaben des Bewertenden kombiniert und in Funktionen zusammengefasst. Diese Funktionen können in Haupt- und Nebenfunktionen unterteilt werden. Zu den Hauptfunktionen gehören die Beratungs-, Vermittlungs- sowie Argumentationsfunktion.[99] Die Hauptfunktionen knüpfen an Bewertungsanlässe an, die im Zusammenhang mit einer bevorstehenden bzw. vollzogenen Eigentumsübertragung

[95] Vgl. Peemöller [Werttheorien (2005)], S. 7 f.
[96] Vgl. Moxter [Grundsätze (1983)], S. 6.
[97] Vgl. Moxter [Grundsätze (1983)], S. 6; Börner [Unternehmensbewertung (1988)], S. 111 ff.
[98] Quelle: Eigene Darstellung in Anlehnung an Sieben [Funktionen (1983)], S. 182 und Nölle [Unternehmensbewertung (2005)], S. 19.
[99] Vgl. Matschke [Argumentationswert (1976)], S. 517 f.; Sieben [Funktionen (1983)], S. 181.

stehen. Als wesentliche Nebenfunktionen werden die Bilanz-, Steuerbemessungs- und Vertragsgestaltungsfunktionen genannt.[100]

Die Aufgabe des Bewertenden im Rahmen der *Beratungsfunktion* besteht in der Schaffung von Entscheidungsgrundlagen für den potenziellen Käufer bzw. Verkäufer von Unternehmen bzw. Unternehmensanteilen. Der Wert stellt die Preisobergrenze für einen rational handelnden potenziellen Käufer bzw. die Preisuntergrenze für einen potenziellen Verkäufer dar. Akzeptiert der Käufer einen Preis, der oberhalb seines Grenzpreises liegt, trifft er eine suboptimale Entscheidung. Er könnte die Mittel in eine Alternativanlage investieren, mit der er eine höhere Rendite erzielen könnte. Analog gilt dies für den Verkäufer, wenn er einen Preis unterhalb seines Grenzpreises akzeptiert.[101]

Durch die Ermittlung der individuellen Grenzpreise von Käufer bzw. Verkäufer wird der potenzielle Einigungsbereich für eine Transaktion abgesteckt. Nur wenn der Grenzpreis des Verkäufers unterhalb des Grenzpreises des Käufers liegt, ist ein Einigungsbereich vorhanden.[102]

Ist der Bewertende in der *Vermittlerfunktion* tätig, besteht seine Aufgabe in der Ermittlung eines Schiedswertes[103], um zwischen den beteiligten Parteien zu vermitteln. Der Schiedswert stellt keinen objektiven Unternehmenswert dar. Vielmehr handelt es sich hierbei um einen Wert, der von den beteiligten Parteien akzeptiert werden kann. Das Ziel der Ermittlung von Vermittlungswerten liegt darin, einen Wert zu finden, der nicht nur von den Vorstellungen einer Partei geprägt ist. Der Bewertende hat die parteispezifischen Interessen aller Beteiligten zu berücksichtigen.[104] Hierbei ist zwischen dominierten und nicht dominierten Konfliktsituationen zu unterscheiden. Bei *nicht dominierten Konfliktsituationen* kann jede der beteiligten Personen die Vertragsverhandlungen abbrechen und somit den Status Quo beibehalten.[105] Eine Transaktion wird daher nur in den Fällen zustande kommen, wenn der vom Vermittler festgestellte Schiedswert unterhalb des Grenzpreises des Käufers sowie oberhalb der Preisuntergrenze des Verkäufers liegt. Ist dieser Einigungsbereich nicht vorhanden, wird die Transaktion nicht stattfinden, da sich mindestens eine Partei schlechter stellen würde als bei Unterlassung der Transaktion.

[100] Vgl. Sieben [Funktionen (1983)], S. 181.

[101] Vgl. Moxter [Grundsätze (1983)], S. 9; Peemöller [Werttheorien (2005)], S. 8 f.

[102] Vgl. Sieben [Funktionen (1983)], S. 182 f.

[103] In der Literatur werden auch häufig die Begriffe Arbitrium- bzw. Vermittlungswert synonym verwendet.

[104] Vgl. Helbling [Unternehmensbewertung (1998)], S. 46 f.

[105] Vgl. Drukarczyk [Unternehmensbewertung (2003)], S. 122 f.

Liegt hingegen eine *dominierte Konfliktsituation* vor, kann eine Eigentumsveränderung gegen den Willen einer beteiligten Partei erfolgen. Ist ein positiver Einigungsbereich vorhanden, ist der Schiedswert - wie bei einer nicht dominierten Konfliktsituation - unter Beachtung des Gerechtigkeitspostulats zu bestimmen. Liegt hingegen kein Einigungsbereich zwischen den Parteien vor, wird, um der Schutzbedürftigkeit der „schwächeren" Partei gerecht zu werden, der Grenzpreis dieser Partei als Schiedswert vorgeschlagen.[106] Hierdurch wird die „schwächere" Partei nicht schlechter gestellt, als wenn die Transaktion unterbleiben würde. Die dominierende Partei kann bei einer entsprechenden Über- bzw. Unterschreitung des Grenzpreises auf die Transaktion verzichten und bedarf somit keines besonderen Schutzes.[107]

Die *Argumentationsfunktion* ist die dritte Hauptfunktion der funktionalen Bewertungslehre. Im Rahmen der Argumentationsfunktion soll ein Unternehmenswert ermittelt werden, der die Position einer Verhandlungspartei argumentativ stärkt. Hierdurch soll ihr ermöglicht werden, die andere Partei so zu beeinflussen, dass das angestrebte Verhandlungsergebnis weitestgehend erreicht wird.[108] Im Gegensatz zum Entscheidungswert, der dem Verhandlungspartner nicht mitgeteilt wird, erfolgt eine Offenlegung des Argumentationswertes. Dieser sollte, um einen Verhandlungsspielraum zu ermöglichen, möglichst glaubwürdig, aber auch flexibel sein.[109]

In Anlehnung an die Kölner Funktionslehre hat das Institut der Wirtschaftsprüfer für den Berufstand der Wirtschaftsprüfer ein eigenes Konzept der funktionalen Unternehmensbewertung entwickelt. Die *Funktionenlehre des IDW* unterscheidet, ähnlich der Kölner Funktionenlehre, drei Funktionen: die Beratungsfunktion, die Vermittlungsfunktion sowie die Funktion des neutralen Gutachters.[110] Im Gegensatz zur Kölner Funktionenlehre beinhaltet sie jedoch nicht die Argumentationsfunktion, die mit dem Hinweis abgelehnt wird, dass die parteiische Begutachtung mit individuell beeinflusster Informationsgewährung zur Manipulation des Transaktionspartners den Berufsgrundsätzen der Wirtschaftsprüfer entgegensteht.[111]

Von zentraler Bedeutung für die Wirtschaftsprüfer ist *die Funktion des neutralen Gutachters.* In dieser „Kommunikationsfunktion" soll der Wirtschaftsprüfer als neutraler Sachverständiger einen objektivierten, von den individuellen Wertvorstellungen der

---

[106] Vgl. Matschke [Konfliktsituation (1982)], S. 117 f.
[107] Vgl. Sieben/Schildbach [Entwicklung (1979)], S. 457.
[108] Vgl. Matschke [Argumentationsfunktion (1977)], S. 91 ff.; Sieben [Unternehmensbewertung (1993)], Sp. 4319 f.
[109] Vgl. Sieben [Funktionen (1983)], S. 184; Peemöller [Werttheorien (2005)], S. 10 f.
[110] Vgl. IDW [IDW S1 (2005)], S. 1305, Tz. 12.
[111] Vgl. Peemöller [Werttheorien (2005)], S. 10 f.

betroffenen Parteien unabhängigen Wert des zu bewertenden Unternehmens als Grundlage für Verhandlungen ermitteln.[112]

Der objektivierte Wert wird auf Basis des bestehenden Unternehmenskonzeptes ermittelt. Das Unternehmen wird bewertet, „so wie es steht und liegt".[113] Hierbei wird typisierend unterstellt, dass das vorhandene Management auch in Zukunft für das Unternehmen tätig sein wird. Hierdurch weicht der objektivierte Unternehmenswert von der objektiven Werttheorie ab. Während die objektive Werttheorie der Bewertung ein durchschnittliches und normales Management zugrunde legt, wird bei der Ermittlung eines objektivierten Unternehmenswertes von den Fähigkeiten des vorhandenen Managements ausgegangen. Hierbei wird von der nicht übertragbaren Ertragskraft des Managements abstrahiert.[114]

Des Weiteren wird ein typisierter Anteilseigner unterstellt, bei dem es sich um eine inländische, unbeschränkt steuerpflichtige natürliche Person handelt. Sein typisierter Steuersatz wird aufgrund von statistischen Erhebungen mit 35 Prozent vorgegeben.[115]

Als Ergebnis stellt der objektivierte Unternehmenswert einen „typisierten und intersubjektiv nachprüfbaren Zukunftserfolgswert aus der Perspektive einer inländischen unbeschränkt steuerpflichtigen natürlichen Person als Anteilseigner dar, der sich bei Fortführung des Unternehmens in unverändertem Konzept und mit allen realistischen Zukunftserwartungen im Rahmen seiner Marktchancen und -risiken, finanziellen Möglichkeiten des Unternehmens sowie sonstigen Einflussfaktoren ergibt"[116].

Im Rahmen dieser Arbeit soll die Ermittlung eines Unternehmenswertes von Sparkassen im Rahmen der Beratungsfunktion erfolgen. Aufgezeigt werden soll ein subjektiver Unternehmenswert aus Sicht der Träger der Sparkasse, der als Entscheidungsgrundlage für angestrebte Fusionen dienen kann.[117]

[112] Vgl. IDW [WP-Handbuch II (2002)], S. 11, Tz. 33 ff.
[113] Vgl. IDW [WP-Handbuch II (2002)], S. 11, Tz. 35.
[114] Vgl. IDW [WP-Handbuch II (2002)], S. 41, Tz. 124 ff.; Schildbach [Funktionenlehre (1993)], S. 30 f.
[115] Vgl. IDW [IDW S1 (2005)], S. 1308, Tz. 53 f.
[116] Vgl. IDW [IDW S1 (2005)], S. 1308, Tz. 41.
[117] Im Rahmen dieser Arbeit soll eine Stand-Alone-Betrachtung erfolgen, d. h. mögliche Synergieeffekte, die bei einer Fusion realisiert werden könnten, werden nicht betrachtet.

3.2 Darstellung verschiedener Bewertungsverfahren und Untersuchung auf ihre Eignung zur Bewertung von Sparkassen

3.2.1 Verfahren zur Unternehmensbewertung im Überblick

Die Verfahren zur Bewertung von Unternehmen werden in der Theorie in Einzel- und Gesamtbewertungsverfahren unterschieden. Einen Überblick über die Zuordnung der einzelnen Bewertungsverfahren in Einzel- und Gesamtbewertungsverfahren gibt Abbildung 6.

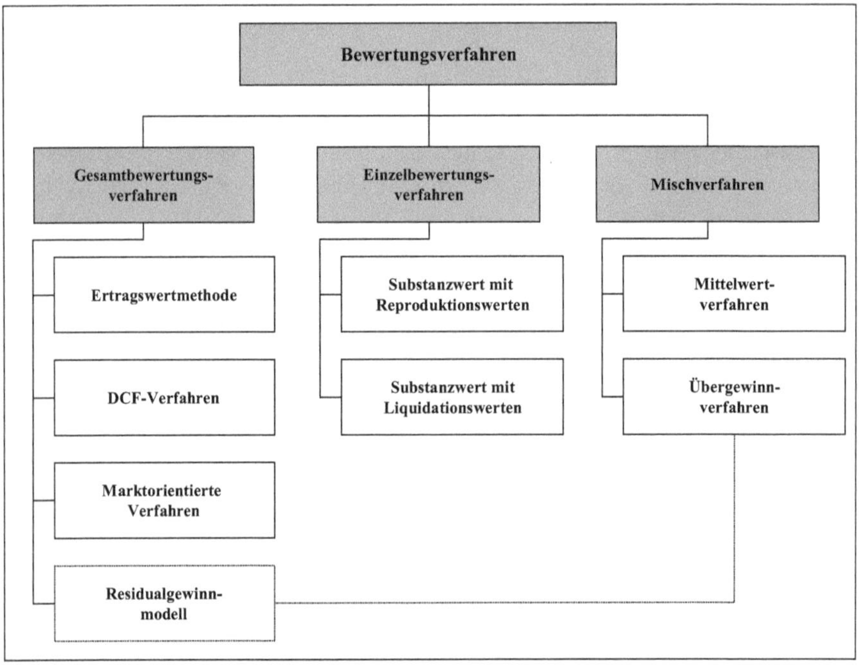

Abbildung 6: Bewertungsverfahren im Überblick[118]

Bei den *Einzelbewertungsverfahren* wird der Unternehmenswert durch die Bewertung der einzelnen Vermögensgegenstände und Schulden des Unternehmens zu einem bestimmten Stichtag ermittelt. Die Summe dieser Einzelwerte ergibt den Unternehmenswert.[119] Ausgangspunkt für die Bewertung sind das Inventar oder die Bilanz des Unternehmens. Somit erfolgt ausschließlich eine vergangenheitsorientierte Betrach-

[118] Quelle: Eigene Darstellung in Anlehnung an Mandl/Rabel [Methoden (2005)], S. 51 und Stellbrink [Restwert (2005)], S. 11.
[119] Vgl. Mandl/Rabel [Methoden (2005)], S. 51.

tungsweise, da die in der Zukunft zu erwartenden Erträge bei der Wertermittlung mit Einzelbewertungsverfahren unberücksichtigt bleiben.[120] Je nachdem, ob eine Bewertung auf Basis von Liquidationswerten bzw. Wiederbeschaffungswerten vorgenommen wird, wird von Substanzwertverfahren auf Basis von Liquidationswerten bzw. Reproduktionswerten gesprochen.

Im Gegensatz zu den Einzelbewertungsverfahren erfolgt bei *den Gesamtbewertungsverfahren* eine Bewertung des Unternehmens in seiner Gesamtheit. Das Unternehmen stellt hierbei insgesamt eine einzige Bewertungseinheit dar.[121] Die Gesamtbewertungsverfahren lassen sich weiter in fundamentale Verfahren, zu denen das Ertragswertverfahren sowie die Discounted Cash Flow-Methode gehören, und in marktorientierte Verfahren unterteilen.

Ausgangsbasis für die Bewertung mithilfe des Ertragswertverfahrens bzw. der Discounted Cash Flow-Methode ist die Durchführung einer fundamentalen Analyse des Bewertungsobjektes. Hierauf aufbauend erfolgt die Bewertung auf Basis der diskontierten zukünftig zu erwartenden finanziellen „Zielbeiträge", die dem Anteilseigner zufließen werden.[122]

Die marktorientierten Verfahren nehmen indes eine Ableitung des Unternehmenswertes aus unternehmensexternen Faktoren vor. In der Regel erfolgt hierbei eine Wertermittlung auf Basis von Multiplikatoren.[123]

Die *Mischverfahren* stellen eine Kombination aus Einzel- und Gesamtbewertungsverfahren dar. Bei ihrer Anwendung werden sowohl Elemente der Gesamtbewertungsverfahren als auch der Einzelbewertungsverfahren in die Unternehmenswertberechnung einbezogen.[124]

Zu der Gruppe der Mischverfahren zählt das Mittelwertverfahren. Hierbei handelt es sich um eine Mischung aus einer substanz- und einer ertragsbezogenen Variante zur

---

[120] Vgl. Frommann [Erfolgsfaktoren (2002)], S. 32; Ballwieser [Unternehmensbewertung (1993)], S. 153.
[121] Vgl. Mandl/Rabel [Methoden (2005)], S. 51.
[122] Vgl. Ballwieser [Unternehmensbewertung (1993)], S. 153.
[123] Vgl. Frommann [Erfolgsfaktoren (2002)], S. 32.
[124] Vgl. Mandl/Rabel [Unternehmensbewertung (1997)], S. 49.

Bewertung von Unternehmen. Sie basiert auf einer Mittelwertbildung[125] zwischen dem Ertrags- und Substanzwert.[126]

Zu den Mischverfahren zählt auch das Übergewinnverfahren. Die Grundidee dieses Verfahrens liegt in der Verbindung der substanzbezogenen und ertragsbezogenen Betrachtungsweisen. Der Unternehmenswert ermittelt sich aus dem Substanzwert (als Teilreproduktionswert) und dem Barwert der erwarteten künftigen Übergewinne.[127] Dabei wird unter dem Übergewinn derjenige Betrag verstanden, der vom Unternehmen über den so genannten Normalertrag, d. h. über die angemessene Verzinsung des Substanzwertes, erwirtschaftet wird.[128]

In formaler Hinsicht entspricht das Übergewinnverfahren den Konzepten, die eine Ermittlung des Unternehmenswertes auf Basis von Residualgewinnen ermitteln. Der Unternehmenswert errechnet sich bei diesen Verfahren aus dem Buchwert des Eigenkapitals und dem Barwert der künftigen Residualgewinne.[129] Während beim klassischen Übergewinnverfahren die Annahme zugrunde liegt, dass langfristig der Gewinn der angemessenen Verzinsung des Substanzwertes entspricht, sind beim Residualgewinnmodell die künftigen Residualgewinne zu prognostizieren.[130] Trotz der formalen Ähnlichkeit zum Übergewinnverfahren ist das Residualgewinnmodell daher nicht den Mischverfahren zuzuordnen. Vielmehr ist es den Gesamtbewertungsverfahren zuzuordnen, da es auf künftigen Zahlungsströmen basiert.

3.2.2 Substanzorientierte Verfahren

3.2.2.1 Vorbemerkung

Der Grundgedanke von substanzorientierten Verfahren ist die Ermittlung des Unternehmenswertes aus der Summe der Werte der einzelnen Vermögenspositionen oder -gegenstände abzüglich der einzelnen Schuldenpositionen des Unternehmens.[131] Es gilt:

---

[125] Die Mittelwertbildung kann auf Basis des arithmetischen Mittels oder auf Basis einer unterschiedlichen Gewichtung der beiden Faktoren erfolgen.

[126] Vgl. Ernst/Schneider/Thielen [Unternehmensbewertung (2003)], S. 6; Born [Unternehmensanalyse (2003)], S. 26 f.

[127] Vgl. Moxter [Grundsätze (1983)], S. 57; Mandl/Rabel [Unternehmensbewertung (1997)], S. 50 f.

[128] Vgl. Moxter [Grundsätze (1983)], S. 56 f.; Mandl/Rabel [Methoden (2005)], S. 85.
Die Mischverfahren spielen mittlerweile so gut wie keine Rolle mehr, so dass im Folgenden von einer weiteren Betrachtung abgesehen wird. Vgl. Sieben [Unternehmensbewertung (1993)], Sp. 4322.

[129] Vgl. Coenenberg/Schultze [Unternehmensbewertung (2002)], S. 605 f.

[130] Vgl. Mandl/Rabel [Methoden (2005)], S. 85.

[131] Vgl. Ballwieser [Unternehmensbewertung (1993)],S. 153.

(1) $$UW = \sum_{i=1}^{I} V_i - \sum_{j=1}^{J} F_j$$

V_i Wert der Vermögensposition i

F_j Wert der Schuldenposition j.

In der Literatur wird eine weitergehende Unterteilung der substanzorientierten Verfahren vorgenommen. Hierbei wird in Abhängigkeit von der Prämisse über die Unternehmensfortführung zwischen Substanz- und Liquidationswerten unterschieden.[132]

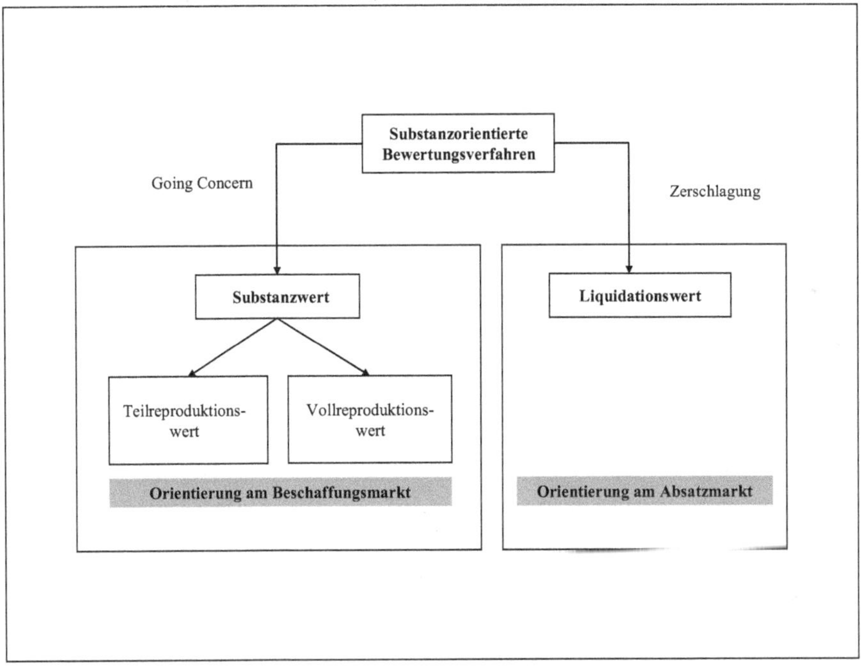

Abbildung 7: Substanzorientierte Einzelbewertung[133]

3.2.2.2 Substanzwertverfahren

Eine allgemeingültige Definition des Substanzwertes gibt es weder in der Theorie noch in der Praxis. Nach Auffassung des IDW handelt es sich bei dem Substanzwert eines Unternehmens um den „*Gebrauchswert der betrieblichen Substanz*".[134] Der Sub-

[132] Vgl. Sieben/Maltry [Substanzwert (2005)], S. 379.
[133] Quelle: Eigene Darstellung in Anlehnung an Koch [Bankakquisition (2000)], S. 22.
[134] Vgl. IDW [WP-Handbuch II (2002)], S. 140, Tz. 394.

stanzwert ermittelt sich unter der Prämisse der Fortführung der Unternehmenstätigkeit „grundsätzlich als Rekonstruktions- oder Wiederbeschaffungswert der im Unternehmen vorhandenen materiellen und immateriellen Werte (und Schulden)“[135].

Bei der Bewertung sind dem Alter und dem Zustand der Vermögensgegenstände im Rahmen von Abschlägen vom Rekonstruktionsneuwert Rechnung zu tragen.[136] Der Substanzwert gibt somit den Preis an, den ein Dritter aufwenden müsste, um das zu bewertende Unternehmen zu rekonstruieren.[137]

Je nach Umfang der in die Bewertung einfließenden Vermögensgegenstände wird zwischen dem Substanzwert als Teilreproduktionswert und dem Substanzwert als Vollreproduktionswert unterschieden. Moxter definiert den *Teilreproduktionswert* als die „Summe der Einzelbeschaffungspreise der „selbständig verkehrsfähigen Gegenstände“.[138] Hiernach werden nur die materiellen und die verkehrsfähigen immateriellen Werte des Unternehmens berücksichtigt. Selbstgeschaffene und nicht einzeln bewertbare immaterielle Werte (Goodwill) werden hingegen nur bei der Ermittlung eines *Vollreproduktionswertes* berücksichtigt. Hierunter fallen beispielsweise der Wert der Geschäftsbeziehungen, die Qualität des Managements, der Standort sowie Image und Marktstellung des Unternehmens.[139] Dabei ist zu beachten, dass diese Bestandteile weder vollzählig aufgezählt werden können noch im Sinne des Substanzwertes einzeln zu bewerten sind.[140] Aus diesem Grund stellt ein ermittelter Substanzwert zwangsläufig immer einen Teilreproduktionswert dar.[141]

Die ermittelten Substanzwerte als Teilreproduktions- bzw. Vollreproduktionswert weisen insoweit einen objektiven Charakter auf, als dass die Bewertung anhand von Marktpreisen vorgenommen wird. Diese Substanzwerte sind zwar gegenwartsbezogen, weisen allerdings aufgrund der fehlenden Berücksichtigung von zukünftigen Entwicklungen keinen Zukunftsbezug auf.[142]

Eine andere Interpretation des Substanzwertes ist der auf Sieben *zurückgehende Substanzwert im Sinne ersparter Ausgaben.*[143] Der Substanzwert wird hierbei als Ausdruck vorgeleisteter Ausgaben verstanden, die durch den Verzicht auf den Aufbau ei-

[135] Vgl. IDW [WP-Handbuch II (2002)], S. 140, Tz. 394.
[136] Vgl. Mandl/Rabel [Methoden (2005)], S. 80.
[137] Vgl. Moxter [Grundsätze (1983)], S. 41.
[138] Vgl. Moxter [Grundsätze (1976)],S. 62.
[139] Vgl. Miller [Valuation (1995)], S. 181 f.; Viel/Bredt/Renard [Bewertung (1971)], S. 46.
[140] Vgl. Münstermann [Wert (1970)], S. 93; Bieg [Unternehmensbewertung (1990)], S. 175; Engeleiter [Unternehmensbewertung (1970)], S. 23.
[141] Vgl. Moxter [Grundsätze (1983)], S. 44.
[142] Vgl. Sieben [Substanzwert (1963)], S. 32; Sieben/Kirchner [Substanzwert (1988)], S. 541.
[143] Vgl. Sieben [Substanzwert (1963)], S. 79 ff.

nes identischen Unternehmens erspart bleiben.[144] Der Substanzwert i. S. von ersparten Ausgaben berücksichtigt hierbei nicht nur die unmittelbar anfallenden, sondern auch die zukünftigen Investitionsauszahlungen sowie die laufenden betrieblichen Auszahlungen.[145] Bei diesem Substanzwert handelt es sich somit im Gegensatz zu den Teil- bzw. Vollreproduktionswerten nicht um die Summe gegenwartsbezogener objektiver Einzelwerte. Vielmehr werden zukunftsbezogene, ganzheitlich ermittelte Wertgrößen verwendet, welche die individuellen Rahmenbedingungen des Investors berücksichtigen.[146]

Der Substanzwert im Sinne von ersparten Ausgaben stellt für einen Investor nur dann den Entscheidungswert dar, wenn seine Handlungsalternativen sich lediglich auf die Möglichkeit des Unternehmenskaufes bzw. der Neuerrichtung der Kapazitäten beschränken. Bestehen weitere Optionen, ist der Substanzwert im Sinne von ersparten Ausgaben nicht als Entscheidungswert geeignet.

Dem Substanzwert im Sinne ersparter Ausgaben kommt eine *Hilfsfunktion* bei der Ermittlung eines Ertragswertes zu. Diese bestehen in der Lieferung der rechnerischen Grundlagen für die Ermittlung der Daten der Ertrags- bzw. Einnahmenüberschussrechnung, die von der Unternehmenssubstanz abhängen, sowie in der Ermittlung des Finanzbedarfs.[147]

Eine detaillierte Ermittlung der Wiederbeschaffungswerte sämtlicher Vermögensgegenstände und Verbindlichkeiten einer Sparkasse ist ein komplexer und zeitaufwendiger Prozess.[148] In der Praxis erfolgt die Ermittlung des Substanzwertes (Net Asset Value) auf Basis des Buchwertes des Eigenkapitals (Book Value Equity), der sich aus der Differenz zwischen den Buchwerten der Verbindlichkeiten und den Vermögensgegenständen der Sparkasse ermittelt. In der Regel weichen die in der Bilanz angesetzten Buchwerte von den Marktwerten ab. Der Buchwert des Eigenkapitals ist daher um die sich aus der Differenz zwischen diesen beiden Größen ergebenden stillen Reserven bzw. Lasten zu korrigieren.[149] Neben stillen Reserven im Beteiligungsbesitz werden bei der Ermittlung des Substanzwertes ebenfalls die stillen Reserven der Immobilien berücksichtigt, allerdings nur, sofern diese nicht betrieblich genutzt werden. Diese stil-

[144] Vgl. Sieben [Substanzwert (1963)], S. 80.
[145] Vgl. Sieben [Unternehmensbewertung (1993)], Sp. 4328.
[146] Vgl. Sieben [Unternehmensbewertung (1993)], Sp. 4328.
[147] Vgl. IDW [WP-Handbuch II (2002)], S. 141, Tz. 398.
[148] Zur konkreten Bewertung von Vermögensgegenständen wie z. B. des Kreditportfolios und der Verbindlichkeiten einer Bank vgl. bspw. Johnson [Bank mergers (1995)], S. 130 ff. und Miller [Valuation (1995)], S. 206 ff. Für einige Vermögensgegenstände, z.B. für die Handelsaktiva, wird zur Bewertung teilweise ein Marktwert zur Verfügung stehen, der die Bewertung in diesen Fällen erleichtert.
[149] Vgl. Lachnit [Bilanzanalyse (2004)], S. 109; Lachnit [True and fair view (1993)], S. 194.

len Reserven werden, abzüglich der bei einer Realisierung anfallenden Steuern sowie des eventuellen Ansatzes eines Liquiditätsabschlages, zum Buchwert des Eigenkapitals addiert. Weitere zu berücksichtigende stille Reserven bzw. Lasten können aus einer Über- bzw. Unterdotierung der Risikovorsorge sowie einer gegebenenfalls bestehenden Unterdotierung von Pensionsrückstellungen entstehen.[150]

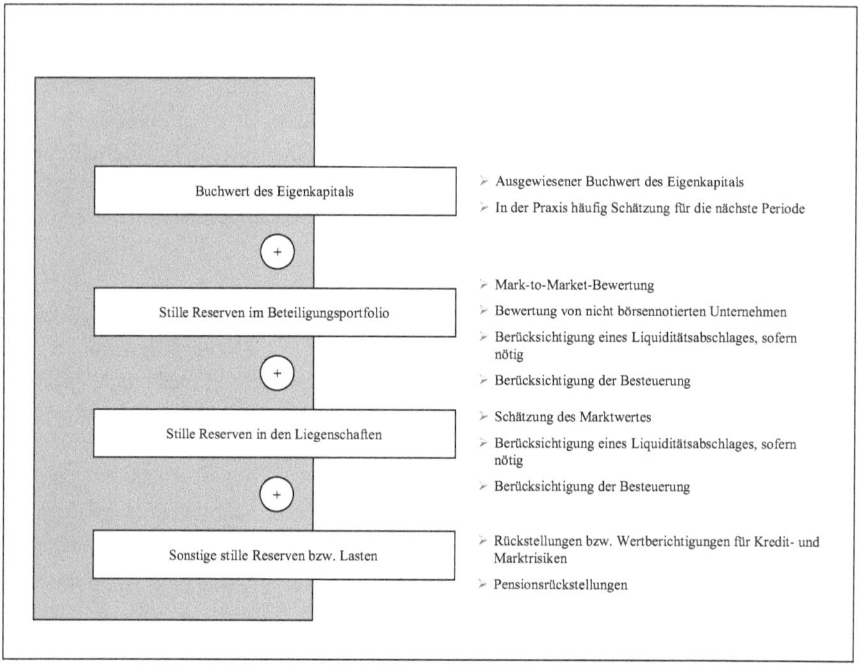

Abbildung 8: Ermittlung des Substanzwertes (Net Asset Value)[151]

3.2.2.3 Liquidationswertverfahren

Das Liquidationswertverfahren errechnet den Unternehmenswert aus der Summe der Einzelveräußerungspreise aller einzelveräußerungsfähigen Objekte des Unternehmens. Hierbei stellt sich für den Bewertenden die Frage, welchen Preis er für die einzelnen im Unternehmen vorhandenen Güter am Absatzmarkt erzielen könnte. Im Rahmen der Ermittlung des Liquidationswertes sind zusätzlich die anfallenden Auflösungskosten

[150] Vgl. Dombret/Bender [Bewertung von Banken (2001)], S. 325; Frommann [Erfolgsfaktoren (2002)], S. 231 ff.

[151] Quelle: Eigene Darstellung in Anlehnung an Dombret/Gossow/Häcker [Valuation of Banks (2004)], S. 94.

zu berücksichtigen. Hierzu zählen beispielsweise die Kosten für eine vorzeitige Auflösung von Dauerschuldverhältnissen, Beratungshonoraren für Dienstleistungen sowie Notariats- und Gerichtsgebühren.[152] Bei Sparkassen entfällt ein Großteil der Auflösungskosten auf den Personalbereich. Diese würden zum einen aufgrund der nicht vertragsgerechten Auflösung von Arbeitsverträgen anfallen. Zum anderen wird während der Selbstliquidationsphase weiterhin Personal benötigt, dessen Aufwand ebenfalls den Auflösungskosten zuzurechnen ist.[153]

Auf die Höhe des Liquidationswertes üben die beiden Faktoren Zerschlagungsintensität sowie Zerschlagungsgeschwindigkeit wesentlichen Einfluss aus. Die *Zerschlagungsintensität* gibt den Grad der Einzelveräußerung an.[154] Je größer die Einheiten an Objekten, die einzeln verkauft werden, desto geringer ist die Intensität. So können z. B. Gebäude einzeln oder im Paket zusammen verkauft werden. Die *Zerschlagungsgeschwindigkeit* - als zweiter Einflussfaktor auf den Liquidationswert - ergibt sich aus dem der Zerschlagung zugrunde gelegten Zeitraum.[155] Hierbei kann zwischen einer Unternehmensauflösung unter Zeitdruck (Zerschlagung) oder einer Auflösung unter „Normalbedingungen“ (Liquidation) unterschieden werden. [156] Je kürzer der angestrebte Liquidationszeitraum ausfällt, desto geringer werden in der Regel die Veräußerungserlöse ausfallen.

Bei Kreditinstituten spielt der Zeitfaktor eine wichtige Rolle. Wird eine zügige Liquidation angestrebt, ist mit höheren Abschlägen beim Verkauf der Vermögensgegenstände als bei einer planmäßigen Abwicklung zu rechnen. Bei Sparkassen besteht der überwiegende Teil der Aktiva aus liquiditätsmäßig-finanziellen Aktiva, die sich durch die Fähigkeit der Selbstliquidation auszeichnen.[157] Neben der Barreserve einer Sparkasse, die eine hohe Liquidität aufweist, zeichnen sich die Forderungen an Kreditinstitute durch kurze Bindungsfristen aus und können kurzfristig liquidiert werden.[158] Im Falle einer Liquidation besteht jedoch die Schwierigkeit, Kundenkredite zurückzufordern bzw. Kreditportfolios weiterzuveräußern. Diese weisen überwiegend längere Kapitalbindungsfristen auf. Zusätzlich können Kundeneinlagen, die weitgehend in Ausleihungen an Kunden gebunden sind, nicht zeitnah zurückerstattet werden. Aus diesem Grund wäre bei Sparkassen der Weg über eine langfristige, planmäßige Abwicklung empfehlenswert.[159]

---

[152] Vgl. Mandl/Rabel [Methoden (2005)], S. 82 f.; Zessin [Unternehmensbewertung (1982)], S. 213.
[153] Vgl. Zessin [Unternehmensbewertung (1982)], S. 212.
[154] Vgl. Moxter [Grundsätze (1976)], S. 50 f.
[155] Vgl. Moxter [Grundsätze (1976)], S. 50 f.
[156] Vgl. Mandl/Rabel [Methoden (2005)], S. 83.
[157] Vgl. Zessin [Unternehmensbewertung (1982)], S. 34.
[158] Vgl. Frommann [Erfolgsfaktoren (2002)], S. 228 f.
[159] Vgl. Kunowski [Bewertung (2002)], S. 25 f.

Die Abhängigkeit des Liquidationswertes von den zugrunde gelegten Annahmen über die Zerschlagungsintensität und -geschwindigkeit zeigt, dass es nicht nur einen Liquidationswert gibt; vielmehr ist eine Vielzahl an Liquidationswerten in Abhängigkeiten der beiden Determinanten möglich.

Das Liquidationswertverfahren verstößt nicht gegen das Prinzip der Zukunftsbezogenheit, da sich der Marktwert der einzelnen Vermögens- und Schuldpositionen aus den erwarteten zukünftigen finanziellen Strömen zusammensetzt. Allerdings kann auch hier - analog zum Substanzwertverfahren - aufgrund des zugrunde gelegten bilanzbezogenen Einzelbewertungsvorgehens *keine Gesamtbewertung* der Sparkasse erfolgen, da eine Erfassung und Bewertung des Geschäftswertes (Goodwill) nicht möglich ist.[160]

Bei einem rationalen Verhalten der Anteilseigner ist davon auszugehen, dass diese die Sparkasse dann liquidieren, wenn der Barwert der bei Unternehmensfortführung erzielbaren finanziellen Überschüsse unterhalb des Liquidationswertes liegt.[161] Der Liquidationswert fungiert folglich im Rahmen der Sparkassenbewertung als *Untergrenze* für den gesamten Unternehmenswert.

3.2.3 Zukunftserfolgsverfahren

3.2.3.1 Discounted Cash Flow-Methode

3.2.3.1.1 Überblick

Seit den 90er-Jahren ist in Deutschland eine verstärkte Anwendung der im angelsächsischen Raum vorherrschenden Discounted Cash Flow-Methode (DCF-Methode) zu beobachten. Sie wurde zur Bewertung von Kapitalgesellschaften entwickelt und nimmt eine wichtige Rolle im Rahmen der wertorientierten Unternehmensführung ein.

Der Wert eines Unternehmens wird bei der DCF-Methode auf Basis der investitionstheoretischen Kapitalwertmethode ermittelt, indem die in den künftigen Perioden erwarteten Cashflows mit einem aus kapitalmarkttheoretischen Modellen abgeleiteten Kalkulationszinssatz auf den Bewertungsstichtag diskontiert werden.[162]

Je nach Definition der bewertungsrelevanten Zielbeiträge und des risikoäquivalenten Kapitalisierungszinssatzes kann zwischen mehreren Ansätzen der DCF-Methode diffe-

---

160 Vgl. Merkle [Bereichsbewertung (2001)], S. 70 f.
161 Vgl. IDW [IDW S1 (2005)], S. 1317, Tz. 150.
162 Vgl. Mandl/Rabel [Unternehmensbewertung (1997)], S. 37.

renziert werden (vgl. Abbildung 9), die auf den grundlegenden Arbeiten von Williams sowie Miller/Modigiliani basieren.[163] Grundsätzlich ist zwischen Netto- und Bruttoansätzen zu unterscheiden. Während der Nettoansatz den Unternehmenswert direkt aus Sicht der Eigentümer bestimmt, ermitteln die Bruttoansätze zunächst einen Unternehmensgesamtwert, der die Marktwerte des Eigen- und Fremdkapitals repräsentiert. Der Unternehmenswert bzw. Marktwert des Eigenkapitals wird in einem zweiten Schritt aus der Differenz des Unternehmensgesamtwertes und dem Marktwert des Fremdkapitals gewonnen.

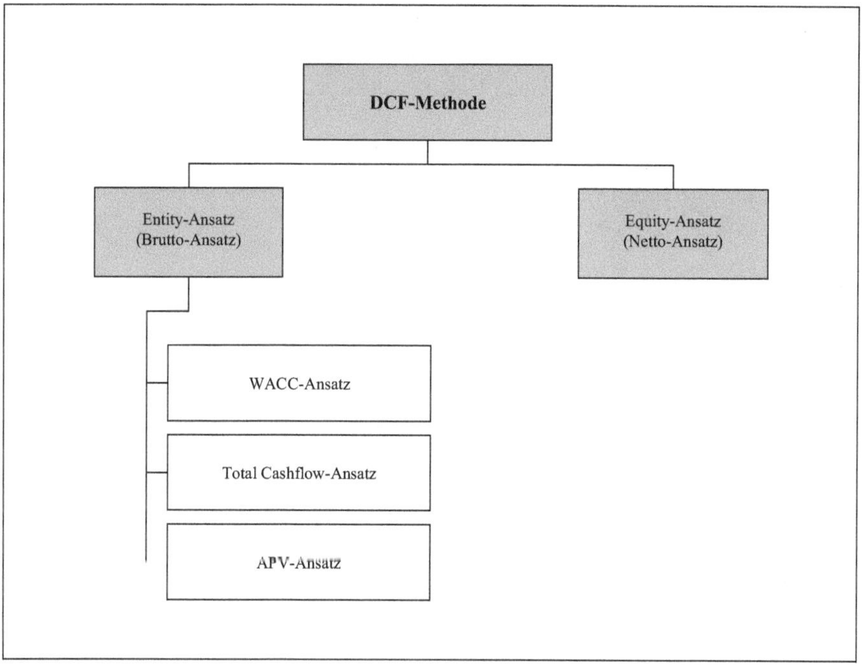

Abbildung 9: Varianten der Discounted Cash Flow-Methode[164]

[163] Der Ansatz von Williams wurde von Gordon zum Dividenden-Diskontierungsmodell weiterentwickelt. Vgl. Schultze [Unternehmensbewertung (2001)], S. 206 ff.
[164] Quelle: Eigene Darstellung.

3.2.3.1.2 Weighted-Average Cost of Capital-Ansatz (WACC-Ansatz)

Der in der Praxis zur Unternehmensbewertung am häufigsten verwendete Weighted Average Cost of Capital-Ansatz (WACC-Ansatz)[165] ist den Bruttoansätzen zuzuordnen. Um mithilfe des WACC-Ansatzes den Unternehmenswert (Marktwert des Eigenkapitals) bestimmen zu können, erfolgt in einem ersten Schritt die Ermittlung des Unternehmensgesamtwertes (Marktwert des Gesamtkapitals), der anschließend um den Marktwert des Fremdkapitals reduziert wird.[166]

Die Ermittlung des Unternehmensgesamtwertes erfolgt durch Diskontierung der erwarteten periodenspezifischen Free Cashflows[167] mit den durchschnittlichen Kapitalkosten (k_{WACC}). Der zu ermittelnde Unternehmensgesamtwert ergibt sich formal wie folgt:[168]

$$(2) \qquad UW = \sum_{t=1}^{\infty} \frac{E[FCF_t]}{(1 + k_{wacc})^t}$$

UW	Unternehmenswert (Marktwert des Gesamtkapitals);
$E[FCF_t]$	Erwarteter Free Cash Flow in der Periode t;
k_{wacc}	Gewogene durchschnittliche Kapitalkosten.

Bei der Bestimmung der Free Cashflows werden die sich aus der anteiligen Fremdfinanzierung resultierenden steuerlichen Vorteile nicht berücksichtigt. Vielmehr werden die Free Cashflows unter der Fiktion einer vollständigen Eigenfinanzierung des Unternehmens ermittelt. Die Free Cashflows entsprechen insofern den Cashflows an die Eigentümer bei angenommener vollständiger Eigenfinanzierung. Sie ergeben sich aus den erwarteten Zahlungen an die Eigentümer und Fremdkapitalgeber, vermindert um die sich aus der Abzugsfähigkeit der Fremdkapitalzinsen ergebenden Unternehmenssteuerersparnis. Das aus der Fremdfinanzierung resultierende Tax Shield bleibt damit bei der Ermittlung des Free Cashflows unberücksichtigt.[169] Eine Berücksichtigung der

---

165 In der Literatur werden die Bezeichnungen Entity-Approach und Kapitalkostenansatz synonym verwendet.

166 Vgl. Baetge/Niemeyer/Kümmel [DCF-Verfahren (2005)], S. 272 ff.

167 Die Ermittlung des Free Cash Flows kann sowohl direkt, als auch indirekt erfolgen. Bei der direkten Ermittlungsmethode werden sämtliche zahlungswirksamen Ein- bzw. Auszahlungen des Unternehmens erfasst. Die Differenz zwischen Ein- und Auszahlungen ist der Free Cash Flow. Die häufiger verwandte indirekte Methode ermittelt den Free Cash Flow ausgehend vom Jahresüberschuss. Dieser wird um alle nicht zahlungswirksamen Erträge verringert und um alle nicht zahlungswirksamen Aufwendungen erhöht. Bei richtiger Anwendung führen beide Verfahren zum gleichen Ergebnis. Vgl. Baetge/Niemeyer/Kümmel [DCF-Verfahren (2005)], S. 281 ff.

168 Vgl. Baetge/Niemeyer/Kümmel [DCF-Verfahren (2005)], S. 272 f.; Prokop [Probleme (2003)], S. 87.

169 Vgl. Baetge/Niemeyer/Kümmel [DCF-Verfahren (2005)], S. 270.

steuerlichen Vorteile erfolgt im WACC-Ansatz erst bei der Berechnung der durchschnittlichen Kapitalkosten. Hierzu werden die Fremdkapitalkosten um die sich aus der anteiligen Fremdfinanzierung resultierenden Steuervorteile gemindert.[170]

Die gewogenen durchschnittlichen Kapitalkosten können somit aus mit dem Marktwert des Eigen- und Fremdkapitals gewichteten Kapitalkosten für Eigen- und Fremdkapital berechnet werden:[171]

$$(3) \qquad k_{wacc} = i \times (1 - s) \times \frac{FK}{UW} + k_{EK}^{v} \times \frac{EK^{v}}{UW}$$

i	Fremdkapitalkosten;
s	Unternehmenssteuersatz;
k_{EK}^{v}	Renditeforderung der Eigenkapitalgeber (Eigenkapitalkosten) des teilweise fremdfinanzierten (d. h. verschuldeten) Unternehmens;
FK	Marktwert des Fremdkapitals;
EK^{v}	Marktwert des Eigenkapitals des teilweise fremdfinanzierten (d. h. verschuldeten) Unternehmens.

Bei der Ermittlung der gewogenen durchschnittlichen Kapitalkosten besteht ein Zirkularitätsproblem in Bezug auf den Marktwert des Eigenkapitals. Die Höhe des Marktwertes des Eigenkapitals hängt vom Unternehmensgesamtwert und damit von den durchschnittlichen Kapitalkosten ab. Diese können wiederum nur berechnet werden, wenn der Marktwert des Eigenkapitals bekannt ist. In der Praxis wird dieses Problem durch die Vorgabe einer konstanten Zielkapitalstruktur oder mathematisch durch eine iterative Ermittlung des Marktwertes des Eigenkapitals gelöst.[172]

Um abschließend den Unternehmenswert zu bestimmen, ist der ermittelte Unternehmensgesamtwert um den Marktwert des Fremdkapitals zu vermindern:

$$(4) \qquad EK^{v} = UW - FK$$

Sofern nicht betriebsnotwendiges Vermögen vorhanden ist und dieses bei der Bestimmung des Free Cashflows nicht berücksichtigt wurde, ist der auf diesen Weg ermittelte Unternehmenswert um den Liquidations- bzw. Fortführungswert des nicht betriebsnotwendigen Vermögens zu erhöhen.

170 Vgl. Mandl/Rabel [Unternehmensbewertung (1997)], S. 38 f.
171 Vgl. Hachmeister [Discounted-Cash-Flow (2000)], S. 100.
172 Vgl. Ernst [Zirkularitätsproblem (2000)], S. 149; Copeland/Koller/Murrin [Unternehmenswert (2002)], S. 252 f.

3.2.3.1.3 Total Cash Flow-Ansatz

Ein weiterer, in der Praxis selten verwendeter Bruttoansatz ist der Total Cash Flow-Ansatz. Der Total Cash Flow-Ansatz (TCF-Ansatz) unterscheidet sich bezüglich des oben beschriebenen WACC-Ansatzes nur in Bezug auf die Berücksichtigung des Tax Shields.[173] Die sich aus der Abzugsfähigkeit der Fremdkapitalzinsen ergebenden Steuervorteile werden beim TCF-Ansatz direkt bei der Ermittlung des Cashflows berücksichtigt. Um eine Doppelberücksichtigung des Tax Shields zu vermeiden, werden die Steuervorteile daher nicht mehr bei der Ermittlung der Kapitalkosten berücksichtigt.[174]

3.2.3.1.4 Adjusted Present Value-Ansatz

Der Adjusted Present Value-Ansatz (APV-Ansatz) ist ebenfalls den Bruttoverfahren der DCF-Methode zuzuordnen. Basierend auf der Grundidee der Wertadditivität wird beim APV-Ansatz das Unternehmen in seine einzelnen Wertkomponenten zerlegt, die separat bewertet und anschließend zum Unternehmenswert zusammengeführt werden.[175]

Bei der Bewertung mithilfe des APV-Ansatzes wird das Unternehmen in einem ersten Schritt unabhängig von der Kapitalstruktur bewertet, indem der Wert des operativen Geschäftes bestimmt wird. Die APV-Methode folgt zunächst dem Modigliani/Miller-Theorem[176], indem postuliert wird, dass der Unternehmenswert unabhängig von der Unternehmensfinanzierung sei.[177] In einem zweiten Schritt werden Nebeneffekte, vor allem die aus der Kapitalstruktur resultierenden Finanzierungseffekte, die bei einem nicht finanzierungsneutralen Steuersystem auftreten, separat berücksichtigt.[178] Das Tax Shield wird nicht - wie beim WACC-Ansatz - im Kalkulationszinssatz, sondern explizit durch einen Korrekturterm berücksichtigt.[179]

Der Unternehmensgesamtwert wird nach dem APV-Ansatz formal wie folgt ermittelt:[180]

[173] Vgl. Baetge/Niemeyer/Kümmel [DCF-Verfahren (2005)], S. 274 f.
[174] Vgl. Mandl/Rabel [Unternehmensbewertung (1997)], S. 365 f.; Hachmeister [Discounted Cash Flows (1999)], S. 97.
[175] Vgl. Nowak [Unternehmensbewertung (2003)], S. 33.
[176] Vgl. Modigliani/Miller [Cost of Capital (1958)], S. 261 ff.
[177] Vgl. Myers [Corporate Financing (1974)], S. 5.
[178] Vgl. Myers [Corporate Financing (1974)], S. 3. ff.; Bühler [APV (1998)], S. 873 f.
[179] Vgl. Myers [Corporate Financing (1974)], S. 20 f.
[180] Vgl. Baetge/Niemeyer/Kümmel [DCF-Verfahren (2005)], S. 275 f.

(5) $$UW = \sum_{t=1}^{\infty} \frac{E[FCF_t]}{(1+k_{EK}^u)^t} + \sum_{t=1}^{\infty} \frac{E[TS_t^*]}{(1+k_{TS})^t}$$

$E[TS_t^*]$	erwarteter Steuervorteil aus der Fremdfinanzierung (Tax Shields) in der Periode t;
k_{EK}^u	Risikoäquivalente Renditeforderung der Eigenkapitalgeber (Eigenkapitalkosten) des vollständig eigenfinanzierten (d. h. unverschuldeten) Unternehmens;
k_{TS}	Risikoäquivalenter Kalkulationszinsfuß zur Diskontierung der Tax Shields.

Die Ermittlung des Tax Shields für eine Periode t ermittelt sich wie folgt:

(6) $$TS_t^* = s \times i \times FK_{t-1}$$

TS_t^*	Steuervorteil aus der Fremdfinanzierung (Tax Shield) in der Periode t
FK_{t-1}	(Zinspflichtiges) Fremdkapital am Ende der Periode t-1

Um abschließend den Unternehmenswert zu bestimmen, ist analog zum WACC- und TCF-Ansatz in einem letzten Schritt der Marktwert des Fremdkapitals in Abzug zu bringen.[181]

Für die Ermittlung des Wertbeitrags des operativen Geschäfts wird fiktiv ein vollständig eigenfinanziertes Unternehmen unterstellt. Die prognostizierten Free Cashflows, die sich bei vollständiger Eigenfinanzierung ergeben, werden mit den risikoäquivalenten Eigenkapitalkosten eines ebenfalls fiktiv unverschuldeten Unternehmens diskontiert.[182]

Der Wertbeitrag der Nebeneffekte resultiert aus zukünftigen Mindersteuerzahlungen, welche sich aufgrund der gewählten zukünftigen Kapitalstruktur ergeben. Dieses Tax Shield entsteht durch die Abzugsfähigkeit der Fremdkapitalzinsen von der steuerlichen Bemessungsgrundlage. Die Diskontierung der Steuervorteile erfolgt mit den risikoangepassten, periodenspezifischen Kapitalkosten, deren Höhe von der gewählten Finanzierungsstrategie abhängig ist. Vereinfachend wird in der Praxis angenommen, dass die Kapitalkosten den Fremdkapitalkosten entsprechen.[183]

---

[181] Vgl. Brealey/Myers [Corporate Finance (2000)], S. 555 ff.

[182] Vgl. Nowak [Unternehmensbewertung (2003)], S. 34 f.

[183] Vgl. Mandl/Rabel [Methoden (2005)}, S. 70; Baetge/Niemeyer/Kümmel [DCF-Verfahren (2005)], S. 275.

Der APV-Ansatz bietet gegenüber den anderen Ansätzen der DCF-Methode den Vorteil, die Herkunft der Wertbeiträge transparent darzustellen. Im Gegensatz zum WACC- und TCF-Ansatz ist durch die separate Analyse der sich aus der Kapitalstruktur ergebenden Steuereffekte keine implizite Finanzierungsprämisse erforderlich. Kapitalveränderungen führen nicht zu einer Anpassung des Diskontierungsfaktors, sondern wirken sich ausschließlich auf die Höhe des Tax Shields aus. Der APV-Ansatz bietet sich daher bei schwankenden Kapitalstrukturen an,[184] wobei allerdings zu beachten ist, dass sich alle DCF-Ansätze ineinander überführen lassen und die Prognoseprobleme identisch sind.[185]

Der Nachteil des APV-Ansatzes liegt in der Ermittlung des Eigenkapitalkostensatzes für das fiktiv unverschuldete Unternehmen begründet.[186] Der Eigenkapitalkostensatz für ein unverschuldetes Unternehmen ist generell nicht unmittelbar zu ermitteln. Er muss daher aus dem durchschnittlich gewichteten Kapitalkostensatz bzw. aus den Eigenkapitalkosten des verschuldeten Unternehmens abgeleitet werden.[187]

3.2.3.1.5 Equity-Ansatz

Der Equity-Ansatz[188] ist ein Verfahren der Nettokapitalisierung, bei dem die Ermittlung des Unternehmenswertes unmittelbar in einem einzigen Schritt vorgenommen wird, indem die zukünftig erwarteten Cashflows, welche an die Eigenkapitalgeber ausgeschüttet werden können (Flow to Equity), mit einem risikoäquivalenten Kalkulationszinssatz auf den Bewertungsstichtag abdiskontiert werden.[189]

Der Flow to Equity berücksichtigt im Vergleich zum Free Cashflow des fiktiv unverschuldeten Unternehmens des WACC-Ansatzes neben den mit dem Leistungsbereich verbundenen Zahlungen zwischen Unternehmen und Umwelt auch zusätzlich die Zahlungsströme zwischen dem Unternehmen und den Fremdkapitalgebern sowie dem daraus resultierenden Steuereffekt. Folglich sind bei der Ermittlung des Flow to Equity die Fremdkapitalzinsen und deren Steuerwirkungen sowie die Veränderungen des Fremdkapitals zu berücksichtigen.

---

[184] Vgl. Ross/Westerfield/Jaffe [Corporate Finance (1996), S. 455 ff.

[185] Vgl. Kunowski [Bewertung (2002)], S. 34 f.

[186] Vgl. Mandl/Rabel [Methoden (2005)] S. 72 f.

[187] Vgl. Steiner/Wallmeier [Unternehmensbewertung (1999)], S. 6.Zur Herleitung des Eigenkapitalkostensatzes für ein fiktiv unverschuldetes Unternehmen vgl. Nowak [Unternehmensbewertung (2003)], S. 34 ff.

[188] Synonym werden die Bezeichnungen Nettomethode, Flow-to-Equity-Methode verwendet.

[189] Vgl. Baetge/Niemeyer/Kümmel [DCF-Verfahren (2005)], S. 276 f.; Ballwieser [DCF-Verfahren (1998)], S. 82.

Der Unternehmenswert lässt sich auf Basis des Equity-Ansatzes formal wie folgt ermitteln:[190]

(7) $$EK^{v} = \sum_{t=1}^{\infty} \frac{E[FTE_t]}{\left(1 + k_{EK}^{v}\right)^{t}}$$

$E[FTE_t]$ erwarteter Flow to Equity in der Periode t.

Die erwarteten Flow to Equity werden mit den risikoäquivalenten Eigenkapitalkosten diskontiert, die sich aus einem risikolosen Basiszinssatz und einem Zuschlag für das von den Eigenkapitalgebern übernommene Risiko zusammensetzen. Der Risikozuschlag spiegelt dabei sowohl das operative Risiko als auch das sich aus der geplanten Kapitalstruktur ergebende finanzwirtschaftliche Risiko wider.[191]

Die Ermittlung der Eigenkapitalkosten erfolgt beim Equity-Ansatz auf Basis kapitalmarkttheoretischer Modelle, wie dem CAPM und kann wie folgt ermittelt werden:[192]

(8) $$k_{EK}^{V} = r_f + \beta \times (E[r_M] - r_f)$$

β	Betafaktor;
r_f	risikoloser Zinssatz;
$E[r_M]$	erwartete Rendite des Marktportfolios.

Die Höhe der Eigenkapitalkosten wird vom Verschuldungsgrad des Unternehmens beeinflusst. Aus diesem Grund wäre bei wechselnden Verschuldungsgraden eine periodenspezifische Anpassung der Eigenkapitalkosten erforderlich. In der Praxis wird indes in der Regel vereinfachend von einer konstanten Kapitalstruktur über den gesamten Zeitraum ausgegangen und somit eine konstante Renditeforderung der Eigenkapitalgeber unterstellt.[193]

---

[190] Vgl. Ballwieser [DCF-Verfahren (1998)], S. 82.
[191] Vgl. Baetge/Niemeyer/Kümmel [DCF-Verfahren (2005)], S. 277.
[192] Vgl. IDW [WP-Handbuch II (2002)], 124 f., Tz. 338 ff.
[193] Vgl. Mandl/Rabel (Methoden (2005)], S. 70.

3.2.3.2 Ertragswertverfahren nach IDW

Das Ertragswertverfahren wird in Deutschland hauptsächlich von den Wirtschaftsprüfern zur Unternehmensbewertung angewandt[194] und stellt das im Rahmen der Bankenbewertung bevorzugte Verfahren dar.[195]

Das Ertragswertverfahren nach IDW ermittelt den Unternehmenswert bei ausschließlich finanziellen Zielsetzungen durch Diskontierung der in Zukunft erwarteten finanziellen Überschüsse, die an die Unternehmenseigner fließen können. Aufgrund der direkten Ermittlung des Unternehmenswertes ist das Ertragswertverfahren der Gruppe der Nettoverfahren (Equity-Ansatz) zuzuordnen.[196]

In der Praxis ist eine Ermittlung der Einzahlungsüberschüsse durch eine Einnahme-Überschussrechung im Normalfall nicht möglich, so dass vom IDW empfohlen wird, die benötigten Zahlungsüberschüsse aus einer modifizierten Aufwands- und Ertragsrechnung abzuleiten.[197] Um die zukünftigen Ertragsüberschüsse bestimmen zu können, wird vom IDW vorgeschlagen, in einem ersten Schritt die vergangenen Erfolgsrechnungen um folgende Posten zu korrigieren, um einen Überblick über die tatsächliche Ertragskraft zu erhalten:[198]

- Bereinigung um Aufwendungen und Erträge aus dem nicht betriebsnotwendigen Vermögen
- Bereinigung nicht periodengerechter Erfolgsausweise
- Bereinigungen aufgrund der Ausübung von Bilanzierungswahlrechten
- Bereinigungen um personenbezogene und andere spezifische Erfolgsfaktoren
- Erfassung von Folgeänderungen aufgrund vorgenommener Bereinigungen.

Die Verwendung periodisierter Größen führt zu der Problematik, dass diese unabhängig vom Zeitpunkt der jeweiligen Zahlung der wirtschaftlichen Verursachung zugerechnet werden. Die ermittelten Ertragsüberschüsse stimmen somit in der Regel nicht mit den potenziellen Ausschüttungen an die Unternehmenseigner überein, so dass sich hieraus Verzerrungen des Unternehmenswertes ergeben können. Um die Auswirkun-

[194] Vgl. Peemöller/Bömelburg/Denkmann [Unternehmensbewertung (1994)], S. 743.
[195] Vgl. Wilkens/Zemke [Fusion (2000)], S. 274.
[196] Vgl. Mandl/Rabel [Unternehmensbewertung (1997)], S. 108.
[197] Vgl. IDW [IDW S1 (2005)], S. 1314, Tz. 113.
[198] Vgl. IDW [IDW S1 (2005)], S. 1314, Tz. 112.

gen aus den Abweichungen der Zahlungsströme auf die Finanzierung zu berücksichtigen, wird ergänzend zu den Plan-Gewinn- und Verlustrechnungen die Aufstellung einer Finanzbedarfsrechnung angeregt.[199] Hierdurch sollen die Verzerrungen der Ertragsüberschussrechnung durch die Zinsverrechnung entsprechend der Mittelbindung ausgeglichen werden, um eine Angleichung der Ergebnisse der Ertragsüberschussrechnung an die der Einzahlungsüberschussrechnung zu erreichen.[200]

Die Bestimmung des Unternehmenswertes erfolgt durch Diskontierung der periodenspezifischen Ertragsüberschüsse mit den Eigenkapitalkosten des Unternehmens. Für die Ermittlung des Eigenkapitalkostensatzes wird im Regelfall die Risikozuschlagsmethode angewandt, bei der ein risikoloser Basiszinsfuß[201] um einen Risikozuschlag erhöht wird, der die Risikoäquivalenz zwischen den beiden Investitionsalternativen herstellt.[202] In der Vergangenheit wurde im Rahmen des Ertragswertverfahrens der Eigenkapitalkostensatz nicht aus kapitalmarkttheoretischen Modellen, sondern aus der Rendite der besten Alternativanlage abgeleitet. In jüngerer Zeit ist jedoch zu beobachten, dass auch beim Ertragswertverfahren zunehmend für die Bestimmung des Risikozuschlags auf kapitalmarkttheoretische Modelle, wie dem CAPM[203], zurückgegriffen wird. Der neue IDW S1 sieht vor, dass der Risikozuschlag zum risikolosen Basiszinssatz und damit auch die Eigenkapitalkosten grundsätzlich marktgestützt zu ermitteln sind.[204] Von einer eigentlich erforderlichen periodischen Anpassung des Kapitalisierungszinssatzes im Hinblick auf die Kapitalstruktur sieht die Literatur zur Bankbewertung einhellig ab und unterstellt die vom Kapitalmarkt abgeleiteten Eigenkapitalkosten als für die Zukunft konstant.[205]

Der Marktwert des Eigenkapitals lässt sich analog mit Formel 7 zur Ermittlung des Marktwertes des Eigenkapitals nach dem Equity-Ansatz der DCF-Methode ermitteln.

---

[199] Vgl. IDW [WP-Handbuch II (2002)], S. 87, Tz. 250.

[200] Vgl. IDW [WP-Handbuch II (2002)], S. 88, Tz. 250 und Tz. 275 ff. An dieser Stelle sei auf das Lücke-Theorem hingewiesen, welches besagt, dass ein anhand von Einnahmen und Ausgaben berechneter Kapitalwert demjenigen aus periodisierten Erträgen und Aufwendungen entspricht, wenn die Periodenergebnisse jeweils um kalkulatorische Zinsen auf den Kapitalbestand der Vorperiode korrigiert werden. Bei korrekter Anwendung führen somit die Ertrags- und Einnahmenüberschussrechnung zum identischen Ergebnis. Vgl. Lücke [Investitionsrechnung (1955)], S. 310 ff.

[201] In der Realität ist kein risikoloser Zinsfuß vorhanden, so dass mit quasi-sicheren Zinssätzen gearbeitet wird. Hierfür werden in der Regel langfristige öffentliche Bundesanleihen verwendet.

[202] Für die Herstellung der Äquivalenz muss die Alternativanlage hinsichtlich Fristigkeit, Risiko und Besteuerung der Investition in das zu bewertende Unternehmen entsprechen. Vgl. IDW [WP-Handbuch II (2002)], S. 105 ff., Tz. 295 ff.

[203] Zum CAPM und dessen kritische Würdigung vgl. Kapitel 5.4.1.2.

[204] Vgl. IDW [IDW S1 (2005)], S. 1315, Tz. 124 ff.

[205] Vgl. Copeland/Koller/Murrin [Valuation (2000)], S. 451; Kunowski [Bewertung (2002)], S. 41.

Neben dem Ertragswert aus dem betriebsnotwendigen Vermögen ist zusätzlich der Wert des nicht betriebsnotwendigen Vermögens bei der Wertermittlung zu berücksichtigen. Sofern der Liquidationswert höher als der unter Berücksichtigung der Veräußerungskosten ermittelte Ertragswert ist, wird der Liquidationswert als Wert des nicht betriebsnotwendigen Vermögens angesetzt.[206] In diesen Fällen ist eine zwingende Bereinigung der Ertragsüberschüsse um die nicht betriebsnotwendigen Zahlungsströme vorzunehmen, um eine Doppelerfassung des nicht betriebsnotwendigen Vermögens zu vermeiden.

Das Ertragswertverfahren ähnelt dem Equity-Ansatz der DCF-Methode. Beide stellen auf die Zahlungsströme zwischen Unternehmen und Eigentümer ab. Der Unterschied besteht primär darin, dass beim Equity-Ansatz die Zahlungsüberschüsse aus einer Zahlungsstromrechnung ermittelt werden. Bei dem Ertragswertverfahren des IDW werden diese Zahlungsströme hingegen primär aus einer Ertragsüberschussrechnung abgeleitet.[207] Zu beachten ist, dass bei der Ermittlung der Nettozuflüsse an die Unternehmenseigner auf Basis einer Ertragsüberschussrechnung diese um eine Finanzbedarfsrechnung zu ergänzen ist. Bei Bestimmung mithilfe einer Einnahmenüberschussrechnung ist diese um Plan-Bilanzen und Plan-GuV zu ergänzen, um die handelsrechtlichen Ausschüttungsrestriktionen berücksichtigen zu können. Die Ermittlung der Nettozuflüsse basiert daher bei beiden Wegen auf den gleichen Rechenwerken. Sowohl beim Equity-Ansatz der DCF-Methode als auch beim Ertragswertverfahren hat sich die Ermittlung der Eigenkapitalkosten auf Basis kapitalmarkttheoretischer Modelle durchgesetzt. Sie führen damit, sofern gleiche Finanzierungsannahmen und damit identische Nettoeinnahmen an die Unternehmenseigner unterstellt werden, zum gleichen Ergebnis.[208]

[206] Vgl. IDW [WP-Handbuch II (2002)], S. 98, Tz. 283 ff.
[207] Vgl. IDW [IDW S1 (2005)], S. 1314, Tz. 113.
[208] Vgl. Ballwieser [Ertragswertverfahren (2005)], S. 367 f.
Miller/Modigliani haben die vier wesentlichen Bewertungsmethoden für Unternehmen in ihrem bereits 1961 erschienenen Aufsatz „Dividend Policy, Growth, and the Valuation of Shares" zusammengefasst. Hiernach kann eine Bewertung u. a. auf dem Barwert der Erfolge (Stream of Earnings Approach) oder dem Barwert der Cashflows (Discounted Cash Flow Approach) basieren. Die Methoden kommen - unter bestimmten Annahmen - zum gleichen Ergebnis. Miller/Modigliani unterstellen einen vollkommenen Kapitalmarkt, rationales Verhalten der Anleger, Sicherheit bzgl. der zukünftigen Erfolge und Investitionsmaßnahmen unter Annahme einer konstanten Diskontierungsrate i sowie eine reine Eigenkapitalfinanzierung und unendliche Lebensdauer. Vgl. Miller/ Modigliani [Dividend Policy (1961)], S. 411 ff.

3.2.3.3 Residualgewinnmodell

In jüngerer Zeit wird mit dem Residualgewinnmodell ein weiteres Verfahren zur Bewertung von Unternehmen in der einschlägigen Literatur diskutiert.[209] In die praktische Bewertungslehre hat es in den letzten Jahren durch die verbreitete Anwendung verschiedener Residualgewinnkonzepte, wie z. B. dem Economic Value Added, im Rahmen der wertorientierten Unternehmensführung erneut Einzug gehalten.

Im Gegensatz zu den Verfahren der DCF-Methode und dem Ertragswertverfahren erfolgt keine Ermittlung des Unternehmenswertes durch die Diskontierung der erwarteten Nettozuflüsse an die Unternehmenseigner. Vielmehr baut das Residualgewinnmodell auf *periodisierten Größen des Rechnungswesens auf.* Eine zentrale Rolle nehmen hierbei die Residualgewinne ein, die sich jeweils aus dem Periodengewinn des Unternehmens abzüglich der Opportunitätskosten auf das gebundene Kapital errechnen.[210]

Das Konzept war ursprünglich in den 50er Jahren als Alternative zu einer auf Cashflows basierenden Investitionsrechnung von Lücke in Deutschland eingeführt worden.[211] In der anglo-amerikanischen Literatur wurde die Entwicklung des Residualgewinnmodells wesentlich durch die Arbeiten von Preinreich, Edwards/Bell, Peasnell, Ohlson sowie Feltham/Ohlson beeinflusst.[212]

Formal kann das Residualgewinnmodell aus dem Dividendendiskontierungsmodell abgeleitet werden. Voraussetzung hierfür ist die Annahme einer Kongruenzbedingung, der so genannten *Clean Surplus Relation.* Diese sagt aus, dass Veränderungen der Buchwerte des Eigenkapitals ausschließlich auf Gewinnthesaurierungen und Dividendenausschüttungen zurückzuführen sind und damit eine erfolgswirksame Verrechnung anderer Posten mit dem Eigenkapital ausgeschlossen wird. Diese müssen vielmehr über die Gewinn- und Verlustrechnung geführt werden.[213]

---

[209] Vgl. exemplarisch Dausend/Lenz [Residualgewinnmodell (2006)]; S. 719 ff.; Prokop [Residualgewinnmodell (2004)], S. 188 ff. m. w. N.; Prokop [Bewertung (2003)], S. 146 ff.; Zimmermann/Prokop [Unternehmensbewertung (2003)], S. 134 ff.

[210] Vgl. Edwards/Bell [Income (1961)], S. 67.

[211] Vgl. Lücke [Investitionsrechnung (1955)].

[212] Vgl. Prokop [Bewertung (2003)], S. 147.

[213] Vgl. Spremann [Valuation (2004)], S. 240.

Die Clean Surplus Relation stellt sich formal wie folgt dar:[214]

(9) $$EK_t = EK_{t-1} + G_t - D_t$$

EK_t Buchwert des Eigenkapitals am Ende der Periode t
G_t Gewinn der Periode t
D_t Dividende der Periode t

Durch diese Nebenbedingung wird eine Substitution der Dividende durch den Zusammenhang von Buchwerten des Eigenkapitals und des Jahresüberschusses im Dividendendiskontierungsmodell ermöglicht. Der Unternehmenswert kann daher nach dem Residualgewinnmodell mit folgender Formel bestimmt werden:[215]

(10) $$UW = EK_0 + \sum_{t=1}^{\infty} \frac{G_t - r_{EK} EK_{t-1}}{(1 + r_{EK})^t}$$

r_{EK} unternehmensspezifischer Eigenkapitalkostensatz

Der Term (G_t-r_{EK}*EK_{t-1}) stellt den Residualgewinn dar, der sich aus dem Überschuss des Periodengewinns über die Opportunitätskosten der im Unternehmen gebundenen Mittel ergibt.[216] Der Unternehmenswert errechnet sich aus dem Buchwert des Eigenkapitals zum Bewertungsstichtag zuzüglich der Barwerte der zukünftigen Residualgewinne, wobei als Kapitalisierungszinssatz der unternehmensspezifische Eigenkapitalkostensatz verwendet wird.[217]

Alternativ kann das Residualgewinnmodell auch als Bruttomethode formuliert werden. In diesem Fall ergibt sich der Residualgewinn aus dem Gewinn vor Zinsen abzgl. der Opportunitätskosten des gesamten (operativen) Vermögens. Als Diskontierungssatz ist der gewichtete Durchschnitt aus Eigen- und Fremdkapitalkostensatz zu verwenden.[218]

---

[214] Vgl. Prokop [Residualgewinnmodel (2004)], S. 189.

[215] Zur Herleitung vgl. Prokop [Bewertung (2003)], S. 148 ff.

[216] Der Residualgewinn drückt die Wertgenerierung einer Periode aus. Aus diesem Grund wird der Residualgewinnansatz auch im Rahmen der wertorientierten Unternehmenssteuerung angewendet. Zu den bekanntesten wertorientierten Erfolgskennzahlen zählen neben dem von Stern Stewart & Co. entwickelten Economic Value Added, der Economic Profit von McKinsey sowie der Cash Value Added der Boston Consulting Group.

[217] Vgl. Eidel [Performance-Messung (1999)], S. 71.

[218] Eine Ermittlung des Unternehmenswertes kann beispielsweise auf Grundlage des von Stern Stewart & Co. entwickelten Economic Value Added erfolgen. Vgl. zum Economic Value Added exemplarisch Stewart [Quest for Value (1991)]; Lachnit/Müller [Performancedarstellung (2002)], S. 2553 ff.; Fackler/Schacht [EVA (2005)], S. 295 ff.

Im Gegensatz zu den Verfahren der DCF-Methode und dem Ertragswertverfahren ermittelt sich der Unternehmenswert damit nicht ausschließlich aus der Summe der Barwerte zukünftiger Erfolgsgrößen. Vielmehr ist der Buchwert des Eigenkapitals integraler Bestandteil des Unternehmenswertes, dessen Höhe direkt aus der aktuellen Bilanz abgelesen werden kann. Hieraus wird häufig ein Vorteil der Residualgewinnbewertung abgeleitet, da der anfängliche Kapitalbestand dem Bewerter bekannt sei und der Unternehmenswert damit lediglich zu einem geringen Teil von unsicheren, zu prognostizierenden Zukunftserfolgen abhänge, wodurch die Genauigkeit der Bewertung erhöht würde.[219] Allerdings ist hierbei zu berücksichtigen, dass bei einer intern aufgestellten Prognoserechnung grundsätzlich alle Rechengrößen zueinander konsistent zu ermitteln sind und daher die beschriebenen Zukunftserfolgsverfahren auch zu identischen Ergebnissen führen, so dass hieraus kein Vorteil des Residualgewinnmodells abgeleitet werden kann.[220]

In jüngerer Zeit veröffentlichte Studien deuten auf eine Überlegenheit des Residualgewinnmodells gegenüber den zahlungsstromorientierten Modellen zur Modellierung des Preisbildungsprozesses am Aktienmarkt hin. Diese Überlegenheit könnte möglicherweise, empirisch allerdings nicht unumstritten, auf die besseren Prognoseeigenschaften periodisierter Erfolgsgrößen gegenüber reinen Zahlungsströmen zurückgeführt werden.[221]

Das Residualgewinnmodell und die einzelnen Verfahren der DCF-Methode sind, sofern die Rechnungslegung des Unternehmens die Clean-Surplus-Bedingung erfüllt, grundsätzlich gleichwertig. Allerdings ist zu berücksichtigen, dass diese Clean-Surplus-Bedingung bei den vorherrschenden Rechnungslegungssystemen im Regelfall nicht erfüllt ist.[222] Hieraus ergibt sich ein wesentlicher praktische Nachteil des Residualgewinnmodells. Die Abweichungen von der Clean-Surplus-Bedingung müssen zum einen von dem Bewertenden beobachtbar sein und zum anderen vor Anwendung des Residualgewinnmodells eliminiert werden. Da zusätzlich die Neufassung des IDW S 1

Um den Unternehmenswert auf Basis des Economic Value Added zu bestimmen sind die zukünftigen periodenspezifischen EVA-Werte mit den Kapitalkosten zum Market Value Added zu diskontieren. Der Gesamtunternehmenswert ergibt sich anschließend aus dem Buchwert des (betriebsnotwendigen) Vermögens zzgl. dem Market Value Added. Zur Bewertung von Unternehmen auf Basis des Economic Value Added vgl. exemplarisch Eidel [Performance-Messung (1999)], S. 69 ff.; Nowak [Unternehmensbewertung (2003)], S. 135 ff.; Steiner/Wallmeier [Unternehmensbewertung (1999)], S. 7 ff.

219 Vgl. Hüfner [Aktienbewertung (2000)], S. 73 f.

220 Vgl. Prokop [Residualgewinnmodell (2004)], S. 192.

221 Vgl. Prokop [Residualgewinnmodell (2004)], S. 192 f.; Dausend/Lenz [Residualgewinnmodell (2006)], S. 721.

222 Vgl. Zimmermann/Prokop [Unternehmensbewertung (2003)], S. 136 ff.; Prokop [Bewertung (2003)], S. 156 ff.

eine Unternehmenswertermittlung auf Basis des Ertragswertverfahrens oder der Ansätze der DCF-Methode zu erfolgen hat und sich das Residualgewinnmodell darüber hinaus bislang in der Praxis der Unternehmensbewertung nicht durchsetzen konnte[223], soll von einer weiteren Betrachtung im Rahmen dieser Arbeit abgesehen werden.

3.2.3.4 Würdigung der Zukunftserfolgsverfahren und Überprüfung auf ihre Anwendbarkeit für die Bewertung von Sparkassen

Die wissenschaftliche Literatur ist sich einig, dass sich der Wert eines Unternehmens durch den Barwert der mit dem Eigentum verbundenen zukünftigen Nettozuflüsse bestimmt.[224] Folglich sind damit grundsätzlich das Ertragswertverfahren und die einzelnen Ansätze der DCF-Methode zur Bewertung von Sparkassen geeignet.

Die folgende Tabelle 2 fasst die wesentlichen Merkmale des Ertragswertverfahrens sowie der unterschiedlichen Ansätze der DCF-Methode zusammen und dient als Grundlage zur Beurteilung, welche Methode für die Bewertung von Sparkassen vorteilhaft ist.

Bei den Bruttoverfahren erfolgt die Ermittlung des Unternehmenswertes durch die Kapitalisierung des Free Cash Flows, der bei fiktiver vollständiger Eigenfinanzierung anfällt. Eine Berücksichtigung der Finanzierungsseite erfolgt somit nicht bei der Bestimmung der Kapitalisierungsgröße, sondern ausschließlich bei der Ermittlung des Marktwertes des Fremdkapitals und dem Kapitalisierungszinssatz.

Sparkassen weisen gegenüber Unternehmen anderer Branchen den Unterschied auf, dass die Finanzierungsseite nicht nur eine Finanzierungsfunktion übernimmt. Vielmehr ist diese dem operativen Geschäft zuzuordnen, da mit dem Einlagengeschäft

[223] Vgl. Prokop [Residualgewinnmodell (2004)], S. 188.

[224] Inwieweit geplante oder bereits eingeleitete Maßnahmen zur Veränderung der Geschäftstätigkeit, die von einem potenziellen Erwerber verfolgte oder die von einem Erwerber beabsichtigte Gewinnverwendungspolitik und deren Auswirkungen auf die finanziellen Überschüsse sowie Synergieeffekte in der Prognose der finanziellen Überschüsse berücksichtigt werden sollen, hängt von der Funktion ab, in der der Gutachter tätig ist. Sofern in der Funktion des neutralen Gutachters ein objektivierter Unternehmenswert bestimmt werden soll, sind die aus noch nicht eingeleiteten Maßnahmen sowie die daraus resultierenden finanziellen Überschüsse nicht zu berücksichtigen. Anders gestaltet es sich bei Bewertungen, in denen ein subjektiver Unternehmenswert bestimmt werden soll. Sofern beispielsweise bei einem Erwerb strukturverändernde Maßnahmen geplant sind, sind deren Auswirkungen auf die finanziellen Überschüsse zu berücksichtigen. Vgl. ausführlich IDW [WP-Handbuch Band II (2002)], S. 34, Tz. 106 ff.

	Bruttoverfahren		
	WACC-Ansatz	TCF-Ansatz	APV-Ansatz
Kapitalisierungsgröße	**Freier Cashflow** - Fiktion der Eigenfinanzierung - Vor Kapitalbedienung - Nach bei Eigenfinanzierung zu entrichtenden Unternehmens-steuern - Nach persönlichen Ertragsteuern - Unter Beachtung der Ausschüttungsrestriktionen	**Freier Cashflow** - Fiktion der Eigenfinanzierung - Vor Kapitalbedienung - Nach tatsächlich anfallenden Unternehmenssteuern (Tax Shield) - Nach persönlichen Ertragsteuern - Unter Beachtung der Ausschüttungsrestriktionen	**Freier Cashflow** - Fiktion der Eigenfinanzierung - Vor Kapitalbedienung - Nach bei Eigenfinanzierung zu entrichtenden Unternehmens-steuern - Nach persönlichen Ertragsteuern - Unter Beachtung der Ausschüttungsrestriktionen
Kapitalisierungszinssatz	**Durchschnittlicher Kapitalkostensatz** - Periodenspezifische Eigenkapitalkosten bei anteiliger Fremdfinanzierung nach persönlichen Steuern - Fremdkapitalkosten abzgl. relativem Steuervorteil aus der Fremdfinanzierung (Tax Shield)	**Durchschnittlicher Kapitalkostensatz** - Periodenspezifische Eigenkapitalkosten bei anteiliger Fremdfinanzierung nach persönlichen Steuern - Fremdkapitalkosten	**Eigenkapitalkostensatz** - Periodenspezifische Eigenkapitalkosten bei fiktiver Eigenfinanzierung nach persönlichen Steuern
Bestimmung des Marktwertes des Eigenkapitals	- Kapitalisierung der Freien Cashflows zum Unternehmensgesamtwert - Abzug des Marktwertes des Fremdkapitals	- Kapitalisierung der Freien Cashflows zum Unternehmensgesamtwert - Abzug des Marktwertes des Fremdkapitals	- Kapitalisierung der Freien Cashflows - Addition der Barwerte der Steuervorteile aufgrund der Fremdfinanzierung zum Unternehmensgesamtwert - Abzug des Marktwertes des Fremdkapitals

	Nettoverfahren	
	FTE-Ansatz	Ertragswertmethode nach IDW
Kapitalisierungsgröße	**Freier Cashflow** - Berücksichtigung der tatsächlichen Kapitalverhältnisse - Nach Fremdkapitalbedienung - Nach tatsächlich anfallenden Unternehmenssteuern - Nach persönlichen Ertragsteuern - Unter Beachtung der Ausschüttungsrestriktionen	**Modifizierter Ertragsüberschuss** - Berücksichtigung der tatsächlichen Kapitalverhältnisse - Nach Fremdkapitalbedienung - Nach tatsächlich anfallenden Unternehmenssteuern - Nach persönlichen Ertragsteuern - Unter Beachtung der Ausschüttungs**fähigkeit**
Kapitalisierungszinssatz	**Eigenkapitalkostensatz** - Periodenspezifische Eigenkapitalkosten bei anteiliger Fremdfinanzierung nach persönlichen Steuern	**Eigenkapitalkostensatz** - Eigenkapitalkosten bei anteiliger Fremdfinanzierung nach persönlichen Steuern
Bestimmung des Marktwertes des Eigenkapitals	- Kapitalisierung des Freien Cashflows zum Marktwert des Eigenkapitals	- Kapitalisierung der modifizierten Ertragsüberschussgröße zum Marktwert des Eigenkapitals

Tabelle 2: Gegenüberstellung Ertragswertverfahren und DCF-Methode[225]

[225] Quelle: In Anlehnung an Kunowski [Bewertung (2002)], S. 39.

wesentliche Wertbeiträge durch Konditionen- und Transformationsmargen erzielt werden.[226] Folglich ist für die Bewertung von Sparkassen eine detaillierte Prognose der Entwicklung des Einlagengeschäfts und dessen Margen vorzunehmen. Dies führt dazu, dass eine Prognose der zukünftig erwarteten Zahlungsströme zwischen der Sparkassen und ihren Fremdkapitalgebern bereits vorhanden ist, so dass der Einsatz der *Nettoverfahren vorteilhafter* erscheint.[227]

Die Verwendung des Nettoansatzes bietet darüber hinaus gegenüber den Bruttoansätzen den Vorteil, dass für die Ermittlung des Kapitalisierungszinssatzes keine Bestimmung der durchschnittlich gewichteten Fremdkapitalkosten erforderlich ist. Aufgrund des hohen Anteils des Fremdkapitals am Gesamtkapital[228], können minimale Abweichungen bei der Bestimmung der Fremdkapitalkosten einen erheblichen Einfluss auf den Unternehmenswert ausüben. Hinzu kommt, dass sich die Bestimmung der Fremdkapitalkosten aufgrund der bei Sparkassen vorhandenen Vielzahl an unterschiedlichen Finanzierungsarten als äußerst schwierig erweist.[229]

Aus den o. g. Gründen spricht sich die überwiegende Anzahl der Verfasser von Arbeiten zur Bewertung von Banken für die Verwendung des Nettoansatzes aus.[230] Unterschiedliche Meinungen herrschen jedoch bezüglich der Herleitung der zugrunde gelegten Einzahlungsüberschüsse. Adolf/Cramer/Ollmann leiten die Maximalausschüttungen an die Eigentümer aus der Ertragsüberschussrechnung unter Berücksichtigung der notwendigen Gewinnthesaurierung ab.[231] Zessin spricht sich ebenfalls für eine Ermittlung der Einzahlungsüberschüsse auf Basis einer Ertragsüberschussrechnung aus, obwohl seiner Meinung nach eine Rechnung mit Einzahlungen und Auszahlungen theoretisch richtig wäre. Die Befürwortung einer Ertragsüberschussrechnung wird mit praktischen Schwierigkeiten begründet, die sich bei der Ermittlung der Einzahlungsüberschüsse ergeben.[232]

Bei Sparkassen liegt aufgrund des ausgeprägten liquiditätsmäßig-finanziellen Bereichs der Gedanke nahe, eine Einnahmenüberschussrechnung wegen des hohen Anteils der Finanzinvestitionen an der Bankbilanz zu verwenden. Diesen können ohne große Probleme Zahlungsströme zugeordnet werden. Hierbei ist allerdings zu beachten, dass

---

[226] Vgl. Zensen [Bewertung Universalbanken (2002)], S. 43.
[227] Vgl. Kunowski [Bewertung (2002)], S. 38.
[228] Die durchschnittliche Eigenkapitalquote der Sparkassen betrug im Geschäftsjahr 2004 12,1%. Vgl. o. V. [Strategiefelder (2003)], S. 6.
[229] Vgl. Zensen [Bewertung Universalbanken (2002)], S. 43.
[230] Vgl. Zessin [Unternehmensbewertung (1982)]; Adolf/Cramer/Ollmann [Bewertung (1989)], Copeland/Koller/Murrin [Unternehmenswert (2002)]; Kunowski [Bewertung (2002)]; Sonntag [Bewertung (2001)].
[231] Vgl. Adolf/Cramer/Ollmann [Bewertung (1989)], S. 488 f.
[232] Vgl. Zessin [Unternehmensbewertung (1982)], S. 59.

sich diese Zuordnung nur für das bestehende Altgeschäft vornehmen lässt. Aufgrund der bestehenden hohen Abhängigkeit der Entwicklung des Neugeschäfts von der gesamtwirtschaftlichen Entwicklung ist eine Prognose der aus dem Neugeschäft resultierenden zukünftigen Zahlungsströme kaum möglich. Sparkassen müssen sich daher den Vorteil des Ertragswertverfahrens zu Nutze machen, bei der durch die Periodisierung der Ein- und Auszahlungen eine endliche Betrachtung ermöglicht wird.[233]

Die Verwendung von periodisierten Erträgen und Aufwendungen ermöglicht in einem ersten Schritt indes nicht, die durch nicht stetige Investitionen entstehenden Schwankungen der Finanzmittelbindung und der daraus resultierenden Auswirkungen auf die Finanzierung zu berücksichtigen. Um dieses Problem zu lösen, ist die Ertragsüberschussrechnung um eine Finanzbedarfsrechnung zu ergänzen. Im Vergleich zum Industrieunternehmen fällt bei Sparkassen zum einen der technisch-organisatorische Finanzbedarf geringer aus.[234] Zum anderen ist zu beobachten, dass diese Investitionen in einem gleichmäßigerem Umfang anfallen. Die Auswirkung der Verwendung von Abschreibungen anstelle der tatsächlichen mit den Investitionen verbundenen Zahlungsströme auf den Unternehmenswert ist bei den Sparkassen somit geringer als bei Industrieunternehmen.[235] Aus diesem Grund ist der in der Praxis der Bankbewertung zu beobachtende Verzicht, eine Finanzbedarfsrechnung aufzustellen, vertretbar.

Eine andere Meinung vertritt Behm, der im Rahmen seiner Arbeit zur Ermittlung des Shareholder Values von Kreditinstituten Einzahlungsüberschüsse verwendet. Er berechnet die freien Cashflows an die Aktionäre aus den operativen Cashflows abzüglich der Neuinvestitionen und zuzüglich der Nettofinanzierung.[236] Ähnlich ist die Meinung von Copeland/Koller/Murrin, die sich ebenfalls für die Verwendung des für die Eigentümer zur Verfügung stehenden Cash Flows aussprechen.[237]

Zu berücksichtigen ist, dass die Ermittlung der Nettozuflüsse sowohl bei einer Einnahmenüberschussrechnung, als auch bei einer Ertragsüberschussrechnung stets auf den gleichen Rechenwerken aufbaut. Damit sind beide Verfahren gleichermaßen für die Bewertung von Sparkassen geeignet.

233 Vgl. Zessin [Unternehmensbewertung (1982)], S. 60 f.
234 Vgl. Wildgruber [Prognoseproblem (1998)], S. 50.
235 Vgl. Wildgruber [Prognoseproblem (1998)], S. 50.
236 Vgl. Behm [Shareholder-Value (1994)], S. 58 ff.
237 Vgl. Copeland/Koller/Murrin [Unternehmenswert (2002)], S. 501 ff.

3.2.4 Marktorientierte Bewertungsverfahren

3.2.4.1 Grundlagen

Die Verwendung von marktorientierten Bewertungsverfahren hat im angelsächsischen Raum, insbesondere in den USA, einen hohen Stellenwert.[238] In Deutschland wurden diese Verfahren verstärkt im Rahmen der Börsengänge von jungen Wachstumsunternehmen in das Börsensegment des Neuen Marktes angewandt. Aufgrund seiner „scheinbar“ einfachen und schnellen Durchführbarkeit ist dieses Verfahren in der Praxis weit verbreitet.[239]

Bei den marktorientierten Bewertungsverfahren erfolgt die Ermittlung des Unternehmenswertes von Banken auf Basis aktueller Marktpreise. Grundlage ist die Prämisse, dass der Unternehmenswert dem aktuellen Marktpreis entspricht. Hierbei wird unterstellt, dass aufgrund einer Vielzahl von Transaktionen Preise bestimmt werden, die aufgrund des hohen Informationsstandes der handelnden Akteure auch den Wert der dahinter stehenden Bank repräsentieren.[240]

Im Gegensatz zu den Zukunftserfolgsverfahren nehmen die marktorientierten Bewertungsverfahren keine Wertermittlung auf Basis einer detaillierten Analyse der Bank selbst vor, sondern ermitteln den Unternehmenswert anhand von unternehmensexternen Wertgrößen.

Eine Systematisierung der marktorientierten Verfahren zur Bewertung von Banken stellt die Abbildung 10 auf Seite 57 dar.

Auf einer ersten Ebene kann eine Unterscheidung der Verfahren in Abhängigkeit der *Börsennotierung* vorgenommen werden. Sofern die zu bewertende Bank an einer Börse notiert ist, wird im Rahmen der Bewertung angenommen, dass der Marktwert der Bank mit der Börsenkapitalisierung übereinstimmt und diese sämtliche Informationen über die Bank und ihre Umwelt berücksichtigt.[241]

---

238 Vgl. Böcking/Nowak [Marktorientierte Unternehmensbewertung (1999)], S. 169.
239 Vgl. Lütke-Uhlenbrock/Strauch [Unternehmensbewertungsverfahren (2002)], S. 368 ff.
240 Vgl. Kelbling/Botsis [Marktorientierte Verfahren (2001)], S. 463.
241 Vgl. Born [Unternehmensanalyse (2003)], S. 155.

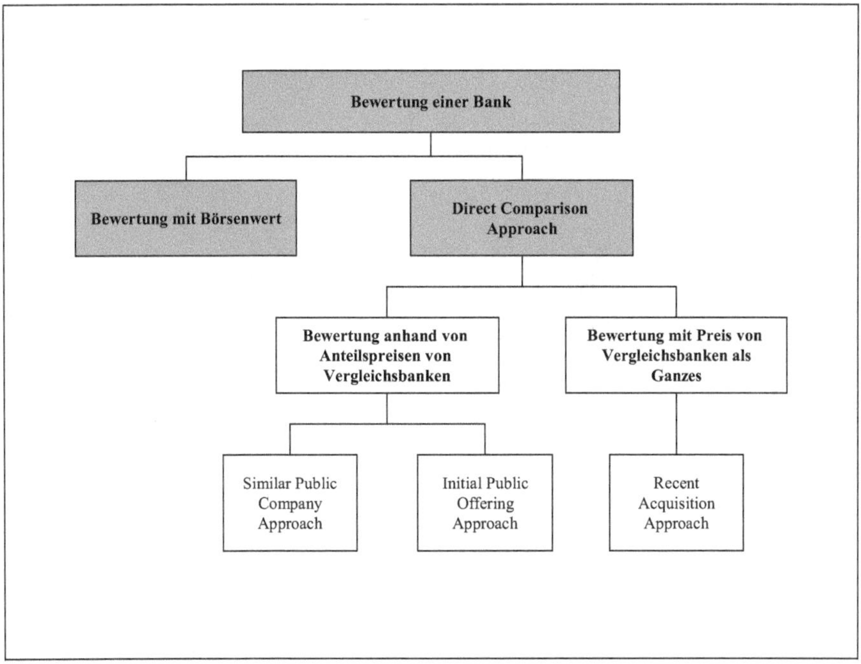

Abbildung 10: Verfahrenssystematik marktorientierter Bewertungsansätze[242]

Hierbei ist indes zu berücksichtigen, dass die eigene Börsenkapitalisierung nur die Unternehmenswertuntergrenze darstellt, da der Aktienkurs den Preis für Minderheitsanteile wiedergibt. Aufgrund der sich im Rahmen eines vollständigen Erwerbs ergeben den Kontrollmöglichkeiten werden bei Gesamtübernahmen regelmäßig Paketzuschläge gezahlt.[243]

In Deutschland werden nur Aktien von Privatbanken an den Börsen gehandelt, so dass eine Ermittlung des Unternehmenswertes auf Basis der eigenen aktuellen Börsenkapitalisierung für Sparkassen nicht möglich ist.

Für *nicht börsennotierte* Banken kann eine Bewertung mithilfe einer vergleichenden Unternehmensbewertung (Direct Comparison Approach) vorgenommen werden. Der Grundgedanke des Direct Comparison Approach besteht darin, den Wert der nicht bör-

[242] Quelle: Eigene Darstellung in Anlehnung an Kelbling/Botsis [Marktorientierte Verfahren (2001)], S. 464.

[243] Vgl. Kelbling/Botsis [Marktorientierte Verfahren (2001)], S. 464.

sennotierten Bank aus der Börsenkapitalisierung bzw. aus anderen realisierten Marktpreisen von Vergleichsunternehmen zu ermitteln.[244]

Je nachdem, welche Vergleichspreise für die Wertermittlung herangezogen werden, wird zwischen den folgenden Unterformen des Direct Comparison Approaches unterschieden:[245]

- Beim in der Praxis am häufigsten verwendeten *Similar Public Company Approach* werden die Anteilspreise von am Kapitalmarkt notierten Unternehmen herangezogen. Dadurch, dass die Börsenkurse i. d. R. den Preis für die Erlangung von Minderheitsanteilen angeben, wird implizit angenommen, dass bei der Bewertung keine Kontrollmöglichkeiten begründet werden.

- Der *Initial Public Offering Approach* verwendet als Vergleichspreise die im Rahmen der Börseneinführung erzielten Anteilspreise. Dieser Ansatz wird allerdings i. d. R. nur zur Ermittlung des Unternehmenswertes im Rahmen der Börseneinführung verwendet.

- Der *Recent Acquisition Approach* verwendet die im Rahmen von bereits durchgeführten Transaktionen erzielten Preise als Vergleichspreise. Die Vergleichspreise geben den Wert des Unternehmens aus Sicht des Käufers bei Erlangung der Mehrheit der Anteile am Unternehmen wieder.

Der Unternehmenswert einer Sparkasse (UW_S) lässt sich beim Similar Public Company Approach aus dem Verhältnis vom Unternehmenswert eines Vergleichsunternehmens (UW_V) zu einer Bezugsgröße des Vergleichsunternehmens (X_V), multipliziert mit der Bezugsgröße der zu bewertenden Sparkasse (X_S), bestimmen:[246]

$$(11) \quad UW_S = \frac{UW_V}{X_V} * X_S$$

Der Prozess der Bewertung von Sparkassen mithilfe von Multiplikatoren erfolgt in vier Schritten:[247]

1. Qualitative und quantitative Analyse der zu bewertenden Sparkasse

---

[244] Vgl. Nowak [Unternehmensbewertung (2003)], S. 159.
[245] Vgl. Eidel [Performance-Messung (1999)], S. 94 f.
[246] Vgl. Lütke-Uhlenbrock/Strauch [Unternehmensbewertungsverfahren (2002)], S. 368; Böcking/Nowak [Marktorientierte Unternehmensbewertung (1999)], S. 170.
[247] Vgl. Mand/Rabel [Unternehmensbewertung (1997)], S. 260 ff; Böcking/Nowak [Marktorientierte Unternehmensbewertung (1999)], S. 171 ff.

2. Auswahl von börsennotierten Vergleichsunternehmen (Peer group)

3. Ermittlung des Sparkassenwertes anhand von Vergleichsgrößen

4. Eventuelle Korrekturen durch Zu- bzw. Abschläge.

Ausgangspunkt bildet eine gründliche Analyse der wirtschaftlichen und rechtlichen Lage der Sparkasse. Im Rahmen dieser qualitativen Analyse erfolgt u. a. eine Betrachtung der Wettbewerbsposition, des Kundenportfolios sowie der Gewinnentwicklung. Für die quantitative Analyse werden primär Ertrags- und Substanzwertkennzahlen ermittelt. Eine Übersicht über mögliche Kennzahlen gibt die nachstehende Tabelle.

Ertragswertkennzahlen	Substanzwertkennzahlen
Profitabilität	**Kapitalausstattung**
- Eigenkapitalrendite vor/nach Steuern	- Kernkapitalquote
- operative Gesamtkapitalrendite	- Gesamtkapitalquote
- Gesamtkapitalrendite	
- Nettozinsmarge	**Asset Quality**
- Nettozinsspanne	- Kreditrisiko Relation
- Cost-Income-Ratio	- Relation der zweifelhaften Kredite
	- Deckung zweifelhafter Kredite
Einkommensstruktur	
- Anteil der Erträge, die nicht Zinserträge sind	**Bilanzstruktur**
	- Verhältnis Kredite zu Bilanzsumme
	- Verhältnis Kredite zu Einlagen

Tabelle 3: Ausgewählte Kennzahlen zur quantitativen Analyse von Banken[248]

Anhand dieser Charakteristika werden in einem zweiten Schritt Vergleichsbanken ausgesucht. Die Identifikation und Auswahl von geeigneten Vergleichsbanken stellt die schwierigste Phase der Bewertung mit Multiplikatoren dar, da die Vergleichskreditinstitute über gleichartige qualitative und quantitative Eigenschaften wie die zu bewertende Sparkasse verfügen müssen. In der Praxis dürfte es kaum möglich sein, ein identisches Kreditinstitut zu finden, so dass mehrere Vergleichsbanken zu einer Peer Group zusammengefasst werden.[249]

Mithilfe dieser Vergleichsbanken wird in einem dritten Schritt der Unternehmenswert anhand der oben beschriebenen Formel bestimmt.

Wenn keine Vergleichskreditinstitute mit ähnlicher Struktur gefunden wurden, ist der Unternehmenswert noch um Zu- bzw. Abschläge zu korrigieren. Eine Anpassung ist

[248] Quelle: Kelbling/Botsis [Marktorientierte Verfahren (2001)], S. 466.
[249] Vgl. Kelbling/Botsis [Marktorientierte Verfahren (2001)], S. 465.

unter Umständen erforderlich, da der der Wertermittlung zugrunde liegende Aktienkurs sich auf öffentlich gehandelte und breit gestreute Aktien bezieht, die keinen Einfluss auf die Geschäftsführung zulassen. Der Erwerb des Gesamtunternehmens umfasst aber auch die Möglichkeit der Übernahme der Geschäftsführung, so dass evtl. Paket- bzw. Kontrollzuschläge nötig sind.[250] Sofern ein Unternehmenswert für die „Gesamtsparkasse" ermittelt werden soll, ist der aus börsennotierten Vergleichsunternehmen abgeleitete Unternehmenswert entsprechend um einen Zuschlag zu erhöhen. In der Literatur wird die Höhe des Zuschlags mit 20% bis 25% angegeben.[251]

Daneben ist bei Sparkassen ein Abschlag aufgrund der nicht vorhandenen Börsennotierung und der damit zusammenhängenden eingeschränkten Fungibilität des Bewertungsobjektes vorzunehmen.[252] Üblich ist hierfür ein Abschlag von 35% bis 40% auf Basis des berechneten Ausgangswertes, d. h. ohne Berücksichtung des Paket- bzw. Kontrollzuschlags.[253] Insbesondere für die USA wurden diverse Studien und Sammlungen ökonomischer Sachverhalte und gerichtlicher Entscheidungen, die auf der Ähnlichkeit vergleichbarer Sachverhalte aufbauen, durchgeführt, um die Höhe des Fungibilitätsabschlags zu quantifizieren. Diese Studien können in drei Kategorien unterteilt werden. Im Rahmen der Option Pricing Studies wird angenommen, dass die Optionspreise für den späteren Erwerb eines Wertpapiers den Unterschied zu einem ursprünglich nicht marktfähigen Unternehmensanteil darstellen. Bei den Restricted Stock Studies ermittelt sich der Fungibilitätsabschlag aus dem Unterschied zwischen gehandelten und nicht gehandelten Aktien derselben Gesellschaft in gleichen Zeiträumen. Die Initial Public Offerings Studies ermitteln den Abschlag aus dem Unterschied zwischen den gehandelten Preisen unmittelbar vor und unmittelbar nach dem Börsengang.[254]

3.2.4.2 Ausgewählte Multiplikatoren

Bei Verwendung der Multiplikatormethode können unterschiedliche Bezugsgrößen verwendet werden. Für Banken kommen hierbei vor allem Ertrags- und Substanzwertkennzahlen infrage.[255] Als *Ertragswertmultiplikatoren* werden u. a. der um außeror-

---

[250] Vgl. Laro/Pratt [Business Valuation (2005)], S. 282 ff.; Böcking/Nowak [Marktorientierte Unternehmensbewertung (1999)], S. 173.

[251] Vgl. Damodaran [Control Value (2005)], S. 58; Born [Unternehmensanalyse (2003)], S. 164; Buchner [Unternehmensbewertung (1995)], S. 404.

[252] Vgl. Kelbling/Botsis [Marktorientierte Verfahren (2001)], S. 467.

[253] Vgl. Barthel [Fungibilitätszuschlag (2003)], S. 1184; Böcking/Nowak [Marktorientierte Unternehmensbewertung (1999)], S. 173 f.

[254] Für eine Übersicht der diversen Studien und ihrer jeweiligen Ergebnisse vgl. Laro/Pratt [Business Valuation (2005)], S. 286 ff.; Damodaran [Marketability (2005)], S. 22 ff. sowie Bajaj/Denis/Ferris [Marketability Discounts (2001)], S. 93 ff.

[255] Vgl. Koch [Bankakquisitionen (2000)], S. 137.

dentliche Einflüsse bereinigte Jahresüberschuss, der Gewinn vor Steuern oder der EBIT (Gewinn vor Fremdkapitalzinsen und Steuern) sowie substanzorientierte Bezugsgrößen verwendet.

Der im Rahmen der Bankbewertung geläufigste Ertragsmultiplikator ist das Kurs-Gewinn-Verhältnis[256] (KGV).[257] Hierbei werden die von den Vergleichsunternehmen erwarteten Zukunftsgewinne in Relation zu ihren Börsenkursen gesetzt. In der Regel wird der Gewinn je Aktie (Earnings per Share) verwendet. Um den Wert der zu bewertenden Bank zu erhalten, wird das sich aus der Vergleichsgruppe ergebende Durchschnitts-Kurs-Gewinn-Verhältnis mit dem geschätzten Gewinn des Bewertungsobjektes multipliziert.[258]

$$(12) \quad KGV = \frac{Kurs_t}{EPS_{t+1}}$$

KGV Kurs-Gewinn-Verhältnis
$Kurs_t$ aktueller Aktienkurs
EPS_{t+1} Geschätzter Gewinn je Aktie der Folgeperioden

Als Gewinngröße sind hierbei nicht die vergangenen, sondern die zukünftig zu erwartenden Gewinne zu verwenden, da nur diese entscheidungsrelevant sind. Wichtig ist, dass die Gewinngröße die tatsächliche Ertragskraft der Bank widerspiegelt. Aus diesem Grund ist der vom Grundsatz der Kapitalerhaltung und des Gläubigerschutzes[259] geprägte Jahresüberschuss nach deutscher Rechnungslegung ungeeignet. Dieser Jahresüberschuss ist insbesondere bei Banken durch bilanzpolitische Maßnahmen des Unternehmens erheblich beeinflussbar und drückt deshalb nicht die tatsächliche Ertragskraft der Bank aus.[260] Zusätzlich ist die Vergleichsgröße „Gewinn“ bei Auswahl von internationalen Vergleichsunternehmen bzw. nicht nach HGB bilanzierenden nationalen Kreditinstituten an die international unterschiedlichen Rechnungslegungsvorschriften anderer Länder anzupassen. Dieses ist erforderlich, weil eine Vielzahl der Unternehmen aus der Vergleichsgruppe keine Rechnungslegung nach HGB vornehmen. Diese Unternehmen bilanzieren in der Regel nach IAS/IFRS oder US-GAAP, die von

[256] In der Literatur häufig englisch als Price-Earnings-Ratio (PER) bezeichnet.
[257] Vgl. Koch [Unternehmensbewertung (2004)], S. 131 f.
[258] Vgl. Steiner/Bruns [Wertpapiermanagement (2002)], S. 267.
[259] Aus dem Gläubigerschutz resultieren wichtige Prinzipien in der Rechnungslegung, wie das Vorsichts-, Imparitäts- und Realisationsprinzip.
[260] Vgl. Lizon/Schatzschneider [DVFA/SG-Ergebnis (1996)], S. 212.

ihrer Konzeption primär an der Darstellung der tatsächlichen Situation der Unternehmen interessiert sind.[261]

Um diese Problematik der Vergleichbarkeit zu lösen, wurde von der Deutschen Vereinigung für Finanzanalyse und Anlageberatung e.V. (DVFA) in Zusammenarbeit mit dem Bundesverband deutscher Banken ein DVFA/Banken-Schema entwickelt.[262] Dieses Schema sieht, um die Vergleichbarkeit der Gewinne herzustellen, u. a. eine Bereinigung des Jahresergebnisses um sämtliche außergewöhnliche Positionen vor. Zusätzlich sind zur Anpassung an internationale Rechnungslegungsvorschriften Änderungen der stillen Reserven nach § 340f HGB bzw. des Fonds für allgemeine Bankrisiken nach § 340g HGB rückgängig zu machen. Gegebenenfalls sind der Jahresüberschuss um Gewinne und Verluste aus Wertpapieren des Liquiditätsbestandes sowie aus Immobilien zu korrigieren.[263]

Neben Ertragswertmultiplikatoren kommen bei Anwendung des Multiplikatorverfahrens für die Bankbewertung *Substanzwertmultiplikatoren* infrage. Als Bezugsgröße wird der Buchwert des Eigenkapitals je Aktie verwendet.[264]

Um eine Vergleichbarkeit der Substanzwertmultiplikatoren zwischen mehreren Banken herzustellen, ist analog zu den Ertragswertmultiplikatoren eine Bereinigung des Eigenkapitals empfehlenswert (vgl. Tabelle 4).

	Ausgewiesenes Eigenkapital
+	Fonds für allgemeine Bankrisiken (§ 340g HGB)
+	Stille Reserven der Risikovorsorge (nach Versteuerung bei Auflösung)
+	Stille Reserven im Wertpapierportfolio (nach Versteuerung bei Auflösung)
+	Bedingtes stimmberechtigtes Eigenkapital
=	**Bereinigtes Eigenkapital**
÷	durchschnittliche Anzahl der stimmberechtigten Aktien
=	**Bereinigtes Eigenkapital pro Aktie**

Tabelle 4: Schema zur Ermittlung des bereinigten Eigenkapitals pro Aktie[265]

---

[261] Vgl. Lachnit [Bilanzanalyse (2004)], S. 327 ff. Für eine Darstellung der Rechnungslegungsunterschiede in Ansatz und Bewertung im Allgemeinen vgl. Lachnit [Bilanzanalyse (2004)], S. 330 ff. Für Unterschiede in der Rechnungslegung nach HGB und IFRS bei Kreditinstituten vgl. Lachnit/ Müller [Internationalisierung (2005)], S. 225 ff. Hinsichtlich der Bilanzierung nach IAS/IFRS vgl. Ammann/Müller [IFRS (2004)], S. 70 ff. bzw. der Bilanzierung nach IAS/IFRS für Banken vgl. Löw [Rechnungslegung Banken (2005)].

[262] Vgl. Busse von Colbe/Becker/Berndt [DVFA (2000)], S. 92 ff.

[263] Vgl. Löw/Roggenbuck [Ergebnis-je-Aktie (2001)], S. 1462 f.; Busse von Colbe/Becker/Berndt [DVFA (2000)], S. 95 ff.

[264] Vgl. Sen/Holzhäuser [Banken (2004)], S. 75 f.

Gegenüber den Ertragswertmultiplikatoren bieten Substanzwertmultiplikatoren den Vorteil, dass die Werte im Zeitablauf aufgrund der Verwendung von Bestands- und nicht von Stromgrößen geringeren Schwankungen unterworfen sind.

Probleme ergeben sich bei der Anwendung des Multiplikatorverfahrens insbesondere bei der Auswahl geeigneter Vergleichsbanken, da die Anzahl börsennotierter Kreditinstitute in Deutschland und Europa relativ gering ist. Hinzu kommt, dass die Ermittlung vergleichbarer Kennzahlen, wie z. B. der Gewinn je Aktie, aufgrund von unterschiedlichen Rechnungslegungsvorschriften und umfangreichen Bewertungs- und Wahlrechten sich in der Praxis als schwierig erweist. Die erforderlichen Informationen für die Bereinigung stehen in den seltensten Fällen externen Personen zur Verfügung, so dass zum Teil Schätzungen der entsprechenden Größen vorgenommen werden müssen. Ein weiterer Nachteil besteht darin, dass aufgrund der Einperiodenorientierung der Multiplikatoren diese durch Zufälligkeiten beeinflusst werden können und eine Berücksichtigung der zukünftigen Entwicklung nur mangelhaft möglich ist.[266] Insbesondere die Gewinnhöhe hängt wesentlich von der gesamtwirtschaftlichen Lage und den daraus resultierenden Folgen auf die Risikovorsorge ab, so dass im Zeitablauf keine Stabilität zu erwarten ist. Hinzu kommt beim Kurs-Gewinn-Verhältnis, dass die Kennzahl nicht alleine an die operative Ergebnisentwicklung angelehnt ist, sondern auch vom individuellen Verschuldungsgrad beeinflusst wird.[267]

Schwierigkeiten bereitet darüber hinaus die Quantifizierung entsprechender Bewertungszu- bzw. -abschläge. Der auf Basis der Aktienkurse vergleichbarer Kreditinstitute ermittelte Unternehmenswert verkörpert den Preis für Minderheitsrechte. Bei der Bewertung von ganzen Sparkassen ist indes nicht der Wert eines Minderheitenanteils, sondern der Wert des Gesamtunternehmens entscheidend. Kritisch ist darüber hinaus anzusehen, dass die Aktienkurse nicht zwangsläufig dem realen Wert des Unternehmens entsprechen müssen, wie dies beispielsweise beim Neue-Markt-Hype der Fall war.

Abschließend ist anzumerken, dass eine Anwendung von Multiplikatorverfahren als einziges Bewertungsverfahren für Sparkassen nicht zu empfehlen ist. Während bei den Zukunftserfolgsverfahren eine Wertermittlung auf Basis einer detaillierten Analyse der zu bewertenden Sparkasse vorgenommen wird, erfolgt bei den Multiplikatorverfahren eine Ermittlung anhand von unternehmensexternen Wertgrößen. Geplante Änderungen

---

[265] Quelle: Koch [Bankakquisition (2000)], S. 149.
[266] Vgl. Seppelfricke [Multiplikatorverfahren (1999)], S. 307.
[267] Vgl. Seppelfricke [Multiplikatorverfahren (1999)], S. 302 f.

der Unternehmensstrategie bzw. des Unternehmensumfeldes können hierdurch nicht berücksichtigt werden.

Trotz der dargelegten Schwächen ist eine Plausibilisierung des mit der Discounted Cash Flow-Methode bzw. dem Ertragswertverfahren bestimmten Unternehmenswertes empfehlenswert. Darüber hinaus bietet sich die Verwendung von Multiplikatoren für eine erste Wertindikation an, da diese mit relativ geringem Aufwand durchgeführt werden kann.

3.2.5 Zusammenfassende Beurteilung der Bewertungsverfahren zur Ermittlung eines Sparkassenwertes

Die wissenschaftliche Literatur ist sich einig, dass sich der Wert eines Unternehmens aus dem Nutzen bestimmt, den dieses aufgrund seiner im Bewertungszeitpunkt vorhandenen Erfolgsfaktoren einschließlich seiner Innovationskraft, Produkte und Stellung am Markt, inneren Organisation, seinen Mitarbeitern und seines Managements in der Zukunft erwirtschaften kann.[268] Unter der Voraussetzung, dass ausschließlich finanzielle Ziele verfolgt werden, wird der Wert des Unternehmens aus seiner Eigenschaft abgeleitet, durch Zusammenwirken aller die Ertragskraft beeinflussenden Faktoren finanzielle Überschüsse für die Unternehmenseigner zu erwirtschaften. Für die Ermittlung des Unternehmenswertes von Sparkassen sind somit ausschließlich die DCF-Methode und das Ertragswertverfahren geeignet. Beide Bewertungsverfahren sind grundsätzlich gleichwertig und führen bei entsprechender Prämissensetzung zu identischen Ergebnissen, da sie auf derselben investitionstheoretischen Grundlage (Kapitalwertkalkül) fußen.[269]

Sowohl beim Ertragswertverfahren als auch bei der Discounted Cash Flow-Methode wird zunächst der Barwert der finanziellen Überschüsse des betriebsnotwendigen Vermögens ermittelt. Vermögensgegenstände (einschließlich Schulden), die einzeln übertragen werden können, ohne dass davon die eigentliche Unternehmensaufgabe berührt wird, sind als nicht betriebsnotwendiges Vermögen separat zu berücksichtigen. Die Summe der Barwerte der finanziellen Überschüsse des betriebsnotwendigen und der Wert des nicht betriebsnotwendigen Vermögens ergeben grundsätzlich den Unternehmenswert.

---

[268] Vgl. IDW [WP-Handbuch II (2002)], S. 24, Tz. 77.
[269] Vgl. Prokop [Bewertung (2003)], S. 130 ff.

Für die Ermittlung des Barwertes sind die künftigen finanziellen Überschüsse mit einem geeigneten Zinssatz auf den Bewertungsstichtag zu diskontieren. Dieser dient dazu, die sich ergebende Zahlungsreihe an einer Entscheidungsalternative zu messen.

Aufgrund der Zuordnung der Finanzierungsseite zum operativen Geschäft empfiehlt sich für die Bewertung von Sparkassen die Verwendung eines Nettoansatzes. In Frage kommen sowohl der Equity-Ansatz der DCF-Methode, als auch das Ertragswertverfahren. Während der Equity-Ansatz die Nettozuflüsse an die Unternehmenseigner auf Basis einer Einnahmenüberschussrechung ableitet, erfolgt beim Ertragswertverfahren die Ermittlung mithilfe einer Ertragsüberschussrechnung. Bei beiden Verfahren ist die Aufstellung von Plan-Bilanzen, Plan-GuV sowie Kapitalflussrechnungen erforderlich. Sofern gleiche Finanzierungsannahmen getroffen werden, ergeben sich bei beiden Ansätzen identische Nettoeinnahmen. Erfolgt dazu die Ermittlung der Eigenkapitalkosten mithilfe von kapitalmarkttheoretischen Modellen, so führen beide Verfahren zum gleichen Ergebnis. Beide Verfahren sind somit als gleichwertig anzusehen, unterscheiden sich lediglich in ihrem Weg zur Bestimmung der Nettozuflüsse an die Unternehmenseigner.

Im Rahmen dieser Arbeit soll eine Unternehmenswertermittlung auf Basis des Ertragswertverfahrens erfolgen, welche sich für die Bewertung von Banken bei den Wirtschaftsprüfern durchgesetzt hat.

4 Grundlagen der Ermittlung der Ertragsüberschüsse von Sparkassen

4.1 Grundsätzliche Überlegungen zur Erfolgsprognose

4.1.1 Anforderungen an Prognosemodelle

Die Prognose der künftigen Erfolgsentwicklung stellt aufgrund der bestehenden Unsicherheit hinsichtlich der zukünftigen Entwicklung eines der Kernprobleme in der Unternehmensbewertung dar. Aus diesem Grund sind hohe Anforderungen hinsichtlich der Prognosequalität und des Erklärungsgehaltes zu stellen.[270]

In Anlehnung an Bretzke wird unter einer Prognose „eine aus einem Modell der Realität abgeleitete überprüfbare Aussage über ein zukünftiges Ereignis oder eine zukünftige Folge von Ereignissen" verstanden.[271] Die Qualität einer Prognose wird zum einen durch die Faktoren Prognosegenauigkeit und Prognosesicherheit beeinflusst. Zum anderen hängt der Erklärungsgehalt von Prognosen wesentlich von der intersubjektiven Nachvollziehbarkeit der Prämissen sowie der Ergebnisbegründung ab.[272]

Die *Prognosegenauigkeit* gibt das Ausmaß des in der Prognoseaussage festgelegten Ausschlusses zukünftiger Ausprägungen des Prognosegegenstandes an.[273] Die höchste Genauigkeit weist demnach eine Punktprognose aus, d. h. die Festlegung auf genau eine bestimmte Ausprägung der Prognosegröße. Analog sinkt bei der Erstellung einer Intervallprognose mit zunehmender Bandbreite die Prognosegenauigkeit. Für die quantitativen Prognoseverfahren kann die Prognosegenauigkeit mathematisch über Streuungsmaße der prognostizierten Variablen, wie z. B. der Varianz, abgebildet werden.[274]

Der zweite Faktor, der die *Prognosequalität* beeinflusst, ist die Prognosesicherheit. Sie ist das Maß an Sicherheit, mit dem der Eintritt der prognostizierten Entwicklung zu erwarten ist. Während bei einer Punktprognose davon auszugehen ist, dass die Prognosesicherheit am geringsten ist, steigt die Sicherheit bei einer Intervallprognose mit zunehmender Bandbreite an. Mathematisch kann die Prognosesicherheit als Eintrittswahrscheinlichkeit der Prognoseaussage quantifiziert werden.[275]

---

[270] Vgl. Diedrich [Methoden (1993)], S. 52 f.
[271] Vgl. Bretzke [Prognoseproblem (1975)], S. 118.
[272] Vgl. Wildgruber [Prognoseproblem (1998)], S. 114.
[273] Vgl. Wildgruber [Prognoseproblem (1998)], S. 100.
[274] Vgl. Diedrich [Methoden (1993)], S. 52 f.
[275] Vgl. Wildgruber [Prognoseproblem (1998)], S. 102.

Diese Ausführungen verdeutlichen, dass Prognosegenauigkeit und -sicherheit in einem Spannungsverhältnis zueinander stehen. Eine steigende Prognosegenauigkeit führt zu einer sinkenden Prognosesicherheit und umgekehrt.

Die zukünftige Entwicklung einer Sparkasse wird von Einflussfaktoren determiniert, die nur zum Teil durch das Sparkassenmanagement beeinflusst werden können. Die beeinflussbaren Faktoren werden als interne Determinanten, die nicht beeinflussbaren Faktoren hingegen als externe Determinanten bezeichnet.[276] Gerade Kreditinstitute unterliegen in erheblichem Umfang externen Einflussfaktoren, wie z. B. der Zins- und Konjunkturentwicklung, die bei der Prognose der Ertragsüberschüsse zu berücksichtigen sind. Aus diesem Grund ist bei der Prognose ein zweistufiges Vorgehen empfehlenswert. Zu Beginn ist eine Prognose der externen Determinanten und der für sie angenommenen Rahmenbedingungen vorzunehmen. Aufbauend auf diesen Prognoseergebnissen kann dann in einem zweiten Schritt die Prognose der internen Determinanten erfolgen.[277] Nur diese Vorgehensweise stellt sicher, dass die Wechselwirkungen zwischen internen und externen Determinanten bei der Planung der Ertragsüberschüsse angemessen berücksichtigt werden können.

Auf den Erklärungsgehalt einer Prognose wirkt sich entscheidend die *Nachvollziehbarkeit der Prognoseannahmen* aus. Um die Offenlegung der Bedingungen und Begründungen nachvollziehbar darzulegen, bietet sich die Aufstellung eines Entscheidungsbaumes an, der die Berücksichtigung unsicherer Erwartungen ermöglicht. Hierbei werden zuerst in einem Zustandsbaum die durch die externen Determinanten beschriebenen möglichen zukünftigen Umwelt- und Rahmenbedingungen dargestellt. Anschließend ist eine Beurteilung der einzelnen beschriebenen Umwelt- und Rahmenbedingungen hinsichtlich deren erwarteter Eintrittswahrscheinlichkeiten vorzunehmen.[278] Aufbauend auf diesem Zustandsbaum kann anschließend die Planung der internen Determinanten erfolgen. Hierfür kann der Zustandsbaum zum Entscheidungsbaum weiterentwickelt werden, indem nun die für die einzelnen Zustände möglichen Entwicklungen der internen Determinanten und ihre Eintrittswahrscheinlichkeiten hinzugefügt werden.[279] Anhand dieses Entscheidungsbaumes kann anschließend der

[276] In der Literatur werden eine Reihe von Synonymen wie z. B. beeinflussbare und nicht beeinflussbare Variable, unternehmensinterne und unternehmensexterne Determinanten sowie Instrumentvariable und autonome Variable verwendet. Vgl. Bretzke [Prognoseproblem (1975)], S. 87 f.; Leuthier [Interdependenzproblem (1988)], S. 33; Ballwieser [Unternehmensbewertung (1993)], S. 23.

[277] Vgl. Wildgruber [Prognoseproblem (1998)], S. 116.

[278] Vgl. zum Modell des Zustandsbaumes Laux [Unternehmensbewertung (1971)], S. 528 ff.; Ballwieser [Unternehmensbewertung (1993)], S. 41 ff. und Hax [Investitionstheorie (1985)], S. 168 f.

[279] Vgl. zur Darstellung des Entscheidungsbaumes Laux [Investitionsplanung (1971)], S. 39 f.; Sieben/ Schildbach [Entscheidungstheorie (1994)], S. 38 ff.; Hax [Investitionstheorie (1985)], S. 170 f.

prognostizierte Erwartungswert bei einer Offenlegung der Bedingungen ermittelt werden.

4.1.2 Festlegung der Prognosedauer

Für den hier unterstellten Fall einer unendlichen Unternehmensfortführung wird der Unternehmenswert einer Sparkasse in der Regel anhand der *Phasenmethode* ermittelt. Das Konzept der Phasenmethode sieht vor, dass für die nähere Zukunft (erste Phase) detaillierte Schätzungen über die Entwicklung der Erfolgsströme in den einzelnen Jahren abgegeben werden. Die fernere Phase betrifft die kaum übersehbare fernere Zukunft. Für diese Phase wird eine pauschale Fortschreibung der Detailplanungen bzw. der Ansatz eines bestimmten Restwertes vorgenommen (vgl. Abbildung 11, S. 70).[280] Ursache für dieses Vorgehen ist der Umstand, dass mit zunehmender Prognosedauer die Unsicherheit und Ungenauigkeit der Planung steigt und somit die Gefahr von Fehleinschätzungen zunimmt.

Die Länge des Detailplanungszeitraums muss bei jeder Sparkasse unter Berücksichtigung der institutsspezifischen Gegebenheiten festgelegt werden. Die Detailplanungsphase wird maßgeblich von den vorhandenen Planungsrechungen und diversen unternehmensspezifischen Einflussfaktoren beeinflusst.[281] Die Dauer ist insbesondere in Abhängigkeit der Lebenszyklen der einzelnen Produkte zu bestimmen, die zum einen erhebliche Auswirkungen auf die Aufwands- und Ertragsströme und zum anderen auf die Höhe der Investitionsaufwendungen in den einzelnen Perioden haben.[282]

Als Ansatzpunkte für die Bestimmung der Länge der Detailplanungsdauer werden in der Literatur angeführt:[283]

- Vollständige Berücksichtigung der Auswirkungen von Strukturveränderungen,
- Erfassung des Produktlebenszyklus der wichtigsten Produkte,
- Anpassung an die Länge des strategischen Horizonts,

[280] Vgl. IDW [WP-Handbuch II (2002)], S. 60, Tz. 152 ff.
[281] Vgl. Höhmann [Shareholder Value (1998)], S. 90 f.
[282] Vgl. Wildgruber [Prognoseproblem (1998)], S. 200 ff.; Kunowski [Bewertung (2002)], S. 68.
[283] Vgl. u. a. Day [Creating Value (1990)], S. 339; Day/Fahey [Strategies (1998)], S. 51; Rappaport [Shareholder Value (1981)], S. 141.

- Dauer eines Konjunkturzyklus sowie
- Stabilisierung der wirtschaftlichen Lage des Unternehmens.

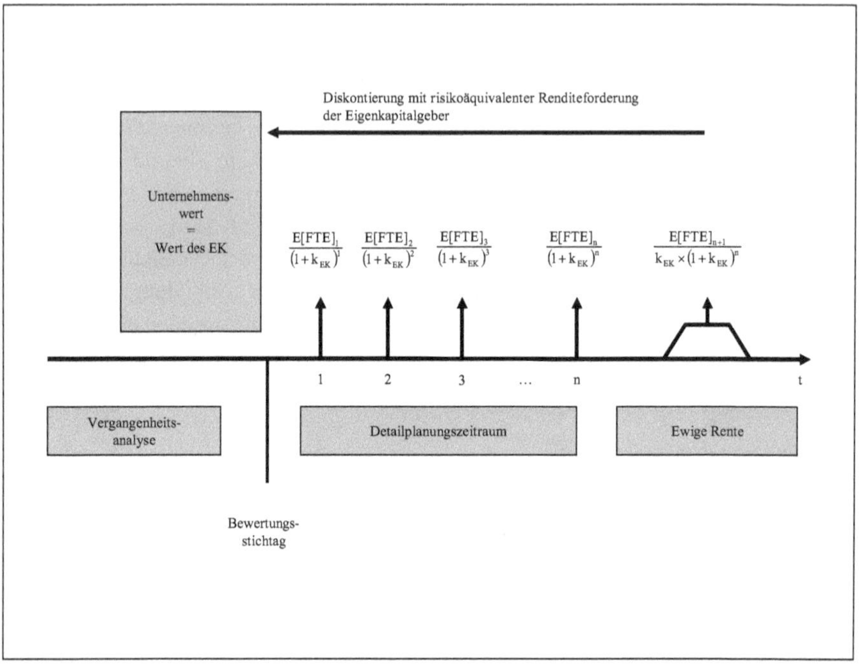

Abbildung 11: Ermittlung des Unternehmenswertes unter Verwendung der Phasenmethode (ohne Berücksichtigung eines Wachstumsabschlags)[284]

Diese unterschiedlichen Entwicklungen können nicht bei der Ermittlung der ewigen Rente berücksichtigt werden. Hierfür ist es vielmehr erforderlich, dass sich die Sparkasse in einem stabilen Zustand befindet, da in der ewigen Rente indirekt unterstellt wird, dass die Sparkasse nicht mehr wächst bzw. die Rendite der Zusatzinvestitionen mit den Kapitalkosten übereinstimmt.[285]

Bei der Prognose der zukünftigen Aufwands- und Ertragsentwicklung von Sparkassen tritt das Problem auf, dass diese Dienstleistungen erbringen, welche schwer prognostizierbaren Nachfrageschwankungen unterliegen, die in erheblichem Maße von der Marktentwicklung beeinflusst werden. Aus diesem Grund würde es auf der Hand liegen, die Detailplanungsphase möglichst kurz zu wählen. Eine zu kurze Detailpla-

[284] Quelle: Eigene Darstellung.
[285] Vgl. Rappaport [Shareholder Value (1999)], S. 50.

nungsphase ist jedoch vor dem Hintergrund, dass eine Extrapolation besonders positiver oder negativer Periodenergebnisse zu einer Verfälschung des Unternehmenswertes führen kann, kritisch zu sehen.[286] Insbesondere vor dem Hintergrund, dass bei Sparkassen zum einen wesentliche Teile des Aktiv- und Passivgeschäfts langfristigen vertraglichen Bindungen unterliegen, die gut prognostizierbar sind und zum anderen, dass sich aus der vorhandenen Kundenstruktur relativ gut die zukünftigen Vertragsabschlüsse ableiten lassen, sollte eine längere Detailplanungsphase gewählt werden.[287] Hinzu kommt, dass die Planungstools bei Sparkassen mittlerweile soweit ausgereift sind, dass langfristige Detailplanungen möglich sind.

In der Literatur werden *Detailprognosedauern* zwischen 3 und 10 Jahren und eine anschließende pauschalierte Fortschreibung empfohlen. Einen Überblick über die von einigen Autoren vorgeschlagenen Detailprognosedauern gibt die nachstehende Übersicht.

Prognosedauer	Quelle
3 Jahre	Matten [Bank Capital (2000)], S. 277
3 bis 6 Jahre	Börner/Lowis [Rahmenmodell (1997)], S. 100 Büschgen [Bankunternehmensplanung (1983)], S. 276 Wilde [Bankmarktprognosen (1982)], S. 467
3 bis 10 Jahre	Adolf/Cramer/Ollmann [Bewertung (1989)], S. 276
5 bis 7 Jahre	Kümmel [Shareholder Value (1994)], S. 53. Becker [Bewertung (1999)], S. 63.
5 bis 10 Jahre	Wariboko [Bank Valuation (1994)], S. 442 f. Kunowski [Bewertung (2002)], S. 70
10 Jahre	Copeland/Koller/Murrin [Valuation (2000)], S. 94 Höhmann [Shareholder Value (1998)], S. 92.

Tabelle 5: Literaturüberblick über den für Bankbewertungen empfohlenen Prognosehorizont[288]

Vereinzelt wird auch die Anwendung eines auf die UEC zurückgehenden 3-Phasen-Modells empfohlen. Hierbei wird zwischen der ersten Detailplanungsphase und der Rentenphase ein weiterer Zeitabschnitt eingefügt. Dieser drei bis sechs Jahre umfassende Zeitraum wird auf den Daten der Detailplanungsphase aufgebaut und mit einer gleichbleibenden Veränderungsrate der jeweiligen Posten fortgeschrieben.[289] Für die Bewertung von Sparkassen ist die Anwendung eines 3-Phasen-Modells nicht sachge-

[286] Vgl. Kümmel [Shareholder Value (1994)], S. 53.
[287] Vgl. Zensen [Bewertung Universalbanken (2002)], S. 71; Kunowski (Bewertung (2002)], S. 69.
[288] Quelle: Eigene Darstellung
[289] Vgl. Zessin [Unternehmensbewertung (1982)], S. 62 ff.; Adolf/Cramer/Ollmann [Bewertung (1989)], S. 488.

recht, da durch die reine Fortschreibung in der zweiten Phase die bankaufsichtsrechtlichen Restriktionen nur ungenau berücksichtigt werden können.[290]

Zusammenfassend kann festgehalten werden, dass die Detailplanungsphase wesentlich von den vorhandenen Planungsunterlagen und der strategischen Entwicklung der Sparkassen beeinflusst wird und somit die Vorgabe einer generellen Detailplanungsdauer nicht sachgerecht wäre. In der Praxis erfolgt die Sparkassenbewertung im Regelfall auf Basis einer 3 bis 5-jährigen Detailplanungsphase.

4.1.3 Prognoseverfahren

Bei den Prognoseverfahren kann unabhängig vom zugrunde gelegten Prognosezeitraum zwischen quantitativen (mathematisch-statistischen) und qualitativen (intuitiven) Prognoseverfahren unterschieden werden (vgl. Abbildung 12, S. 73).[291]

Quantitative Prognoseverfahren treffen ihre Aussagen auf der Grundlage von mathematischen Zusammenhängen. Hierbei wird implizit unterstellt, dass eine in der Vergangenheit beobachtete funktionale Beziehung auch in Zukunft Gültigkeit besitzt und zur Erklärung des Prognoseobjektes herangezogen werden kann.[292] Die qualitativen Prognoseverfahren hingegen ermitteln Prognosewerte aufgrund von Erfahrung und Intuition.[293]

Die auf mathematisch-statistischen Zusammenhängen basierenden *quantitativen Prognoseverfahren* unterstellen ein funktionales Verhältnis zwischen der oder den unabhängigen Strukturparametern[294] und der zu prognostizierenden Größe.[295] Eine Unterteilung kann in zeitabhängige und kausale Prognoseverfahren vorgenommen werden.[296] Sie unterscheiden sich durch die Faktoren, die als Determinanten für die Prognose der einzelnen Parameter herangezogen werden.

---

[290] Vgl. Kunowski [Bewertung (2002)], S. 70.

[291] Die Prognoseverfahren werden hier nicht in einer detaillierten, auf die unmittelbare Anwendung bezogenen Beschreibung dargestellt, insbesondere wird auf die Darstellung der mathematischen Grundlagen verzichtet. Hierzu kann auf die umfangreiche Spezialliteratur verwiesen werden. Vgl. exemplarisch Bretzke [Prognoseproblem (1975)]; Mertens/Rässler [Prognoserechnung (2005)].

[292] Vgl. Deimel/Isemann/Müller [Erlösrechnung (2006)], S. 377.

[293] Vgl. Perridon/Steiner [Finanzwirtschaft (2004)], S. 634.

[294] Unter Strukturparametern werden die Faktoren verstanden, die als Determinanten der zukünftigen Ertragsüberschüsse in die Prognose einbezogen werden.

[295] Vgl. Adam [Planung (1996)], S. 197.

[296] Vgl. Deimel/Isemann/Müller [Erlösrechnung (2006)], S. 370.

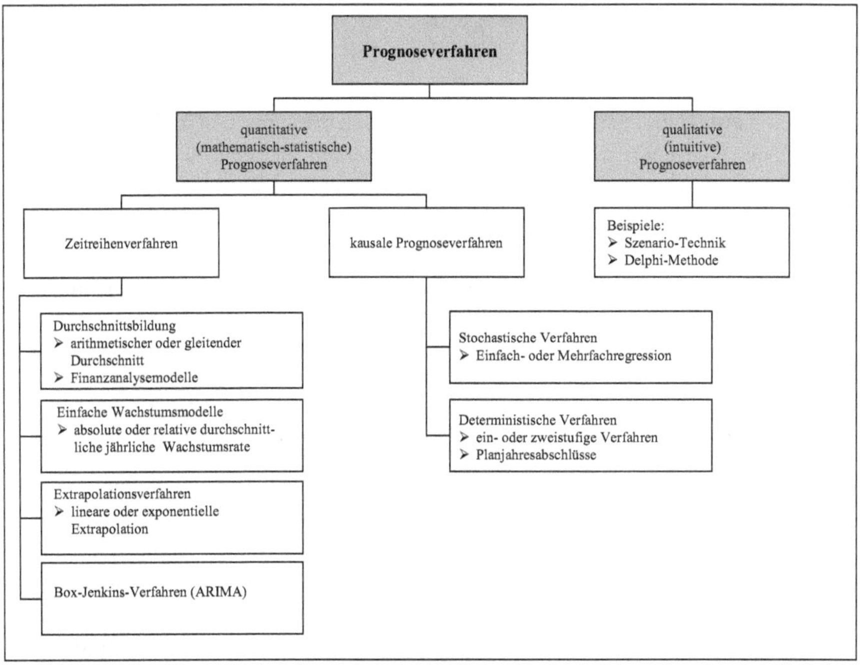

Abbildung 12: Segmentierung Prognoseverfahren[297]

Während bei den zeitabhängigen Verfahren die Vergangenheitswerte in die Zukunft fortgeschrieben werden,[298] erfolgt eine Prognose der zukünftigen Entwicklung bei den kausalen Prognoseverfahren auf dem sachlogischen Zusammenhang einer Ursache-Wirkung-Beziehung.[299] Als Faktoren kommen hierbei sowohl unternehmensinterne als auch unternehmensexterne Größen infrage.

Bei der Anwendung von *Zeitreihenverfahren* ist zwischen der direkten und indirekten Prognose zu differenzieren. Während bei der direkten Prognose ausschließlich von der vorauszusagenden Prognose ausgegangen wird, erfolgt bei der indirekten Prognose eine differenziertere Vorgehensweise. Hier werden in einem ersten Schritt die Determinanten des Prognoseobjektes bestimmt, die auf Basis ihrer Vergangenheitsdaten in die

297 Quelle. Eigene Darstellung in Anlehnung an Kunowski [Bewertung (2002)], S. 71.
Bei der Darstellung handelt es sich lediglich um eine exemplarische Auswahl bekannter Prognoseverfahren ohne Anspruch auf Vollständigkeit.
298 Vgl. Sieben/Diedrich/Kirchner [Ergebnisprognose (1990)], S. 2.
299 Vgl. Perridon/Steiner [Finanzwirtschaft (2004)], S. 646.

Zukunft projiziert werden. In einem zweiten Schritt wird anschließend aus diesen Determinanten die Zielgröße bestimmt.[300]

Für die Anwendung der Zeitreihenprognose stehen unterschiedliche Verfahren zur Verfügung. Unterschieden werden kann in Verfahren, die eine Schätzung auf Basis von Durchschnittswerten bzw. durch die Anwendung von Wachstumsmodellen sowie durch Extrapolation vornehmen.[301]

Bei der Schätzung mithilfe von *Durchschnittswerten* wird die zeitliche Beziehung zwischen den Vergangenheitswerten vernachlässigt. Je nach Anwendung kann die Ermittlung der Durchschnittswerte auf Basis des arithmetischen bzw. des gleitenden Durchschnitts sowie durch das Finanzanalysemodell erfolgen.[302]

Während die Zeitreihenverfahren der Durchschnittsbildung vom Ansatz her statisch sind, werden bei den *einfachen Wachstumsmodellen* mögliche Trends erfasst.[303] Hierzu werden die für die Schätzung herangezogenen Größen zueinander in Beziehung gesetzt. Bei der Anwendung von Wachstumsmodellen ist zu berücksichtigen, dass nicht sämtliche Vergangenheitswerte berücksichtigt werden. Die Ermittlung basiert lediglich auf dem ersten und letzten Datenpunkt des gewählten Vergangenheitszeitraums. Ausgehend von diesen beiden Werten erfolgt dann die Ermittlung des Wachstums in der Vergangenheit, welches bei der Prognose des Zukunftswertes verwendet wird. Die Prognose kann hierbei anhand der absoluten bzw. der relativen durchschnittlichen jährlichen Wachstumsrate erfolgen.[304]

Die dritte Kategorie der Zeitreihenverfahren stellen die *Extrapolationsverfahren* dar, bei denen es sich um vollständige Wachstumsmodelle handelt. Sie ermöglichen die Ermittlung eines Trends auf Basis aller Vergangenheitswerte des Betrachtungszeitraums, der als Funktion der Zeit beschrieben wird. Aufgrund von in der Praxis teilweise zu beobachtenden Überlagerungen des Wachstumstrends durch zyklische Schwankungen lässt sich nicht in allen Fällen direkt eine eindeutige, für alle Basiswerte gültige Funktion der Zeit ableiten. Um diese Schwankungen berücksichtigen zu können,

---

300 Vgl. Höhmann [Shareholder Value (1998)], S. 95; Copeland/Koller/Murrin [Unternehmenswert (1998)], S. 231 f.

301 Für eine ausführliche allgemeine Darstellung der Zeitreihenverfahren vgl. Bretzke [Prognoseproblem (1975)], S. 126 ff.; Perridon/Steiner [Finanzwirtschaft (2004)], S. 635 ff.
Die Frage der Anwendbarkeit von Zeitreihenverfahren für die Prognose der Ertragsüberschüsse bei Kreditinstituten wurde u. a. durch Wildgruber [Prognoseproblem (1998)], S. 170 ff. sowie Höhmann [Shareholder Value (1998)], S. 99 ff. beantwortet.

302 Vgl. Sieben/Diedrich/Kirchner [Ergebnisprognose (1990)], S. 2.

303 Vgl. Sieben/Diedrich/Kirchner [Ergebnisprognose (1990)], S. 2; Bretzke [Prognoseproblem (1975)], S. 127.

304 Vgl. Höhmann [Shareholder Value (1998)], S. 95.

wird in vielen Fällen eine Zerlegung der Zeitreihe in vier Komponenten, die die jeweiligen Basiswerte der einzelnen Beobachtungsperioden definieren, vorgenommen. Diese ermittelten einzelnen Trendkomponenten können anschließend additiv oder multiplikativ miteinander verknüpft werden.[305] Mithilfe dieser Funktion erfolgt anschließend die Schätzung der zukünftigen Größen.[306]

Je nach unterstellter funktionaler Beziehung bzw. Trendfunktion zwischen der Zeit und der zu schätzenden Größe kann zwischen linearen und exponentiellen Extrapolationsverfahren differenziert werden.

Zu den Zeitreihenverfahren gehört auch das Box-Jenkins-Verfahren bzw. ARIMA-Modell, welches davon ausgeht, dass den Zeitreihen stochastische Prozesse zugrunde liegen. Die ARIMA-Modelle betrachten autoregressive Prozesse. Sie gehen davon aus, dass die aktuelle Ausprägung einer Zeitreihe eine Funktion von vergangenen Ausprägungen sowie einer Zufallsgröße sind.[307] Das Box-Jenkins-Verfahren ist in der Regel ausschließlich für kurzfristige Prognose geeignet.[308]

Unabhängig von den gewählten Verfahren der Zeitreihenprognose basieren diese Verfahren auf der Annahme einer Fortsetzug des identifizierten Entwicklungsprozesses in die Zukunft. Dabei kann der Entwicklungsprozess einer Zeitreihe mit der Darstellung als zeitabhängige Funktion lediglich in seiner Eigendynamik beschrieben werden. Einflüsse anderer Einflussfaktoren werden nicht berücksichtigt. Dies impliziert die problematische Annahme, dass das als Ursachenkomplex wirkende System von interdependenten internen und externen Determinanten in der Vergangenheit und in der Zukunft selbst keinen Veränderungen unterliegt.[309] Diese Prämisse schränkt die Eignung der Zeitreihenprognose für die Bewertung von Sparkassen ein, da das wirtschaftliche Umfeld der Banken ständigen Schwankungen ausgesetzt ist.[310]

Die zweite Gruppe der quantitativen Prognoseverfahren setzt sich aus *kausalen Prognoseverfahren* zusammen. Diese basieren auf der Nutzung von identifizierten Ursache-Wirkung-Beziehungen zwischen dem Prognoseobjekt und einem oder mehreren Wert-

305 Vgl. Perridon/Steiner [Finanzwirtschaft (2004)], S. 635 f.; Adam [Planung (1996)], S. 202.
306 Vgl. Bretzke [Prognoseproblem (1975)], S. 135 ff.
307 Vgl. Homburg [Modelle (2000)], S. 107 f.
308 Vgl. Schobert/Tietz [Entwicklungsprognosen (1998)], S. 155.
309 Vgl. Sieben/Diedrich/Kirchner [Ergebnisprognose (1990)], S. 2; Bretzke [Prognoseproblem (1975)], S. 127.
310 Vgl. Schell [Ertragsermittlung (1998)], S. 110.

treibern.[311] Als Werttreiber kommen hier neben unternehmensinternen Bestimmungsfaktoren auch unternehmensexterne Größen infrage.[312]

Eine weitergehende Untergliederung der kausalen Prognoseverfahren kann in Abhängigkeit des zugrunde liegenden Zusammenhangs zwischen der Prognosegröße und den Werttreibern in stochastische und deterministische Prognoseverfahren erfolgen.

Die *stochastischen Prognoseverfahren* ermitteln auf Basis einer Regressionsfunktion das in der Vergangenheit bestehende Verhältnis zwischen der zu prognostizierenden Größe und den Werttreibern. Dieses ermittelte Verhältnis wird anschließend für die Zukunft als konstant angesehen.[313] Um die Prognosegröße berechnen zu können, ist daher eine zukunftsorientierte Planung der Werttreiber bzw. Vorlaufindikatoren[314] zwingend erforderlich. Bei *deterministischen Prognoseverfahren* erfolgt hingegen eine Prognose anhand von Wertgleichungen, Werttreibern oder Planabschlüssen, in denen die Prognosevariable eindeutig festgelegt wird.[315]

Die kausalen Prognoseverfahren gestalten sich im Vergleich zu den Zeitreihenverfahren als aufwendiger. Neben der Auswahl des zu verwendenden Funktionstyps und Bestimmung der Anpassungsparameter für die Schätzung der Funktionsparameter sind die als unabhängig angenommenen Variablen auszuwählen. Zu beachten ist, dass das Prognoseproblem lediglich von der zu prognostizierenden Größe auf die als unabhängig identifizierten Variablen vorverlagert wird.[316] Zusätzlich ist es - analog zu den Zeitreihenverfahren - erforderlich, dass die ermittelten Beziehungen zwischen der betrachteten Variablen sowohl in der Vergangenheit als auch in der Zukunft als konstant angenommen werden können.[317]

Exogene Einflussfaktoren üben auf die zukünftige Entwicklung von Sparkassen einen erheblichen Einfluss aus. So wird der Bankerfolg beispielsweise wesentlich durch die Entwicklung am Geld- und Kapitalmarkt geprägt.[318] Durch die Anwendung von kausalen Prognoseverfahren können diese exogenen Determinanten berücksichtigt werden, so dass diese Verfahren generell für die Erfolgsprognose geeignet sind. Allerdings ist

---

[311] Vgl. Perridon/Steiner [Finanzwirtschaft (2004)], S. 634.
[312] Eine Unterscheidung zwischen internen und externen Einflussfaktoren wird in Abhängigkeit von der Beeinflussbarkeit des Bankmanagements vorgenommen. Während interne Einflussfaktoren vom Bankmanagement beeinflusst werden können, ist diese Einflussmöglichkeit bei den externen Einflussfaktoren nicht möglich.
[313] Vgl. Bretzke [Prognoseproblem (1975)], S. 156.
[314] Als Vorlaufindikator für die Entwicklung des Baufinanzierungsvolumens kommt beispielsweise die Anzahl der Bauanträge in Frage.
[315] Vgl. Kunowski [Bewertung (2002)], S. 74.
[316] Vgl. Wildgruber [Prognoseproblem (1998)], S. 197 f.
[317] Vgl. Bretzke [Prognoseproblem (1975)], S. 179 f.
[318] Vgl. Höhmann [Shareholder Value (1998)], S. 11.

zu berücksichtigen, dass eine Berücksichtigung von Strukturbrüchen sowohl bei den Zeitreihen- als auch bei den kausalen Prognoseverfahren nicht möglich ist.

Neben der Gruppe der quantitativen Prognoseverfahren existieren *qualitative Prognoseverfahren*. Sie zeichnen sich besonders durch den Umstand aus, dass neben quantitativen auch qualitative Daten mit in die Prognose einfließen können. Diese Verfahren beziehen das vorhandene Expertenwissen bei der Entwicklung der zukünftigen Entwicklung mit ein und werden aus diesem Grund in der Literatur auch als intuitive Prognoseverfahren bezeichnet.[319]

Aussagen über die künftige Entwicklung werden hierbei aus der Befragung von Experten über deren individuelle Einschätzung der zukünftigen Entwicklung der zu prognostizierenden Größe gewonnen. Hierdurch können in der Zukunft auftretende „Strukturbrüche" berücksichtigt werden.[320] Für die Bewertung von Unternehmen haben insbesondere die Szenario-Analyse und die Delphi-Methode wesentliche Bedeutung erlangt.

Die Grundidee der *Szenario-Analyse* basiert auf einer Beschreibung von möglichen Zukunftsbildern sowie deren Entwicklungsverlauf vom Prognosezeitpunkt bis zum Prognosehorizont. Das Ziel besteht somit nicht in der Abgabe eines einwertigen Prognosewertes, sondern in der Abbildung einer mehrwertigen Prognosespanne.[321] Hierzu werden die bedeutsamsten Einflussfaktoren ermittelt und deren zukünftige Entwicklung prognostiziert. Hierauf aufbauend werden die Faktoren zu einem Zukunftsbild zusammengefasst. Die Ergebnisse können grafisch in Form eines zur Zukunft hin geöffneten Trichters dargestellt werden. In der Praxis empfiehlt es sich, mithilfe dieser Technik ein best-, worst- und middle-case-Szenario zu erstellen.[322]

Die Szenario-Analyse bietet zum einen den Vorteil, dass sich der Planende umfangreich mit dem Prognoseumfeld und seinen Deskriptoren sowie den bestehenden Interdependenzen des Systems auseinandersetzen muss. Zum anderen ermöglicht die konsequente Zukunftsorientierung die Einbeziehung von „Strukturbrüchen".[323] Daneben bietet die Szenario-Analyse die Möglichkeit, qualitative und quantitative Daten zu verarbeiten, so dass bis zu einem gewissen Grad die Vorteile beider Verfahren genutzt werden können.[324]

[319] Vgl. Sieben/Diedrich/Kirchner [Ergebnisprognose (1990)], S. 3.
[320] Vgl. Sieben/Diedrich/Kirchner [Ergebnisprognose (1990)], S. 3.
[321] Vgl. Born [Unternehmensanalyse (2003)], S. 83 ff.
[322] Vgl. Knüsel [Unternehmensbewertung (1994)], S. 160.
[323] Vgl. Wildgruber [Prognoseproblem (1997)], S. 263 ff.
[324] Vgl. Diedrich [Methoden (1993)], S. 65.

Bei der Anwendung der *Delphi-Methode* zur Prognose der zukünftigen Entwicklung erfolgt eine strukturierte Gruppenbefragung von Experten des jeweiligen Gebietes.[325] In der Regel wird diese Befragung auf Basis von Fragebögen durchgeführt, die an die Experten, die untereinander anonym bleiben, versandt werden. Die aus den Antworten gewonnenen Ergebnisse und Argumente werden anschließend den einzelnen Experten wieder zur Verfügung gestellt. Um eine Annäherung der Ergebnisse zu erreichen, wird die Befragung anschließend einmal oder mehrmals wiederholt.[326]

Die Delphi-Methode ermöglicht gegenüber den quantitativen Prognoseverfahren zum einen die Einbeziehung des Erfahrungswissens der Experten in größerem Umfang. Zum anderen können bestehende Interdependenzen zwischen verschiedenen Einflussfaktoren berücksichtigt werden. Kritisch ist indes anzusehen, dass neben dem enormen Zeitaufwand die mehrmalige Rückkoppelung der Expertenmeinung nicht zwangsweise sicherstellen kann, dass unfundierte Einschätzungen ausgeschlossen werden.[327]

Für die vielfältigen Einflussfaktoren des Finanzdienstleistungsbereichs ermöglicht die Delphi-Methode dem Bewerter eine umfassende Einschätzung der zukünftigen Entwicklung, insbesondere des Markt- und Kundenverhaltens sowie der technischen Entwicklung und den daraus resultierenden Organisationserfordernissen.[328]

Zusammenfassend zeigt sich, dass die qualitativen Prognoseverfahren gegenüber den quantitativen Prognoseverfahren den Vorteil einer konsequenten Zukunftsorientierung bieten, da die Einschätzungen unabhängig von der Vergangenheitsentwicklung abgegeben werden. Hierdurch wird die angemessene Einbeziehung von potenziellen „Strukturbrüchen" in die Prognose ermöglicht.[329] Nachteilig wirkt sich aus, dass die Prognoseergebnisse von den subjektiven Einschätzungen des Planenden abhängen, die zum einen nicht zwangsläufig mit der Realität übereinstimmen müssen und zum anderen von den Einschätzungen des Bewerters abweichen können.[330] Problematisch ist hierbei insbesondere die mangelhafte intersubjektive Nachprüfbarkeit der Ergebnisse, die jedoch durch eine systematische Offenlegung der Argumentationsketten und Annahmen reduziert werden kann.[331]

Die Darstellung der einzelnen Prognoseverfahren zeigt, dass der ausschließliche Einsatz von quantitativen oder qualitativen Prognoseverfahren nicht ausreichend ist. Wäh-

---

[325] Für eine ausführliche Beschreibung der Delphi-Methode vgl. Helling [Strategieorientierte Unternehmensbewertung (1994)], S. 114 ff.
[326] Vgl. Bretzke [Prognoseproblem (1984)], S. 178 f.
[327] Vgl. Helling [Strategieorientierte Unternehmensbewertung (1994)], S. 68.
[328] Vgl. Kunowski [Bewertung (2002)], S. 72.
[329] Vgl. Wildgruber [Prognoseproblem (1998)], S. 265; Herrmann [Planung (1992)], S. 85.
[330] Vgl. Ballwieser [Unternehmensbewertung (1993)], S. 88.
[331] Vgl. Becker [Bewertung (1999)], S. 73.

rend quantitative Prognoseverfahren aufgrund der strengen Vergangenheitsorientierung mögliche „Strukturbrüche" in der Zukunft nicht erklären können, weisen qualitative Verfahren das Problem der intersubjektiven Überprüfbarkeit der Prognoseergebnisse aufgrund fehlender Information über den Prognoseprozess auf. Aus diesem Grund sollten quantitative und qualitative Prognoseverfahren nicht als einander ausschließende Alternativen angesehen werden. Vielmehr sollten sie bei der Bewertung von Sparkassen als einander ergänzende Möglichkeiten zur Prognose der zukünftigen Ertragsüberschüsse betrachtet werden.

Die bisherigen Ausführungen zu den grundsätzlichen Überlegungen zur Erfolgsprognose haben zum einen gezeigt, dass die Qualität einer Prognose von den beiden Faktoren Prognosegenauigkeit und Prognosequalität sowie der intersubjektiven Nachvollziehbarkeit der Prognoseannahmen beeinflusst wird. Zum anderen wurde dargestellt, wie durch Anwendung der Phasenmethode der im Zeitablauf zunehmenden Unsicherheit hinsichtlich der zukünftigen Entwicklung Rechnung getragen werden kann. Abschließend wurde ein kurzer Überblick über mögliche Prognoseverfahren gegeben, die für die Prognose der zukünftigen Erfolgsströme verwendet werden können.

Im nächsten Kapitel wird nunmehr aufgezeigt, wie durch die Aufgliederung der Gesamtsparkasse in strategische Geschäftseinheiten der Komplexität einer Planung der einzelnen Erfolgsströme auf Gesamtbankebene begegnet werden kann.

4.2 Aufgliederung der Gesamtsparkasse in strategische Geschäftseinheiten

Als Ausgangspunkt für die Planung der einzelnen Erfolgsströme ist eine Analyse des Ist-Zustandes vorzunehmen. Hierbei zeigt sich, dass weder eine Analyse des Ist-Zustandes noch Planungsüberlegungen für die Gesamtbank praktikabel sind. Dies ist auf die hohe Komplexität des Gesamtsystems „Sparkasse" zurückzuführen. Aus diesem Grund ist daher eine Aufteilung der einzelnen Erfolgsströme der Sparkasse auf einzelne strategische Geschäftsfelder vorzunehmen. Unter strategischen Geschäftsfeldern sind „abgrenzbare produkt- und marktbezogene Geschäftsbereiche zu verstehen, für die sich unabhängig von anderen Geschäftsbereichen eigene Marktstrategien planen und durchführen lassen".[332]

[332] Vgl. Schierenbeck [Bankmanagement I (2003)], S. 534.

Erst durch diese Untergliederung des Gesamtbetriebs in einzelne Teilbereiche wird die Berücksichtigung der unterschiedlichen Werttreiber, Erfolgs- und Risikoparameter der einzelnen Bereiche ermöglicht und die Komplexität der Erfolgsprognose reduziert.[333]

Typische Abgrenzungskriterien für strategische Geschäftsfelder sind:[334]

- *Eigenständige Marktaufgabe*: Strategische Geschäftsfelder sollten eine eigene, von anderen unabhängige Marktaufgabe am externen Markt erfüllen und nicht überwiegend als interner Lieferant für andere strategische Geschäftsfelder dienen.

- *Unabhängigkeit*: Strategische Geschäftsfelder müssen unabhängig von anderen Geschäftsfeldern eigene Marktaufgaben, -ziele und -strategien verfolgen.

- *Eigenes Konkurrenzumfeld*: Jedes strategische Geschäftsfeld sollte über eine eindeutige Bestimmbarkeit von Konkurrenzverhältnissen verfügen.

- *Entscheidungskompetenz über Ressourcenverwendung*: Die einzelnen strategischen Geschäftsfelder sollten über die Kompetenz verfügen, über die ihnen zugeteilten Ressourcen wie Personal, Finanzen und Sachmittel eigenständig zu entscheiden sowie die Kommunikations- und Kontrollmechanismen nach eigenen Bedürfnissen und unabhängig von den anderen strategischen Geschäftsfeldern festlegen zu können.

- *Innenhomogenität und Außenheterogenität*: Die einzelnen strategischen Geschäftsfelder sollten hinsichtlich ihrer Kundenstruktur sowie den von diesen Gruppen beanspruchten Leistungen möglichst homogen sein. Untereinander sollten die einzelnen Geschäftsfelder heterogen sein und sich voneinander deutlich unterscheiden.

Eine eindeutige Abgrenzung einzelner strategischer Geschäftsfelder ist bei Sparkassen aufgrund der umfangreichen Interdependenzen bei der Leistungserstellung und Leistungsverwertung nur schwierig durchzuführen. In der Literatur werden für Banken als *Abgrenzungskriterien* generell Kundengruppen, Produktgruppen oder geographische Gesichtspunkte vorgeschlagen.[335] Aufgrund der für Banken charakteristischen dauerhaften und auf die Abnahme von Produktbündeln ausgerichteten Nachfrage dominiert

[333] Vgl. Adolf/Cramer/Ollmann [Bewertung (1989)], S. 488.

[334] Vgl. Meffert [Marketing (1998)], S. 225 f.; Schierenbeck [Bankmanagement I (2003)], S. 534; Becker [Bewertung (1999)], S. 57 f.; Kunowski [Bewertung (2002)], S. 77 f.; Hinterhuber [Strategisches Handeln (2004)], S. 149 ff.

[335] Vgl. Schierenbeck [Bankmanagement I (2003)], S. 534; Büschgen [Bankunternehmensplanung (1983)], S. 274 ff.; Schmid [Bankmarketing (1990)], S. 113.

in der Praxis eine Zuordnung nach Kundengruppen.[336] Diese Kundengruppen unterscheiden sich insbesondere hinsichtlich der nachgefragten Bankleistungen, so dass eine Zuordnung von typischen Produktbündeln auf die jeweiligen Kundengruppen möglich ist. Durch diese Zuordnung von Produktbündeln auf einzelne Kundengruppen wird dem Cross-Selling-Gedanken im Bankgewerbe Rechnung getragen. Aus ökonomischer Sicht kann es sinnvoll sein, einige Leistungen, wie z. B. Zahlungsverkehrdienstleistungen, defizitär anzubieten, solange sie durch zusätzliche Geschäfte mit diesen Kunden kompensiert werden.[337]

Für Sparkassen kann beispielsweise eine grobe Unterteilung in die externen Bereiche Privat- und Firmenkunden sowie in ein internes Geschäftsfeld Treasury vorgenommen werden. Je nach Lage des Einzelfalls kann eine weitergehende Unterteilung innerhalb der einzelnen Gruppen erfolgen. Das Kundensegment Firmenkunden kann z. B. weiter nach Großunternehmen, mittelständischen Betrieben, Freiberuflern usw., der Privatkundenbereich nach Größenordnung der Vermögen oder in Schülern/Studenten, junge Familien, Senioren usw. differenziert werden.[338]

Bei großen, überregional tätigen Banken kann eine weitergehende Unterteilung in geographische Räume sinnvoll sein, um den unterschiedlichen Nachfragepräferenzen der Kunden Rechnung zu tragen.[339] Bei Sparkassen ist eine Unterscheidung nach regionalen Unterschieden aufgrund des geltenden Regionalprinzips und dem damit verbundenen eingeschränkten Geschäftsgebiet jedoch nicht zweckmäßig.

4.3 Ansatz zur Ermittlung der Ertragsüberschüsse von Sparkassen

Die für die Ermittlung der finanziellen Überschüsse der Sparkasse benötigte Planungsrechnung setzt sich aus drei Komponenten zusammen. Ausgangspunkt bildet die Planung der Gewinn- und Verlustrechnung sowie die dieser Planung zugrunde liegende Planung der Volumina (Bilanzplanung). Diese ist um eine unter Berücksichtigung der zukünftigen Geschäftspolitik aufgestellte Planungsrechnung der erforderlichen Eigenkapitalausstattung (Eigenmittelplanung) zu ergänzen, um die Einhaltung der aufsichtsrechtlichen Eigenmittelanforderungen sicherzustellen.

[336] Wildgruber [Prognoseproblem (1998)], S. 272 f.; Strutz Wertmanagement (1993), S. 48; Moormann [Planung (1988)], S. 311. Dies zeigt sich auch in den von Banken veröffentlichten Segmentberichterstattungen. Vgl. Löw/Roggenbuck [Segmentberichterstattung (2005)], S. 922 ff.
[337] Vgl. Becker [Bewertung (1999)], S. 58.
[338] Vgl. Zensen [Bewertung Universalbanken (2002)], S. 57.
[339] Vgl. Wildgruber [Prognoseproblem (1998)], S. 273; Büschgen [Strategische Planung (1983)], S. 264 ff.

Die Ermittlung der zukünftigen Ertragsüberschüsse der Sparkassen soll in dieser Arbeit auf Basis des folgendes Schemas erfolgen:[340]

	Zinsüberschuss
+	Provisionsüberschuss
+/-	Handelsergebnis
+/-	Sonstiges ordentliches Ergebnis
-	Verwaltungsaufwendungen
-	Risikoergebnis
+/-	Neutrales Ergebnis
=	**Jahresüberschuss vor Steuern**
-	Steuern
=	**Jahresüberschuss nach Steuern**

Tabelle 6: Ermittlung des Jahresüberschusses nach Steuern

Entsprechend der Phasenmethode erfolgt hierbei eine detaillierte Planung der einzelnen Komponenten für einen Zeitraum von drei bis fünf Jahren. Für die anschließende Phase der ewigen Rente ist die Ermittlung der nachhaltig durchschnittlich entziehbaren Überschüsse erforderlich.

[340] Eine detaillierte Beschreibung des Inhalts der einzelnen Komponenten erfolgt in Kapitel 5.2 im Rahmen der Prognose der jeweiligen Ergebnisbestandteile.

5 Ermittlung eines Unternehmenswertes von Sparkassen auf Basis des Ertragswertverfahrens

5.1 Analyse der Rahmenbedingungen

5.1.1 Bedeutung der Vergangenheitsanalyse für die Prognos der Ertragsüberschüsse

Die vorherigen Ausführungen über die Prognoseverfahren haben gezeigt, dass Prognosen immer auf der Auswertung der aus der Vergangenheit gewonnenen Erkenntnisse basieren. Aus diesem Grund ist die Vergangenheitsanalyse für die Prognose der künftigen Entwicklung der Sparkassen von hoher Bedeutung. Die Literatur ist einhellig der Meinung, dass die Vergangenheitsanalyse „zu den unangefochtenen Bewertungsgrundsätzen“[341] zählt. Es liegt auch kein Verstoß gegen die Zukunftsorientierung vor, da die gewonnenen Erkenntnisse nicht unreflektiert auf die Zukunft übertragen werden dürfen.[342]

Im Rahmen der Vergangenheitsanalyse erfolgt eine Beurteilung der bisherigen leistungs- und finanzwirtschaftlichen Entwicklung der Sparkasse.[343] Durch die systematische Analyse wird ein erster Eindruck über die zu bewertende Sparkasse vermittelt und es können Informationen über die spezifischen Ertragspotentiale und Erfolgsfaktoren sowie Kernkompetenzen des Bewertungsobjektes gewonnen werden.[344]

Als *Datenbasis* für die Analyse der Vergangenheit empfiehlt sich die Verwendung von Daten des externen, als auch - soweit die Möglichkeit besteht - des internen Rechnungswesens. Infrage kommen hierbei insbesondere die testierten Jahresabschlüsse und die dazugehörigen Prüfungsberichte, interne Erfolgsrechnungen sowie der Sparkassenbetriebsvergleich.[345]

Die genaue Festlegung des *Analysezeitraums* hängt wesentlich von der institutsspezifischen Situation ab, so dass der Zeitrahmen im Einzelfall festgelegt werden muss. In der Regel erfolgt eine Analyse der vergangenen drei bis sieben Jahre[346], wobei insbesondere für das Bewertungsergebnis aus dem Kreditgeschäft häufig auf eine längere Historie zurückgegriffen wird.

---

341 Vgl. Moxter [Grundsätze (1983)], S. 100.
342 Vgl. Zensen [Bewertung Universalbanken (2002)], S. 63.
343 Vgl. Geltinger/Gerstmeier [Unternehmensbewertung (2003)], S. 39.
344 Vgl. Zensen [Bewertung Universalbanken (2002)], S. 63 f.; Wildgruber [Prognoseproblem (1998)], S. 159.
345 Vgl. IDW [IDW S1 (2005)], S. 1311, Tz. 81; Mandl/Rabel [Unternehmensbewertung (1997)], S. 146 ff.
346 Vgl. Geltinger/Gerstmeier [Unternehmensbewertung (2003)], S. 39, Moxter [Grundsätze (1983)], S. 99 sowie Wildgruber [Prognoseproblem (1998)], S. 159.

Um die leistungs- und finanzwirtschaftliche Entwicklung beurteilen zu können, ist eine *Bereinigung der Vergangenheitsdaten* erforderlich, um die Ursachen für die wirtschaftliche Entwicklung in der Vergangenheit identifizieren zu können. Hierfür ist die Datenbasis um außerordentliche und dispositionsbedingte Geschäftsvorfälle sowie aufgetretene Einmaleffekte zu bereinigen.[347] Hierunter fallen bei Sparkassen beispielsweise einmalige Erträge aus der Hebung von stillen Reserven im Beteiligungs- bzw. Liegenschaftsbesitz sowie die Legung bzw. Auflösung von Reserven nach § 340f HGB und § 340g HGB.[348] Darüber hinaus ist eine Identifikation und Abgrenzung des nicht betriebsnotwendigen Vermögens und eine Eliminierung der ihnen zugeordneten Aufwendungen und Erträge vorzunehmen.

Des Weiteren ist es empfehlenswert, das Zahlenmaterial getrennt nach strategischen Geschäftsfeldern und tiefergehenden produktspezifischen Differenzierungen aufzuteilen und anschließend in seine einzelnen Komponenten (Wert- und Mengenkomponente) aufzusplitten.[349] Der Detaillierungsgrad hängt hierbei wesentlich vom verfügbaren Datenmaterial ab. Sofern nur Informationen des externen Rechnungswesens zur Verfügung stehen, ist eine Aufteilung in Mengen- und Wertkomponenten für die einzelnen Teilbereiche nur eingeschränkt möglich.[350] Insbesondere durch die Kompensation von Aufwands- und Ertragspositionen sowie von Bilanzposten ergeben sich hier erhebliche Schwierigkeiten, die nur eine sehr grobe Aufteilung ermöglichen.[351]

Hilfreich bei der Vergangenheitsanalyse von Sparkassen sind die Prüfungsberichte, die zum einen die Ergebnisse einer intensiven Überprüfung des Kreditgeschäfts enthalten, als auch Angaben über die vorhandenen stillen Reserven und den nach § 340f HGB gebildeten Vorsorgereserven. Darüber hinaus kann durch die im Prüfungsbericht vorgenommene Beschreibung der Vermögens- und Ertragslage ein erster Überblick über die wirtschaftliche Lage der Sparkasse gewonnen werden.[352]

---

[347] Vgl. IDW [IDW S1 (2005)], S. 1315, Tz. 112; IDW [WP-Handbuch II (2002)], S. 57, Tz. 170 ff.

[348] Vgl. Busse von Colbe/Becker/Berndt [DVFA (2000)], S. 100 ff.

[349] Vgl. Moxter [Grundsätze (1983)], S. 97 f.; Kümmel [Shareholder Value (1994)], S. 55.

[350] Dies gilt insbesondere für Zinsaufwand und -ertrag, Provisionsaufwand und -ertrag sowie für die Erträge aus Finanzgeschäften. Vgl. hierzu §§ 28-30 RechKredV sowie § 340c HGB.

[351] Sparkassen sind beispielsweise dazu berechtigt, die Aufwendungen aus Abschreibungen auf Forderungen, aus der Zuführung zu Rückstellungen für Eventualverbindlichkeiten und Kreditrisiken, aus Abschreibungen und Kursverlusten der Wertpapiere der Liquiditätsvorsorge sowie die Aufwendungen für § 340f HGB mit den Erträgen aus der Höherbewertung von Forderungen, aus dem Eingang abgeschriebener Forderungen, aus der Auflösung von Rückstellungen für Eventualverbindlichkeiten und Kreditrisiken, aus Zuschreibungen und Kursgewinnen der Wertpapiere der Liquiditätsreserve sowie aus der Auflösung einer Vorsorge nach § 340f HGB miteinander zu verrechnen und die daraus resultierende Differenz in einem Aufwands- oder Ertragsposten in der GuV auszuweisen.

[352] Die Abschlussprüfer von Kreditinstituten sind gemäß §§ 14 u.15 PrüfBV verpflichtet, in den Prüfungsberichten die Vermögens- und Ertragslage des Kreditinstituts darzustellen.

Aufbauend auf diesen aufgegliederten und vergleichbaren Vergangenheitsdaten erfolgt in der Regel die Vergangenheitsanalyse durch die Bildung von *bereinigten Kennzahlen oder Kennzahlensystemen*. Diese sind so zu wählen, dass sie die im Zeitablauf vorhandene Entwicklung der vergangenen und zukünftigen Werttreiber widerspiegeln.[353] Durch die Gegenüberstellung der bereinigten Ist-Zahlen mit den vorgelegten Plandaten können eventuell Anhaltspunkte für nicht erklärbare Strukturbrüche identifiziert werden, die Hinweise auf erste Modifizierungen der Planungsprämissen liefern können.[354] Darüber hinaus können durch die Vergangenheitsanalyse wichtige Werttreiber identifiziert werden.[355]

Die Qualität der aus der Vergangenheitsanalyse gewonnenen Erkenntnisse wird wesentlich durch die verwendeten Daten beeinflusst. Aus diesem Grund sind an die Qualität der verwendeten Daten hohe Anforderungen hinsichtlich Vollständigkeit und Verlässlichkeit zu stellen, da ansonsten die Gefahr von falschen Analysen besteht, die das Bewertungsergebnis erheblich beeinflussen können.[356]

An dieser Stelle sei noch einmal darauf hingewiesen, dass die Vergangenheitsanalyse die Prognose der zukünftigen Ertragsüberschüsse nicht ersetzen kann. Die Ergebnisse der Vergangenheitsanalyse bilden jedoch die Grundlage für die Prognose der zukünftigen Ertragsüberschüsse.[357]

---

353 Vgl. Geltinger/Gerstmeier [Unternehmensbewertung (2003)], S. 40. Als Kennzahlen kommen u. a. die Cost-Income-Ratio, die Provisions-Zinsergebnis-Ratio, die Neukundenanzahl sowie die Risikovorsorgequote zur Anwendung. Vgl. Koesfeld/Timmreck [Due Diligence (2004)], S. 105; Adamus/Koch [Bewertung von Banken (2005)], S. 140.

354 Vgl. Zessin [Unternehmensbewertung (1982)], S. 88 f.

355 Vgl. Kunowski [Bewertung (2002)], S. 75.

356 Vgl. Wildgruber [Prognoseproblem (1998)], S. 164, IDW [WP-Handbuch II (2002)], S. 54, Tz. 162 ff.

357 Vgl. IDW [WP-Handbuch II (2002)], S. 59, Tz. 178.

5.1.2 Analyse der wirtschaftlichen Lage der Sparkasse

5.1.2.1 Markt- und Wettbewerbsanalyse

5.1.2.1.1 Analyse des Makrosystems

Im Anschluss an die Vergangenheitsanalyse ist generell eine Analyse der Ist-Situation der Sparkasse vorzunehmen. Sie bildet die Ausgangsbasis für die Bestimmung der voraussichtlichen Leistungspotentiale der Sparkasse.

Die künftigen Erfolge der Sparkasse werden neben den vom Sparkassenmanagement beeinflussbaren Faktoren auch von nicht beeinflussbaren externen Determinanten beeinflusst. Um ihren Einfluss auf die Prognose berücksichtigen zu können, ist eine Analyse der auf diese Determinanten wirkenden Umwelteinflüsse notwendig. Zur Systematisierung wird vorgeschlagen, die Analyse getrennt für das Makro- und Mikrosystem vorzunehmen.[358]

Bei der Analyse des Makrosystems erfolgt im Regelfall eine Analyse sowohl der gesamtwirtschaftlichen Entwicklung als auch von sozio-kulturellen Komponenten und technologischen Aspekten. Darüber hinaus sind die politischen und regulatorischen Bedingungen mit in die Analyse einzubeziehen.[359] Diese Aspekte beeinflussen den wirtschaftlichen Erfolg von Unternehmen aller Branchen. Aufgrund ihrer zentralen Rolle in der Volkswirtschaft wirken diese Faktoren jedoch bei Kreditinstituten wesentlich stärker als bei Unternehmen anderer Branchen.[360]

Die Ertragslage einer Sparkasse wird maßgeblich durch die *gesamtwirtschaftliche Entwicklung* geprägt. Bei einer positiven konjunkturellen Entwicklung ist in der Regel ein Ansteigen der Unternehmensgewinne und der privaten Löhne und Gehälter zu beobachten, die sich auf das Einlagen- und Kreditgeschäft der Sparkassen auswirken. Darüber hinaus hat die gesamtwirtschaftliche Entwicklung Einfluss auf die Entwicklung an den Wertpapiermärkten und damit auch auf das Wertpapiergeschäft der Sparkassen sowohl im Effektenkommissions- als auch dem Effekteneigengeschäft.[361]

Als Indikator für die Beurteilung der gesamtwirtschaftlichen Entwicklung wird im Allgemeinen die Entwicklung des Bruttosozialproduktes herangezogen.[362] Für eine Beurteilung der Auswirkungen der externen Einflussfaktoren auf die einzelnen strate-

---

358 Vgl. Kümmel [Shareholder Value (1994)], S. 56 ff.
359 Vgl. Kümmel [Shareholder Value (1994)], S. 56.
360 Vgl. Becker [Bewertung (1999)], S. 83.
361 Vgl. Schell [Ertragsermittlung (1988)], S. 126 ff. sowie S. 226.
362 Vgl. Stefanovic [Portfolio Management (1984)], S. 123.

gischen Geschäftsfelder ist ein alleiniges Abstellen auf die Bruttosozialproduktentwicklung jedoch nicht ausreichend. Vielmehr sind weitere Aspekte, wie z. B. die erwarteten Investitions- und Sparquoten sowie Im- und Exportquoten, zu analysieren. Während beispielsweise aus der Investitionsquote eine erste Einschätzung der zukünftigen Entwicklung des Unternehmenskreditgeschäftes vorgenommen werden kann, handelt es sich bei der Sparquote um einen guten Indikator über die Entwicklung des Passivgeschäftes.[363]

Für die Analyse der gesamtwirtschaftlichen Entwicklung werden im Regelfall sekundäre Quellen herangezogen. Hierunter fallen neben Veröffentlichungen der Bundesbank auch die Einschätzungen des Sachverständigenrates sowie von Forschungsinstituten über die zukünftige wirtschaftliche Entwicklung.[364]

Für die zukünftige Geschäftsentwicklung der Sparkassen ist die *Zinsentwicklung* von immenser Bedeutung. Sie hat zum einen wesentlichen Einfluss auf die Mengenkomponente des Kreditgeschäftes (Geschäftsvolumen im Kreditgeschäft) und zum anderen auf die Wertkomponente, da die Zinsmarge durch die Höhe des Zinsniveaus beeinflusst wird. Neben den Auswirkungen auf das Kreditgeschäft sind auch Einflüsse auf das Einlagengeschäft zu verzeichnen, da Kunden ihre Entscheidung für bestimmte Anlageformen u. a. vor dem Hintergrund der erwarteten Entwicklung des Zinsniveaus treffen.

Neben der gesamtwirtschaftlichen Lage und dem Zinsniveau ist im Rahmen der Lageanalyse das *regulatorische Umfeld*, welches neben dem Steuer- und Zivilrecht auch das Bankaufsichtsrecht umfasst, zu analysieren.[365] Die Ergebnisse der Analyse des regulatorischen Umfeldes können unter Umständen dazu führen, dass in der Vergangenheit beobachtbare Trends sich niveaumäßig verändern und daher eine Modifikation der Daten für die Prognose erforderlich wird bzw. im Extremfall neue Zusammenhänge entstehen, die eine Verwendung von Vergangenheitsdaten für die Prognose ausschließen.[366]

Die Prognose der Entwicklung des regulatorischen Rahmens gestaltet sich als schwierig, da die zukünftige Entwicklung sich nicht aus der Vergangenheit ableiten lässt. Ein Anhaltspunkt für die Fortentwicklung des regulatorischen Umfeldes sind Initiativen auf europäischer Ebene. In der Vergangenheit war zu beobachten, dass die meisten in Brüssel diskutierten Änderungen über kurz oder lang in nationales Recht umgesetzt werden und damit das regulatorische Umfeld beeinflussen. Neben Initiativen auf euro-

363 Vgl. Schell [Ertragsermittlung (1988)], S. 125.
364 Vgl. Moxter [Grundsätze (1983)], S. 102 ; Kümmel [Shareholder Value (1994)], S. 57.
365 Vgl. Hörter [Shareholder-Value-Konzept (1996)], S. 148.
366 Vgl. Zessin [Unternehmensbewertung (1982)], S. 107.

päischer und amerikanischer Ebene können unter Umständen auch Entwicklungslinien aus der nationalen Gesetzgebung identifiziert werden und damit Anhaltspunkte für die weitere Entwicklung liefern. Wie die Ausführungen verdeutlichen, muss bei der Analyse der zukünftigen Entwicklung des regulatorischen Rahmens insbesondere auf die Intuition und das vorhandene Branchenwissen zurückgegriffen werden.

Die *technologische Entwicklung* hat in den vergangenen Jahren rasant an Geschwindigkeit gewonnen und wirkt sich auf die Ertragslage von Sparkassen aus. Zum einen bietet sie Möglichkeiten zur technischen Rationalisierung oder zur Verbesserung der Organisation, die zu einer Verbesserung der Kostenstruktur führen kann. Zum anderen eröffnet sie erst die Möglichkeit, neue Absatzwege für Finanzdienstleistungen (z. B. über das Internet) zu eröffnen.

Auf die zukünftige Entwicklung der Sparkasse wirken sich auch die *regionalen Gegebenheiten* und *demographische Tendenzen* aus. So ergeben sich beispielsweise aus einer Veränderung der Altersstruktur der Bevölkerung insbesondere im Privatkundengeschäft Auswirkungen auf die Nachfrage von bestimmten Finanzdienstleistungen.[367]

Als Grundlage hierfür kann beispielsweise das Modell des Familienlebenszyklus herangezogen werden. Das Modell geht davon aus, dass eine typische Familie hintereinander unterschiedliche Phasen durchläuft, die durch die jeweiligen Einkommens- und Vermögensverhältnisse bestimmt werden und einen maßgeblichen Einfluss auf die Nachfrage nach bestimmten Finanzdienstleistungen aufweisen.[368]

Die nachfolgende Tabelle gibt einen Überblick über eine Einteilung in mögliche Lebenszyklusphasen und deren spezifische Charakteristika und den daraus resultierenden Bedarf an Finanzdienstleistungen.

Die Prognose der demographischen Entwicklung in Deutschland ist relativ einfach durchzuführen und weist eine geringe Prognoseunsicherheit auf.[369] So kann davon ausgegangen werden, dass aufgrund der weiterhin geringen Geburtsraten und der weiter ansteigenden Lebenserwartung das Durchschnittsalter der Bevölkerung sich weiter erhöhen wird. Die Kapitalausstattung wird insbesondere durch Erbschaften weiter ansteigen. Aus der geringen Geburtenrate und dem zu beobachtenden Anstieg des Durchschnittsalters kann u. a. eine besondere Problematik im Bereich der Altersvorsorge und -pflege abgeleitet werden.[370]

---

[367] Vgl. Kerstien [Budgetierung (1995)], S. 268.
[368] Vgl. McGoldrick/Greenland [Financial Services (1994)], S. 53 f.
[369] Vgl. Koehn/Selbert [Strategies (1984)], S. 187.
[370] Vgl. Oehler [Retail Banking (2005)], S. 84; Büschgen/Börner [Bankbetriebslehre (2003)], S. 233.

Lebenszyklusphase	Charakteristika	Bedarf an Finanzdienstleistungen
junger Single	sehr mobil, wenig Eigentum, kaum finanzielle Verpflichtungen, mode- und freizeitorientiert	Kredit für Urlaubsreisen, Autos u.ä., Finanzierung des Studiums, Überziehungskredit, Kreditkarte
junges Paar (ohne Kinder)	meist Doppelverdiener, daher trotz Beginn der Karrieren hohes Haushaltseinkommen, typisch: nur geringe langfristige Finanzplanung	Baufinanzierung/Bausparvertrag, Lebensversicherung, Beratung über langfristige Finanzplanung
Volles Nest I (jüngstes Kind unter 6 Jahre alt)	drastische Verschlechterung der finanziellen Situation: Wegfall eines Einkommens, durch Kinder aber höhere Ausgaben	Finanzberatung, verschiedene Versicherungen
Volles Nest II (jüngstes Kind über 6 Jahre alt)	langsame Verbesserung der finanziellen Situation: ggfs. Rückkehr zum Doppeleinkommen, mit Fortschreiten der Karriere höhere Gehälter, Ausgaben aber immer noch hoch, ggfs. Umzug in größeres Haus	ggfs. Baufinanzierung, evtl. beginnt bereits die Sparphase für den Ruhestand
Leeres Nest I (älteres Ehepaar, Kinder aus dem Haus)	Haushaltsvorstand auf dem Höhepunkt der Karriere, beste Einkommenssituation, keine Zahlungsverpflichtungen mehr für Kinder	Vorsorge für Ruhestand
Leeres Nest II	durch Ruhestand wieder Rückgang des Einkommens	Finanzberatung zur Vermeidung von Erbschaftsteuer

Tabelle 7: Lebenszykluskonzept für Finanzdienstleister[371]

5.1.2.1.2 Analyse des Mikrosystems

Neben einer Beurteilung des Makrosystems ist für die Bewertung von Sparkassen darüber hinaus eine Analyse des Mikrosystems vorzunehmen. Das Mikrosystem umfasst hierbei die Elemente, mit denen die Sparkasse direkt interagiert. Hier sind in erster Linie das Verhalten der Kunden sowie der Wettbewerber zu nennen.[372]

Für die *Analyse des Wettbewerbsumfeldes* bietet sich die Anwendung des von Porter entwickelten Branchenstrukturmodells an. Dieser teilt das für ein Unternehmen relevante Umfeld in Bereiche auf, die jeweils gesondert auf erfolgsbestimmende Faktoren untersucht werden, um so die Determinanten der Rentabilität und Interdependenzen bestimmen zu können. Hierbei erfolgt zunächst eine Umfeldanalyse für die Gesamtbranche und anschließend des strategischen Geschäftsfeldes.[373]

Für die Strukturanalyse der Branche isoliert Porter die in der nachfolgenden Abbildung dargestellten maßgeblichen Wettbewerbskräfte, die die derzeitige und zukünftige Branchenrentabilität bestimmen.[374]

---

[371] Quelle: McGoldrick/Greenland [Financial Services (1994)], S. 54.
[372] Vgl. Kümmel [Shareholder Value (1994)], S. 57.
[373] Vgl. Brune [Shareholder-Value-Ansatz (1996)], S. 98.
[374] Zum Branchenstrukturmodell vgl. ausführlich Porter [Wettbewerbsstrategie (1999)], S. 4 ff.

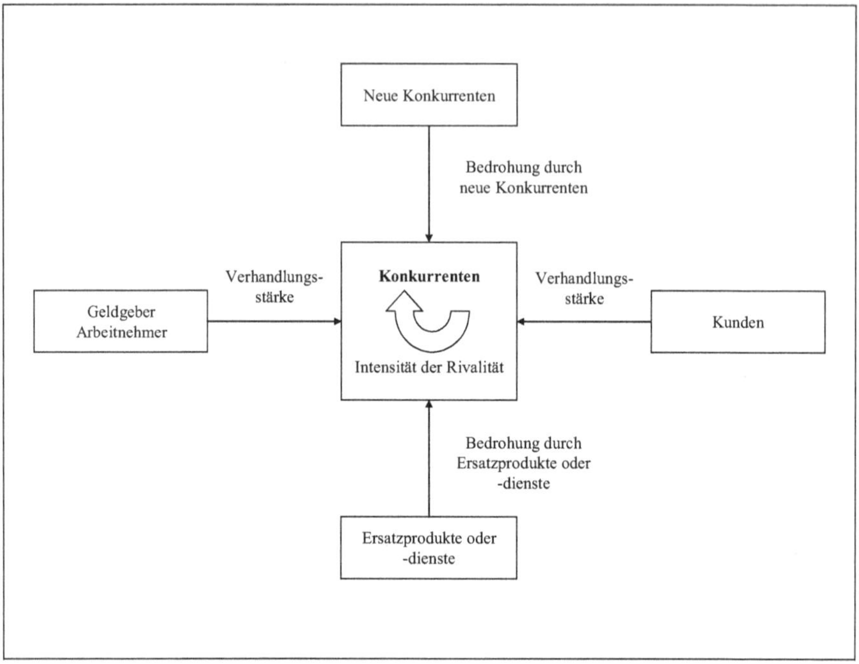

Abbildung 13: Branchenstrukturmodell nach Porter[375]

Der erste erfolgsbestimmende Einflussfaktor ist die Bedrohung durch den *Eintritt potenzieller neuer Konkurrenten*, da dieser im Regelfall zu einem Anstieg der Wettbewerbsintensität und somit zu einer Margenverringerung für alle Anbieter führt. Die Gefahr für den Eintritt neuer Konkurrenten wird wesentlich durch die vorhandenen Markteintrittsbarrieren bestimmt.

Neben den zu erfüllenden speziellen Anforderungen des Bankaufsichtsrechts, die zwingend zu erfüllen sind, um Finanzdienstleistungen anbieten zu dürfen, können im Bankenbereich hierunter u. a. die Notwendigkeit des Vorhaltens eines Filialnetzes[376] sowie die Kundenloyalität[377] fallen. Darüber hinaus erfordern eine Vielzahl von Finanzdienstleistungen Reputation, die nur im Zeitablauf aufgebaut werden kann.[378]

---

[375] Quelle: Schmid [Bankmarketing (1990)], S. 130.

[376] Die technologische Entwicklung der letzten Jahre hat zu einer abnehmenden Bedeutung der Filialnetze als Markteintrittsbarriere geführt, da Kundenkontakte verstärkt über das Internet abgewickelt werden. Vgl. Eilenberger/Burr [Virtualisierung (1997)], S. 206 f.

[377] Vgl. Moormann/Möbus [Wertschöpfungsmanagement (2004)], S. 39.
Als Kriterium für die Kundenloyalität kann beispielsweise die Anzahl der Bankverbindungen als geeigneter Indikator verwendet werden. Vgl. Küspert [Strategische Geschäftsfelder (1991)], S. 429.

[378] Vgl. Büschen/Börner [Bankbetriebslehre (2003)], S. 235.

Daneben kann auch der Zutritt zu Bankenverbänden und Einlagensicherungen, der beispielsweise ausländischen Neuanbietern verwehrt werden kann, sich als Hemmfaktor für den Markteintritt erweisen.[379]

Bei der Analyse der Gefahr durch den Markteintritt neuer Konkurrenten darf indes nicht nur der Gesamtmarkt betrachtet werden. Vielmehr ist es erforderlich, die Bedrohung durch neue Konkurrenten für die einzelnen strategischen Geschäftsfelder zu analysieren, da diese in einigen Bereichen einen leichteren Zugang haben als in anderen Bereichen, wie dies beispielsweise der erfolgreiche Markteintritt der Direktbanken zeigt.

In den letzten Jahren ist insbesondere durch den technologischen Fortschritt und die abnehmende Kundenloyalität die Gefahr durch den Eintritt neuer Wettbewerber angestiegen. Diese Entwicklung bestätigt sich auch in dem Trend der Kunden zur Nutzung von Angeboten außerhalb der Hausbank, in dem teilweise Leistungen von Direkt-, Autobanken sowie Non- und Nearbanks in Anspruch genommen werden.

Als zweiter Erfolgsfaktor beeinflusst die *Verhandlungsmacht der Kunden* die Branchenattraktivität. Im Falle einer hohen Verhandlungsmacht werden diese versuchen, die Preise zu drücken bzw. eine bessere Qualität zu fordern. Darüber hinaus werden sie die Konkurrenten gegeneinander ausspielen. All diese Entwicklungen gehen zu Lasten der Rendite der Anbieter.[380]

Bei der Analyse der Verhandlungsmacht der Kunden ist im Finanzdienstleistungsbereich wieder eine differenzierte Betrachtung auf Ebene der einzelnen strategischen Geschäftsfelder vorzunehmen. Dies kann an folgenden Beispielen verdeutlicht werden: Im Privatkundengeschäft, bei dem es sich im Regelfall um ein Massengeschäft mit kleinen Volumina und folglich relativ geringem Ertragspotential je Kunde handelt, ist die Verhandlungsmacht hinsichtlich der Konditionen relativ gering ausgeprägt.[381] Dagegen ist im Firmenkundengeschäft ein gegenteiliger Effekt zu verzeichnen. Hier bestehen aus Banksicht auf der einen Seite zwar aufgrund der höheren Volumina höhere Ertragspotentiale je Kunde. Auf der anderen Seite steigt jedoch die Nachfrage- und Verhandlungsmacht der Kunden mit zunehmender Größe, so dass eine stärkere Preissensitivität seitens der Kunden vorliegt.[382]

Der dritte Erfolgsfaktor ist die *Verhandlungsmacht der Lieferanten*. Hierunter sind bei Sparkassen die Geldgeber, Dienstleister und Arbeitnehmer zu subsumieren. Die Ver

[379] Vgl. Becker [Bewertung (1999)], S. 88.
[380] Vgl. Büschen/Börner [Bankbetriebslehre (2003)], S. 236 f.
[381] Vgl. Schell [Geschäftspolitik (1989)], S. 2555; Scheele [Zusammenschluss (1994)], S. 38 ff.
[382] Vgl. Schell [Geschäftspolitik (1989)], S. 2555.

handlungsstärke dieser „Lieferanten" ist sehr stark von der aktuellen Marktlage und dem Zeitpunkt der Nachfrage abhängig. Generell kann davon ausgegangen werden, dass die Verhandlungsmacht von einem Spezialisten gegenüber einem schlecht ausgebildeten Arbeitnehmer sowie von einem großen Geldgeber gegenüber einem Kleinsparer deutlich höher ist.[383]

Als Lieferanten bei Sparkassen haben in den letzten Jahren Anbieter von EDV-Leistungen an Bedeutung gewonnen. Diesen Anbietern, die durch eine hohe Spezialisierung auf bestimmte bankwirtschaftliche Technologien gekennzeichnet sind, stehen in der Regel nur wenige Nachfrager gegenüber, so dass die Verhandlungsmacht der Lieferanten dieser Leistungen eingeschränkt ist, es sei denn, es handelt sich um organisationseigene Anbieter, bei denen gegebenenfalls nach dem Prinzip der Kostenumlage verfahren wird.[384]

Ein weiterer Indikator, der die Branchenattraktivität nach Porter beeinflusst, ist die *Bedrohung durch Substitutionsprodukte*, da die vorhandene Existenz von Ersatzprodukten den Handlungsspielraum einer Branche deutlich einschränken kann. So steht das Einlagengeschäft der Banken in Konkurrenz zu den von anderen Anbietern angebotenen Sparformen, wie z. B. dem Direktvertrieb von Investmentfondsanteilen und Kapitallebensversicherungen. Darüber hinaus besteht für größere Unternehmen bei guter Bonität die Möglichkeit, bei größeren Finanzierungsvolumina den Kapitalmarkt direkt in Anspruch zu nehmen.

Als letzter Indikator für die Beurteilung der Branchenattraktivität wird die *Rivalität zwischen den Anbietern* herangezogen. Die Rivalität wird überwiegend durch die vorhandene Marktstruktur, die Kapazitätsauslastung sowie das Branchenwachstum beeinflusst.[385] Die Marktstruktur in der Bundesrepublik Deutschland wird durch die drei Bankengruppen Sparkassen und Landesbanken, Volksbanken sowie die großen Privatbanken dominiert und zeichnet sich durch einen hohen Wettbewerbsdruck, auch aufgrund der Bankendichte, aus. Verstärkt wird der Wettbewerbsdruck durch den zunehmenden Markteintritt ausländischer Banken. Hinzu kommt, dass aufgrund der derzeit schwierigen gesamtwirtschaftlichen Lage das Branchenwachstum sehr gering ist. Dies hat zur Folge, dass neue Marktanteile im Regelfall nur durch einen Verdrängungswettbewerb von der Konkurrenz gewonnen werden können und somit die Rivalität zwischen den einzelnen Anbietern hoch ist. Im Rahmen des PIMS-Projektes wurde festgestellt, dass für die Rentabilität eines Geschäftsbereiches u. a. der Marktanteil eine

---

383 Vgl. Schmid [Bankmarketing (1990)], S. 127 f.
384 Vgl. Becker [Bewertung (1999)], S. 89.
385 Vgl. Scheele [Zusammenschluss (1994)], S. 43.

wichtige Schlüsselrolle einnimmt, da die Rentabilität linear zum relativen Marktanteil ansteigt.[386]

Neben der Marktstruktur und dem Branchenwachstum wirkt sich die Kapazitätslage auf die Rivalität zwischen den einzelnen Anbietern aus. Die von Kreditinstituten angebotenen Leistungen zeichnen sich im Regelfall durch einen hohen Block an Fixkosten - wie z. B. das notwendige Vorhalten eines Geschäftsstellennetzes sowie die zu erfüllenden aufsichtsrechtlichen Anforderungen - aus. Aus diesem Grund sind Banken dazu angehalten, ihre Kapazitäten möglichst weitestgehend auszulasten. Liegen jedoch Überkapazitäten in der Gesamtbranche vor, so muss mit einem hohen Wettbewerb zwischen den einzelnen Anbietern gerechnet werden.[387]

Für den Bankensektor ist jedoch auch hier eine alleinige Betrachtung der Gesamtbranche nicht ausreichend. Vielmehr ist eine Differenzierung der jeweiligen Situation in den einzelnen strategischen Geschäftsbereichen vorzunehmen.

Für die systematische Darstellung der Ergebnisse der Umweltanalyse bietet sich die Aufstellung eines Chancen-/Risiko-Profils an. Dieses Profil ist das Ergebnis der relevanten Markt- und Wettbewerbskonstellationen und der sich daraus ergebenden Chancen und Risiken für die Sparkasse.[388]

5.1.2.2 Unternehmensanalyse

Während bei der Umweltanalyse insbesondere die Ermittlung und Bewertung der externen Erfolgsfaktoren im Vordergrund steht, beschäftigt sich die Unternehmensanalyse mit den internen kritischen Erfolgsfaktoren. Diese auch als Faktoren der relativen Wettbewerbsstärke bezeichneten Erfolgsfaktoren sind von der jeweiligen Sparkasse relativ gut beeinflussbar. Sie manifestieren sich in den Stärken und Schwächen der Sparkasse in den einzelnen strategischen Geschäftsfeldern, die wesentlichen Einfluss auf die zukünftigen Handlungsalternativen der Sparkasse ausüben.[389] Eine Beurteilung dieser Stärken und Schwächen ist jedoch nur durch einen Vergleich mit den Konkurrenzinstituten möglich. Eine richtige Interpretation der vorhandenen Potenziale kann

[386] Vgl. Buzzell/Gale [PIMS (1989)], S. 60 ff.
[387] Vgl. Scheele [Zusammenschluss (1994)], S. 48 f.
[388] Vgl. Geltinger/Gerstmeier [Unternehmensbewertung (2003)], S. 41.
[389] Vgl. Küspert [Strategische Geschäftsfelder (1991)], S. 430.

daher nur im Zusammenhang mit den im Rahmen der Umweltanalyse gewonnenen Erkenntnissen erfolgen.[390]

Die im Rahmen der Unternehmensanalyse relevanten Einflussfaktoren können in den folgenden sieben kritischen Erfolgsfaktoren zusammengefasst werden:[391]

- Kundenorientierung,
- Kundennähe im Vertrieb,
- Breite, Tiefe und Qualität des Leistungsangebots,
- Image und Corporate Identity,
- Qualifikation und Motivation des Personals,
- Qualität der Führungs- und Steuerungssysteme sowie
- Wirtschaftlichkeit der Leistungserstellung.

Um die sparkassenspezifischen Stärken und Schwächen hinsichtlich dieser Erfolgsfaktoren zu ermitteln, kann zum einen hilfsweise auf die für die strategische Planung entwickelten Kataloge interner Determinanten und entsprechender Fragebögen zurückgegriffen werden. Zum anderen kann für die Systematisierung der Unternehmensanalyse die von Porter entwickelte *Wertkettenanalyse* verwendet werden, deren Zweck in einer wettbewerbs- und kundennutzenorientierten Analyse der einzelnen strategischen Geschäftsfelder der Sparkasse besteht.[392] Abbildung 14 zeigt exemplarisch die generisch-funktionale Wertkette von Banken.

Bei diesem Instrument erfolgt eine Untersuchung sämtlicher Bankaktivitäten bezüglich ihres Beitrags zur Befriedigung von Kundenbedürfnissen. Hierzu werden die wertschöpfenden Tätigkeiten der Sparkasse bis hin zur Leistungsabgabe an die Kunden aufgegliedert und anschließend auf bestehende Wettbewerbsvorteile hin untersucht.[393] Hierbei ist zu bedenken, dass ein Wettbewerbsvorteil nur in den Fällen vorliegen kann, wenn die Sparkasse die Nachfrage der Kunden günstiger bzw. besser als die Konkur-

[390] Vgl. Christians [Geschäftsfeldplanung (2001)], S. 643; Hinterhuber [Unternehmensführung I (2004)], S. 120.
[391] Vgl. Küspert [Strategische Geschäftsfelder (1991)], S. 430.
[392] Zur Wertkettenanalyse vgl. ausführlich Porter [Wettbewerbsvorteile (1999)], S. 63 ff.
[393] Vgl. Wildgruber Prognoseproblem (1998), S. 278 f.

renzinstitute erfüllen kann.[394] Die einzelnen Bestandteile der Wertkette sind daher als potenzielle Quellen von Wettbewerbsvorteilen zu interpretieren. Sie bietet daher ein geeignetes Diagnoseinstrument, um die sparkassenspezifischen Stärken und Schwächen zu identifizieren.[395]

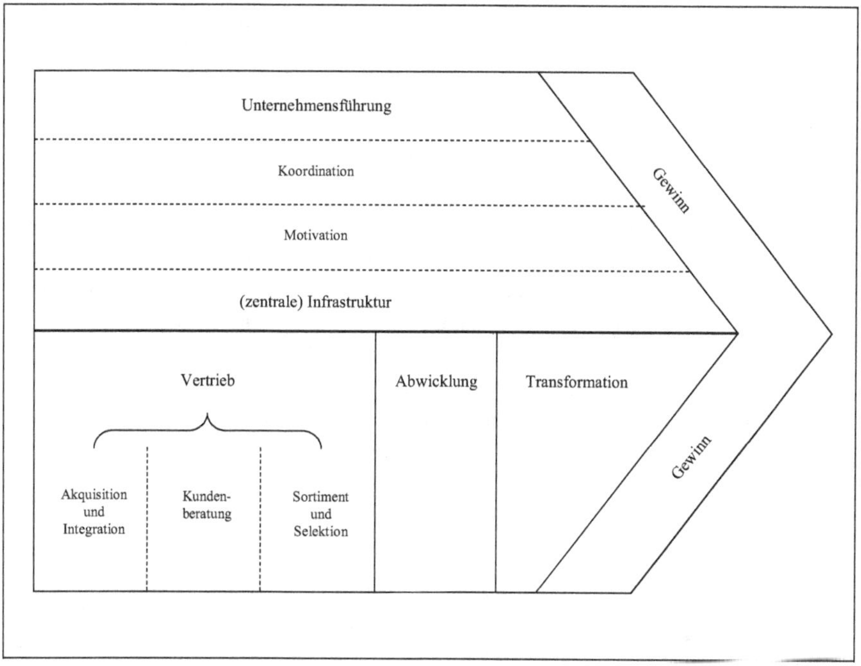

Abbildung 14: Generisch funktionale Wertkette von Banken[396]

Für die Darstellung der aus den Ergebnissen der Wertkettenanalyse gewonnenen Informationen bietet sich die Aufstellung eines Stärken-/Schwächen-Profils an, bei dessen Aufstellung eine Bewertung der als wettbewerbswirksam identifizierten Determinanten im Vergleich zur Konkurrenz erfolgt.[397]

Im Rahmen der Unternehmensanalyse sind auch die *rechtlichen Verhältnisse* der Sparkasse zum Bewertungsstichtag zu untersuchen, um mögliche vertragliche Beschränkungen im Hinblick auf die Übertragung von Eigentumsrechten, Gewinnverwendungsmöglichkeiten sowie Pflichten der Gesellschafter bei der Bewertung zu berück-

[394] Vgl. Porter [Wettbewerbsvorteile (1999)], S. 63.
[395] Vgl. Wildgruber [Prognoseproblem (1998), S. 279.
[396] Quelle: Börner [Strategisches Bankmanagement (2000)], S. 179.
[397] Vgl. Wildgruber [Prognoseproblem (1998)], S. 279.

sichtigen. Die Analyse bezieht sich insbesondere auf die Rechtsform, besondere Rechte und Pflichten der Gesellschafter sowie auf sonstige vertragliche Bindungen, die die Geschäftstätigkeit nachhaltig beeinflussen.[398] Durch die Analyse der rechtlichen Verhältnisse soll ein Überblick über alle wesentlichen rechtlichen Beziehungen im Innen- und Außenverhältnis gewonnen werden.[399] Bei Sparkassen sind hierbei vor allem die bewertungsrelevanten Beschränkungen wie beispielsweise die in den jeweiligen (Landes-) Sparkassengesetzen festgelegten Ausschüttungsrestriktionen von Bedeutung.[400]

5.1.2.3 Darstellung der Ergebnisse der Umwelt- und Unternehmensanalyse

Mit den aus der Umwelt- und Unternehmensanalyse gewonnenen Erkenntnissen wird dem Bewerter die Ermittlung des Ist-Zustandes der einzelnen strategischen Geschäftsfelder ermöglicht. Zur Verbindung der Ergebnisse aus der Umwelt- und Unternehmensanalyse bietet sich die Verwendung von *Portfolio-Matrizen* an. Hierbei werden für die jeweiligen Geschäftsfelder eigene Matrizen aufgestellt. Diese sind dadurch gekennzeichnet, dass die Abzisse die aggregierten Ergebnisse der Unternehmensanalyse und die Ordinate die Ergebnisse der Umweltanalyse durch jeweils genau einen Wert repräsentieren.[401]

In der Vergangenheit sind in der Regel durch Unternehmensberatungen eine Reihe von Portfolio-Modellen wie z. B. das Marktwachstums-Marktanteils-Portfolio, das Marktattraktivitäts-Wettbewerbsstärken-Portfolio sowie das Markt-Produktlebenszyklus-Portfolio entwickelt worden.[402] Aus der vorhandenen Vielzahl an Portfolio-Modellen soll im Folgenden nur das *Marktattraktivitäts-Wettbewerbsstärken-Portfoliokonzept* vorgestellt werden. Dieses Portfoliokonzept bietet gegenüber den anderen Konzepten u. a. die Möglichkeit, eine Vielzahl von Einflussfaktoren auf die jeweilige Dimension berücksichtigen zu können. Insbesondere bei Kreditinstituten ist - wie bei den anderen Portfoliomodellen - die Charakterisierung der Umwelt- und Unternehmensdeterminanten ausschließlich anhand eines einzelnen Faktors abzulehnen.[403] Gegen die Verwendung des Marktwachstums-Marktanteils-Portfolios spricht darüber hinaus die Tatsa-

---

398 Vgl. Peemöller/Kunowski [Ertragswertverfahren (2005)], S. 223 f.
399 Vgl. Popp [Vergangenheitsanalyse (2005)], S. 121.
400 Für die Auswirkung der Ausschüttungsrestriktionen der jeweiligen (Landes-)Sparkassengesetze vgl. Kapitel 5.3.3.
401 Vgl. Küspert [Strategische Geschäftsfelder (1991)], S. 431.
402 Für einen Überblick der anderen Modelle sowie deren Eignung für die Bewertung von Kreditinstituten vgl. Küspert [Bewertung (1991)], S. 247 ff.
403 Vgl. Wildgruber [Prognoseproblem (1998)], S. 281.

che, dass die zentrale Dimension Marktanteil einen relativ geringen Einfluss auf die Erfolgsentstehung in Kreditinstituten aufweist.[404]

Um eine Positionierung der einzelnen strategischen Geschäftsfelder in den jeweiligen Matrizen vornehmen zu können, sind die Chancen und Risiken, die sich aus den Umweltbedingungen ergeben, zu einem Wert für die Marktattraktivität sowie die Stärken und Schwächen der Sparkassen zu einem Wert für die Wettbewerbsstärke zu verdichten.[405]

Das Vorgehen zur Erstellung der Marktattraktivitäts-Wettbewerbsstärken-Matrix lässt sich in drei Schritte unterteilen.[406] In einem ersten Schritt werden die im Rahmen der Umwelt- und Unternehmensanalyse identifizierten Erfolgsfaktoren zu Gruppen zusammengefasst. Als Gruppen kommen für die Umweltanalyse Oberbegriffe wie Markt, Kunden, Ertrag, Ressourcen und Synergiepotential infrage. Für die Unternehmensanalyse stellen die Marktposition, Ertrag und Infrastruktur mögliche Gruppen dar.[407] Diesen Gruppen sind anschließend Gewichtungsfaktoren zuzuordnen, deren Gewichtung die Bedeutung für die Marktattraktivität bzw. Wettbewerbsstärke darstellen.[408]

Nachdem die Grundlagen für das Schema festgelegt worden sind, ist in einem zweiten Schritt die Bewertung der Ist-Zustände für die einzelnen Faktoren vorzunehmen. Zur Vereinfachung wird vorgeschlagen, die einzelnen Faktoren mit einer mehrstufigen Skalierung von 0 (schlecht) bis 3 (gut) zu bewerten.[409] Um die Marktattraktivität bzw. die Wettbewerbsstärke für das jeweilige strategische Geschäftsfeld zu bestimmen, ist die Summe aus den jeweils mit ihren Gewichtungsfaktoren multiplizierten Einflussfaktoren zu bilden.

Abschließend ist eine Positionierung des strategischen Geschäftsfeldes in der Marktattraktivitäts-Wettbewerbsstärken-Matrix vorzunehmen. Hierzu erfolgt die Erstellung einer Neun-Felder-Matrix durch die Unterteilung der Marktattraktivität und der Wettbewerbsstärke in jeweils drei Klassen (niedrig, mittel, hoch).[410] In dieser Matrix kann anschließend das strategische Geschäftsfeld mithilfe der im zweiten Schritt errechne-

---

[404] Vgl. Küspert [Strategische Geschäftsfelder (1991)], S. 431.
[405] Vgl. Küspert [Bewertung (1991)], S. 252.
[406] Ein Beispiel für die Aufstellung der Marktattraktivitäts-Wettbewerbsstärken-Matrix befindet sich in Schierenbeck [Bankmanagement I (2003)], S. 546 ff.
[407] Vgl. Schierenbeck [Bankmanagement I (2003)], S. 546 ff.
[408] Vgl. Küspert [Bewertung (1991)], S. 240 ff.
[409] Vgl. Tanew-Iliitschew [Portfolio-Analyse (1982)], S. 140 ff.; Schierenbeck [Bankmanagement I (2003)], S. 547.
[410] Vgl. Tanew-Iliitschew [Portfolio-Analyse (1982)], S. 140 ff.

ten individuellen Marktattraktivitäts- und Wettbewerbsstärke-Kombination positioniert werden.

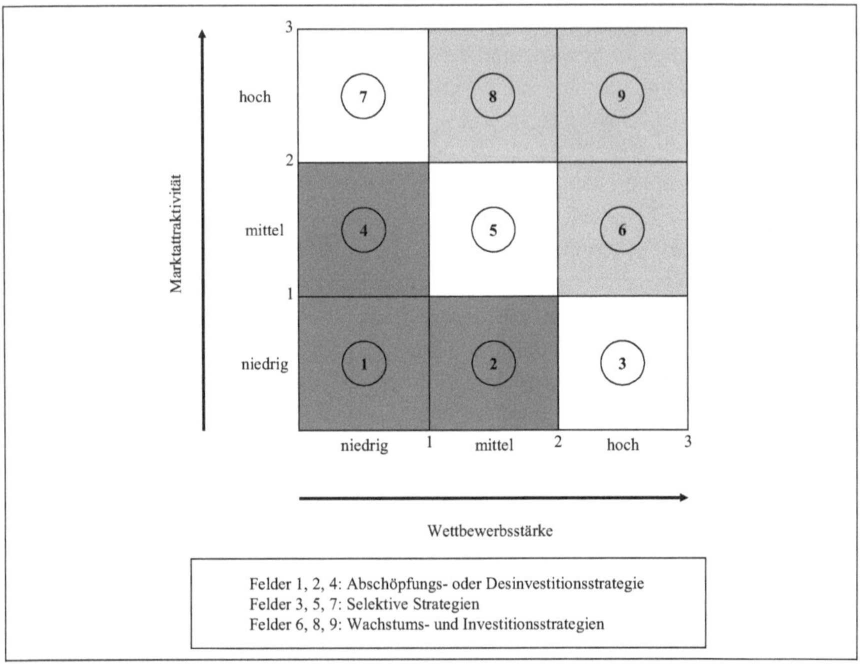

Abbildung 15: Marktattraktivitäts-Wettbewerbsstärken-Matrix[411]

Die Marktattraktivitäts-Wettbewerbsstärken-Matrix ermöglicht eine zusammenfassende Beurteilung des Ist-Zustandes der Sparkasse, die darüber hinaus auch bei der Überprüfung der sparkasseninternen Strategien für die einzelnen strategischen Geschäftsfelder anhand der Normstrategien eine wertvolle Hilfestellung leistet.[412] Die Verwendung der Marktattraktivitäts-Wettbewerbsstärken-Matrix bietet zum einen den Vorteil, dass durch die Verdichtung auf die beiden Faktoren Marktattraktivität und Wettbewerbsstärke die Ergebnisse eine globale Beschreibung der Ist-Situation der Sparkasse beinhalten und leicht kommuniziert werden können. Zum anderen bietet die Portfoliobewertung den Vorteil, dass der Bewerter zu einer systematischen Durchdringung des gesamten Bewertungsobjektes und der Identifikation und Beurteilung der erfolgsrelevanten Einflussfaktoren der jeweiligen strategischen Geschäftsfelder gezwungen wird.[413] Ausgehend von der Einstufung der einzelnen strategischen Geschäftsfelder in

411 Quelle: Tanew-Iliitschew [Portfolio-Analyse (1982)], S. 137.
412 Vgl. Schierenbeck [Bankmanagement I (2003)], S. 551.
413 Vgl. Schierenbeck [Bankmanagement I (2003)], S. 551.

der Marktattraktivitäts-Wettbewerbsstärkenmatrix kann der Bewerter eine erste grobe Einschätzung der erwarteten zukünftigen Entwicklung der einzelnen strategischen Geschäftsfelder vornehmen.

5.2 Prognose der zukünftigen finanziellen Überschüsse

5.2.1 Prognose des Zinsüberschusses von Sparkassen

5.2.1.1 Prognose des Konditionenbeitrags

5.2.1.1.1 Prognose der Mengenkomponente

Der Zinsüberschuss stellt für die Sparkassen die wichtigste Ertragsquelle dar. Dies zeigt sich daran, dass der durchschnittliche Anteil des Zinsüberschusses am Rohertrag[414] im Geschäftsjahr 2005 rund 80,1% betrug.[415] In das Zinsergebnis fließen die Zinserträge und Zinsaufwendungen aus Kredit- und Geldmarktgeschäften und festverzinslichen Wertpapieren sowie die laufenden Erträge und Aufwendungen aus Aktien, von nicht festverzinslichen Wertpapieren und Beteiligungen sowie verbundenen Unternehmen ein.

In der einschlägigen Literatur wird vorgeschlagen, die Prognose des Zinsergebnisses durch eine differenzierte Planung nach der Mengen- und Wertkomponente vorzunehmen.[416] Hierbei sollte auf das Modell der *Marktzinsmethode* zurückgegriffen werden, welches eine Trennung des Kreditgeschäftes vom Einlagengeschäft und die Durchführung unabhängiger Mengenschätzungen ermöglicht. Die Marktzinsmethode bietet den Vorteil, dass das Zinsergebnis in drei Komponenten, Zinskonditionenbeitrag, Kapitaldispositionsbeitrag und Strukturbeitrag, aufgespaltet werden kann.[417]

Das Konzept des Zinskonditionenbeitrags besteht darin, den Erfolg eines Kundengeschäftes an den Opportunitätskosten einer alternativen fristenkongruenten Anlage bzw. Aufnahme am Geld- und Kapitalmarkt zu messen. Hierzu wird der Effektivzinssatz eines Kundengeschäfts einem laufzeit- und betragsmäßig vergleichbaren (Refinanzierungs-)Geschäft am Interbankenmarkt gegenübergestellt. Der sich aus dem Kundenge-

---

414 Rohertrag = Zinsüberschuss zzgl. Provisionsüberschuss.

415 Vgl. Deutscher Sparkassen- und Giroverband [Geschäftszahlen 2005 (2006)], S. 5.

416 Vgl. Geltinger/Gerstmeier [Unternehmensbewertung (2003)], S. 124 ff.; Kunowski [Bewertung (2002)], S. 125; Zessin [Unternehmensbewertung (1982)], S. 93.

417 Vgl. Knüsel/Lossin [Ertragswertverfahren (2004)], S. 84; Wimmer [Bankkalkulation (2004)], S. 78.

schäft gegenüber dem Opportunitätsgeschäft ergebende Mehrertrag stellt den Zinskonditionenbeitrag dar.[418]

Das Beispiel in Abbildung 16 zeigt, dass die Sparkasse anstelle eines Kundengeschäfts mit 10-jähriger Laufzeit und einem Volumen von TEUR 1.000 zu einem Zinssatz von 5,0% alternativ eine fristen- und betragsgleiche Anlage am Kapitalmarkt zu 3,5% tätigen kann. Aus diesem Geschäft erzielt die Sparkasse einen aktiven Konditionenbeitrag von TEUR 15, der sich aus der aktiven Konditionenmarge von 1,5% (5,0% - 3,5%), multipliziert mit dem Volumen, errechnet. Analog kann die Sparkasse auf der Passivseite anstelle einer einjährigen Kundeneinlage zu 2,0% das Geld zu 2,5% fristenkongruent am Geldmarkt aufnehmen. Hieraus ergibt sich ein passiver Konditionenbeitrag von TEUR 5.

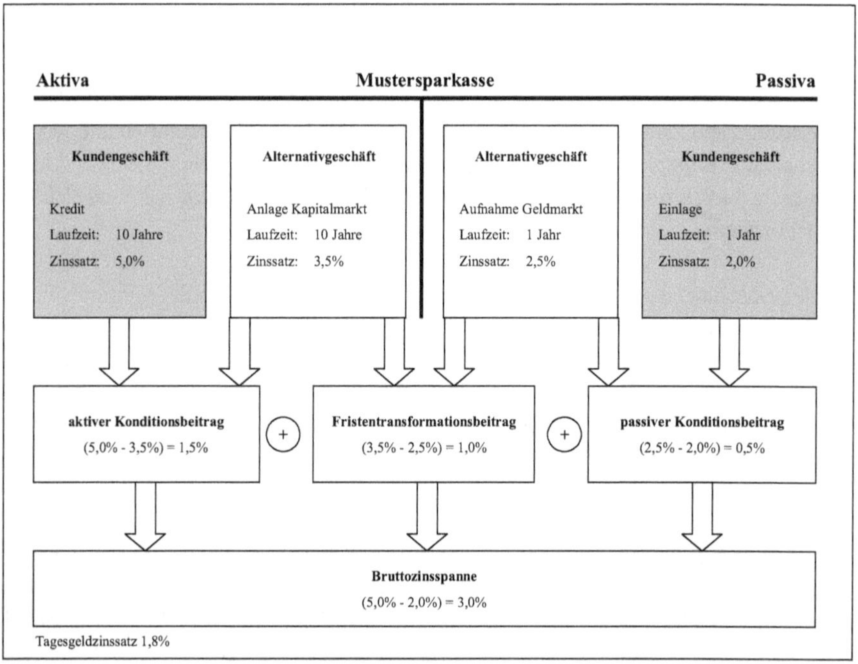

Abbildung 16: Komponenten der Marktzinsmethode[419]

Das Beispiel zeigt, dass für die Prognose der Konditionenbeiträge sowohl eine Planung der Volumens- als auch der Margenentwicklung erforderlich ist.

---

[418] Zur ausführlichen Darstellung der Marktzinsmethode vgl. Schierenbeck [Bankmanagement I (2003)], S. 70 ff.

[419] Quelle: Eigene Darstellung.

Im Rahmen der Volumensplanung ist eine getrennte Prognose der zukünftigen Entwicklung des Aktiv- und Passivgeschäfts für die einzelnen strategischen Geschäftsfelder und Produkte vorzunehmen, um den unterschiedlichen Einflussfaktoren Rechnung tragen zu können.

Die zukünftige Entwicklung wird sowohl durch externe Faktoren als auch durch bankinterne Maßnahmen beeinflusst. Zu diesen Einflussfaktoren gehören u. a. die allgemeine wirtschaftliche Entwicklung sowie Veränderungen des Zinsniveaus bzw. der Zinsstruktur.[420] Bankinterne Maßnahmen stellen beispielsweise geplante Änderungen in der Risikopolitik bei der Kreditvergabe oder Marketingaktivitäten dar.[421] Um die Entwicklungsperspektiven der einzelnen strategischen Geschäftsfelder und Produkte aus der strategischen Position innerhalb der Branche ableiten zu können, ist auf die im Rahmen der Unternehmens- und Umweltanalyse gewonnenen Erkenntnisse zurückzugreifen.

Eine Prognose der zukünftigen Volumina kann nicht losgelöst von den allgemeinen Zusammenhängen zwischen der Nachfrage nach Produkten und ihren Preisen erfolgen. In der Praxis ist zu beobachten, dass die Nachfrage nach Produkten von den Positionszinssätzen beeinflusst wird. Allgemein gültig ist die Aussage, dass im Kreditgeschäft eine Erhöhung der Positionszinssätze zu einem Nachfragerückgang und im Einlagengeschäft zu einer Erhöhung der Nachfrage führt.[422] Um diesen allgemeinen Zusammenhang bei der Prognose berücksichtigen zu können, kann auf das *Zinselastizitätskonzept* zurückgegriffen werden. Mithilfe von Zinselastizitäten können die Auswirkungen von Änderungen der Produktpreise auf die Nachfrage nach den einzelnen Produkten ermittelt werden. Damit eine Berücksichtigung dieser Elastizitäten bei der Planung möglich ist, ist zwingend eine Prognose der zukünftigen Zinsstruktur erforderlich, um deren Auswirkungen auf die zukünftigen Volumina erfassen zu können.[423] Eine separate Prognose der Mengenkomponente kann somit nicht losgelöst von der Prognose der Wertkomponente erfolgen.

Um den unterschiedlichen Sicherheitsgraden der zukünftigen Entwicklung Rechnung zu tragen, ist eine getrennte Prognose der Volumina des Aktiv- und Passivgeschäfts nach Alt- und Neugeschäft empfehlenswert (vgl. Abbildung 17, S. 102).

Das Altgeschäft, welches alle die zum Bewertungsstichtag bestehenden Aktiv- und Passivgeschäfte beinhaltet, zeichnet sich durch einen hohen Sicherheitsgrad aus. Bei

---

[420] Vgl. Schwetzler [Bankbewertung (2004)], S. 400.
[421] Vgl. Geltinger/Gerstmeier [Unternehmensbewertung (2003)], S. 127.
[422] Vgl. Rolfes [Gesamtbanksteuerung (1999)], S. 222 f.
[423] Vgl. Kunowski [Bewertung (2002)], S. 126.

den Altgeschäften mit fixen Zinsvereinbarungen stehen die zukünftigen Volumina und deren Beitrag zum Zinsergebnis bereits am Bewertungsstichtag bis zum Ende ihrer Laufzeit fest.[424] Die Altgeschäfte mit variabler Verzinsung sind bereits mit einer höheren Unsicherheit behaftet, da für diese lediglich die zukünftigen Volumina bekannt sind. Aufgrund der bestehenden Unsicherheit hinsichtlich des zeitlichen und volumenmäßigen Anfalls weist von allen Gruppen das Neugeschäft die geringste Sicherheit auf.[425]

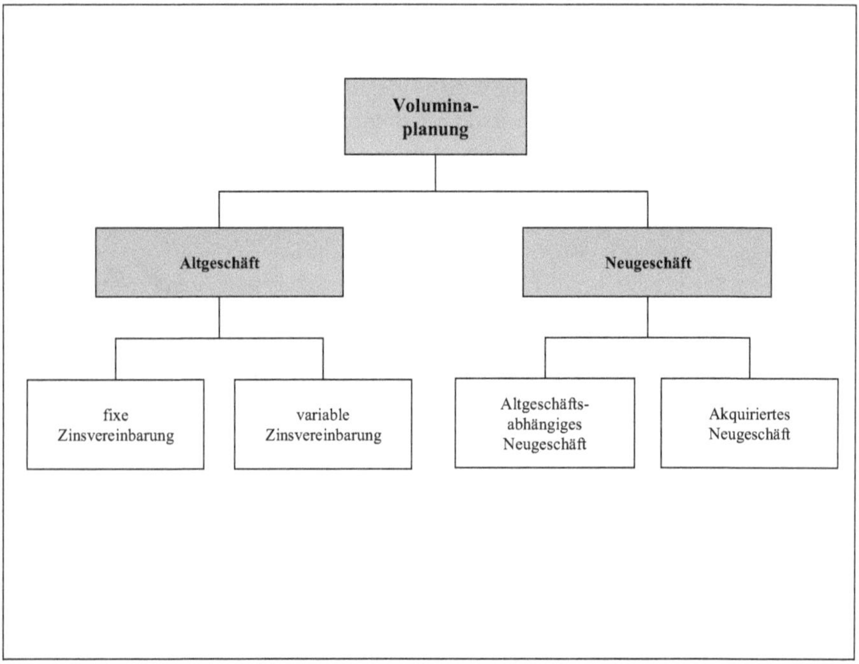

Abbildung 17: Komponenten der Kreditvolumenplanung[426]

Nach diesen allgemeinen Vorüberlegungen sind nun die zukünftigen Volumina des Aktiv- und Passivgeschäfts zu prognostizieren. Ausgangspunkt für die Planung des Aktivgeschäfts ist der zum Bewertungsstichtag vorhandene Bestand. Um den oben beschriebenen Sicherheitsgraden gerecht zu werden, ist die Aufstellung einer Ablaufbilanz jeweils für das *Altgeschäft* mit fixen und variablen Zinsvereinbarungen vorzunehmen. In die Ablaufbilanz des Altgeschäfts mit fixen Vereinbarungen werden die Bilanzbestände entsprechend ihren Zinsbindungsfristen aufgenommen, so dass ein

[424] Vgl. Schell [Ertragsermittlung (1988)], S. 191.
[425] Vgl. Geltinger/Gerstmeier [Unternehmensbewertung (2003)], S. 132 f.
[426] Quelle: Eigene Darstellung.

Überblick über die Entwicklung der Volumina gewonnen werden kann. Neben dieser Ablaufbilanz ist auch für das variable Altgeschäft eine entsprechende Bilanz zu erstellen. Die variablen Altgeschäfte zeichnen sich durch festgeschriebene Kapitalbindungsfristen aus, bei denen die Positionszinssätze der jeweiligen Marktlage angepasst werden.[427] Die Ablaufbilanz ist aus diesem Grund auf Basis der Kapitallaufzeiten zu erstellen.

Die erstellten Ablaufbilanzen berücksichtigen bislang das Bonitätsrisiko des Altgeschäfts in Form von Ausfällen und Tilgungsrückständen nicht, die zu einem Ausfall von erwarteten Zinseinnahmen oder ungeplanten Laufzeitverlängerungen führen. Dieses Bonitätsrisiko kann jedoch durch eine Untersuchung der für die einzelnen unter Risikogesichtspunkten festgelegten Ausfallwahrscheinlichkeiten in der Vergangenheit in der Ablaufbilanz berücksichtigt werden.[428]

Durch den Umstand, dass zum Bewertungszeitpunkt die Volumina des Altgeschäfts bereits bekannt sind, wird die Prognose der zukünftigen Entwicklung des Aktiv- und Passivgeschäfts erheblich erleichtert.

Neben den Volumina des Aktivgeschäfts sind in einem zweiten Schritt die Volumina des *Neugeschäfts* zu prognostizieren. Dieses sollte getrennt für das altgeschäftsabhängige und das akquirierte Neugeschäft erfolgen. Bei dem *altgeschäftsabhängigen Neugeschäft* handelt es sich um Neugeschäfte, die aufgrund der Prolongation von Altgeschäften abgeschlossen werden. Für diese Geschäfte ist das Ausgangsvolumen zum Bewertungsstichtag bereits bekannt.[429] In den folgenden Jahren wird sich das Volumen durch planmäßige und außerplanmäßige Tilgungen von Prolongation zu Prolongation verringern, bis das Geschäft anschließend nicht mehr verlängert wird. Die Prolongationshäufigkeit und -quote wird wesentlich durch die von den Sparkassen dann angebotenen Konditionen beeinflusst.[430] Hierbei ist zu berücksichtigen, dass die Sparkasse nur einen Teil des Positionszinssatzes, die Marge, aktiv beeinflussen kann. Der überwiegende Teil des Positionszinssatzes wird hingegen durch das im Prolongationszeitpunkt gültige Marktzinsniveau determiniert.

Für eine Abschätzung der Auswirkungen der angestrebten Margenpolitik und des Zinsniveaus auf die Prolongationshäufigkeit und -quote kann auf die Expertenschätzung von erfahrenen Bankmitarbeitern zurückgegriffen werden.[431]

---

427 Vgl. Schell [Ertragsermittlung (1988)], S. 191.
428 Vgl. Schmoll [Kreditportefeuilles (2001)], S. 889.
429 Vgl. Sonntag [Bewertung (2001)], S. 145.
430 Vgl. Sonntag [Bewertung (2001)], S. 147.
431 Vgl. Geltinger/Gerstmeier [Unternehmensbewertung (2003)], S. 132 f.

Im Gegensatz zum altgeschäftsabhängigen Neugeschäft unterscheidet sich das *akquirierte Neugeschäft* in Bezug auf die Prognose dadurch, dass für die Voluminaplanung nicht mehr auf das Mengengerüst des Altgeschäfts als Planungsbasis zurückgegriffen werden kann. Vielmehr sind eigenständige Einschätzungen über die zukünftige Entwicklung vorzunehmen.[432] Dieses Neugeschäft wird wesentlich durch die erwartete gesamtwirtschaftliche Entwicklung geprägt. Daneben sind die geplante Konditionengestaltung und sonstige begleitende Dienstleistungen bei der Prognose zu berücksichtigen.

Generell ist hierbei zu beachten, dass aufgrund des zu beobachtenden Trends weg von der klassischen Hausbank zur Transaktionsbank sich das Neugeschäft nur noch in abnehmendem Maße aus dem vorhandenen Kundenstamm realisieren lässt.[433] Die Privat- und Geschäftskunden unterhalten mittlerweile immer häufiger mehrere Bankverbindungen und suchen sich für ihre Leistungen den für sie besten Anbieter heraus. Aus diesem Grund hängt das Neugeschäft wesentlich von den angebotenen Konditionen und begleitenden Dienstleistungen im Vergleich zu den Konkurrenzinstituten ab. Aufschlüsse über die besonderen Leistungen der Sparkasse, die einen positiven Einfluss auf die Kundenbindung erwarten lassen, können aus dem erstellten Stärken- und Schwächenprofil gewonnen werden.[434]

Bei der Abschätzung des Neukundenpotenzials sind bei den Sparkassen die *regionalen Beschränkungen* ihrer Geschäftstätigkeit zu berücksichtigen. Wesentliches Charakteristikum der Sparkassen ist das zu beachtende Regionalprinzip, welches eine Kreditvergabe nur innerhalb des Geschäftsgebietes bzw. Ausleihbezirkes erlaubt. Das Akquisitionspotenzial wird daher durch die lokalen Gegebenheiten determiniert.[435] Hinzu kommen eventuell bestehende *Geschäftsbeschränkungen* aufgrund des zu beachtenden Enumerations- bzw. Verbotsprinzips. Es zeigt sich folglich, dass der Neuakquisition von Kunden für Sparkassen aufgrund der räumlichen und inhaltlichen Geschäftsbeschränkungen sowie der neu hinzugekommenen Non- und Nearbanks enge Grenzen gesetzt sind.

Neben diesen Einflussfaktoren ist die erforderliche *Eigenmittelunterlegung* als Determinante in die Prognose einzubeziehen.[436] Das maximal mögliche Kreditvolumen wird durch die vorhandene Eigenmittelausstattung determiniert. Während die Privatbanken relativ einfach Eigenmittel aufnehmen und das maximal mögliche Kreditvolumen

[432] Vgl. Sonntag [Bewertung (2001)], S. 157.
[433] Vgl. Schweiger [Strategische Optionen (2004)], S. 83 f.
[434] Vgl. Kunowski [Bewertung (2002)], S. 129.
[435] Vgl. Güde [Geschäftspolitik (1995)], S. 43; Langschied [Sparkassenverbund (1993)], S. 134.
[436] Zu den aufsichtsrechtlichen Restriktionen vgl. Kapitel 5.3.2.

ausweiten können, besteht für die Sparkassen diese Möglichkeit nur im eingeschränkten Umfang. Sie sind vielmehr auf die Innenfinanzierung angewiesen.

Neben einer Planung der Volumina des Aktivgeschäfts ist der Umfang des *Passivgeschäfts* zu prognostizieren. Dieses besteht bei den Sparkassen aus den Sicht-, Spar- und Termineinlagen sowie verbrieften Schuldverschreibungen und Refinanzierungsmitteln am Bankenmarkt. Hilfreich für die Prognose vieler Einlageformen ist die charakteristische Langfristigkeit, so dass der vorhandene Bestand das Grundmengengerüst darstellt.[437]

Die *Sichteinlagen* beinhalten den Bestand an Kundeneinlagen, den diese überwiegend für die Abwicklung des bargeldlosen Zahlungsverkehrs vorhalten.[438] Sie zeichnen sich durch täglich große Schwankungen aus, so dass eine detaillierte Prognose nicht möglich ist. Hierbei ist jedoch zu beachten, dass regelmäßig ein gewisser Bodensatz langfristig zur Verfügung steht. Dieser ergibt sich durch Substitution und Prolongation der Einzelanlagen und ist eng mit der Größe des Instituts verbunden. Je größer ein Institut ist, desto größer ist die Wahrscheinlichkeit, dass Verfügungen von Kunden institutsintern umgebucht werden, so dass kein Mittelabfluss aus Sparkassensicht zu verzeichnen ist.[439] Um die Bodensätze in den einzelnen strategischen Geschäftsfeldern zu ermitteln, kann eine Zeitreihenanalyse durchgeführt werden.[440]

Neben den Sichteinlagen spielen die *Spareinlagen* bei den Sparkassen als preiswerte Refinanzierungsquelle eine herausragende Rolle.[441] Sie werden von den Kunden entweder zielgerichtet angespart oder dienen als Sicherheitsreserve für die Zukunft. Aufgrund ihrer Verbundenheit mit dem Privatkundengeschäft kann sich die Analyse auf das strategische Geschäftsfeld Privatkunden beschränken.[442]

In den letzten Jahren war aufgrund der angestiegenen Zinsempfindlichkeit der Kunden insbesondere bei den Einlagen mit gesetzlicher Kündigungsfrist und Normalverzinsung ein Rückgang der Volumina zu verzeichnen gewesen. Diese Mittel wurden häufig in höher verzinste Einlagen, wie z. B. Termingelder, Geldmarktfonds oder längerfristige festverzinsliche Wertpapiere, umgeschichtet. Dieser Trend dürfte mit der weiter zunehmenden Zinsempfindlichkeit der Anleger weiter anhalten, so dass die aus einer Zeitreihenanalyse gewonnenen Veränderungsraten einen Anhaltspunkt für die zu-

437 Vgl. Becker [Bewertung (1999)], S. 94.
438 Vgl. Büschgen/Börner [Bankbetriebslehre (2003)], S. 153.
439 Vgl. Becker [Bewertung (1999)], S. 94.
440 Vgl. Kunowski [Bewertung (2002)], S. 129.
441 Vgl. Fieseler [Refinanzierung (2005)], S. 750.
442 Vgl. Becker [Bewertung (1999)], S. 94.

künftige Entwicklung darstellen.[443] Bei den Termineinlagen, die der kurzfristigen Anlage überschüssiger Liquidität dienen[444], kann indes aufgrund der steigenden Zinsempfindlichkeit ein gegenteiliger Trend erwartet werden.

Die Bedeutung der *Schuldverschreibungen* für Sparkassen hat in der Vergangenheit aufgrund des veränderten Anlageverhaltens der Kunden zugenommen. Obwohl die Schuldverschreibungen hohe Zinskosten verursachen, wurden Sparkassenbriefe und Sparkassenobligationen verstärkt emittiert, um den Trend der Abwanderung von Kundengeldern in festverzinsliche börsennotierte Papiere und Aktien zu verhindern.[445]

Als Ergebnis der Prognose der Mengenkomponente verfügt der Bewerter nunmehr über einen systematischen Überblick über die zukünftige Entwicklung der Volumina des Aktiv- und Passivgeschäfts in den einzelnen strategischen Geschäftsfeldern.

5.2.1.1.2 Prognose der Wertkomponente

Im Rahmen der Prognose der Wertkomponente sind die künftigen Preise für die jeweiligen Produkte zu ermitteln. Bei Anwendung der vorgeschlagenen Marktzinsmethode sind folglich die Konditionenmargen der einzelnen Produkte auf Ebene der jeweiligen strategischen Geschäftsfelder zu schätzen.

Die zukünftigen Kundenzinssätze werden wesentlich durch die zukünftige Zinsentwicklung am Geld- und Kapitalmarkt determiniert, so dass die Sparkasse nur über einen geringen Gestaltungsspielraum verfügt. Der Produktpreis setzt sich, wie gezeigt, im Kreditgeschäft aus einem laufzeitäquivalenten Marktzinssatz (Opportunitätszinssatz) und einem Aufschlag bzw. einem entsprechenden Abschlag bei den Einlagen zusammen (Konditionenmarge).[446] Im Rahmen der *Preispolitik* kann die Sparkasse nur die Festlegung der Konditionenmargen variieren. Hierbei hat die Sparkasse jedoch einerseits Kostengesichtspunkte zu beachten, da aus wirtschaftlichen Gründen das Erzielen einer Mindestmarge erforderlich ist, um Verwaltungs-, erwartete Risiko- sowie Eigenkapitalkosten abdecken zu können.[447] Andererseits sind bei der Festlegung der Konditionenmargen das Wettbewerbsumfeld und die Marktstellung der Sparkasse zu berücksichtigen.[448] Hinzu kommt, dass sich Änderungen der Preispolitik nur schrittweise auf die Ertragslage auswirken, da eine Vielzahl an Verträgen mit langfristigen

443 Vgl. Kunowski [Bewertung (2002)], S. 130.
444 Vgl. Ashauer [Einlagengeschäft (1993)], S. 511.
445 Vgl. Fieseler [Refinanzierung (2005)], S. 750.
446 Vgl. Kunowski [Bewertung (2002)], S. 131.
447 Vgl. Knüsel/Lossin [Ertragswertverfahren (2004)], S. 85.
448 Vgl. Kunowski [Bewertung (2002)], S. 131 f.

Konditionsvereinbarungen versehen sind. Eine Veränderung der Erlössituation erfolgt daher ausschließlich aufgrund von Zinsanpassungen bei bestehenden Verträgen sowie aus dem Abschluss von Neugeschäften. Aus diesem Grund ist eine separate Prognose der Konditionenmargen für das bestehende Altgeschäft mit Festzinsvereinbarungen, das Altgeschäft mit variablen Konditionen sowie für das Neugeschäft empfehlenswert.[449]

Die Prognose der zukünftigen Konditionenmargen aus dem *Altgeschäft mit Festzinsvereinbarungen* bereitet keine Prognoseschwierigkeiten, da zum Bewertungsstichtag bereits sowohl die zukünftigen Volumina, ihre Abläufe und auch die Konditionen bekannt sind.[450]

Schwieriger ist hingegen eine Prognose der zukünftigen Margen im *Altgeschäft mit variablen Zinsvereinbarungen sowie des Neugeschäfts*, da diese maßgeblich durch das zukünftige Zinsniveau determiniert werden. In der Praxis ist zu beobachten, dass sich Veränderungen des Zinsniveaus erst zeitlich versetzt und nicht in vollem Umfang auf die einzelnen Positionszinssätze auswirken.[451] Die *internen Zinssätze (Positionszinssätze)* werden maßgeblich durch die laufzeitadäquaten externen Zinssätze am Geld- und Kapitalmarkt beeinflusst.[452] Die Positionszinssätze sind daher stark fremdbestimmt,[453] so dass es empfehlenswert ist, für die Prognose der Positionszinssätze bei der Entwicklung der Geld- und Kapitalmarktzinsen anzusetzen.

In einer Analyse der Zinsentwicklung zwischen 1976 und 1994 gelangt Schwanitz zu dem Ergebnis, dass es ausreichend ist, als Referenzzinssatz den 3-Monats-FIBOR sowie die Renditen einjähriger und fünfjähriger Anleihen zu prognostizieren. Für die restlichen Laufzeiten am Kapitalmarkt ist eine Ermittlung der Renditen mit sehr hohen Bestimmtheitsmaßen über ihre Elastizitäten mit den ein- bzw. fünfjährigen Referenzzinssätzen möglich.[454] Diese empirisch ermittelten Zusammenhänge reduzieren den erforderlichen Prognoseaufwand erheblich, da für die Ermittlung der zukünftigen Zinssätze am Kapitalmarkt nur noch eine Prognose des 3-Monats-FIBOR sowie die zukünftigen Renditen ein- und fünfjähriger Anleihen erforderlich ist.[455]

---

449 Vgl. Becker [Bewertung (1999)], S. 199.
450 Vgl. Schell [Ertragsermittlung (1988)], S. 191.
451 Vgl. Knüsel/Lossin [Ertragswertverfahren (2004)], S. 85; Rolfes [Risikosteuerung (1989)], S. 196 ff.
452 Vgl. Geltinger/Gerstmeier [Unternehmensbewertung (2003)], S. 129.
453 Vgl. Zessin [Unternehmensbewertung (1982)], S. 121 f.
454 Vgl. Schwanitz [Zinsrisikosteuerung (1996)], S. 123 ff.
455 Sonntag sieht aufgrund des hohen Bestimmtheitsmaßes von 0,94 für die Elastizität zwischen der einjährigen Kapitalmarktrendite und dem 3-Monats-Fibor von einer eigenständigen Prognose des 3-Monats-Fibor ab. Vgl. Sonntag [Bewertung (2001)], S. 142.

Im Regelfall wird die Sparkasse aufgrund der zahlreichen Einflussfaktoren auf das zukünftige Zinsniveau von einer eigenständigen *Zinsprognose* absehen. Vielmehr bietet sich ein Rückgriff auf die von externen Einrichtungen, wie z. B. den volkswirtschaftlichen Abteilungen der Landesbanken, Großbanken sowie von volkswirtschaftlichen Forschungseinrichtungen, erstellten Zinsprognosen an.[456]

Liegen die Informationen über die zukünftige Entwicklung der Referenzzinssätze vor, kann eine *Renditestrukturmatrix* aufgestellt werden, in der für die Dauer des Detailplanungszeitraums in jeder Periode die Geld- und Kapitalmarktzinssätze mit Laufzeiten von drei Monaten bis zu zehn Jahren angegeben werden.[457]

GKM-Zinssätze	t = 0	t = 1	t = 2	t = 3	t = 4
3 Monats-FIBOR	*2,90%*	3,62%	4,24%	4,65%	4,96%
Laufzeit 1 Jahr	*3,20%*	3,90%	4,50%	4,90%	5,00%
Laufzeit 2 Jahre	*3,97%*	4,62%	5,04%	5,35%	5,56%
Laufzeit 3 Jahre	*4,37%*	5,00%	5,33%	5,59%	5,75%
Laufzeit 4 Jahre	*4,70%*	5,31%	5,56%	5,78%	5,90%
Laufzeit 5 Jahre	*4,90%*	5,50%	5,70%	5,90%	6,00%
Laufzeit 6 Jahre	*5,13%*	5,70%	5,89%	6,08%	6,17%
Laufzeit 7 Jahre	*5,27%*	5,81%	5,99%	6,17%	6,26%
Laufzeit 8 Jahre	*5,22%*	5,96%	6,13%	6,30%	6,39%
Laufzeit 9 Jahre	*5,56%*	6,05%	6,21%	6,38%	6,46%
Laufzeit 10 Jahre	*5,66%*	6,13%	6,29%	6,44%	6,52%

Legende	
(grau)	Im Bewertungszeitpunkt beobachtbare GKM-Zinssätze.
(punktiert)	Vom Bewerter geschätzte Entwicklung der GKM-Zinssätze für Wertpapiere mit 1jähriger und 5jähriger Laufzeit.
(weiß)	Errechnete Prognosewerte der GKM-Zinssätze für Wertpapiere der übrigen Laufzeiten.

Tabelle 8: Beispiel einer Renditestrukturmatrix[458]

Empirische Analysen über die Entwicklung der Positionszinssätze in Abhängigkeit von der Marktzinsentwicklung haben ergeben, dass sich Veränderungen bei den Marktzinssätzen nicht in gleicher Höhe auf die Positionszinssätze auswirken.[459] Schwanitz hat in einer Studie nachgewiesen, dass die Reaktion der Positionszinssätze

[456] Vgl. Sonntag [Bewertung (2001)], S. 144.
[457] Vgl. Sonntag [Bewertung (2001)], S. 144 f.
[458] Quelle: Sonntag [Bewertung (2001)], S. 145.
[459] Vgl. Rolfes [Risikosteuerung (1989)], S. 196 ff.

auf Marktzinsänderungen geeigneter Referenzzinssätze über die Bildung von Zinsanpassungselastizitäten mit hohen Bestimmtheitsmaßen abgebildet werden können.[460]

Die Ermittlung der positionsspezifischen *Zinsanpassungselastizitäten* kann auf Basis einer Regressionsanalyse der Entwicklung des Positionszinssatzes und des Marktzinssatzes in der Vergangenheit vorgenommen werden. Hierzu sind die Veränderungen des Positionszinssatzes in Relation zu der Veränderung eines als geeignet angesehenen Marktzinssatzes zu setzen.[461] Aussagen über die Güte und die Stabilität der ermittelten Zinsanpassungselastizität können anhand des Bestimmtheitsmaßes getroffen werden. Um differenzierte Ergebnisse erhalten zu können, ist eine multifaktorale Erweiterung der Regressionsanalyse möglich, wodurch mithilfe eines Elastizitätsdiagramms Strukturbrüche und Zeitverzögerungen integriert werden können.[462]

Über die ermittelten Zinsanpassungselastizitäten kann somit für das Altgeschäft mit variablen Zinsvereinbarungen und das Neugeschäft eine Prognose der zukünftigen Positionszinssätze erfolgen, indem mithilfe der ermittelten Elastizitäten und den aus der Zinsprognose entnommenen Veränderungen der Referenzzinssätze die Veränderungen der Positionszinssätze ermittelt und dem jeweiligen, in der Vorperiode gültigen Positionszinssatz hinzugerechnet werden.[463]

Diese Vorgehensweise bietet den Vorteil, dass das aktuelle Margenniveau der Sparkasse automatisch als Differenz zwischen dem Positionszinssatz und dem jeweiligen Referenzzinssatz in die Prognose eingeht und die zukünftigen Margen leicht als Differenz dieser Größen ermittelt werden können. In einem ersten Schritt sind hierdurch keine eigenständigen Schätzungen der zukünftigen Konditionenmargen erforderlich. Die auf diesem Wege ermittelten zukünftigen Konditionenmargen sind indes unter Umständen in einem zweiten Schritt anzupassen, um erwartete Veränderungen der Konkurrenzsituation sowie geplante Margenveränderungen bei bestimmten Produkten aufgrund spezifischer Geschäftsstrategien berücksichtigen zu können.[464]

Aufbauend auf den geplanten Volumina und den entsprechenden Konditionenmargen kann nunmehr der in den einzelnen Perioden erwartete Zinsüberschuss aus dem Kundengeschäft ermittelt werden.

---

460 Vgl. Schwanitz [Zinsrisikosteuerung (1996)], S. 79 ff.
461 Vgl. Rolfes [Gesamtbanksteuerung (1999)], S. 240 ff.
462 Vgl. Rolfes [Elastizitätskonzept (2001)], S. 948
463 Vgl. Sonntag [Bewertung (2001)], S. 148.
464 Vgl. Sonntag [Bewertung (2001)], S. 148 f.

5.2.1.2 Prognose des Kapitaldispositionsbeitrags

Bei der Prognose des Zinsüberschusses ist dem Umstand Rechnung zu tragen, dass Sparkassen über umfangreiche Bestände an *unverzinslichen Mitteln* verfügen, die sie zur Refinanzierung nutzen. Auf den Umfang dieser Mittel erspart sie sich die Refinanzierungsaufwendungen bzw. könnte diese alternativ in einer langfristigen risikolosen verzinslichen Anlage am Geld- und Kapitalmarkt anlegen. Die hierdurch erzielten Ergebnisbeiträge werden als Kapitaldispositionsbeitrag bezeichnet, der in der Literatur teilweise als Teil des Konditionenbeitrags angesehen wird.[465]

Zu den *unverzinslichen Mitteln* zählen das Eigenkapital bzw. bei Sparkassen die Sicherheitsrücklage, die offenen und stillen Vorsorgereserven nach § 340g HGB und § 340f HGB sowie der Sonderposten mit Rücklageanteil. Darüber hinaus gehören die Rückstellungen und Wertberichtigungen sowie Teile der passiven Rechnungsabgrenzung und der sonstigen unverzinslichen Verbindlichkeiten zu den unverzinslichen Passiva der Sparkasse. Auf der anderen Seite bestehen jedoch auch unverzinsliche Aktiva, zu denen die Sachanlagen, immaterielle Vermögensgegenstände sowie Teile der sonstigen Vermögensgegenstände und der aktiven Rechnungsabgrenzung gehören.[466]

Die Beteiligungen und Anteile an verbundenen Unternehmen sind je nach Abbildung der Beteiligungserträge in der Planungsrechnung gegebenenfalls als unverzinsliche Aktiva anzusehen. Beteiligungserträge werden in den Planungsrechnungen üblicherweise nicht als Konditionenbeiträge, sondern in ihrer absoluten Höhe berücksichtigt. In diesem Fall müssen die Beteiligungsbuchwerte daher bei der Planung des Kapitaldispositionsbeitrags als unverzinsliche Aktiva behandelt werden.[467]

Die Höhe des zukünftigen Kapitaldispositionsbeitrags wird zum einen vom zukünftigen Volumen der unverzinslichen Mittel und zum anderen von der Höhe des risikolosen Aufnahme- bzw. Anlagezinssatzes determiniert.

Bei der Planung der unverzinslichen Mittel ist darauf zu achten, dass diese im Einklang mit den übrigen *Bewertungsprämissen* stehen. Hierbei sei exemplarisch auf die erforderliche Abstimmung des geplanten Eigenkapitalbestandes in den einzelnen Perioden und der Planung der Risikoaktiva sowie die Entwicklung des Bestandes an Wertberichtigungen mit den zukünftigen Ausfallquoten und dementsprechend dem Auf- bzw. Abbau des Wertberichtigungsbestandes hingewiesen. Der angesetzte risikolose Anlagezinssatz sollte, um die Konsistenz der Bewertungsannahmen sicherzustellen,

---

[465] Vgl. Schierenbeck [Bankmanagement I (2003)], S. 91 ff.
[466] Vgl. Knüsel/Lossin [Ertragswertverfahren (2004)], S. 87.
[467] Vgl. Knüsel/Lossin [Ertragswertverfahren (2004)], S. 98.

nicht im Widerspruch zu dem bei der Ermittlung des Eigenkapitalkostensatzes angesetzten risikolosen Zinssatz stehen.[468]

5.2.1.3 Prognose des Strukturbeitrags

Neben den Konditionenbeiträgen aus den Kundengeschäften und dem Kapitaldispositionsbeitrag fließt der Strukturbeitrag in den Zinsüberschuss mit ein, für dessen Steuerung der Treasury-Bereich der Sparkasse zuständig ist. Dieser Strukturbeitrag setzt sich aus dem Ergebnis der Fristen-, Liquiditäts- und Währungstransformation zusammen.[469] Für den Strukturbeitrag stellt der Fristentransformationsbeitrag die wichtigste Komponente dar, so dass sich die folgenden Ausführungen auf die Prognose des Fristentransformationsbeitrags konzentrieren.

Der Fristentransformationsbeitrag kann durch das Eingehen von *Inkongruenzen in der Zinsbindung* erzielt werden. Er errechnet sich aus der Differenz zwischen dem kalkulatorischen Opportunitätsgeschäft für ein alternatives Geld- und Kapitalmarktgeschäft mit gleicher Fristigkeit und dem bei Abschluss des Geschäfts gültigen Geldmarktzinssatz für Tagesgeld.[470] Dieser Spread stellt die Laufzeitprämie dar, die der Geldanleger erhält, wenn er auf den Vorteil der täglichen Verfügbarkeit verzichtet und sein Geld längerfristig anlegt bzw. der Geldnehmer zahlen muss, wenn er längerfristige Mittel benötigt.

Bei einem unterstellten Tagesgeldzinssatz von 1,8% erzielt die Sparkasse im Beispiel aus Abbildung 16 auf S. 100 aus der fristeninkongruenten Refinanzierung des Kundenkreditgeschäftes eine Strukturmarge von 1,7% (3,5% - 1,8%). Im Passivgeschäft wird mit der 1-Jahresgeld-Refinanzierung ein Teil der aktivisch erzielten Strukturmarge an die eigenen Gläubiger wieder ausgezahlt. Hier ergibt sich aufgrund der länger als einen Tag andauernden Geldaufnahme eine negative Strukturmarge von 0,7% (1,8% - 2,5%). Die gesamte Strukturmarge von 1,0% ergibt sich aus der Summe der beiden Strukturmargen.

Die Höhe des Fristentransformationsbeitrags wird somit vom Volumen der offenen Festzinspositionen, den Fristigkeitsstrukturen innerhalb der offenen Festzinspositionen

---

[468] Vgl. Knüsel/Lossin [Ertragswertverfahren (2004)], S. 87.

[469] Vgl. Schierenbeck [Bankmanagement I (2003)], S. 71 ff.

[470] Der Zinssatz für Tagesgeld übt lediglich die Funktion als Referenzzinssatz aus und könnte durch jeden beliebigen Zinssatz ersetzt werden. Der Tagesgeldzinssatz wird als Referenzzinssatz verwendet, weil er den untersten Punkt bei einer normalen Zinsstrukturkurve darstellt und somit für Geldanlagen jeglicher Fristigkeit die Laufzeitprämie in vollem Umfang zum Ausdruck bringt.

sowie der Steilheit der Zinsstrukturkurve determiniert.[471] Die nachstehende Abbildung gibt einen Überblick über die Höhe des Fristentransformationsbeitrags bei unterschiedlicher Bilanz- und Zinsstruktur.

Fristentransformation \ Zinsstruktur	Normal	Invers
Aktivüberhang im langfristigen Bereich	Positiv	Negativ
Passivüberhang im langfristigen Bereich	Negativ	Positiv

Abbildung 18: Zusammenhang zwischen Zinsstruktur und Fristentransformation[472]

Eine *Prognose* des Fristentransformationsbeitrags bereitet in der Praxis große Schwierigkeiten. Während der Fristentransformationsbeitrag für bereits abgeschlossene und aktuelle Geschäfte auf Basis des Barwertkonzeptes der Marktzinsmethode bestimmt werden kann[473], ist eine zukunftsorientierte Prognose aufgrund der unsicheren Entwicklung des Neugeschäfts im Kredit- und Einlagengeschäft sowie der Zinsentwicklung nicht möglich.[474] Hinzu kommt, dass der Treasury-Bereich mithilfe von Geld- und Kapitalmarktgeschäften jederzeit die Höhe der offenen Festzinspositionen und deren Laufzeitstruktur verändern kann.[475]

Von entscheidender Bedeutung für das Erzielen eines Fristentransformationsbeitrags ist die *Fähigkeit des Treasury-Bereichs*, die Entwicklungen am Geld- und Kapitalmarkt treffend vorhersagen zu können. Fehleinschätzungen über die zukünftige Entwicklung können zu erheblichen Zinsverlusten führen, wenn Art und Umfang der Fristentransformation nicht mehr im Einklang mit der Zinsstruktur stehen. Aus diesem Grund ist für die Prognose zu untersuchen, inwieweit das Treasury-Management in der Vergangenheit in der Lage war, entsprechende Beiträge zu erzielen und inwieweit davon auszugehen ist, dass das Treasury-Management auch in Zukunft hierzu in der Lage ist. Von Interesse ist hierbei insbesondere die Qualifikation und Fluktuation der Mitarbeiter, das Vorhandensein von ausreichenden Kapazitäten sowie die Frage, in-

---

[471] Vgl. Knüsel/Lossin [Ertragswertverfahren (2004)], S. 88.
[472] Quelle: Schierenbeck [Bankmanagement I (2003)], S. 77.
[473] Vgl. Rolfes [Gesamtbanksteuerung (1999)], S. 267 f.
[474] Vgl. Kunowski [Bewertung (2002)], S. 142.
[475] Vgl. Becker [Bewertung (1999)], S. 105.

wieweit der Treasury-Bereich mit den notwendigen Informationen über die abgeschlossenen Geschäfte versorgt wird, um zeitnah reagieren zu können.[476]

Sofern rückblickend stabile Erträge aus der Fristentransformation erzielt werden konnten, kann durch eine vorsichtige Schätzung auch in Zukunft von einer gleichbleibenden Leistung ausgegangen werden, wenn mit keiner wesentlichen Änderung der Risikoeinstellung zu rechnen ist.[477]

Wie gezeigt, entsteht der Fristentransformationsbeitrag durch das Eingehen von zeitlichen Inkongruenzen der Aktiv- und Passivgeschäfte. Die offenen Positionen unterliegen einem höheren Zinsänderungsrisiko, welches bei der Ermittlung der Eigenkapitalkosten zwingend zu berücksichtigen ist.[478]

5.2.1.4 Berücksichtigung des Zinsänderungsrisikos bei der Bewertung von Sparkassen

Der Messung und Steuerung des Zinsänderungsrisikos kommt bei Sparkassen aufgrund des hohen Anteils des zinstragenden Geschäfts eine hohe Bedeutung zu.

In der allgemeinen Literatur wird unter dem Zinsänderungsrisiko die Gefahr verstanden, dass sich aufgrund von Marktzinsänderungen die angestrebte Bruttozinsspanne verringert.[479] Diese Definition ist im Kontext der Bankbewertung jedoch nicht ausreichend, da sich aus möglichen Marktzinsänderungen für Sparkassen auch Chancen ergeben können, die im Bewertungskalkül zu berücksichtigen sind. Aus diesem Grund soll das Zinsänderungsrisiko im Rahmen dieser Arbeit als zinsänderungsbedingte Abweichung von den erwarteten Zahlungsströmen definiert werden.

Das *Zinsänderungsrisiko* kann in zwei Ausprägungen auftreten. Zum einen kann es als Marktwertrisiko auftreten, wenn sich aufgrund von Marktzinsänderungen Änderungen der Marktwerte von Aktiv- und Passivpositionen ergeben, die buchmäßige Verluste bzw. Gewinne zur Folge haben. Dem Marktwertrisiko unterliegen insbesondere die zinsbezogenen Eigengeschäfte der Sparkasse. Zum anderen kann das Zinsänderungsrisiko als *Zinsspannenrisiko* auftreten. Hierunter wird die Gefahr verstanden, dass eine Änderung der Marktzinsen zu einer Erhöhung/Verringerung der Bruttozinsspanne führt und sich hierdurch positive/negative Auswirkungen auf die Höhe der Zinserträge/

---

[476] Vgl. Bartetzky/Oesterhelweg [Fristentransformation (2002)], S. 512; Wilkens/Zemke [Fusionen (2000)], S. 278.

[477] Vgl. Kunowski [Bewertung (2002)], S. 142 f.; Becker [Bewertung (1999)], S. 105.

[478] Vgl. Entrop/Scholz/Wilkens [Fristentransformation (2002)], S. 364.

[479] Vgl. Kümmel [Shareholder Value (1994)], S. 70 f.

-aufwendungen aus dem Aktiv- und Passivgeschäft in den einzelnen Perioden ergeben.[480]

Das Zinsspannenrisiko kann auf zwei verschiedene Ursachen zurückgeführt werden. Aus der fristeninkongruenten Refinanzierung eines Kundengeschäfts ergibt sich ein *Festzinsrisiko*. Bei fristeninkongruenter Refinanzierung ist die Zinsspanne bei Fälligkeit der „kürzeren“ Seite variabel und muss bis zum Laufzeitende der „längeren“ Seite zu den dann aktuellen Konditionen prolongiert werden. Diese Zinsdifferenz des Anschlussgeschäfts stellt das Festzinsrisiko dar.[481] Neben dem Festzinsrisiko besteht ein *variables Zinsänderungsrisiko*, welches auftritt, wenn die variablen Positionen der Aktiv- und Passivseite unterschiedliche Zinsanpassungselastizitäten aufweisen, d. h., dass sie unterschiedlich auf eine Marktzinsveränderung reagieren.[482]

Um die Auswirkungen zukünftiger Marktzinsänderungen auf den Unternehmenswert bestimmen zu können, kann auf das von Rolfes entwickelte *Elastizitätskonzept*[483] zurückgegriffen werden, welches bei einer dynamischen Betrachtungsweise auch eine Einbeziehung des Neugeschäfts ermöglicht.

Der Grundgedanke des Elastizitätskonzeptes besteht darin, dass für das Zinsänderungsrisiko nur die variablen Positionen relevant sind, da nur diese Positionen sich in Abhängigkeit der zukünftigen Marktzinsentwicklung verändern.[484] Die Festzinspositionen sind hingegen lediglich für die Gewinnung weitergehender Informationen zur Steuerung des Zinsänderungsrisikos interessant.[485]

Das Zinsänderungsrisiko drückt sich beim Elastizitätskonzept durch mögliche Abweichungen der Bruttozinsspanne vom Wert der Ausgangsperiode aus, die auf Elastizitätseffekte, Ablaufeffekte und Struktureffekte zurückzuführen sind.[486] Durch eine Separierung der drei Effekte ist eine systematische Erfassung des gesamtbankbezogenen Zinsänderungsrisikos möglich.

Wesentliches Element des Elastizitätskonzeptes ist die Verwendung von *Zinsanpassungselastizitäten*. In der Praxis zeigt sich, dass die jeweiligen Positionszinssätze durch die allgemeine Marktzinsentwicklung determiniert werden. Die einzelnen Posi-

---

[480] Vgl. Rolfes [Elastizitätskonzept (2001)], S. 944.
[481] Vgl. Büschgen/Börner [Bankbetriebslehre (2003)], S. 275.
[482] Vgl. Büschgen/Börner [Bankbetriebslehre (2003)], S. 275.
[483] Vgl. Rolfes [Zinsänderungsrisiko (1985)], S. 156 ff.
[484] Zu den variabel verzinslichen Positionen zählen hierbei auch in ihrer Zinsbindung auslaufende und damit „variabel“ werdende Festzinspositionen. Vgl. Schierenbeck [Bankmanagement II (2003)], S. 326.
[485] Vgl. Rolfes [Risikosteuerung (1989)], S. 196.
[486] Vgl. Rolfes [Gesamtbanksteuerung (1999)], S. 296 ff.

tionszinssätze weisen unterschiedliche Reagibilitäten auf Marktzinsänderungen auf. Der Umfang der Reaktion auf Marktzinsänderungen wird als Zinsanpassungselastizität ausgedrückt. Diese kennzeichnet das Verhältnis der absoluten Änderung des Positionszinssatzes und der absoluten Änderung des Marktzinssatzes, wobei als Marktzinssatz jeweils derjenige Geld- und Kapitalmarktzinssatz verwendet wird, der den höchsten Erklärungsbeitrag (Bestimmtheitsmaß) aufweist.[487] Um die Zinsanpassungselastizitäten ermitteln zu können, kann eine Regressionsanalyse auf Basis historischer Zeitreihen erfolgen.

Die *Quantifizierung des Zinsänderungsrisikos* in Form von Auswirkungen auf die Bruttozinsspanne erfolgt im Rahmen des Elastizitätskonzepts wie folgt: In einem ersten Schritt sind die Zinsanpassungselastizitäten der einzelnen Positionen zu ermitteln. Diese werden anschließend mit den jeweiligen Volumina zu einer Elastizitätsbilanz zusammengeführt. Abschließend ergeben sich aus der Berechnung und Gegenüberstellung durchschnittlicher aktivischer und passivischer Zinsanpassungselastizitäten für die Gesamtbank so genannte Elastizitätsüberhänge. Anhand derer können Informationen über die Richtung und Intensität der Bruttozinsspanne auf Marktzinsänderungen gewonnen werden.[488] Diese Vorgehensweise soll anhand des folgenden vereinfachten Beispiels (vgl. Tabelle 9) dargestellt werden. Hierbei wird vereinfachend davon ausgegangen, dass die Entwicklung der Positionszinssätze in Abhängigkeit von einem einzelnen Marktzins gemessen werden kann und die Bilanz ausschließlich aus variablen Positionen besteht.

Bei dem Beispiel ergibt sich ein aktivischer Elastizitätsüberhang von 0,50 (0,83 - 0,33). Dies führt dazu, dass der aktivische Elastizitätsüberhang bei steigendem (sinkendem) Zinsniveau zu einer Erhöhung (Senkung) der Bruttozinsspanne führt. Die Höhe der Veränderung der Bruttozinsspanne errechnet sich aus dem Produkt der Marktzinsänderung und dem Faktor des Elastizitätsüberhangs.

---

[487] Bei einer zukunftsbezogenen Ermittlung von Zinsänderungsrisiken müsste eine zukunftsgerichtete Ableitung der Zinsanpassungselastizitäten vorgenommen werden. Unter Verwendung einer multifaktoralen Elastizitätsanalyse konnte in der Literatur nachgewiesen werden, dass die Bestimmtheitsmaße für bestimmte Elastizitäten bei nahezu 100 Prozent lagen. Die auf Vergangenheitswerten beruhenden Elastizitäten scheinen somit über eine ausreichende Stabilität zu verfügen, dass sie problemlos im Rahmen von dynamischen Elastizitätsbilanzen herangezogen werden können. Vgl. Rolfes/Schwanitz [Zinselastizitäten (1992)], S. 336 f.; Steinberg [Zinsänderungsrisiko (1999)], S. 16.

[488] Vgl. Schierenbeck [Bankmanagement II (2003)], S. 331.

Aktiva							Passiva
Position	**Volumen**	**Positions-zins**	**Elastizität**	**Position**	**Volumen**	**Positions-zins**	**Elastizität**
KK-Kredite	500.000	10,5%	0,90	**Sichteinlagen**	100.000	0,5%	0,00
var. Hypokred.	300.000	8,5%	0,60	**Termineinlagen**	300.000	4,5%	0,70
var. Ford. an KI	200.000	6,0%	1,00	**Spareinlagen**	600.000	2,5%	0,20
Summe	**1.000.000**	**9,0%**	**0,83**	**Summe**	**1.000.000**	**2,9%**	**0,33**

Bruttozinsspanne	6,1%
Elastizitätssaldo	0,50

Tabelle 9: Beispiel zur Ermittlung des Zinsspannenrisikos mithilfe der Elastizitätsbilanz[489]

Bei einer zukunftsorientierten Betrachtung ist zu berücksichtigen, dass die Festzinsgeschäfte bei Auslaufen der Zinsbindungsfrist prolongiert werden müssen. Hierdurch kann es zu einer Veränderung der Bruttozinsspanne kommen, deren Ursache in einen Ablauf- und einen Elastizitätseffekt unterteilt werden kann.[490]

Der *Ablaufeffekt* ist auf die zurückliegende Zinsänderung zwischen dem Zeitpunkt des Geschäftsabschlusses und dem Bewertungsstichtag zurückzuführen. Er ermittelt sich aus der Differenz zwischen den zum Bewertungsstichtag gültigen Neugeschäftskonditionen und dem ursprünglich vereinbarten Positionszins. Der Elastizitätseffekt bezieht sich auf den Zeitraum zwischen dem Bewertungsstichtag und dem Prolongationszeitpunkt und kann analog zum variablen Geschäft über die Elastizität des Neugeschäftszinses gemessen werden.[491]

Neben den aus Festzinsabläufen resultierenden Effekten sind bei einer zukunftsorientierten Betrachtungsweise auch mögliche *Struktureffekte* zu berücksichtigen, die sich aus Veränderungen der Bilanzstruktur ergeben. Hierbei ist zwischen zwei verschiedenen Struktureffekten zu differenzieren. Zum einen ergibt sich ein neuer durchschnittlicher Aktivzinssatz (Struktureffekt I). Zum anderen führt eine neue Gewichtung der Positionselastizitäten zu einer veränderten Gesamtelastizität (Struktureffekt II).[492] Die beiden verschiedenen Struktureffekte sind exemplarisch für die Aktivseite in der folgenden Abbildung dargestellt.

[489] Quelle: In Anlehnung an Rolfes [Gesamtbanksteuerung (1999)], S. 247.

[490] Hierbei wird unterstellt, dass auslaufende Zinsbindungen prolongiert, d. h. durch Neugeschäfte der gleichen Produktart verlängert werden. Vgl. Rolfes [Gesamtbanksteuerung (1999)], S. 296 f.

[491] Vgl. Schierenbeck [Bankmanagement II (2003)], S. 334 ff.

[492] Vgl. Rolfes [Gesamtbanksteuerung (1999)], S. 297 ff.

Aktiva vor Strukturänderung				Aktiva nach Strukturänderung			
Position	Volumen	Positions-zins	Elastizität	Position	Volumen	Positions-zins	Elastizität
KK-Kredite	500.000	10,5%	0,90	KK-Kredite	400.000	10,5%	0,90
var. Hypokred.	300.000	8,5%	0,60	var. Hypokred.	500.000	8,5%	0,60
var. Ford. an KI	200.000	6,0%	1,00	var. Ford. an KI	300.000	6,0%	1,00
Summe	**1.000.000**	**9,0%**	**0,83**	**Summe**	**1.200.000**	**8,5%**	**0,80**

Struktureffekt I	Struktureffekt II
Veränderung Aktivzinssatz = -0,5 %-Punkte	Veränderung Elastizität Aktivseite = -0,03

Tabelle 10: Bestimmung der Struktureffekte in der Elastizitätsbilanz

Die unterschiedlichen Effekte können in einer *dynamischen Elastizitätsbilanz* zusammengeführt werden, in der die prognostizierten Volumina der jeweiligen Positionen berücksichtigt werden. Mithilfe dieser dynamischen Elastizitätsbilanz können die Veränderungen der Bruttozinsspanne in Abhängigkeit von einer Marktzinsänderung dargestellt werden. Die Ermittlung der zukünftigen Bruttozinsspanne kann mithilfe folgender Formel ermittelt werden:[493]

(13) $BZSP_{t=1} = BZSP_{t=0} + \Delta MZ * (ZAE_{Aktiv} - ZAE_{Passiv}) + \text{Ablaufeffekt} + \text{Struktureffekt}$

BZSP	Bruttozinsspanne
MZ	Marktzins
ZAE	Zinsanpassungselastizität

Um eine Einschätzung des Zinsänderungsrisikos vornehmen zu können, sollte der Bewerter eine *Szenarioanalyse* durchführen, in der alternative Marktzinsszenarien simuliert werden. Hierbei ist zu beachten, dass eine Variation des Zinsniveaus auch zu einer Änderung der entsprechenden Volumina führt, die entsprechend berücksichtigt werden müssen. Die Auswirkungen auf die Bruttozinsspanne sind somit nicht allein auf eine Veränderung des Zinsniveaus, sondern auch auf eine Veränderung der einzelnen Volumina zurückzuführen.[494]

Um das Zinsänderungsrisiko bei der Bewertung berücksichtigen zu können, sind für die einzelnen Szenarien die Barwerte zu ermitteln, indem die prognostizierten Zinsüberschüsse der einzelnen Szenarien mit dem Eigenkapitalkostensatz diskontiert werden. Auf Basis dieser Barwerte kann anschließend die Varianz dieser Szenario-Barwerte ermittelt werden. Diese drückt die Schwankungsbreite des Zinsüberschusses

[493] Vgl. Koch [Aktiv-/Passivsteuerung (1996)], S. 74.
[494] Vgl. Rolfes [Gesamtbanksteuerung (1999)], S. 297 ff.

bei alternativen Zinsszenarien gegenüber dem erwarteten Zinsüberschuss aus. Je höher diese ausfällt, desto größer ist das Zinsänderungsrisiko der Sparkasse.

Da bei der Prognose des Zinsüberschusses dessen Erwartungswert bei der Cashflow-Planung angesetzt wird, kann das Zinsänderungsrisiko nicht explizit in die Höhe des angesetzten Zinsüberschusses einfließen. Vielmehr ist daher ausschließlich eine Berücksichtigung bei der Ermittlung der Risikoprämie der Eigenkapitalkosten möglich.[495] Diese muss daher umso höher ausfallen, je höher die Schwankungsbreite der Szenario-Zinsüberschüsse ist.

Abschließend kann festgehalten werden, dass eine Erfassung des Zinsänderungsrisikos mithilfe des dynamischen Elastizitätskonzepts erfolgen kann und das Verfahren wichtige Informationen zur Steuerung des Zinsänderungsrisikos liefert. Durch das dynamische Elastizitätskonzept können die Zusammenhänge zwischen der Entwicklung der einzelnen Positionszinssätze und der Marktzinsentwicklung aufgezeigt werden.

5.2.2 Prognose des Provisionsergebnisses von Sparkassen

Im Kreditgeschäft war in den vergangenen Jahren ein Rückgang der Margen zu verzeichnen. Durch eine Steigerung des Provisionsergebnisses versuchen die Sparkassen, diesen Rückgang zu kompensieren.[496] Der Anteil des Provisionsergebnisses am Rohertrag verbesserte sich im Geschäftsjahr 2005 um 0,3 Prozentpunkte auf durchschnittlich 19,6 Prozent und stellt die zweitwichtigste Ertragsquelle der Sparkassen dar.[497]

Rechnerisch ergibt sich das Provisionsergebnis aus der Differenz zwischen den Provisionserträgen und Provisionsaufwendungen. Eine nicht abschließende Aufzählung der im Provisionsergebnis zu berücksichtigenden Ertrags- bzw. Aufwandsbestandteile wird in § 30 Abs. 1 u. 2 RechKredV vorgenommen. Hiernach sind unter den Provisionserträgen/-aufwendungen Provisionen und ähnliche Erträge/Aufwendungen aus bankgeschäftlichen Dienstleistungsgeschäften auszuweisen. Hierunter fallen z. B. Erträge aus dem Zahlungsverkehr, dem Außenhandelsgeschäft und dem Wertpapierkommissions- und Depotgeschäft. Darüber hinaus sind Erträge aus Treuhand- und Verwaltungskrediten, Provisionen im Zusammenhang mit Finanzdienstleistungen und der Veräußerung von Devisen, Sorten und Edelmetallen dem Posten zuzuordnen. Erträge aus der Vermittlung von Kredit-, Spar-, Bauspar- und Versicherungsverträgen

---

495 Zur Berücksichtigung des Zinsänderungsrisikos bei der Ermittlung des Risikozuschlags im Kapitalisierungszinssatz vgl. Kapitel 5.4.2.3.

496 Vgl. Kleinheyer [Ertragsentwicklung (2001)], S. 65.

497 Vgl. Deutscher Sparkassen- und Giroverband [Geschäftszahlen 2005 (2006)], S. 5.

sind ebenfalls den Provisionserträgen zuzuordnen. Des Weiteren gehören gemäß § 30 Abs. 1 RechKredV auch Bonifikationen aus der Platzierung von Wertpapieren, Bürgschaftsprovisionen und Kontoführungsgebühren zu diesem Posten.[498]

Zu den Provisionsaufwendungen zählen die Provisionen und ähnliche Aufwendungen, die im Zusammenhang mit den oben aufgeführten Dienstleistungsgeschäften anfallen, z. B. Aufwand für die Abwicklung von Wertpapier- und Auslandsaufträgen.[499]

Für Sparkassen sind nicht alle der oben genannten Provisionserträge relevant bzw. spielen nur eine untergeordnete Rolle. Im Wesentlichen erzielen Sparkassen ihre Provisionserträge aus dem Zahlungsverkehr, dem Wertpapierkommissions- und Depotgeschäft sowie aus dem Verbundgeschäft.[500]

Für eine sachgerechte Prognose des Provisionsergebnisses ist - soweit möglich - eine *Aufspaltung* der Planung in eine *Mengen-* und in eine *Wertkomponente* vorzunehmen. Für einige Bereiche bestehen jedoch teilweise nicht-lineare Zusammenhänge zwischen den Mengen-[501] und Preiskomponenten, so dass die Aufspaltung nicht in allen Bereichen möglich ist.[502]

Im Folgenden werden die wesentlichen Bestandteile des Provisionsergebnisses erläutert. Während von Sparkassen früher die Kosten des Zahlungsverkehrs durch Zinserträge subventioniert wurden, werden diese Kosten heute weiterberechnet, so dass der Zahlungsverkehr durch Provisionserträge finanziert wird.[503]

Die Provisionserträge aus dem *Zahlungsverkehr* setzen sich im Wesentlichen aus den Kontoführungsgebühren zusammen. Diese lassen sich in Abrechnungszeitraumpauschalen sowie Buchungspostengebühren separieren.[504] Während im Firmenkundengeschäft in der Regel buchungspostenabhängige Kontoführungsgebühren berechnet werden, werden im Privatkundengeschäft seit einigen Jahren die Kunden verstärkt mit pauschalen Kontoführungsgebühren belastet.

---

[498] Vgl. Scharpf [Bankbilanz (2004)], S. 753 f.

[499] Vgl. Scharpf [Bankbilanz (2004)], S. 762 f.

[500] Vgl. Padberg [Analyse Jahresabschlüsse (2005)], S. 44 ff. Eine Aufgliederung des Provisionsüberschusses in die einzelnen Bestandteile ist nicht verpflichtend vorzunehmen und erfolgt von den meisten Sparkassen auch nicht auf freiwilliger Basis. Anders sieht dies bei den Genossenschaftsbanken aus. Aufgrund der vergleichbaren Geschäftsstruktur ist davon auszugehen, dass deren Ergebnisse auch auf Sparkassen übertragen werden können.

[501] Als Mengenkomponente kommen beispielsweise Anzahl der Verträge, Kunden, Transaktionen etc. infrage.

[502] Vgl. Schierenbeck [Bankmanagement I (2003)], S. 305 f.; Wildgruber [Prognoseproblem (1998)], S. 132; Knüsel/Lossin [Ertragswertverfahren (2004)], S. 90.

[503] Vgl. Schell [Ertragsermittlung (1988)], S. 53.

[504] Vgl. Krumnow/Sprießler/Bellavite-Hövermann [Rechnungslegung Kreditinstitute (2004)], S. 1175.

Bei der Plausibilisierung der Erträge aus dem Zahlungsverkehr ist zwischen den beiden Arten an Kontoführungsgebühren zu unterscheiden. Sofern *Abrechnungszeitraumpauschalen* berechnet werden, kann eine Plausibilisierung anhand der geschätzten Kundenzahlen vorgenommen werden. Der in der Vergangenheit zu beobachtende Preisdruck bei den Kontoführungsgebühren hat aufgrund der Vielfalt an institutsspezifischen Zusatzleistungen, wie z. B. kostenlose EC-Karten und Kreditkarten, abgenommen.[505]

Bei *buchungspostenabhängigen Kontoführungsgebühren* gestaltet sich die Plausibilisierung etwas schwieriger. Hier ist eine Plausibilisierung anhand der zukünftig geplanten Buchungstransaktionen vorzunehmen.[506] Aufgrund der fortschreitenden technischen Entwicklung ist in den vergangenen Jahren die Anzahl der Buchungen durch das Electronic-Banking deutlich angestiegen, während der beleghafte Zahlungsverkehr abnimmt. Diese Entwicklung wurde durch differenzierte Preismodelle begünstigt, bei denen die Gebühren für elektronische Buchungsposten geringer als bei beleghaften Buchungsposten ausfallen. Für die Zukunft kann insbesondere durch den weiteren Anstieg des bargeldlosen Bezahlens in Geschäften und den daraus der Sparkasse zufließenden buchungspostenabhängigen Gebühren sowie der Interchange-Gebühren mit einem weiteren Anstieg gerechnet werden.[507]

Neben dem Zahlungsverkehr generieren Sparkassen Provisionserträge aus dem *Wertpapier- und Depotgeschäft* durch den Kauf bzw. Verkauf von Wertpapieren sowie der Depotführung für Kunden.

In der Regel wird den Kunden bei Wertpapiertransaktionen eine volumenabhängige Vergütung berechnet, wobei bei Unterschreitung eines Mindestbetrags ein Mindestentgelt fällig wird. In den letzten Jahren ist insbesondere durch den Markteintritt von Internet-Brokern sowie Direktbanken ein Rückgang der volumenabhängigen Entgelte zu beobachten gewesen. Diese Provisionserträge unterliegen im Zeitablauf starken Schwankungen und werden maßgeblich durch die aktuelle Entwicklung an den Kapitalmärkten beeinflusst.[508]

Für eine Plausibilisierung der erwarteten Erträge aus Wertpapiertransaktionen ist eine reine Extrapolation der Vergangenheitswerte auf die Zukunft aufgrund der Schwankungen der Kapitalmärkte und dem Preisdruck durch den erhöhten Wettbewerb nicht sachgerecht.[509] Vielmehr sollte für die Mengenkomponente eine *Durchschnittsbe-*

[505] Vgl. Kunowski [Bewertung (2002)], S. 136.
[506] Vgl. Kunowski [Bewertung (2002)], S. 136.
[507] Vgl. o. V. [Electronic Cash (2006)], S. 18.
[508] Vgl. Miller [Valuation (1995)], S. 116.
[509] Vgl. Miller [Valuation (1995)], S. 116.

trachtung der vergangenen Jahre erfolgen, um die Schwankungen zu glätten. Bei der Preiskomponente ist der Preisdruck durch den gestiegenen Wettbewerbsdruck zu berücksichtigen.[510]

Neben den Provisionseinnahmen aus dem Kauf bzw. Verkauf von Wertpapieren generieren Sparkassen Provisionserträge aus der Verwaltung von Wertpapierdepots. Die *Depotgebühren* werden normalerweise unabhängig von der Anzahl der durchgeführten Transaktionen berechnet. Eine Plausibilisierung der geplanten Depotkonten (Mengenkomponente) kann hier anhand einer Regressionsanalyse erfolgen.[511] Für die Preiskomponente ist der bestehende Preisdruck zu berücksichtigen.

In den letzten Jahren war eine verstärkte *Allfinanzausrichtung* der Banken und Sparkassen zu erkennen. Um den Kunden ein breites Angebot an Produkten bieten zu können, werden Kooperationen mit Spezialanbietern eingegangen.[512] Bei Sparkassen bestehen insbesondere mit öffentlichen Versicherern, den Landesbausparkassen sowie der Deka als Investmentgesellschaft Kooperationen. Hier kommt der Subsidiaritätsgedanke des Sparkassenwesens zum Ausdruck. Da es für die einzelne Sparkasse nicht effizient ist, einen eigenen Anbieter zu gründen bzw. entsprechende Produkte aufzulegen, wurden entsprechende Anbieter auf übergeordneter Ebene gegründet, die die Produkte für die Sparkassengruppe zur Verfügung stellen.[513]

Die Bedeutung der Provisionserträge aus dem *Verbundgeschäft* hat in den letzten Jahren zugenommen. Die Strategie der S-Finanzgruppe sieht für die Zukunft eine weitere Verstärkung der Vertriebskapazitäten der Sparkassen vor, so dass mit einem weiteren Anstieg der Provisionserträge aus dem Verbundgeschäft gerechnet werden kann.[514] Aus diesem Grund kann - sofern keine Strategieänderung vorgenommen wird - eine Extrapolation der Vergangenheitswerte vorgenommen werden. Hierbei sollte eine Analyse jedoch für die unterschiedlichen strategischen Geschäftsfelder vorgenommen werden, um individuelle Trends berücksichtigen zu können.[515]

Die *Provisionsaufwendungen* spielen bei Sparkassen nur eine untergeordnete Rolle. Sie entfallen primär auf den Geschäftsverkehr mit den Landesbanken und anderen Verbundunternehmen. Beispielsweise fallen hierunter die Inanspruchnahme von Landesbanken, z. B. im Auslandsgeschäft, oder Spezialdienstleistern wie die DWP-Bank für die Abwicklung von Wertpapierkäufen bzw. -verkäufen und für die Nutzung ge-

[510] Vgl. Zessin [Unternehmensbewertung (1982)], S. 105
[511] Vgl. Schell [Ertragsermittlung (1988)], S. 58; Kunowski [Bewertung (2002)], S. 137.
[512] Vgl. Schroeder-Wildberg [Allfinanz (2004)], S. 457.
[513] Zur Arbeitsteilung innerhalb der Sparkassenorganisation vgl. Kapitel 2.4.2.
[514] Vgl. Deutscher Sparkassen- und Giroverband [Strategie (2002)], S. 27 f.
[515] Vgl. Becker [Bewertung (1999)], S. 98.

meinsamer Abwicklungsplattformen für den Zahlungsverkehr (regionale Rechenzentren).[516] Im Rahmen der Bewertung kann aus Wesentlichkeitsgründen i. d. R. auf eine tiefergehende Analyse verzichtet werden. Für die Plausibilisierung empfiehlt sich, das Verhältnis zwischen Provisionsaufwand und Provisionsertrag auf die Zukunft zu übertragen.

5.2.3 Prognose des Handelsergebnisses

Das Handelsergebnis ist als weitere Position in die Ertragsplanung mit aufzunehmen. In diesem Posten sind gemäß § 340c Abs. 1 S. 1 HGB der Unterschiedsbetrag der Erträge und Aufwendungen aus Geschäften mit Wertpapieren des Handelsbestandes, Finanzinstrumenten, Devisen- und Edelmetallen sowie der Erträge aus Zuschreibungen und der Aufwendungen aus Abschreibungen bei diesen Vermögensgegenständen auszuweisen. Das Handelsergebnis beruht somit auf Geschäften, die eine Bank in *eigenem Namen* und für *eigene Rechnung*, mit dem Ziel der kurzfristigen Erzielung von Handelsgewinnen durch Spekulations- und Arbitragegeschäfte, tätigt.[517]

Die Rolle des Eigenhandels spielt für die öffentlich-rechtlichen Sparkassen nur eine untergeordnete Rolle.[518] Die Ursache hierfür liegt u. a. in dem zu beachtenden *Enumerationsprinzip*, wonach Sparkassen bestimmte Geschäfte untersagt sind. Hierunter fallen z. B. spekulative Derivate- und Devisengeschäfte.[519]

Die Prognose des Eigenhandels ist mit einer besonderes hohen Prognoseunsicherheit behaftet. Zum einen hängt die zukünftige Höhe des Handelsergebnisses von der individuellen Risikoneigung des Instituts ab. Zum anderen besteht eine starke Abhängigkeit von der Entwicklung der Kapitalmärkte, die wiederum wesentlich von den volkswirtschaftlichen Rahmenbedingungen beeinflusst werden.[520] Aus diesem Grund ist es auch nicht verwunderlich, dass die Ergebnisse aus dem Handelsergebnis in der Vergangenheit durch eine hohe Volatilität gekennzeichnet waren.

Aufgrund der mit der Prognose des zukünftigen Handelsergebnisses verbundenen hohen Unsicherheit, wird in der Praxis auf die in der Vergangenheit erzielten Ergebnisse als Indikator abgestellt.[521] Hierbei bietet es sich an, für die vergangenen Jahre den *un-*

---

[516] Vgl. o. V. [Wertpapierabwicklung (2004)], S. B15.
[517] Vgl. Knüsel/Lossin [Ertragswertverfahren (2004)], S. 90.
[518] Vgl. Deutsche Bundesbank [Monatsbericht September 2005 (2005)], S. 34.
[519] Vgl. Schierenbeck/Hölscher [BankAssurance (1998)], S. 86 sowie exemplarisch § 14 Abs. 5 SpkVO Brand.
[520] Vgl. Geltinger/Gerstmeier [Unternehmensbewertung (2003)], S. 138 f.
[521] Vgl. Akmann [Ergebnissteuerung (1994)], S. 160.

gewichteten Durchschnittswert der Handelsergebnisse zu ermitteln und diesen als besten Schätzer für die Zukunft anzusetzen. Dieser Ansatz unterstellt, dass die zukünftige Volatilität des Eigenhandelsergebnisses ähnlich mit den in der Vergangenheit zu beobachtenden Schwankungen ist.[522] Aus diesem Grund sollte die Vergangenheitsperiode möglichst lang gewählt werden, um sowohl Jahre mit über- als auch mit unterdurchschnittlichen Entwicklungen der Märkte zu berücksichtigen. Der Ansatz dieses Wertes ist jedoch nur dann sachgerecht, wenn keine wesentlichen Änderungen an der Risikoneigung der Sparkasse, der volkswirtschaftlichen Rahmenbedingungen sowie der Personalkapazitäten für die Zukunft zu erwarten sind.

Sofern Anpassungen der Personalkapazitäten für die Zukunft geplant sind, bietet sich alternativ die Möglichkeit an, eine Prognose des zukünftigen Handelsergebnisses auf Basis der durchschnittlichen Eigenhandelserfolge je Mitarbeiter in der Vergangenheit vorzunehmen. Diese durchschnittlichen Eigenhandelserfolge je Mitarbeiter sollten analog zu den obigen Ausführungen für die zukünftigen Perioden angesetzt werden. Diese Ansatz bietet den Vorteil, dass geplante Kapazitätsänderungen im Personalbestand mit in die Prognose integriert werden können.

Wie bereits erläutert, wird die Höhe des Handelsergebnisses wesentlich durch die institutsinterne Risikoneigung beeinflusst. Diese muss sich aufgrund der höheren Unsicherheit der zukünftigen Erfolgsbeiträge auch im *Risikozuschlag der Eigenkapitalkosten* widerspiegeln. Bei Sparkassen mit einem hohen geplanten Handelsergebnis muss dieser Risikozuschlag daher höher, als bei Instituten, die sich in nur geringem Umfang im Eigenhandel betätigen, ausfallen.[523]

5.2.4 Prognose des sonstigen betrieblichen Ergebnisses und des neutralen Ergebnisses

Das sonstige betriebliche Ergebnis setzt sich aus den sonstigen betrieblichen Aufwendungen und Erträgen zusammen. Hierbei handelt es sich jeweils um einen Sammelposten, in dem die Posten der gewöhnlichen Geschäftstätigkeit ausgewiesen werden, die

---

[522] Vgl. Geltinger/Gerstmeier [Unternehmensbewertung (2003)], S. 158; Kunowski [Bewertung (2002)], S. 140.

[523] Wie später gezeigt wird, bietet sich für Sparkassen eine Ermittlung der Eigenkapitalkosten auf Basis des Tax-CAPM an. Hierzu ist aufgrund der fehlenden Börsennotierung von Sparkassen eine Ableitung des Betafaktors anhand von Vergleichsunternehmen vorzunehmen, die u. a. eine ähnliche Risikostruktur aufweisen sollten. Aufgrund der geringen Anzahl an Vergleichsunternehmen gestaltet sich dies in der Praxis als schwierig. Aus diesem Grund ist der ermittelte Betafaktor gegebenenfalls durch einen Abschlag anzupassen, wenn die Vergleichsunternehmen einen umfangreicheren Eigenhandel als die zu bewertende Sparkasse betreiben.

keinem anderen Aufwands- bzw. Ertragsposten zugeordnet werden können.[524] Bei den sonstigen betrieblichen Erträgen sind hiervon insbesondere die Erträge aus Vermietung und Verpachtung von Grundstücken und Gebäuden, Veräußerungsgewinne bei Sachanlagevermögen sowie Gewinne aus dem Verkauf von Filialen oder Tochtergesellschaften zu erfassen.[525] Unter die sonstigen betrieblichen Aufwendungen fallen überwiegend die aus Anlageverkäufen sowie aus nicht bankbetrieblich genutzten Grundstücken und Gebäuden entstehenden Aufwendungen.[526]

Bei der Prognose des *sonstigen betrieblichen Ergebnisses* ist zu beachten, dass einzelne dieser Posten im Rahmen der Wertermittlung des nicht betriebsnotwendigen Vermögens zu berücksichtigen sind. Um eine Doppelerfassung zu vermeiden, dürfen diese Posten nicht zusätzlich in der Planungsrechnung unter dem sonstigen betrieblichen Ergebnis ausgewiesen werden.[527]

Im *neutralen Ergebnis* werden überwiegend die außerordentlichen Erträge und Aufwendungen erfasst. Das neutrale Ergebnis weist hinsichtlich seiner Höhe bei Sparkassen nur eine untergeordnete Rolle auf die absolute Höhe des Jahresüberschusses auf.[528]

Die Komponenten des neutrales Ergebnisses fallen im Regelfall ungleichmäßig sowie außerhalb der normalen Geschäftstätigkeit an und weisen somit eine hohe Planungsunsicherheit auf.[529] Aufgrund der untergeordneten Bedeutung sowie der hohen Planungsunsicherheit in diesem Bereich sollte von einer detaillierten Planung des neutralen Ergebnisses im Rahmen der Bewertung von Sparkassen Abstand genommen werden. Sofern das neutrale Ergebnis jedoch in der Vergangenheit größere Beiträge zum Jahresüberschuss geliefert hat und diese als nachhaltig anzusehen sind, sollte ein gleich bleibender Ansatz im Planungszeitraum erfolgen.[530] Hiervon können unter Umständen die vereinnahmten Vorfälligkeitsentschädigungen betroffen sein, die von den Sparkassen teilweise als neutrales Ergebnis geplant werden. Sofern eine entsprechende Planung der Vorfälligkeitsentschädigung bei dem neutralen Ergebnis erfolgt, ist darauf zu achten, dass die entsprechenden Ergebnisbeiträge nicht zusätzlich beim Zinsüberschuss geplant werden, um eine Doppelerfassung zu vermeiden.

---

[524] Vgl. Scharpf [Bankbilanz (2004)], S. 778 f. u. 792 f.
[525] Vgl. Wildgruber [Prognoseproblem (1998)], S. 135.
[526] Vgl. Scharpf [Bankbilanz (2004)], S. 793.
[527] Vgl. Wilkens/Zemke [Fusionen (2000)], S. 279.
[528] Vgl. Deutsche Bundesbank [Ertragslage (2005)], S. 35.
[529] Vgl. Scharpf [Bankbilanz (2004)], S. 809 ff.
[530] Vgl. Geltinger/Gerstmeier [Unternehmensbewertung (2003)], S. 156 f.

5.2.5 Prognose der Verwaltungsaufwendungen

Die Verwaltungsaufwendungen bei Sparkassen setzen sich aus den Personalaufwendungen (einschließlich Sozialabgaben und Pensionsaufwendungen), den Sachaufwendungen sowie den Abschreibungen und Wertberichtigungen auf immaterielle Anlagewerte und Sachanlagen zusammen. In der Gewinn- und Verlustrechung gemäß RechKredV werden die Personal- und Sachaufwendungen unter dem Begriff der „Allgemeinen Verwaltungsaufwendungen" zusammengefasst. Der Abschreibungs- und Wertberichtigungsbedarf auf die immateriellen Anlagewerte und die Sachanlagen wird hingegen unter einem eigenen Posten in der GuV erfasst.

Die Prognose der Verwaltungsaufwendungen ist zum einen separat für die einzelnen strategischen Geschäftsfelder und zum anderen getrennt zwischen fixen und variablen Kosten vorzunehmen.[531] Der überwiegende Anteil der Sachaufwendungen und Personalkosten zeichnet sich durch einen kurz- bis mittelfristigen fixen Charakter aus, da entsprechende Kapazitäten von Seiten der Sparkasse permanent vorzuhalten sind.[532] Insbesondere die von der Beschäftigungshöhe unabhängigen Fixkosten zeichnen sich durch eine verhältnismäßig leichte Vorhersagbarkeit aus. Bei der Prognose dieser Fixkosten stellt sich lediglich die Frage, über welchen Zeitraum diese Kosten als fix anzusehen sind und ob eventuell mit einem Ansteigen dieser Kosten zu rechnen ist. Für die variablen, von der Beschäftigungshöhe abhängenden Kosten kann in der Praxis eine Prognose auf Basis eines geschätzten Mengengerüstes vorgenommen werden.

Der *Personalaufwand* stellt den größten Teil der Verwaltungsaufwendungen bei den Sparkassen dar, so dass ihrer Prognose eine besondere Bedeutung beizumessen ist (vgl. Tabelle 11). Der Einsatz moderner technischer Anlagen hat zwar in der Vergangenheit dazu geführt, dass der Bestand an Personal nicht mehr den Raum einnimmt wie in früheren Jahren, dennoch ist der Anteil des Personalaufwandes im Vergleich zu den Aufwendungen für die technische und allgemeine Ausstattung des Bankbetriebs immer noch sehr hoch. Ursächlich hierfür ist in erster Linie, dass sich die Spezifikation und die Erstellung der Bankleistung im überwiegend persönlichen Kontakt zwischen den Kunden und den Bankmitarbeitern vollzieht.[533] Wird darüber hinaus berücksichtigt, dass die Komplexität der Bankdienstleistungen zunimmt und damit auch der Erklärungs- und Beratungsbedarf von Seiten der Kunden steigt, wird deutlich, dass sowohl die Qualität als auch die Zahl des Personals in Zukunft weiterhin einen hohen Einfluss auf den Erfolg der Sparkassen ausüben wird.

[531] Vgl. Becker [Bewertung (1999)], S. 107.
[532] Vgl. Schell [Geschäftspolitik (1989)], S. 2555.
[533] Vgl. Büschgen [Bankbetriebslehre (1998)], S. 591.

	Verwaltungs-aufwendungen	Personalaufwand		Sachaufwand	
	Mio. EUR	in % der Verwaltungs-aufwendungen	Veränderung Vorjahr	in % der Verwaltungs-aufwendungen	Veränderung Vorjahr
1999	18.012	59,9%	-	40,1%	-
2000	18.335	60,0%	1,94%	40,0%	1,58%
2001	18.688	59,3%	0,76%	40,7%	3,68%
2002	19.022	59,5%	2,24%	40,5%	1,13%
2003	19.349	60,6%	3,54%	39,4%	-0,96%
2004	18.305	61,4%	-4,12%	38,6%	-7,36%
2005	18.187	61,4%	-0,74%	38,6%	-0,49%

Tabelle 11: Entwicklung der Verwaltungsaufwendungen und Beschäftigtenzahlen im Sparkassenbereich[534]

Der Personalaufwand zeichnet sich durch seine charakteristische Langfristigkeit aus, da sowohl die Personalbeschaffung als auch die Personalfreisetzung stets einen längeren Zeitraum in Anspruch nehmen. Der Großteil der Personalaufwendungen stellt somit aus Sicht der Sparkassen kurz- bis mittelfristige Fixkosten dar.[535] Um den unterschiedlichen Bestandteilen der Personalaufwendungen Rechnung zu tragen, sollte eine getrennte Schätzung der Lohn- und Gehaltsaufwendungen inklusive der Sozialabgaben auf der einen und den Pensionsaufwendungen auf der anderen Seite erfolgen. Hierbei ist es - wie bei den anderen Ertragskomponenten - sinnvoll, getrennte Prognosen für die Wert- und Mengenkomponente vorzunehmen und in diesem Rahmen die zukünftig im Periodendurchschnitt beschäftigten Arbeitnehmer und deren durchschnittliche Personalaufwendungen zu schätzen.[536]

Ausgangspunkt für die *Planung der Mengenkomponente* stellt der Beschäftigungsstand in der Vergangenheit dar. Hierzu ist eine Aufstellung der jeweiligen Mitarbeiter in den einzelnen Geschäftsbereichen erforderlich. Soweit eine vollständige Zuordnung der Personalkapazitäten auf die einzelnen Geschäftsbereiche nicht möglich ist, sind diese Mitarbeiter separat für den Zentralbereich zu planen bzw. über ein geeignetes Umlageverfahren den einzelnen Geschäftsbereichen zuzurechnen. Um den unterschiedlichen Qualifikationsniveaus der Mitarbeiter und deren unterschiedlichen Gehaltsgruppen Rechnung zu tragen, sollte die Aufstellung des Personalbestandes in den einzelnen Bereichen getrennt nach Lohn- und Gehaltsgruppen erfolgen.[537]

Ausgehend von diesem Ausgangsbestand ist die zukünftige Entwicklung zu planen. Hierbei sind zum einen die individuelle strategische Ausrichtung der einzelnen Ge-

[534] Quelle: Deutsche Bundesbank [Ertragslage (2005)], S. 23 u. 40; Deutsche Bundesbank [Ertragslage (2002)], S. 27; Vgl. Deutscher Sparkassen- und Giroverband [Geschäftszahlen 2005 (2006)], S. 5.
[535] Vgl. Lehner [Kostenrechnung (1982)], S. 795.
[536] Vgl. Wildgruber [Prognoseproblem (1998)], S. 137.
[537] Vgl. Peemöller/Kunowski [Ertragswertverfahren (2005)], S. 243.

schäftsfelder und zum anderen Branchentendenzen zu berücksichtigen. Hierunter fallen zum Beispiel der geplante Stellenabbau aufgrund der Verringerung der Anzahl an Geschäftsstellen[538] oder durch die Ausgliederung von betrieblichen Funktionsbereichen.[539] Insbesondere aufgrund des gestiegenen Kostendrucks haben etliche Sparkassen in der Vergangenheit ihren Zahlungsverkehr und die Wertpapierabwicklung auf externe Dienstleister ausgelagert.[540] In jüngster Vergangenheit ist zusätzlich ein Trend zur Gründung von Kreditfabriken zu erkennen.[541] Für die Zukunft ist mit einer weiteren Zunahme der Auslagerung von betrieblichen Funktionsbereichen zu rechnen, so dass mit einem weiteren Rückgang der Beschäftigtenzahl im Sparkassensektor zu rechnen ist.[542] Sofern zukünftig ein Outsourcing von Teilbereichen geplant ist, sind die für die Inanspruchnahme der Leistung anfallenden Aufwendungen beim Sachaufwand zu berücksichtigen.

Zusätzlich ist in den letzten Jahren ein Trend hin zu höheren Qualifikationsanforderungen an die Sparkassenmitarbeiter in vielen Geschäftsbereichen aufgrund der zunehmenden Komplexität der angebotenen Produkte zu beobachten gewesen. Sofern in Zukunft ein Stellenabbau vom Vorstand der Sparkasse geplant wird, sind neben den geplanten Entlastungen auch die zukünftig zu erwartenden zusätzlichen Kosten für Abfindungen bzw. Sozialpläne in der Planung zu berücksichtigen.

Für die Prognose der zukünftigen Personalkapazitäten kann auf bestimmte Indikatorgrößen zurückgegriffen werden. Bei Sparkassen kann beispielsweise eine Kopplung der Personalplanung an das dem Prognoseszenario zugrunde gelegte zukünftig erwartete Wachstum des Kreditgeschäfts erfolgen. Hierzu bietet sich die Bildung von Kennzahlen, wie z. B. dem durchschnittlichen Kreditvolumen je Mitarbeiter bzw. die Anzahl Kunden je Mitarbeiter, an.

Nachdem das Mengengerüst für die Zukunft geplant wurde, ist in einem zweiten Schritt die *Wertkomponente* zu prognostizieren. Aufbauend auf den in der Vergangenheit beobachteten durchschnittlichen Personalaufwendungen für die einzelnen Gruppen sind diese um die jeweils zukünftig zu erwartenden Lohn- und Gehaltssteigerungen zu erhöhen.[543] Darüber hinaus ist eine aus den vergangenen Jahren abgeleitete

[538] Die Zahl der Zweigstellen ist bei den Sparkassen zwischen 1999 und 2004 von 17.667 um 19,1% auf 14.292 gesunken. Vgl. Deutsche Bundesbank [Ertragslage (2005)], S. 23; Deutsche Bundesbank [Ertragslage (2002)], S. 27.

[539] Vgl. Priewasser [Bankbetriebslehre (1992)], S. 285; Priewasser [Prognose (1994)], S. 125.

[540] Vgl. Lamberti [Industrialisierung (2004)], S. 373; Deutscher Sparkassen- und Giroverband [Zahlungsverkehr (2004)], S. 1.

[541] Vgl. Baxmann [Kostenmanagement (2003)], S. 24.

[542] Vgl. Botsis/Lütke-Uhlenbrock [Sparkassen (2005)], S. 11.

[543] Vgl. Zessin [Unternehmensbewertung (1982)], S. 130.

Strukturkomponente zu berücksichtigen, die die Umgruppierung von Mitarbeitern in höhere Tarifgruppen berücksichtigt.[544]

Nachdem sowohl die zukünftigen Personalkapazitäten als auch die durchschnittlichen Personalaufwendungen für die einzelnen Lohn- und Gehaltsgruppen der jeweiligen Geschäftsbereiche ermittelt wurden, kann durch Multiplikation beider Größen der in den zukünftigen Perioden anfallende Personalaufwand im engeren Sinne ermittelt werden.

Neben den Personalaufwendungen im engeren Sinne sind zusätzlich die *Aufwendungen für die Altersvorsorge* der Mitarbeiter in Form von Pensionsrückstellungen sowie Zuführungsbedarf für Zusatzversorgungseinrichtungen in der Planung zu berücksichtigen.

Die Schwierigkeit der Berücksichtigung von *Pensionsrückstellungen* liegt darin, dass zwischen der Bildung der Rückstellung und der Zahlung von Pensionen häufig ein längerer Zeitpunkt liegt, so dass der zum Bewertungsstichtag bestehende Bestand an Pensionsrückstellungen erst zu einem späteren Zeitpunkt auszahlungswirksam wird. Für die Ermittlung der zukünftigen Pensionszahlungen sollte nicht auf das Regelungswerk des HGB zurückgegriffen werden. Vielmehr ist eine Berechung auf Basis der IFRS empfehlenswert, da diese zum einen die erwarteten Gehalts- und Rentensteigerungen berücksichtigen und zum anderen einen Kapitalmarktzinssatz als Diskontierungsfaktor verwenden.[545]

In der zweiten Planungsphase setzt das Bewertungskalkül voraus, dass das Unternehmen sich in einem Gleichgewichtszustand befindet. Aus diesem Grund ist es erforderlich, dass die Höhe der jährlichen Pensionsaufwendungen den jährlichen Pensionszahlungen entspricht. Sofern dieser Beharrungszustand am Ende der Detailplanungsphase noch nicht erreicht ist, sind die anfallenden Zuführungen zu den Pensionsrückstellungen in Form einer Annuität zu berücksichtigen.[546]

Bei den Pensionsrückstellungen ist darüber hinaus zu berücksichtigen, dass diese aus Sicht der Sparkasse zinsloses Fremdkapital darstellen. Aus diesem Grund sind die Pensionsrückstellungen bei der Planung des Kapitaldispositionsbeitrags zwingend zu berücksichtigen.

---

544 Vgl. Hoffmann/Christians [Planung (1992)], S. 88.

545 Vgl. Bertram [Pensionsrückstellungen (2006)], S. 351; Born [Unternehmensanalyse (2003)], S. 101.

546 Vgl. Born [Unternehmensanalyse (2003)], S. 101.

Zur Schätzung der Verwaltungsaufwendungen sind neben den Personalaufwendungen die *Sachkosten* zu prognostizieren. Diese setzten sich bei den Sparkassen im Wesentlichen aus den Grundstücks- und Gebäudeaufwendungen, Aufwendungen für den IT-Bereich und der Betriebs- und Geschäftsausstattung zusammen. Zusätzlich sind die Aufwendungen für in Anspruch genommene Dienstleistungen, wie z. B. Prüfungs- und Beratungskosten sowie Rechtskosten, zu berücksichtigen. In den Sachaufwendungen ist auch die Umlage für den jeweiligen Sparkassen- und Giroverband enthalten. Dieser erstellt jährlich ein Budget, welches alle Mittelabflüsse und sonstige Aufwendungen enthält. Ausgehend von diesem Budget wird der Fehlbetrag ermittelt, der von den Sparkassen zur Deckung der Sachaufwendungen und sonstigen finanziellen Verpflichtungen zu erbringen ist. Die Höhe des jeweiligen Umlagebetrags für die einzelne Sparkasse richtet sich nach ihrer Bilanzsumme zum Ende des vorhergegangenen Geschäftsjahres.[547]

In Anbetracht des Wegfalls der Gewährträgerhaftung und der Anstaltslast wurden von den Sparkassen und Landesbanken in einzelnen Regionen regionale Sparkassenstützungsfonds eingerichtet. Die hierfür vereinbarten Regelungen sehen im Regelfall vor, dass über einen Zeitraum von mehreren Jahren eine regelmäßige Zuführung vorgesehen ist, bis die anvisierte Deckungsmasse erreicht ist. Die hierfür erforderlichen Zuführungen sind bei der Planung zu berücksichtigen.[548]

In den vergangenen Jahren war insbesondere aufgrund von umfangreichen Investitionen in die Informations- und Kommunikationstechnik ein Anstieg der Sachaufwendungen bei den Sparkassen zu beobachten. Die von den Sparkassen zwischenzeitlich durchgeführten und begonnenen Kostensenkungsprogramme zeigten im Geschäftsjahr 2004 Wirkung auf die Ertragslage und sorgten für erstmals seit vielen Jahren rückläufige Sachaufwendungen.

Für die Prognose der Sachaufwendungen kann der Bewerter sich an *Bezugsgrößen* orientieren. Eine Möglichkeit stellt hierbei die Orientierung am geplanten Personalaufwand dar, da erfahrungsgemäß Veränderungen am Mitarbeiterbestand zu entsprechenden Anpassungen bei den Sachaufwendungen führen. Tabelle 11 auf S. 126 zeigt, dass in den letzten Jahren bei den Sparkassen eine weitgehende Konstanz der Relation Sachaufwand zu Personalaufwand zu beobachten war. Neben einer Ableitung aus dem Personalaufwand kann ebenfalls auf Größen zurückgegriffen werden, die sich am Geschäftsvolumen orientieren. Hierunter fallen beispielsweise das zukünftig geplante Geschäftsvolumen oder die geplanten Bilanzsummen.[549] Grundsätzlich ist daher für den

[547] Vgl. Moody's Investor Service [WLSGV (2004)], S. 5.
[548] Vgl. Böhmer [Verbundkonzept (2004)], S. 67.
[549] Vgl. Geltinger/Gerstmeier [Unternehmensbewertung (2003)], S. 140.

Sachaufwand die Trendfortschreibung aufgrund einer Zeitreihenanalyse eine geeignete Prognosemethode.[550]

Die Anwendbarkeit der Zeitreihenanalyse setzt jedoch die Konstanz der Beziehung im Zeitablauf voraus. Sofern durch das Sparkassenmanagement für die Zukunft besondere Maßnahmen geplant werden, wie z. B. der verstärkte Einsatz externer Berater, so sind entsprechende Korrekturen vorzunehmen. Auch zukünftig zu erwartende Kosten aufgrund der Einführung der neuen Eigenkapitalvereinbarungen (Basel II) sowie der internationalen Rechnungslegung müssen bei der Prognose berücksichtigt werden. Neben diesen zu erwartenden Kostensteigerungen ist in Zukunft allerdings mit einer Entlastung der Kosten aufgrund einer Reduzierung des umfangreichen Geschäftsstellennetzes zu rechnen. Bereits in den vergangenen Jahren war ein entsprechender Rückgang der Sparkassengeschäftsstellen zu verzeichnen.[551] Vielerorts wurden Zweigstellen durch SB-Zweigstellen ersetzt. Für die kommenden Jahre kann weiterhin mit einer Reduzierung der Zweigstellen und einem weiteren Ausbau der SB-Zweigstellen gerechnet werden. Die hieraus resultierenden Kosteneinsparungen sind entsprechend bei der Prognose zu berücksichtigen.

Die Bedeutung der *Abschreibungen* auf immaterielle Vermögensgegenstände und Sachanlagen hat bei den Sparkassen in der Vergangenheit aufgrund der zunehmenden Bedeutung der IT-Systeme zugenommen.

Unter der Position „Abschreibungen und Wertberichtigungen auf immaterielle Anlagewerte und Sachanlagen" werden die planmäßigen und außerplanmäßigen Abschreibungen auf Grundstücke und Gebäude sowie Betriebs- und Geschäftsausstattung und immaterielle Anlagewerte erfasst. Die zahlungsstrombezogene Bewertungssystematik erfordert eine Korrektur der in der Gewinn- und Verlustrechnung enthaltenen Aufwendungen. Hiervon sind unter anderem die Abschreibungen auf immaterielle Vermögenswerte und Sachanlagen sowie die Zuführungen zu den Rückstellungen betroffen.[552] Im Rahmen der Bewertung ist daher zu prüfen, ob anstelle von planmäßigen Abschreibungen in Zukunft auf Reinvestitionsraten zurückzugreifen ist. Die Entscheidung hierüber kann nur auf Basis einer Analyse der zukünftig geplanten Investitionen gefällt werden. Hierzu ist eine Unterscheidung der Investitionen in Ersatz-, Rationalisierungs- und Erweiterungsinvestitionen erforderlich, da lediglich die Neuinvestitionen zu einer deutlichen Erhöhung des Abschreibungsbedarfs führen.[553] Bei den Ersatzinvestitionen ist lediglich unter Berücksichtigung des technischen Fortschritts mit einem Ansteigen der jährlichen Abschreibungsraten zu rechnen. Sofern in Zukunft keine we-

[550] Vgl. Schell [Ertragsermittlung (1988)], S. 233.
[551] Vgl. Deutscher Sparkassen- und Giroverband [Bankzweigstellen (2004)], S. 5.
[552] Vgl. Wilkens/Zemke [Fusionen (2000)], S. 277.
[553] Vgl. Becker [Bewertung (1999)], S. 112 f.

sentlichen Erweiterungsinvestitionen geplant sind und die Ersatzinvestitionen in einem gleichmäßigen und geringen Umfang erfolgen, ist der Ansatz von konstanten Abschreibungsbeträgen unter Berücksichtigung von Preissteigerungen im Detailplanungszeitraum sachgerecht, da in diesem Fall kein Auseinanderfallen von Investitionsausgaben und den zufließenden Abschreibungsgegenwerten zu beobachten ist.[554]

Für die Phase der ewigen Rente ist eine *Reinvestitionsrate* zu ermitteln, welche die Abschreibungen auf den bestehenden Kapitalstock zu Wiederbeschaffungspreisen bemisst. Durch die Annahme, dass die Sparkasse sich in der ewigen Rente im Beharrungszustand befindet, kann es in dieser Phase nur noch zu Ersatzinvestitionen kommen. Die Reinvestitionsrate muss daher so bemessen sein, dass eine erfolgsorientierte Substanzerhaltung ermöglicht wird.[555] Ausgangspunkt für die Ermittlung der Reinvestitionsrate bilden die Wiederbeschaffungswerte des Anlagevermögens am Ende der Detailplanungsphase. Hierbei ist zu berücksichtigen, dass es sich um die Wiederbeschaffungswerte für Anlagen mit gleicher Leistungsfähigkeit handeln muss.[556]

Bei der Verwendung von Reinvestitionsraten in der ewigen Rente sollten diese grundsätzlich als Annuität berücksichtigt werden, deren Höhe aus dem Barwert der Wiederbeschaffungsausgaben und der jeweiligen Nutzungsdauer zu bestimmen ist. Sofern eine homogene Altersstruktur des Anlagevermögens vorliegt, ist die Ermittlung der Reinvestitionsrate als Abschreibung auf die Wiederbeschaffungswerte möglich.[557]

Sofern bei der Sparkasse nicht betriebsnotwendiges Vermögen vorhanden ist und dieses separat in die Bewertung einbezogen wird, sind die auf diese Positionen entfallenden Aufwendungen zur Vermeidung einer Doppelerfassung zu bereinigen.[558]

5.2.6 Berücksichtigung von Steuern bei der Ermittlung des Ertragsüberschusses unter Berücksichtigung der Rechtsform der Anstalt des öffentlichen Rechts

Der Wert eines Unternehmens bestimmt sich aus dem Barwert der mit dem Eigentum am Unternehmen verbundenen Nettozuflüsse an die Unternehmenseigner. Steuern mindern diese finanziellen Nettozuflüsse und sind damit bei der Ermittlung des Ertragswertes der Sparkasse in Abzug zu bringen. Zu berücksichtigen sind hierbei zum einen die Steuerzahlungen, die sich aus der Besteuerung des Bewertungsobjektes

[554] Vgl. Geltinger/Gerstmeier [Unternehmensbewertung (2003)], S. 140 f.
[555] Vgl. Peemöller/Kunowski [Ertragswertverfahren (2005)], S. 244 f.
[556] Vgl. IDW [WP-Handbuch II (2002)], S. 93, Tz. 265.
[557] Vgl. IDW [WP-Handbuch II (2002)], S. 94, Tz. 268.
[558] Vgl. Wilkens/Zemke [Fusionen (2000)], S. 278.

(Sparkasse) ergeben und zum anderen die persönliche Besteuerung auf Ebene der Anteilseigner (bei Sparkassen auf Ebene der Träger).[559]

Das deutsche Steuersystem ist durch eine Vielzahl unterschiedlicher Steuerarten gekennzeichnet. Zu unterscheiden ist zwischen Ertragsteuern, Substanzsteuern, Verkehrssteuern, Verbrauchssteuern und Zöllen. Für die Bewertung von Sparkassen spielen die Ertragsteuern die bedeutendste Rolle.

Bei der Ermittlung der Ertragsüberschüsse sind zunächst die *Ertragsteuern*, die das Unternehmen betreffen, in Abzug zu bringen. Hierunter fallen die Gewerbeertragsteuer, die Körperschaftsteuer (zuzüglich Solidaritätszuschlag) sowie gegebenenfalls die ausländischen Ertragsteuern.

Mit der *Gewerbesteuer* - die unabhängig von der Rechtsform anfällt - wird die Sparkasse als Steuersubjekt direkt belastet.[560] Die Bemessungsgrundlage bildet der Gewerbeertrag. Ausgangspunkt für die Ermittlung des Gewerbeertrags ist der nach den Vorschriften des Körperschaftsteuergesetzes ermittelte Erfolg aus Gewerbebetrieb. Dieser Wert ist um bestimmte Zurechnungen nach § 8 GewStG und Kürzungen nach § 9 GewStG zu korrigieren.[561] Hierunter fallen insbesondere die folgenden bankspezifischen und banktypischen Sachverhalte:[562]

- Behandlung von Dauerschuldzinsen bei der Bemessung der Gewerbeertragsteuer (§ 8 GewStG i. V. m. § 19 GewStDV),
- Hinzurechnung von Gewinnanteilen stiller Gesellschafter (§ 8 GewStG),
- Kürzung des Gewinns aus Gewerbebetrieb um 1,2% des Einheitswertes von Grund und Boden (§ 9 GewStG) sowie
- Erträge aus Beteiligungen an Personen- und Kapitalgesellschaften (§ 9 GewSt).

Bei der Ermittlung des effektiven Gewerbeertragsteuersatzes ist zu berücksichtigen, dass die Gewerbeertragsteuer eine Betriebsausgabe darstellt und ihre eigene Bemessungsgrundlage mindert. Die Ermittlung des effektiven Gewerbesteuersatzes erfolgt mithilfe einer Steuermesszahl (m) und eines Steuerhebesatzes (h). Während die Steu-

[559] Vgl. Schmidbauer [Steuern (2002)], S. 210.

[560] Sparkassen besitzen gemäß § 15 Abs. 2 EStG einen Gewerbebetrieb und unterliegen daher der Gewerbesteuer.

[561] Vgl. Scheffler [Besteuerung (1998)], S. 231 ff.

[562] Vgl. Botsis/Abendroth/Ammann [Due Diligence (2004)], S. 147 ff.; Knüsel/Lossin [Ertragswertverfahren (2004)], S. 93.

ermesszahl nach § 11 Abs. 2 GewStG fünf Prozent beträgt, ist der gewichtete Steuerhebesatz in Abhängigkeit des Standortes der Mitarbeiter zu ermitteln. Der Gewerbeertragsteuersatz (s_{GE}) errechnet sich wie folgt:[563]

$$(14)\quad s_{GE} = \frac{m * h}{1 + m * h} = \frac{0{,}05 * h}{1 + 0{,}05 * h}$$

Sofern Verlustvorträge bestehen, sind diese bei der Ermittlung der Gewerbesteuer zu berücksichtigen.

Als weitere Einkommensteuer fällt auf Ebene der Sparkasse die *Körperschaftsteuer inklusive des Solidaritätszuschlags* an.[564] Mit Einführung des so genannten Halbeinkünfteverfahrens zum 1. Januar 2001 wird das körperschaftsteuerlich zu versteuernde Einkommen unabhängig von Ausschüttung oder Thesaurierung mit einem einheitlichen Körperschaftsteuersatz (s_K) von 25% belegt. Unter Berücksichtigung des aktuellen Solidaritätszuschlags in Höhe von 5,5% ergibt sich eine Belastung von 26,375%. Die Körperschaftsteuer stellt eine Definitivsteuer dar und ist auf Ebene der Anteilseigner nicht anrechenbar. Ihre Bemessungsgrundlage ist nach § 7 Abs. 1 KStG das zu versteuernde Einkommen. Bei der Ermittlung der Körperschaftsteuerbelastung sind für den im Gesetz zur Senkung der Steuersätze und zur Reform der Unternehmensbesteuerung (Steuersenkungsgesetz - StSenkG) vorgesehenen Übergangszeitraum gegebenenfalls bestehende Körperschaftsteuerguthaben zu berücksichtigen.[565]

Die Prognose der Belastungen aus der Gewerbesteuer und Körperschaftsteuer sind unproblematisch, da die benötigten Informationen aus der Prognose der Aufwendungen und Erträge vorhanden sind. Allerdings sind mögliche Änderungen der Bemessungsgrundlagen und Tarife durch den Gesetzgeber zu prognostizieren.[566]

Neben den Ertragsteuern sind für die Ermittlung der Ertragsüberschüsse auch die auf Ebene der Sparkassen anfallenden *sonstigen Steuern* zu ermitteln. Hierunter sollen die Steuern subsumiert werden, die weder als Anschaffungs- oder Anschaffungsnebenkosten gelten noch Steuern vom Einkommen und Ertrag darstellen. Hierunter fallen insbesondere Vermögensteuern wie die Grundsteuer. Die sonstigen Steuern sind im Detailplanungszeitraum einzeln zu planen und für die fernere Zukunft pauschal zu veranschlagen. Hierbei ist zu berücksichtigen, dass die benötigten Daten für die Bemes-

[563] Vgl. Drukarczyk [Unternehmensbewertung (2003)], S. 37.
[564] Bei Sparkassen handelt es sich um Betriebe gewerblicher Art i. S. d. § 4 KStG. Sie sind gemäß § 1 Abs. 1 Nr. 6 KStG unbeschränkt körperschaftsteuerpflichtig.
[565] Vgl. IDW [IDW S1 (2005)], S. 1307, Tz. 35.
[566] Vgl. Wildgruber [Prognoseproblem (1998)], S. 141.

sungsgrundlagen aus den ohnehin zu prognostizierenden Positionen und dem zum Bewertungszeitpunkt vorhandenen Vermögen abgeleitet werden können.[567]

Neben der Besteuerung auf Ebene der Sparkasse sind auch die *Steuerwirkungen auf Ebene der Anteilseigner* in Abzug zu bringen.[568] Hier ergeben sich aufgrund der Rechtsform Abweichungen im Vergleich zur Besteuerung von Privatbanken. Um die sich hieraus ergebenden Abweichungen aufzuzeigen, soll daher die generelle Vorgehensweise bei der Ermittlung der Steuerbelastung auf Eigentümerebene bei Kapitalbanken dargestellt werden.

Die Unternehmenseigner einer Kapitalbank unterliegen mit ihren Einkünften aus der Beteiligung der Einkommensteuer (zuzüglich Solidaritätszuschlag und ggfs. Kirchensteuer). Da die Höhe dieser Steuerbelastung von der persönlichen Steuerlast abhängig ist, sieht das IDW bei der Ermittlung eines objektiven Unternehmenswertes generell eine typisierte persönliche Einkommensteuerbelastung von 35% vor. Diese Typisierung unterstellt einen Anteilseigner, der die Unternehmensanteile in seinem Privatvermögen hält. Um eine Doppelbesteuerung der Einnahmen durch die Körperschaftsteuer und Einkommensteuer zu vermeiden, werden bei Kapitalgesellschaften die Einnahmen nur hälftig in die Berechnung der Einkommensteuer einbezogen. Aus diesem Grund wird eine typisierte persönliche Einkommensteuerbelastung von 17,5% der ausgeschütteten Gewinne in Ansatz gebracht, während die thesaurierten Gewinne keine persönliche Steuerbelastung tragen.[569]

Bei der Ermittlung der Ertragsteuerbelastung auf Ebene der Anteilseigner ergeben sich aufgrund der Rechtsform Abweichungen zu den obigen Ausführungen. Die öffentlich-rechtlichen Sparkassen gelten als *Betriebe gewerblicher Art* mit eigener Rechtspersönlichkeit.[570] Betriebe gewerblicher Art sind nach § 4 Abs. 1 KStG alle Einrichtungen, die einer nachhaltigen wirtschaftlichen Tätigkeit zur Erzielung von Einnahmen außerhalb der Land- und Forstwirtschaft dienen und die sich innerhalb der Gesamtbestätigung der juristischen Person wirtschaftlich hervorheben. Die Klassifizierung als Betrieb der gewerblichen Art führt dazu, dass auf Ebene der Träger keine Einkommensteuer anfällt. Stattdessen fällt eine *definitive Kapitalertragsteuer* in Höhe von zehn Prozent auf die Ausschüttungen an, die im Bewertungskalkül zu berücksichtigen

[567] Vgl. Wildgruber [Prognoseproblem (1998)], S. 142.
[568] Vgl. IDW [IDW S1 (2005)], S. 1307, Tz. 37.
[569] Vgl. IDW [IDW S1 (2005)], S. 1307, Tz. 37 ff.
[570] Vgl. Bundesministerium der Finanzen [Betriebe gewerblicher Art (2002)], S. 2 ff.

sind.[571] Das folgende Beispiel zeigt auf, wie sich diese steuerliche Vorzugsbehandlung auf die Nettozahlungen an die Träger im Vergleich zu den Geschäftsbanken auswirkt.

Bei dem Beispiel soll angenommen werden, dass sowohl die Sparkasse als auch die Aktienbank einen Jahresüberschuss vor Steuern von 100 GE erzielen und dieser zu 50% ausgeschüttet wird. Zusätzlich wird ein Hebesatz von 400% unterstellt, so dass der effektive Gewerbeertragsteuersatz 16,67% beträgt. Unter Verwendung dieser Angaben ergibt sich daher folgendes Bild:

	Sparkasse	**Kapitalbank**
Jahresüberschuss vor Steuern	**100,00**	**100,00**
- Gewerbeertragsteuer (16,67%)	-16,67	-16,67
- Körperschaftsteuer inkl. Soli (26,35%)	-21,96	-21,96
= Ergebnis nach Steuern	**61,37**	**61,37**
Ausschüttung an die Träger/Anteilseigner (50%)	**30,69**	**30,69**
- typisierte persönliche Einkommensteuer (17,5%)		-5,37
- definitive Kapitalertragsteuer (10%)	-3,07	
= Zahlungsüberschuss auf Ebene der Träger/Anteilseigner	**27,62**	**25,32**

Tabelle 12: Beispiel zur vergleichenden Ermittlung der Ertragsteuerbelastung bei Sparkassen sowie Aktienbanken

Das Beispiel zeigt, dass sich im Vergleich zu Aktienbanken, deren Eigentümer Privatpersonen sind, die Träger der Sparkassen durch die Rechtsform der Anstalt des öffentlichen Rechts und der Klassifizierung als Betriebe gewerblicher Art Steuervorteile genießen.

An dieser Stelle sei bereits darauf hingewiesen, dass zur Herstellung der Äquivalenz zwischen der Anlage in die Sparkasse und der Alternativanlage die Ertragsteuern auf Anstaltsträgerebene auch bei der Berechnung der Kapitalkosten zu berücksichtigen sind.[572]

[571] Bei den Ausschüttung von Sparkassen handelt es sich um eine Leistung im Sinne des § 20 Abs. 1 Nr. 10 Buchst. a EStG. Diese Leistungen unterliegen gem. § 43a Abs. 1 Nr. 5 EStG einer Kapitalertragsteuer von 10%. Vgl. Häck [Öffentliche Hand (2004)], S. 211 f.; Schweyer/Tschesche [Steuerliche Fragestellungen (2005)], S. 185 f.; Kessler/Fritz/Gastl [Öffentliche Hand (2004)], S. 2325.

[572] Vgl. die Ausführungen in Kapitel 5.4.2.

5.2.7 Berücksichtigung von bankspezifischen Risiken bei der zukunftsorientierten Erfolgsschätzung bei Sparkassen

5.2.7.1 Übersicht bankspezifischer Risiken

Sparkassen unterliegen neben den unternehmerischen und finanzierungsbedingten Risiken auch bankspezifischen Risiken. Die ersten beiden Risikokategorien resultieren aus der allgemeinen unternehmerischen Tätigkeit bzw. aus der Wahl der Kapitalstruktur und gelten grundsätzlich für Unternehmen aller Branchen. Aus diesem Grund soll von einer weiteren Untersuchung dieser beiden Risikoarten abgesehen werden. Die nachfolgenden Ausführungen beziehen sich daher ausschließlich auf bankspezifische Risiken. Diese lassen sich wie folgt systematisieren.

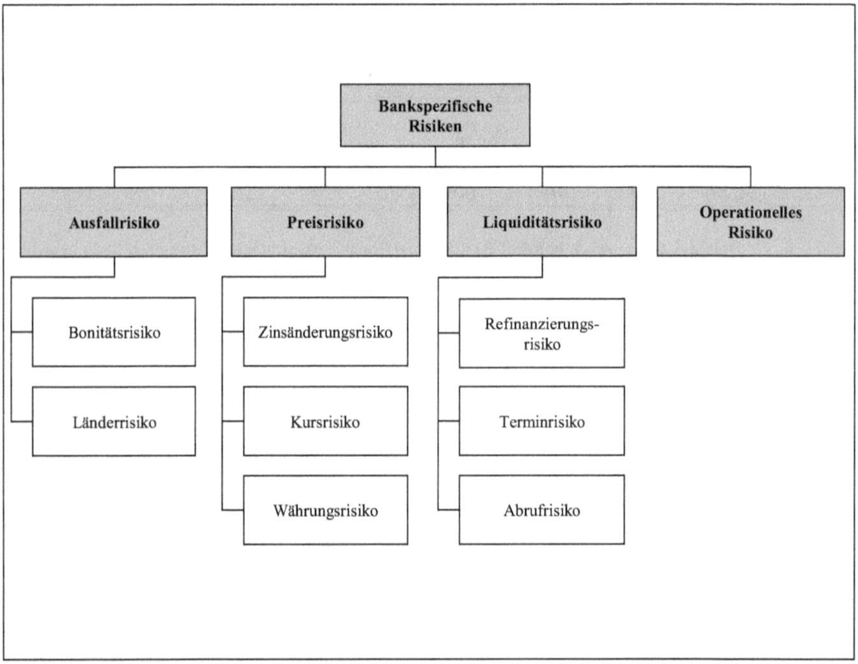

Abbildung 19: Bankspezifische Risiken

Im Gegensatz zu Industrieunternehmen gehen Sparkassen und Banken bewusst Risiken ein, um daraus Erträge zu generieren. Die größte Bedeutung kommt hierbei dem *Ausfallrisiko* bzw. Bonitätsrisiko von Forderungen zu. Hierunter wird die Gefahr subsumiert, dass ein Vertragspartner seinen vertraglichen Verpflichtungen in Bezug auf Zins- und Tilgungsleistungen nicht bzw. nur teilweise nachkommen kann und dass die

Verwertung der gestellten Sicherheiten nicht zur Deckung der Forderungen ausreicht.[573] Das Ausfallrisiko kann weitergehend in die beiden Dimensionen Bonitätsrisiko und Länderrisiko unterteilt werden. Das *Bonitätsrisiko* umfasst hierbei die Wahrscheinlichkeit, mit der ein Kunde seinen vertraglichen Zins- und Tilgungsleistungen aufgrund von in seiner Person oder dem Unternehmen liegenden Ursachen nicht nachkommen kann. Das *Länderrisiko* berücksichtigt hingegen die Ausfallgefahr aufgrund von hoheitlichen Maßnahmen eines ausländischen Staates, die einen grenzüberschreitenden Kapitalverkehr nicht bzw. teilweise nicht ermöglichen.[574] Im Rahmen der Bewertung von Sparkassen kann das Länderrisiko aufgrund der untergeordneten Bedeutung für Sparkassen vernachlässigt werden.

Die zweite Gruppe bankbetrieblicher Risiken umfasst die *Preisrisiken*, die sich in die Kategorien Zinsänderungsrisiko, Kursrisiko sowie Währungsrisiko unterteilen lassen. Dem *Zinsänderungsrisiko* kommt in dieser Gruppe, wie bereits ausführlich erläutert, die größte Bedeutung zu.[575] Es beschreibt die Gefahr, dass es aufgrund von Änderungen des Marktzinssatzes zu einer Ergebnisverschlechterung kommen kann. Das Kursrisiko, welches die Wahrscheinlichkeit einer marktpreisänderungsbedingten Abweichung zwischen den tatsächlich realisierten und den geplanten Cashflows beschreibt, betrifft in erster Linie den Eigenhandel mit Wertpapieren, Devisen, Edelmetallen und Derivaten. Die dritte Komponente der Preisrisiken, das *Währungsrisiko*, beschreibt die Wahrscheinlichkeit, mit der eine Abweichung zwischen den tatsächlich realisierten und geplanten Cashflows auftritt, die auf eine Wechselkursänderung zurückzuführen ist.[576] Währungsrisiken können nur bei in Fremdwährung getätigten Geschäften auftreten, sofern betragsmäßige und/oder zeitliche Inkongruenzen zwischen den aktivischen und passivischen Fremdwährungspositionen bestehen.[577] Die Steuerung des Währungsrisikos obliegt dem Eigenhandel. Aufgrund der bei Sparkassen untergeordneten Bedeutung, wird in der Literatur die Auffassung vertreten, dass eine Einbeziehung des Kurs- und Währungsrisikos bei der Bewertung von Sparkassen eine aufwendige Prognose nicht rechtfertigt und somit auf eine Integration dieser Risikoart in den Planungsprozess verzichtet werden kann.[578]

Neben dem Ausfallrisiko und den Preisrisiken unterliegen Sparkassen *Liquiditätsrisiken*. Diese beinhalten die Gefahren, dass die Sparkasse ihre Zahlungsverpflichtungen aus Refinanzierungs-, Termin- und Abrufrisiken aufgrund fehlender Liquidität nicht

[573] Vgl. Prußog [Risiken (2000)], S. 169.
[574] Vgl. Knüsel/Lossin [Ertragswertverfahren (2004)], S. 91.
[575] Vgl. Kapitel 5.2.1.4.
[576] Vgl. Behm [Shareholder Value (1994)], S. 80.
[577] Vgl. Zensen [Bewertung Universalbanken (2002)], S. 81.
[578] Vgl. Kümmel [Shareholder Value (1994)], S. 66 f.; Schell [Ertragsermittlung (1988)], S. 65; Zensen [Bewertung Universalbanken (2002)], S. 81 f.

nachkommen kann, da der tatsächliche Zahlungsmittelbedarf den geplanten übersteigt. Das *Refinanzierungsrisiko* für Sparkassen besteht in der Gefahr, dass erforderliche Anschlussfinanzierungen nicht bzw. nur zu ungünstigeren Konditionen durchgeführt werden können. Die Gefahr von ungeplanten Verlängerungen der Kapitalbindungsdauern aufgrund von verspätet eingegangenen Zins- und/oder Tilgungsleistungen wird als *Terminrisiko* bezeichnet. Die dritte Kategorie der Liquiditätsrisiken, die *Abrufrisiken*, beschreiben die Gefahr, dass entweder Kreditzusagen unerwartet in Anspruch genommen bzw. Einlagen frühzeitig von den Kunden zurückgefordert werden.[579]

In der Vergangenheit waren bei Banken insbesondere dann Liquiditätsengpässe zu beobachten, wenn es zu unerwartet hohen Abzügen von Einlagen kam. In der Literatur hat sich jedoch mittlerweile die Meinung durchgesetzt, dass für solvente Banken jederzeit die Möglichkeit besteht, finanzielle Mittel am Geld- und Kapitalmarkt aufzunehmen.[580] Das Liquiditätsrisiko kann daher im Rahmen der Bewertung von Sparkassen vernachlässigt werden.

Operationelle Risiken sind durch die geplante Einführung von Basel II stärker in den Fokus gerückt und werden zukünftig mit haftendem Eigenkapital zu unterlegen sein. Als operationelles Risiko wird vom Basler Ausschuss für Bankenaufsicht „die Gefahr von Verlusten, die infolge einer Unzulänglichkeit oder des Versagens von internen Verfahren, Menschen und Systemen oder infolge externer Ereignisse eintreten" verstanden.[581]

Für die Bewertung von Sparkassen ist es erforderlich, diese Risiken zu erfassen und den einzelnen strategischen Geschäftsbereichen zuzuordnen und zu bewerten. Im Rahmen der Sparkassenbewertung ist daher von entscheidender Bedeutung zu untersuchen, inwieweit die Sparkasse in der Lage ist, diese Risiken zu identifizieren und zu steuern. Hierzu ist zu untersuchen, inwieweit die Sparkasse die Fähigkeit besitzt, diesen Risiken angemessen vorzubeugen und die Risiken des zukünftigen Bankgeschäfts zu erfassen. Nur durch diese Analyse kann sichergestellt werden, dass die Risiken der zukünftigen Entwicklung der Sparkasse angemessen im Bewertungskalkül berücksichtigt werden.[582]

---

579 Vgl. Schierenbeck [Bankmanagement II (2003)], S. 6.

580 Vgl. Behm [Shareholder Value (1994)], S. 79 f.; Döhring [Gesamtrisiko-Management (1996)], S. 75 f.

581 Vgl. Basler Ausschuss für Bankenaufsicht [Eigenkapitalanforderungen (2004)], S. 127.

582 Vgl. Kunowski [Bewertung (2002)], S. 173 f.

5.2.7.2 Berücksichtigung der Risikoarten bei der Bewertung von Sparkassen

5.2.7.2.1 Einbeziehung des Ausfallrisikos

Das Eingehen von Kreditrisiken ist wesentlicher Bestandteil der Geschäftstätigkeit von Sparkassen.[583] Aus diesem Grund ist davon auszugehen, dass mit bestimmten Wahrscheinlichkeiten die Kreditnehmer ihren Zahlungsverpflichtungen nicht termingerecht sowie in voller Höhe (einschließlich Zinsen) nachkommen können. Die hieraus entstehenden Ertragsschmälerungen sind daher bei der Prognose zu berücksichtigen.[584] Diese aus dem Kreditgeschäft resultierenden Bonitätsrisiken werden von den Sparkassen regelmäßig durch die Kalkulation von *Risikokosten* berücksichtigt, die auch als Risikoanteil der nach der Marktzinsmethode ermittelten Konditionenmarge interpretiert werden können. Die Marge reduziert sich folglich um diese Risikokosten und führt dazu, dass der Ergebnisbeitrag aus dem Kreditgeschäft um die Höhe des Produktes aus Kreditvolumen und Risikokostenquote sinkt.[585]

In den vergangenen Jahren war bei den Sparkassen - bedingt durch die schwierige gesamtwirtschaftliche Lage und die hohe Anzahl an Insolvenzen - ein deutliches Ansteigen des Risikoergebnisses zu beobachten.[586] Wegen der hohen Bedeutung für die Ertragskraft ist daher ein besonderer Schwerpunkt auf die Ermittlung des Ausfallrisikos bei der Bewertung zu legen. Um beurteilen zu können, in welcher Art und Weise die Sparkasse den vorhandenen Risiken durch risikovermeidende oder -gestaltende Maßnahmen vorgebeugt hat, ist zum einen eine Analyse der in der Sparkasse vorhandenen Instrumente zur Steuerung von Kreditrisiken und deren Wirksamkeit vorzunehmen.[587] Zum anderen ist ein Schwerpunkt auf die Analyse der Kalkulation von Risikokosten zu richten, da diese für die Zukunft fortgeschrieben werden müssen und wesentlichen Einfluss auf das Ergebnis des Kreditgeschäfts ausüben. Bei der Prognose der zukünftigen Risikokosten ist zu berücksichtigen, dass bei Unternehmensbewertungen das Vorsichtsprinzip außer Acht bleibt, da nur so die tatsächliche Ertragskraft dargestellt werden kann. Dies führt dazu, dass in den zukünftigen Perioden keine Bildung von Vorsorgereserven nach § 340f und § 340g HGB unterstellt werden darf.

Für die Quantifizierung des Adressenausfallrisikos existieren verschiedene theoretische Modelle, die sich einerseits in Verfahren zur Ermittlung segmentspezifischer und

---

583 Das Adressenausfallrisiko setzt sich aus dem Bonitäts- und dem Länderrisiko zusammen. Aufgrund der untergeordneten Bedeutung des Länderrisikos für Sparkassen beziehen sich die folgenden Ausführungen ausschließlich auf das Bonitätsrisiko.

584 Vgl. Schell [Ertragsermittlung (1988)], S. 37.

585 Vgl. Kunowski [Bewertung (2002)], S. 190.

586 Vgl. Deutsche Bundesbank [Ertragslage 2005 (2005)], S. 25 f.

587 Für einen Überblick über verschiedene Instrumente zur Kreditrisikosteuerung vgl. Brakensiek [Ausfallrisiken (1991)], S. 36 ff.

andererseits in Verfahren zur Ermittlung individueller Risikokosten unterscheiden lassen (vgl. Abbildung 20, S. 140).[588]

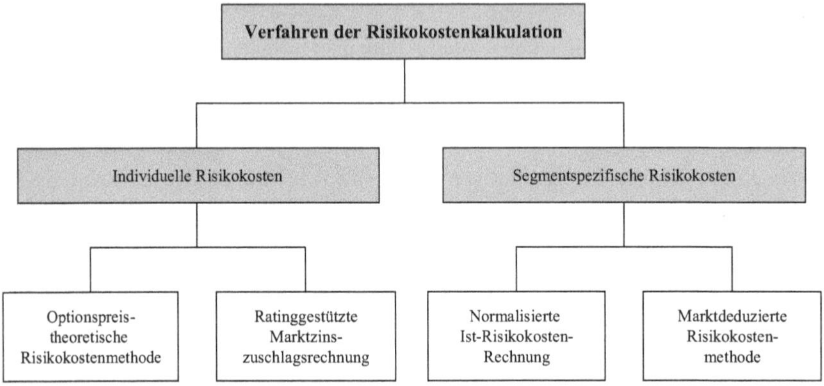

Abbildung 20: Verfahren der Risikokostenkalkulation[589]

Zu den *individuellen Berechnungsmethoden* für die Ermittlung des Ausfallrisikos zählen u. a. die optionspreistheoretische Risikokostenmethode sowie die ratinggestützte Marktzinszuschlagsrechnung. Ersteres Verfahren basiert auf dem auf Black und Scholes zurückgehenden Optionspreismodell.[590] Für die Anwendung dieses Verfahrens sind individuelle Angaben über den einzelnen Kreditnehmer erforderlich. Hierunter fallen Informationen über den Marktwert des Unternehmens, die Volatilität dieser Marktwertgröße, der Marktwert des Fremdkapitals sowie die Laufzeit des Kreditengagements.[591] Aufgrund der erforderlichen Informationen ist dieses Verfahren nur für Kredite geeignet, die zum Bewertungszeitpunkt bereits bekannt sind. Für das Neugeschäft zukünftiger Perioden liegen diese Informationen zum Bewertungszeitpunkt nicht vor,

---

588 Vgl. Schierenbeck [Konzeption (1997)], S. 18.

589 Quelle: Eigene Darstellung.

590 Zur Ermittlung der Risikokosten auf Basis der optionspreistheoretischen Risikokostenmethode vgl. Rudolph [Optionspreismodell (2001)], S. 336 ff.; Spellmann [Gesamtrisiko-Messung (2002)], S. 246 ff.; Gaida [Kreditrisikokosten-Kalkulation (1997)], S. 53 ff.

591 Vgl. Spellmann [Gesamtrisiko-Messung (2002)], S. 265 f.

so dass die optionspreistheoretische Risikokostenmethode für die Ermittlung des Ausfallsrisikos für Zwecke der Sparkassenbewertung nicht anwendbar ist.[592]

Bei dem Ansatz der ratinggestützten Marktzinszuschlagsrechnung erfolgt eine Ableitung des Ausfallrisikos auf Basis der von extern geratеten Unternehmen am Geld- und Kapitalmarkt zu zahlenden Risikoprämien.[593]

Problematisch ist dabei, dass in Deutschland nur wenige Unternehmen über ein externes Rating verfügen. Für nicht geratete Unternehmen ist daher ein Vergleich mit gerateten Unternehmen der gleichen Bonitätsklasse und identischen Kreditmodalitäten (Laufzeit, Sicherheiten etc.) vorzunehmen. Hiervon sind insbesondere die Sparkassen aufgrund ihrer überwiegend mittelständisch geprägten Klientel betroffen. Um diese Unternehmen einer bestimmten Ratingklasse zuordnen zu können, sind Informationen über die Bewertungskriterien der externen Ratingagenturen sowie deren Gewichtungsfaktoren erforderlich, die öffentlich nicht verfügbar sind.[594]

Die *individuellen Risikokostenverfahren* sind aufgrund der erforderlichen individuellen Informationen über die einzelnen Kreditnehmer für die zukunftsbezogene Ermittlung der Risikokosten *nicht geeignet.*

Neben den Verfahren zur Ermittlung individueller Risikokosten bestehen Verfahren zur Bestimmung *segmentspezifischer Risikokosten*, die in die normalisierte Ist-Risikokostenrechnung und die marktdeduzierte Risikokostenmethode unterschieden werden können. Diese Verfahren leiten die Risikokosten eines Einzelengagements aus den durchschnittlichen Risikokosten der Risiko- oder Ratingklasse, in die der Schuldner des Kreditgeschäfts eingeordnet wurde, ab.[595]

Beiden Verfahren ist gemein, dass für die Bepreisung der Ausfallrisiken Standardrisikokosten ermittelt werden, denen das *Versicherungsprinzip* zugrunde liegt. Der Grundgedanke dieses Versicherungsprinzips besteht darin, dass alle ausgereichten Kredite eine fiktive Versicherungsprämie in einen internen Risikodeckungsfonds einzahlen, aus dem die tatsächlich auftretenden Ausfälle finanziert werden.[596] Hierbei handelt es sich um eine während der Kreditlaufzeit in jeder Periode zu zahlende, rela-

[592] Vgl. Prußog [Risiken (2000)], S. 179.
[593] Zur Ermittlung der Risikokosten auf Basis der ratinggestützten Marktzinszuschlagsrechnung vgl. Rolfes [Gesamtbanksteuerung (1999)], S. 397 ff.
[594] Vgl. Rolfes [Gesamtbanksteuerung (1999)], S. 397 ff.
[595] Vgl. Rolfes [Gesamtbanksteuerung (1999)], S. 331.
[596] Vgl. Schierenbeck [Bankmanagement I (2003)], S. 331 f.

tive Risikoprämie, die auf das jeweils noch ausstehende Kreditvolumen berechnet wird.[597]

Um eine verursachungsgerechtere Zuordnung der Risikokosten vornehmen zu können, d. h., dass stärker ausfallgefährdeten Schuldnern höhere Risikokosten zugeordnet werden können, sind die einzelnen Kredite in *Risikogruppen* zu untergliedern. Diese einzelnen Risikogruppen sollten intern möglichst homogen und untereinander heterogen sein.[598] Für jede dieser einzelnen Risikoklassen sind aufgrund der in den vergangenen Jahren eingetretenen tatsächlichen Kreditausfälle die zukünftigen Ausfallwahrscheinlichkeiten zu prognostizieren. Hierbei wird angenommen, dass die Verwendung der Vergangenheitsdaten den besten Schätzer für die zukünftigen relativen Kreditausfallrisiken darstellen.[599]

Diese jeweiligen relativen Risikoprämien errechnen sich aus den in der Vergangenheit beobachteten tatsächlichen Ausfällen. Bei der *normalisierten Ist-Risikokostenmethode* werden hierzu die tatsächlichen Ausfälle (Ist-Risikokosten) der Sparkasse in den einzelnen Segmenten in Relation zum ausstehenden Kreditvolumen der einzelnen Segmente in der jeweiligen Periode gesetzt. Dabei entsprechen die tatsächlichen Ausfälle der Summe aller Wertberichtigungen und Abschreibungen auf Forderungen abzüglich der Auflösung von Einzelwertberichtigungen früherer Perioden und die Eingänge auf bereits abgeschriebene Forderungen.[600] Aus diesen Risikoquoten, die im Regelfall für die vergangenen acht bis zehn Jahre gebildet werden, erfolgt anschließend die Festlegung einer *normalisierten Ausfallrate*.[601] Hierzu werden die Ist-Risikokosten durch die Bildung von Mehrjahresdurchschnitten standardisiert, um Ausschläge in einzelnen Jahren zu glätten. Um aktuelle Tendenzen besser erfassen zu können, können geeignete Gewichtungsfaktoren festgelegt werden, die die jüngere Vergangenheit stärker gewichten als weiter zurückliegende Zeiträume.[602]

Um die in Zukunft zu erwartenden Standardrisikokosten (Soll-Risikokosten) zu ermitteln, ist die aus der Vergangenheit abgeleitete normalisierte Ausfallrate mit den zukünftigen, in den einzelnen Perioden ausstehenden Kreditvolumina zu multiplizieren.

Die Höhe der relativen Ausfallprämie und damit die absolute Höhe der Standardrisikokosten hängt maßgeblich davon ab, wie die Risikoklassen, in die die Kredite einzustufen sind, segmentiert wurden. In der Literatur werden bei Anwendung der normali-

---

[597] Vgl. Geltinger/Gerstmeier [Unternehmensbewertung (2003)], S. 155.
[598] Vgl. Prußog [Risiken (2000)], S. 172 f.
[599] Vgl. Gaida [Kreditrisikokosten-Kalkulation (1997)], S. 33.
[600] Vgl. Hölscher [Risikokosten-Management (1987)], S. 90.
[601] Vgl. Geltinger/Gerstmeier [Unternehmensbewertung (2003)], S. 161.
[602] Vgl. Rohmann [Ausfallrisiken (2000)], S. 60.

sierten Ist-Risikokostenmethode zustands-, kreditarten- oder geschäftsfeldspezifische Kriterien als mögliche Segmentierungskriterien für die Bildung von Risikoklassen angeführt.[603] Am geläufigsten ist die Verwendung von *zustandsspezifischen Kriterien*. Hierzu werden die einzelnen Kreditnehmer auf Basis einer Bonitätsanalyse bzw. Kreditwürdigkeitsprüfung in Ratingklassen entsprechend ihrem Bonitätsrisiko eingeteilt. Bei Verwendung von *kreditartenspezifischen Segmentierungskriterien* werden die einzelnen Risikoklassen nach dem Merkmal der Kreditart abgegrenzt. Hierbei wird implizit unterstellt, dass ein Zusammenhang zwischen der Kreditart und der Höhe der tatsächlich eintretenden Kreditausfallkosten, unabhängig vom jeweiligen Kreditnehmer, besteht. Kritisch anzumerken ist hierbei, dass nicht das jeweilige Bankprodukt, sondern der betreffende Kreditnehmer ausfallgefährdet ist.

Die Segmentierung der *geschäftsfeldspezifischen Verfahren* erfolgt nach mehreren als risikobestimmend angesehenen Merkmalen wie z. B. der Branche für Firmenkunden bzw. Berufsgruppe für Privatkunden, die Art der Besicherung und Produktart.[604]

Bei der Festlegung der Risikoklassen ist darauf zu achten, dass die Güte der prognostizierten Ausfallwahrscheinlichkeiten von einer hinreichend großen Grundgesamtheit an Kreditnehmern der jeweiligen Risikoklasse abhängt. Für das von Sparkassen betriebene standardisierte Firmen- und Privatkundengeschäft dürfte diese Bedingung weitgehend erfüllt sein.[605]

Als Kritikpunkt bei der normalisierten Ist-Risikokostenmethode ist zum einen die alleinige Ableitung der Risikokosten auf Basis von internen Daten zu nennen. Sowohl die Ist- als auch die Soll-Risikokosten werden beide u. a. durch die Kreditwürdigkeitsprüfung des Instituts determiniert. Aus den Daten des Instituts ist daher allein nicht zu erkennen, ob die von der Sparkasse durchgeführten Kreditwürdigkeitsprüfungen relativ zuverlässig sind und treffsichere Einordnung in die einzelnen Risikoklassen vorgenommen werden. Zum anderen ist bei der Ableitung der normalisierten Standardrisikokosten zu berücksichtigen, dass eine Ableitung aus den Vergangenheitsdaten nur dann sachgerecht ist, wenn die Struktur des Kreditportfolios während der Planungsphase gleich bleibt, da sonst bestehende Diversifikationseffekte verloren gehen könnten.[606]

Die *marktdeduzierte Risikokostenmethode* unterscheidet sich von der normalisierten Ist-Risikokostenrechnung dadurch, dass diese bei der Ermittlung der Risikokostensätze

---

603 Vgl. Gaida [Kreditrisikokosten-Kalkulation (1997)], S. 36 ff.; Hartmann-Wendels/Pfingsten/Weber [Bankbetriebslehre (2004)], S. 568 f.; Sonntag [Bewertung (2001)], S. 212 f.

604 Vgl. Sonntag [Bewertung (2001)], S. 213.

605 Vgl. Döhring [Gesamtrisiko-Management (1996)], S. 70.

606 Vgl. Kunowski [Bewertung (2002)], S. 192 f.

nicht auf institutsspezifische, sondern auf *marktbezogene, branchenspezifische Ausfallraten* zurückgreift. Die marktdeduzierten Verfahren gehen davon aus, dass die Sparkasse die Zahl der Bonitätskrisen nicht durch eigene Aktivitäten beeinflussen kann, da sie die Folge gesamtwirtschaftlicher oder regionaler Krisenereignisse sind.[607] Aus diesem Grund berechnen die marktdeduzierten Verfahren Risikoprämien zunächst unabhängig von den Ausfallerfahrungen der jeweiligen Sparkasse als Quantifizierung eines normalisierten Marktrisikos. Diese Risikoprämie wird anschließend an die Besonderheiten der jeweiligen Sparkasse (z. B. Besicherungsquote) angepasst.[608]

Für die Bewertung von Sparkassen ist dieser Ansatz *nicht geeignet*, da die erforderlichen Marktdaten im Regelfall nicht erhoben bzw. nicht veröffentlicht werden.[609]

Zusammenfassend kann festgehalten werden, dass der Einsatz der individuellen Risikokostenkalkulationsverfahren die Kenntnis von Informationen über die jeweiligen Kreditnehmer voraussetzt. Diese Informationen sind zum Bewertungszeitpunkt lediglich für die bestehenden Kreditnehmer vorhanden. Aus diesem Grund ist die Verwendung der individuellen Risikokostenkalkulationsverfahren für eine zukunftsbezogene Bewertung von Sparkassen kaum möglich. Die Ermittlung der zukünftigen Risikokosten sollte daher mithilfe der segmentspezifischen Kalkulationsverfahren auf Basis der normalisierten Ist-Risikokostenrechnung erfolgen.

Die mithilfe der normalisierten Ist-Risikorechnung ermittelten Standardrisikokosten geben lediglich den erwarteten durchschnittlichen Verlust an. Für die Bewertung von Sparkassen ist indes auch die *Schwankung des Risikoergebnisses* von Bedeutung, da diese Abweichungen das unerwartete Ausfallrisiko beinhalten, welches bei der Ermittlung der Standardrisikokosten nicht berücksichtigt wird. Für die Quantifizierung des unerwarteten Verlustes bietet sich die Verwendung von Risikomaßzahlen wie der Standardabweichung oder der Value-at-Risk an.[610] Während der erwartete Verlust direkt mit seinem Erwartungswert in die Ermittlung der finanziellen Überschüsse einbezogen wird, ist das unerwartete Ausfallrisiko bei der Ermittlung der Risikoprämie der Eigenkapitalkosten zu berücksichtigen.

---

[607] Vgl. Rohmann [Ausfallrisiken (2000)], S. 64.

[608] Vgl. Brakensiek [Ausfallrisiken (1991)], S. 176 ff.

[609] Vgl. Brakensiek [Ausfallrisiken (1991)], S. 304.
Der DSGV stellt ihren Sparkassen jährlich einen Sparkassenbetriebsvergleich zur Verfügung. Dieser enthält u. a. Informationen über das Bewertungsergebnis aus dem Kreditgeschäft in Relation zur durchschnittlichen Bilanzsumme (DBS). Diese Kennzahl ist indes nicht zur Ableitung von Risikokosten geeignet, da als Bezugsgröße die DBS und nicht das Kreditvolumen verwendet wird. Hinzu kommt, dass eine weitergehende Untergliederung der Kennzahl nach Risikogesichtspunkten nicht erfolgt.

[610] Vgl. Hartmann-Wendels/Pfingsten/Weber [Bankbetriebslehre (2004)], S. 505 f.

Nachdem in den vorherigen Ausführungen die Berücksichtigung des Ausfallrisikos bei der Sparkassenbewertung erläutert wurde, soll im Folgenden dargestellt werden, ob und inwieweit das für Sparkassen geltende Regionalprinzip und der öffentliche Auftrag einen Einfluss auf die absolute Höhe des Risikoergebnisses hat.

Das für Sparkassen geltende *Regionalprinzip* sieht eine Begrenzung der Kreditvergabe an Kreditnehmer in ihrem Geschäftsgebiet bzw. einem begrenzten Ausleihbezirk vor.[611] Dieses Geschäftsgebiet wird durch das Gebiet der jeweiligen Träger der Sparkasse begrenzt bzw. auf den etwas größeren Ausleihbezirk erweitert.

Aus den räumlichen Beschränkungen ergeben sich für die Sparkassen Vor- und Nachteile, die sich auf die absolute Höhe der Risikokosten auswirken können. Der große Vorteil des Regionalprinzips besteht darin, dass die Sparkassen sich intensiv mit der Wirtschaft in ihrem Geschäftsgebiet auseinandersetzen müssen, da ein Ausweichen auf unter Umständen strukturstärkere Regionen nicht möglich ist. Hierdurch verfügen die Sparkassen aufgrund ihrer Präsenz vor Ort über detaillierte Kenntnisse der Marktsituation sowie persönliche Kenntnis der Situation der (potenziellen) Kreditnehmer. Der sich aus dem hohen Informationsstand ergebende *Informationsvorsprung* gegenüber den zentral organisierten Großbanken wirkt sich positiv auf die Höhe der Risikokosten aus.[612] Hinzu kommt, dass Sparkassen aufgrund der räumlichen Beschränkungen und damit fehlenden Ausweichmöglichkeiten auf andere Regionen eine intensive Marktdurchdringung in ihrem Geschäftsgebiet aufweisen. Diese hohe Marktdurchdringung sorgt dafür, dass sich das Kreditportfolio aus vielen kleinen bis mittelgroßen Krediten zusammensetzt. Die große Anzahl an Kreditverträgen ermöglicht eine *hohe Diversifikation* des Kreditportfolios, die sich ebenfalls positiv auf die Höhe der Risikokosten auf Gesamtinstitutsebene auswirkt.[613]

Mit dem Regionalprinzip ergeben sich für Sparkassen aber auch Nachteile, die sich insbesondere aus den *fehlenden überregionalen Risikodiversifizierungsmöglichkeiten* ergeben können.[614] Hiervon sind vor allem Sparkassen betroffen, deren Geschäftsgebiet in strukturschwachen Regionen liegt bzw. deren Gebiet von einer Branche dominiert wird. Bei einer starken Abhängigkeit von einzelnen Branchen wird es z. B. in Zeiten, in denen es der Branche schlecht geht, zu einer Vielzahl an notleidenden Krediten kommen. Die sich aufgrund der fehlenden überregionalen Diversifizierungsmöglichkeiten potenziell ergebenden *Klumpenrisiken* dürften sich in diesem Fall risikoer-

[611] Zum Regionalprinzip vgl. Kapitel 2.4.1.
[612] Vgl. Henneke/Wohltmann [Sparkassenwesen (2005)], S. 84; Frankenberger [Regionalprinzip (2004)], S. 121.
[613] Vgl. Schell [Geschäftspolitik (1989)], S. 2555 f.
[614] Vgl. Güde [Geschäftspolitik (1995)], S. 43.

höhend auswirken.[615] Allerdings ist hierbei zu berücksichtigten, dass durch die Zusammenarbeit mit der jeweiligen Landesbank Diversifikationsmöglichkeiten erschlossen werden können.

Aufgrund der sich aus dem Regionalprinzip ergebenden gegenläufigen Effekte kann eine generelle Einschätzung, ob die regionale Begrenzung der Geschäftstätigkeit sich risikoerhöhend bzw. risikomindernd auswirkt, nicht gegeben werden. Vielmehr können die Auswirkungen nur im Einzelfall unter Würdigung der bei den einzelnen Sparkassen vor Ort anzutreffenden Gegebenheiten beurteilt werden.

Der in den jeweiligen (Landes-)Sparkassengesetzen sowie den institutsspezifischen Satzungen festgelegte *öffentliche Auftrag* umfasst im Wesentlichen die Gewährleistungs-, Förder-, Struktursicherungs- und Hausbankfunktion. In letzter Zeit wird zusätzlich die Förderung des Wettbewerbs zum öffentlichen Auftrag gezählt.[616]

Für die Risikosituation einer Sparkasse ist hierbei insbesondere die Gewährleistungsfunktion und die Struktursicherungsfunktion von Bedeutung. Nach der Gewährleistungsfunktion sollen die Sparkasse insbesondere für die wirtschaftlich schwächeren Bevölkerungskreise und für die mittelständische Wirtschaft die flächendeckende Versorgung mit geld- und kreditwirtschaftlichen Leistungen sicherstellen. Eng mit der Gewährleistungsfunktion ist die Struktursicherungsfunktion verbunden, gemäß derer die Sparkassen zur Schaffung und Erhaltung einer räumlich ausgeglichenen Wirtschaftsstruktur beitragen sollen.[617] Aus diesem Grund sehen die Sparkassen ihren Schwerpunkt im Kreditgeschäft auch in der Finanzierung von kleineren und mittleren Unternehmen sowie in der Förderung von Existenzgründungen.[618] Sie sind daher insbesondere in Bereichen tätig, aus denen sich die Großbanken in den letzten Jahren zurückgezogen haben. Dies ist insbesondere aus den Marktanteilen ersichtlich. Der Anteil an Mittelstandsfinanzierungen ist von 1999 bis 2004 um fünf Prozentpunkte auf 43,2% gestiegen. Bei den Handwerkskrediten stellen die Sparkassen und Landesbanken insgesamt 68,8% des Kreditvolumens zur Verfügung.[619] Hinzu kommt, dass mittlerweile nahezu jede zweite Existenzgründung von den Sparkassen finanziert wird.[620]

Insbesondere die kleineren und mittleren Unternehmen weisen in Deutschland eine zu geringe Eigenkapitalausstattung aus.[621] Hinzu kommt, dass häufig nicht Sicherheiten

[615] Vgl. Steinmeyer [Kreditrisikohandel (2005)], S. 298.
[616] Zum Inhalt des öffentlichen Auftrags vgl. Kapitel 2.3.
[617] Vgl. Jöhnk/Zimmermann [Balanced Scorecard (2001)], S. 114 f.
[618] Vgl. Deutscher Sparkassen- und Giroverband [Fakten (2005)], S. 2.
[619] Vgl. Deutscher Sparkassen- und Giroverband [Geschäftszahlen 2004 (2005)], S. 8 f.
[620] Vgl. Deutscher Sparkassen- und Giroverband [Fakten (2005)], S. 3.
[621] Vgl. Köster [Kapitalversorgung (2003)], S. 8; Mang [Mittelstandsgeschäft (2003)], S. 30.

in ausreichendem Maße zur Verfügung gestellt werden können. Während diese Unternehmen bei den Großbanken häufig aus dem Raster mit den Eckpunkten Renditefähigkeit und Ausfallrisiko fallen, dürfen Sparkassen keine Reduktion auf bestimmte - unter Ertragsgesichtspunkten attraktive - Kundengruppen vornehmen.[622] Sparkassen stehen daher aufgrund der Gewährleistungsfunktion und Struktursicherungsfunktion auch Kreditnehmern zur Verfügung, die ein höheres Ausfallrisikos aufweisen. An dieser Stelle ist darauf hinzuweisen, dass das Eingehen höherer Ausfallrisiken aufgrund des öffentlichen Auftrages nicht per se für die Sparkassen nachteilig sein muss. Sofern diese höheren Risikokosten bei einer risikoadjustierten Bepreisung bei der Festlegung der Marge berücksichtigt werden, entsteht hieraus kein Nachteil.[623]

5.2.7.2.2 Operationelle Risiken

Die operationellen Risiken sind erst in den vergangenen Jahren aufgrund von spektakulären Verlustfällen verstärkt in den Fokus gerückt. Exemplarisch sei hier der Zusammenbruch der Barings Bank genannt, durch den der Öffentlichkeit plakativ vorgeführt wurde, welche immensen Schäden aus den operationellen Risiken resultieren können.[624] Die operationellen Risiken sind zudem verstärkt in den Fokus der Bankenaufsicht geraten. Mit Einführung der neuen Eigenkapitalanforderungen an Kreditinstitute (Basel II) sind zudem zukünftig die operationellen Risiken mit anrechenbarem Eigenkapital zu unterlegen. Bevor untersucht wird, ob und gegebenenfalls wie die operationellen Risiken bei der Bewertung von Sparkassen mit einzubeziehen sind, ist zunächst eine Definition des operationellen Risikos sowie dessen Ausprägungen vorzunehmen.

In der Literatur finden sich unterschiedliche Definitionen der operationellen Risiken.[625] Die *Definition* des Basler Ausschuss für Bankenaufsicht, welcher für Basel II maßgeblich ist, versteht unter den operationellen Risiken „die Gefahr von Verlusten, die infolge der Unangemessenheit oder des Versagens von internen Verfahren, Menschen und Systemen oder externen Ereignissen eintreten".[626] Der Basler Ausschuss zählt das rechtliche Risiko explizit zum operationellen Risiko, während sowohl das strategische Risiko als auch das Reputationsrisiko nicht dem operationellen Risiko zu-

[622] Vgl. Jöhnk/Zimmermann [Balanced Scorecard (2001)], S. 118.
[623] Eine Untersuchung des italienischen Bankenmarktes hat ergeben, dass die von öffentlichen Banken verlangten Kundenzinssätze dauerhaft geringer als bei den italienischen Privatbanken ausfallen. Vgl. Sapienza [State-Owned Firms (2002)], S. 21.
[624] Vgl. Stickelmann [Operationelle Risiken (2002)], S. 4.
[625] Eine Übersicht über die verschiedenen Definitionen des operationellen Risikos findet sind in Minz [Operationelle Risiken (2004)], S. 12 ff.
[626] Vgl. Basler Ausschuss für Bankenaufsicht [Eigenkapitalanforderungen (2004)], S. 127.

geordnet werden. Während die strategischen Risiken in der Gefahr einer ungünstigen Ausrichtung der langfristigen Geschäftspolitik eines Kreditinstituts liegen, bezeichnet das Reputationsrisiko die Gefahr, dass das Ansehen des Kreditinstituts in der Öffentlichkeit, beispielsweise aufgrund von Kontakten zu kriminellen Kunden, beschädigt wird.[627]

Eine *Kategorisierung* der operationellen Risiken kann auf der ersten Ebene nach dem Ort der Entstehung in interne und externe Risiken erfolgen. Die internen Risiken können anschließend in Prozess-, Personen- und Systemrisiken unterteilt werden.[628] Einen Überblick über mögliche operationelle Risiken gibt Abbildung 21.

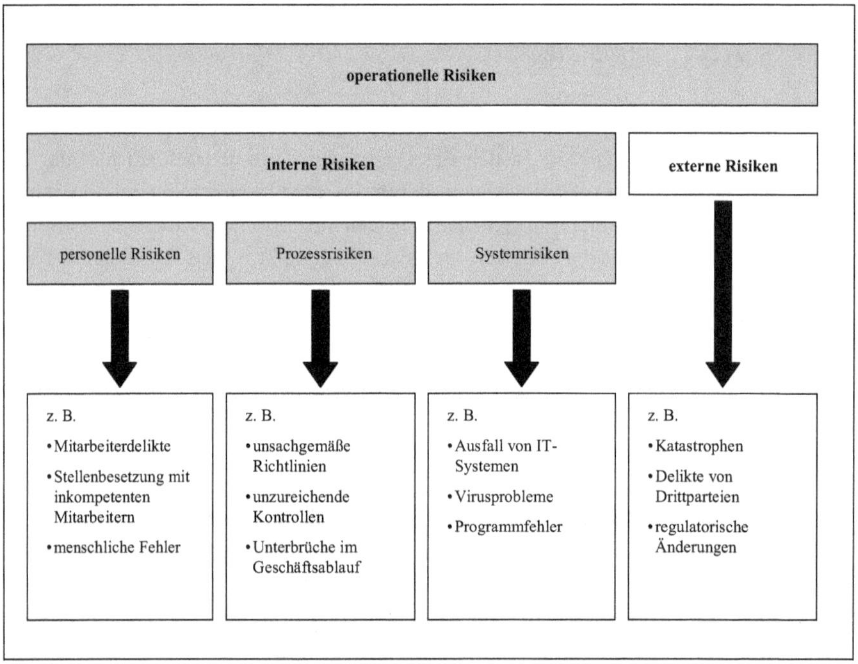

Abbildung 21: Operationelle Risikoarten[629]

Bei Eintreten operationeller Risiken fallen bei Sparkassen Kosten an, die sich negativ auf die Ertragslage des Instituts auswirken. In der Praxis tritt hierbei jedoch das Problem auf, dass die einzelnen Risikoarten zwar beschreibbar, aber nicht überschnei-

[627] Vgl. Hölscher/Kalhöfer/Bonn [Bewertung operationeller Risiken (2005)], S. 491.
[628] Für eine Aufzählung möglicher operativer Risiken in den einzelnen Bereichen vgl. Schäl/Stummer [Basel II (2005)], S. 794 ff.
[629] Quelle: Schierenbeck [Bankmanagement II (2003)], S. 482.

dungsfrei voneinander abgrenzbar sind. Hinzu kommt, dass zum einen die Höhe und zum anderen der zeitliche Anfall der mit den operationellen Risiken verbundenen Kosten *nicht prognostizierbar* sind. Aus diesem Grund ist eine Quantifizierung im Rahmen der Ertragsplanung der Sparkasse nicht durchführbar.[630]

In der Literatur wird die Auffassung vertreten, dass die operationellen Risiken in ihrer Gesamtheit das Unternehmerrisko darstellen und bei der Ermittlung der Eigenkapitalkosten durch einen Risikozuschlag zu berücksichtigen sind.[631] Wie später gezeigt wird, sollte die Ermittlung der Eigenkapitalkosten auf Basis des CAPM erfolgen.[632] Von grundlegender Bedeutung ist hierbei die Unterscheidung zwischen dem systematischen und dem unsystematischen Risiko. Während die systematischen Risiken den gesamten Kapitalmarkt betreffen, handelt es sich bei den unsystematischen Risiken um Risiken, die sich nur auf das einzelne Unternehmen auswirken. Das CAPM unterstellt hierbei, dass das unsystematische Risiko durch Diversifikation eliminiert werden kann und somit nur das systematische Risiko vom Kapitalmarkt vergütet wird.

Wie die Abbildung 21 zeigt, setzen sich die operationellen Risiken bei Sparkassen nicht nur aus Risiken zusammen, die den gesamten Kapitalmarkt gleichermaßen betreffen, sondern beinhaltet auch Risiken, die sich nur auf die einzelne Sparkasse auswirken. Die operationellen Risiken können somit nicht vollständig dem systematischen Risiko zugeordnet werden, so dass eine vollumfängliche Berücksichtigung bei der Ermittlung des Risikozuschlags auf Basis des CAPM nicht stattfindet.[633] Aus diesem Grund besteht - sofern eine Quantifizierung des operationellen Risikos nicht möglich ist - nur noch die Möglichkeit, das operationelle Risiko durch eine *Anpassung des Risikozuschlags* zu berücksichtigen. Die Ermittlung eines angemessenen Risikozuschlags für die unsystematischen operationellen Risiken gestaltet sich als schwierig. Um den Risikozuschlag bestimmen zu können, sind in einem ersten Schritt die operationellen Risiken der Sparkasse zu identifizieren und zu bewerten und in einem zweiten Schritt nach Begründungen zu suchen, die einen zusätzlichen Risikozuschlag rechtfertigen.[634]

Sparkassen sind nach § 25a Abs. 1 KWG dazu verpflichtet, über geeignete Regelungen zur Steuerung, Überwachung und Kontrolle der mit dem Bankgeschäft verbundenen Risiken zu verfügen. Mit den MaRisk werden diese Anforderungen konkretisiert. Diese Mindestanforderungen sehen vor, dass die Sparkassen angemessene Risikosteuerungs- und -controllingsysteme einzurichten haben, die eine Identifizierung, Bewer-

[630] Vgl. Peemöller/Kunowski [Ertragswertverfahren (2005)], S. 239.
[631] Vgl. IDW [IDW S1 (2005)], S. 1312, Tz. 96 ff.
[632] Siehe Kapitel 5.4.1.3.
[633] Vgl. Baetge/Krause [Risiko (1994)], S. 454.
[634] Vgl. Kunowski [Bewertung (2002)], S. 204 f.

tung, Steuerung sowie Überwachung und Kommunikation der wesentlichen Risiken gewährleisten. Zu den zu berücksichtigenden Risiken zählen explizit auch die operationellen Risiken.[635]

Zur Dokumentation des Risikomanagements werden von den Sparkassen regelmäßig *Risikohandbücher* erstellt, in denen u. a. operationelle Risiken hinsichtlich der Eintrittswahrscheinlichkeit, erwartete Schadenshöhe sowie gegebenenfalls Maßnahmen zur Reduzierung bzw. Vermeidung dieser Risiken aufgeführt sind. Diese Informationen können Anhaltspunkte für mögliche Begründungen eines zusätzlichen Risikozuschlags liefern.

Bei der Bewertung von Sparkassen werden die operationellen Risiken mit Inkrafttreten von Basel II zusätzlich eine Rolle bei der Ermittlung der *notwendigen Eigenkapitalunterlegung* spielen. Nach Basel II darf das Verhältnis der gewichteten Risikoaktiva zum anrechenbaren Eigenkapital acht Prozent nicht unterschreiten. Die Summe aller gewichteten Risikoaktiva wird ermittelt, indem die Eigenkapitalanforderungen für Marktrisiken und operationelle Risiken mit dem Faktor 12,5 (dem Kehrwert der Mindesteigenkapitalquote von acht Prozent) multipliziert werden und zur Summe der gewichteten Risikoaktiva aus dem Kreditgeschäft addiert werden.[636] Für die Ermittlung der erforderlichen Eigenmittelunterlegung der operationellen Risiken sieht Basel II mit dem Basisindikatoransatz, dem Standardansatz und den so genannten ambitionierten Messansätzen drei verschiedene Methoden vor. Diese unterscheiden sich durch den ansteigenden Entwicklungsgrad der Methode bei gleichzeitig zunehmend differenzierter Erfassung und Messung der operationellen Risiken.[637]

---

[635] Vgl. BaFin [MaRisk (2005)], AT 2.2 sowie 4.3.2.
Für eine ausführliche Darstellung der MaRisk vgl. Apweiler/Theileis/Althoff [MaRisk (2005)].

[636] Vgl. Basler Ausschuss für Bankenaufsicht [Eigenkapitalanforderungen (2004)], S.12.

[637] Vgl. Minz [Operationelle Risiken (2004)], S. 179.
Der Basisindikator- und der Standardansatz verwenden den Bruttoertrag als Näherungsgröße für das Ausmaß des operationellen Risikos. Der Bruttoertrag wird definiert als Nettozinsertrag zuzüglich des zinsunabhängigen Ertrags, wobei eine genaue Definition dieser beiden Größen den nationalen Bankenaufsichten und/oder nationalen Rechnungslegungsstandards überlassen bleibt. Die Höhe der erforderlichen Eigenmittelunterlegung errechnet sich aus dem durchschnittlichen jährlichen Bruttoertrag der vergangenen drei Jahre, der mit einem Faktor gewichtet wird. Während beim Basisindikatoransatz ein einheitlicher Gewichtungsfaktor für die Gesamtbank vorgegeben ist, erfolgt beim Standardansatz ein differenziertes Vorgehen. Hierzu werden die Geschäftsaktivitäten eines Kreditinstituts in acht Geschäftsfelder aufgeteilt, denen jeweils individuelle Gewichtungsfaktoren zugeordnet werden.
Bei den ambitionierten Messansätzen wird die spezifische Situation des jeweiligen Kreditinstituts berücksichtigt. Hierbei handelt es sich um bankinterne Verfahren, bei denen aufgrund von internen und externen Verlustdaten das spezifische operationelle Risiko eines bestimmten Kreditinstituts gemessen und anschließend zur Berechnung der erforderlichen Eigenkapitalunterlegung herangezogen wird. Im Gegensatz zum Basisindikator- und Standardansatz wird den Banken die Entwicklung ambitionierter Messansätze selbst überlassen, wobei deren Anwendung an eine Genehmigung

Die Unterlegungspflicht der operationellen Risiken mit anrechenbarem Eigenkapital ist bei der Ermittlung der Nettoausschüttungen an die Unternehmenseigner zu berücksichtigen. Für die Erfüllung der Eigenkapitalanforderungen kann es erforderlich sein, dass Teile des Jahresüberschusses nicht ausgeschüttet, sondern thesauriert werden müssen und somit zu einer Verringerung der Nettoausschüttungen an die Unternehmenseigner führen.[638]

5.2.7.3 Zusammenfassende Würdigung der Berücksichtigung bankspezifischer Risiken bei der Bewertung von Sparkassen

Zusammenfassend kann festgehalten werden, dass Sparkassen einer Vielzahl von bankspezifischen Risiken ausgesetzt sind, die bei der Unternehmensbewertung berücksichtigt werden müssen.

Der in der Literatur allgemein verwandte Risikobegriff ist für die Abbildung der bankspezifischen Risiken nicht ausreichend. Zu den originären Aufgaben der betrieblichen Leitungserstellung gehört bei Sparkassen die bewusste Übernahme von Risiken. Dies führt dazu, dass sich aus dieser Risikoübernahme nicht nur Risiken im Sinne von negativen Abweichungen, sondern auch Chancen für die zukünftige Entwicklung der finanziellen Überschüsse ergeben. Aus diesem Grund ist eine pauschale Berücksichtigung der bankspezifischen Risiken im Kapitalisierungszinssatz nicht sachgerecht. Vielmehr sind alle quantifizierbaren bankspezifischen Risiken bei der Ermittlung der finanziellen Nettozuflüsse an die Sparkassenträger zu berücksichtigen. Hierzu sind geeignete Analysen und Untersuchungen anzustellen, um die bankspezifischen Risiken über deren Erwartungswerte in das Bewertungsmodell zu integrieren. Nur diese Vorgehensweise ermöglicht eine angemessene Abbildung der Chancen in der Unternehmensbewertung, die sich beispielsweise aus dem bewussten Eingehen von Fristentransformation ergeben.

Eine Quantifizierung der einzelnen Risikoarten gestaltet sich in der Praxis teilweise als schwierig. So entziehen sich beispielsweise die operationellen Risiken aufgrund der unvorhersehbaren Abweichungen von den Erwartungswerten der einzelnen Aufwands- und Ertragspositionen einer Quantifizierung und können lediglich pauschal bei der

---

der Aufsichtsbehörden und Erfüllung bestimmter Zulassungskriterien geknüpft ist. Vgl. Ausschuss für Bankenaufsicht [Eigenkapitalanforderungen (2004)], S. 128 ff.

[638] Zur Berücksichtigung der Auswirkungen der Unterlegungspflicht mit haftendem Eigenkapital auf den ausschüttungsfähigen Betrag vgl. Kapitel 5.3.2.

Ermittlung des Risikozuschlags im Kapitalisierungszinssatz berücksichtigt werden. Dem erwarteten Ausfallrisiko kann durch den Ansatz von Standardrisikokosten Rechnung getragen werden, welche mit der normalisierten Ist-Risikokostenmethode ermittelt werden können.

Eine alleinige Abbildung bankspezifischer Risiken über den Erwartungswert in der Planungsrechnung ermöglicht indes nicht die vollständige Berücksichtigung des Risikos. Um der bestehenden Unsicherheit hinsichtlich der zukünftigen Entwicklung Rechnung zu tragen, sind des Weiteren die Schwankungsbreiten der einzelnen Risikoarten zu ermitteln. Das unerwartete Ausfallrisikos, welches sich durch die Schwankung des Risikoergebnisses ausdrückt, kann durch Risikomaßzahlen wie der Standardabweichung oder des Value-at-Risk quantifiziert werden. Um das Zinsänderungsrisiko zu quantifizieren bietet sich die Durchführung einzelner Szenarien an, in denen die Auswirkungen der Marktzinsänderungen auf die Bruttozinsspanne mithilfe des dynamischen Elastizitätskonzeptes simuliert werden. Hierzu sind für die einzelnen Szenarien die Barwerte zu ermitteln, auf deren Basis anschließend die Varianz der einzelnen Szenario-Barwerte ermittelt werden kann.

Eine Abbildung dieses sich für die einzelnen Risikoarten aus der Schwankungsbreite ergebenden Risikos kann nicht im Erwartungswert der finanziellen Überschüsse erfolgen und ist daher bei der Ermittlung des Risikozuschlags im Kapitalisierungszinssatz zu berücksichtigen.[639]

Von einer Einbeziehung des Kurs- und Währungsrisikos in den Planungsprozess wird aufgrund der untergeordneten Rolle für Sparkassen in der Literatur einhellig abgesehen. Darüber hinaus hat sich mittlerweile die Meinung durchgesetzt, dass das Liquiditätsrisiko im Rahmen der Bewertung von Sparkassen vernachlässigt werden kann.

---

[639] Zur Berücksichtigung der bankspezifischen Risiken bei der Ermittlung der Eigenkapitalkosten vgl. Kapitel 5.4.2.3.

5.3 Berücksichtigung der aufsichtsrechtlichen Eigenmittelunterlegungspflicht und Ausschüttungsrestriktionen auf die Ermittlung der bewertungsrelevanten Zielbeiträge

5.3.1 Relevanz der Ausschüttungspolitik auf den bewertungsrelevanten Zielbeitrag

Wie erläutert ist für einen möglichen Investor ausschließlich der Zielbeitrag relevant, der den Anteilseignern de facto an finanziellen Mitteln zufließt. Aus diesem Grund stellt der bei der Bank ermittelte Jahresüberschuss nicht die geeignete Kapitalisierungsgröße dar, da aufgrund von bankaufsichtsrechtlichen Vorschriften und Gewinnverwendungsvorschriften der jeweiligen (Landes-)Sparkassengesetze und institutsspezifischen Satzungen nur ein Teil des Jahresüberschusses zu Ausschüttungszwecken an die Gewährträger zur Verfügung steht.[640]

Bei der Ermittlung eines objektivierten Unternehmenswertes nach IDW S1 a. F. wurde bislang typisierend von der *Vollausschüttungshypothese* ausgegangen. Von dieser Prämisse konnte in Einzelfällen abgewichen werden, sofern dies - z. B. unter steuerlichen Gesichtspunkten - sinnvoll war.[641] Aufgrund des in der Vergangenheit geltenden Anrechnungsverfahrens wirkte sich durch den geringeren typisierten Einkommensteuersatz von 35% im Vergleich zum körperschaftsteuerlichen Thesaurierungssatz von 40% im Regelfall die Vollausschüttung werterhöhend aus.[642]

Mit der Einführung des Halbeinkünfteverfahrens sind unterschiedliche steuerliche Konsequenzen für Zins- und Dividendeneinkünfte auf der Ebene privater inländischer Anteilseigner zu beobachten. Vor diesem Hintergrund ist das Ausschüttungsverhalten des Bewertungsobjektes und der Alternativanlage in größerem Ausmaß steuer- und damit wertrelevant geworden.[643]

Im Rahmen der Neufassung des IDW S1 erfolgt nunmehr eine Ableitung des die Alternativinvestition reflektierenden Kalkulationszinssatzes anhand von am Kapitalmarkt beobachtbaren Aktienrenditen.[644] Unter steuerlichen Gesichtspunkten ist durch das Halbeinkünfteverfahren daher eine Aufteilung der gemessenen Renditen in Kursgewinne und in Dividendenzahlungen relevant.[645] Vor diesem Hintergrund kann konsta-

[640] Vgl. IDW [IDW S 1 (2005)], S. 1308,Tz. 46.
[641] Vgl. IDW [IDW S1 (2000)], S. 830, Tz. 44 f.
[642] Vgl. Wagner/Jonas/Ballwieser/Tschöpel [Weiterentwicklung Unternehmensbewertungen (2004)], S. 894.
[643] Vgl. Laitenberger/Tschöpel [Halbeinkünfteverfahren (2003)], S. 1357.
[644] Vgl. IDW [IDW S 1 (2005)], S. 1315, Tz. 128.
[645] Während Dividendenzahlungen nach dem Halbeinkünfteverfahren hälftig mit Einkommensteuer belastet werden, unterliegen Kursgewinne für einen typisierten Anteilseigner regelmäßig nicht der

tiert werden, dass das in der Realität anzutreffende *Ausschüttungsverhalten* nicht mit der Vollausschüttungshypothese im Einklang steht.[646]

Der neue IDW S1 ist aus diesem Grund von der Vollausschüttungshypothese abgegangen. Vielmehr ist nun im Rahmen der Bewertung das Ausschüttungsverhalten des Bewertungsobjektes für die erste Planungsphase des Prognosezeitraums aus dem individuellen Unternehmenskonzept abzuleiten. Falls das Unternehmen die Ausschüttungen nicht explizit plant, sind zweckmäßige Annahmen über das Ausschüttungsverhalten aus der Vergangenheit und der Branche abzuleiten. Für die zweite Phase des Prognosezeitraums (ewige Rente), für die im Regelfall keine konkreten Unternehmensplanungen vorliegen, ist grundsätzlich von einem äquivalenten Ausschüttungsverhalten des zu bewertenden Unternehmens und der Alternativanlage (Marktausschüttungsquote) auszugehen.[647]

Im Gegensatz zu Industrieunternehmen unterliegen Banken spezifischen *Vorschriften zur Mindestkapitalausstattung*, die das Geschäftsvolumen limitieren. Bei Sparkassen sind neben der Beachtung der Einhaltung der bankaufsichtsrechtlichen Eigenkapitalunterlegung auch die gesetzlichen und/oder satzungsmäßigen *Gewinnverwendungsvorschriften* im Rahmen der Ermittlung des ausschüttungsfähigen Betrags zu beachten. Diese Restriktionen sind bei der Ermittlung der Ausschüttungsquote zu berücksichtigen.[648]

Im Folgenden werden neben den Eigenkapitalunterlegungsvorschriften auch die in den jeweiligen (Landes-)Sparkassengesetzen festgelegten Gewinnausschüttungsrestriktionen erläutert und ihre Auswirkung auf den potenziellen Ausschüttungsbetrag dargelegt.

Einkommensteuer, da unterstellt wird, dass keine Beteiligung i. S. des § 17 Abs. 1 S. 1 EStG vorliegt und eine Veräußerung nicht im Zeitraum gemäß § 23 Abs. 1 S.1 Nr. 2 EStG stattfindet. Vgl. IDW [IDW S1 (2005)], S. 1312, Tz. 102.

[646] Vgl. Wagner/Jonas/Ballwieser/Tschöpel [Weiterentwicklung Unternehmensbewertungen (2004)], S. 895.

[647] Vgl. IDW [IDW S 1 (2005)], S. 1308, Tz. 46 f.

[648] Vgl. Schwetzler [Ausschüttungssperrvorschriften (1998)], S. 696 ff.

5.3.2 Auswirkungen der aufsichtsrechtlichen Eigenmittelunterlegungspflicht auf die bewertungsrelevanten Zielbeiträge

Die öffentlich-rechtlichen Sparkassen unterliegen wie die privaten Geschäftsbanken grundsätzlich den Bestimmungen des Kreditwesengesetzes. Sie sind gemäß § 10 Abs. 1 S. 1 KWG verpflichtet, über eine *angemessene Ausstattung an Eigenmitteln* zu verfügen. Hierdurch soll sichergestellt werden, dass die Kreditinstitute jederzeit in der Lage sind, ihren Verpflichtungen gegenüber den Gläubigern nachzukommen, um insbesondere die Sicherheit der ihnen anvertrauten Vermögenswerte zu gewährleisten. Im Kreditwesengesetz erfolgt lediglich eine Definition des Begriffs „Eigenmittel". Eine nähere Erläuterung, was unter dem Begriff „angemessen" zu verstehen ist, wird jedoch im Gesetzestext nicht geregelt. Statt dessen wurde diese Aufgabe auf die BaFin übertragen, die die Auslegung im Grundsatz I der „Grundsätze über die Eigenmittel und die Liquidität der Institute" der BaFin in der Fassung vom 29. Oktober 1997 unter Berücksichtigung der Änderung vom 20. Juli 2000 vorgenommen hat.[649]

Die Eigenmittel sind nach dem Grundsatz I angemessen, wenn der vorgegebene *Solvabilitätskoeffizient* täglich eingehalten wird. Der Solvabilitätskoeffizient errechnet sich, in dem die Eigenmittel der Bank in Relation zum risikogewichteten Geschäft gesetzt wird. Derzeit müssen die risikogewichteten Aktiva mit mindestens acht Prozent durch Eigenmittel unterlegt sein.[650] Zusätzlich muss der nicht für Adressenausfallrisiken benötigte Teil der Eigenmittel (freies Kernkapital, freies Ergänzungskapital und Drittrangmittel) ausreichen, um den Anrechnungsbetrag aus den Marktrisiken abzudecken.[651] Neben der Einhaltung des Solvabilitätskoeffizienten auf Institutsebene ist analog eine Einhaltung auf Ebene der Institutsgruppe erforderlich (§ 10a KWG).

Im Folgenden werden die Bestandteile der Eigenmittel erläutert, bevor auf die Ermittlung der risikogewichteten Aktiva eingegangen wird.

Die *Eigenmittel* setzen sich nach § 10 Abs. 2 KWG aus dem haftenden Eigenkapital und den Drittrangmitteln zusammen. Das haftende Eigenkapital besteht wiederum aus dem Kern- und Ergänzungskapital.

[649] Vgl. Reischauer/Kleinhans [Kreditwesengesetz I (2004)], § 10, S. 22, Tz. 11 f.
[650] Vgl. Büschgen/Börner [Bankbetriebslehre (2003)], S. 313.
[651] Vgl. Büschgen/Börner [Bankbetriebslehre (2003)], S. 322 f.

	Definition der Eigenmittel (§ 10 KWG)
	Kernkapital
+	Anerkanntes Ergänzungskapital
-	Abzugsbeträge nach § 19 Abs. 6 KWG
=	**Haftendes Eigenkapital gemäß § 10 KWG**
-	Bedeutende Beteiligungen nach § 12 KWG
-	Großkredit-Überschreitungen nach §§ 13, 13a, 13b KWG
=	**Haftendes Eigenkapital für Grundsatz I**
+	Drittrangmittel zur Unterlegung von Marktrisikopositionen
	Eigenmittel für Grundsatz I

Tabelle 13: Zusammensetzung der Eigenmittel bei Kreditinstituten

Bei dem *Kernkapital* handelt es sich um Eigenkapital besonderer Güte, da es grundsätzlich nicht rückzahlbar und jederzeit verfügbar ist.[652] Die Bestandteile des Kernkapitals sind in § 10 Abs. 2a KWG beschrieben.

	Definition des Kernkapitals (§ 10 Abs. 2a KWG)
	Eingezahltes Kapital
+	Offene Rücklagen
+	Sonderposten für allgemeine Bankrisiken nach § 340g HGB
+	Vermögenseinlagen stiller Gesellschafter nach § 10 Abs. 4 KWG
+	Nachgewiesenes freies Vermögen der Inhaber oder persönlich haftender Gesellschafter
+	Bilanzgewinn
-	Bilanzverlust
-	Immaterielle Vermögensgegenstände
-	Bestimmte Kredite an Gesellschafter
	Kernkapital

Tabelle 14: Zusammensetzung des Kernkapitals bei Kreditinstituten

Aus dem Grundsatz I, der eine Mindestausstattung mit Eigenmitteln von acht Prozent vorsieht, kann abgeleitet werden, dass Sparkassen über mindestens vier Prozent an Kernkapital verfügen müssen, da das Ergänzungskapital maximal bis zur Höhe des Kernkapitals angerechnet werden darf.[653]

Sparkassen als Anstalten des öffentlichen Rechts verfügen aufgrund ihrer historischen Geschichte über *keine rechtsformspezifischen Kernkapitalbestandteile*. Ursprünglich

[652] Vgl. Büschgen/Börner[Bankbetriebslehre (2003)], S. 309 f.
[653] Vgl. Reischauer/Kleinhans [Kreditwesengesetz I (2004)], S. 124, Tz. 166 ff.

wurde das Sparkassengeschäft von den Sparkassen ohne Eigenkapitalausstattung als unselbständiger Teil der Gemeindeverwaltung betrieben. Im Rahmen ihrer rechtlichen Verselbständigung wurde ihnen das aus den Gewinnrücklagen gebildete Eigenkapital übertragen. Eine zusätzliche Kapitalausstattung erfolgte nicht und war auch nicht vorgesehen. Die Sparkassen sind aus diesem Grund darauf angewiesen, ihr Eigenkapital durch eine Stärkung der Rücklagen durch Thesaurierung von Gewinnen selber zu erwirtschaften.[654]

Nach § 10 Abs. 2 Nr. 4 KWG sind daher bei öffentlich-rechtlichen Sparkassen ausschließlich die Rücklagen als haftendes Eigenkapital anzusehen.[655] In einigen Bundesländern ermöglichen die Sparkassengesetze, wie z. B. das Sparkassengesetz von Schleswig-Holstein, eine Ausstattung der Sparkassen mit Dotationskapital. Ob dieses Dotationskapital zum Kernkapital zählt, ist derzeit umstritten, da das Gesetz nur bei Kreditinstituten des öffentlichen Rechts, die nicht unter § 10 Abs. 2a Nr. 4 KWG fallen (z. B. Landesbanken), das eingezahlte Dotationskapital dem Kernkapital zurechnet.[656]

Neben rechtsformspezifischen Bestandteilen werden rechtsformunabhängige Bestandteile, die abschließend im § 10 Abs. 2a S. 1 Nr. 7 - 9 KWG aufgezählt sind, dem Kernkapital zugerechnet. Hierunter fallen der Sonderposten für allgemeine Bankrisiken nach § 340g HGB, die Vermögenseinlagen stiller Gesellschafter[657] im Sinne des § 10 Abs. 4 KWG sowie der Bilanzgewinn, sofern die Zuführung zu den Rücklagen beschlossen ist. Bezüglich der Anrechenbarkeit von Vermögenseinlagen stiller Gesellschafter sind restriktive Prämissen zu erfüllen, die in § 10 Abs. 4 KWG aufgezählt sind.[658]

[654] Vgl. Friesen [Haftungszusagen (1998)], S. 49 f.

[655] Eine Berücksichtigung der bisherigen Gewährträgerhaftung im Rahmen der Berechung des haftenden Eigenkapitals sieht das Gesetz nicht vor. Entsprechende Verfassungsklagen von einigen Sparkassen wurden vom Bundesverfassungsgericht nicht zur Entscheidung angenommen. Vgl. Reischauer/Kleinhans [Kreditwesengesetz I (2004)], § 10, S. 44, Tz. 43.

[656] Unabgängig von der Frage, ob das Dotationskapital dem Kernkapital zuzurechnen ist, ist das Verbot der Eigenfinanzierung zu beachten. Dieses sieht vor, dass Dotationskapital nur dann als Kernkapital angesehen werden kann, wenn dieses nicht durch die Gewährung eines Kredites von Seiten der Sparkasse dem Gewährträger zur Verfügung gestellt wurde. Vgl. Regnery [Bankenaufsicht (1994)], S. 175.

[657] Einige Sparkassengesetze sehen mittlerweile die Möglichkeit der Hereinnahme von stillen Einlagen vor. Vgl. exemplarisch § 26 SpkG Saarl., § 32 SpkG BW.

[658] Hierunter fällt z. B. die Erfordernis der Teilnahme an Verlusten in voller Höhe. Darüber hinaus muss die Ursprungslaufzeit mindestens fünf Jahre betragen und ein Rückzahlungsanspruch darf nicht in weniger als zwei Jahren bestehen bzw. aufgrund des Gesellschaftsvertrags entstehen. Vgl. Reischauer/Kleinhans [Kreditwesengesetz I (2004)], § 10, S. 46, Tz. 47 ff.

Bei der Berechnung des Kernkapitals sind zusätzlich die in § 10 Abs. 2a S. 2 KWG erwähnten *Abzugspositionen* zu berücksichtigen.[659]

Neben dem Kernkapital fällt auch das *Ergänzungskapital* unter die Eigenmitteldefinition. Hierbei handelt es sich um Kapitalanteile, die im Vergleich zum Kernkapital von minderer Qualität sind, weil es entweder nicht in der Bilanz ausgewiesen wird oder sich die Eigenmittelfunktion lediglich auf eine nachrangige Haftung beschränkt.[660] Eine Anrechung des Ergänzungskapitals für die Berechnung der Eigenmittel des Grundsatzes I ist maximal in Höhe des Kernkapitals möglich.

	Definition des Ergänzungskapitals (§ 10 Abs. 2b KWG)
	Vorsorgereserven nach § 340f HGB
+	Vorzugsaktien
+	Steuerfreie Rücklagen nach § 6b EStG
+	Genussrechtsverbindlichkeiten nach § 10 Abs. 5 KWG
+	Bestimmte nicht realisierte Reserven nach § 10 Abs. 4a KWG
=	**Ergänzungskapital erster Klasse**
+	Längerfristige nachrangige Verbindlichkeiten
+	Haftsummenzuschlag bei Kreditgenossenschaften
	Ergänzungskapital

Tabelle 15: Zusammensetzung des Ergänzungskapitals bei Kreditinstituten

Dem Ergänzungskapital sind die versteuerten Vorsorgereserven nach § 340f HGB[661] zuzurechnen, die Kreditinstitute für Forderungen an Kreditinstitute und Kunden, Schuldverschreibungen und andere festverzinsliche Wertpapiere sowie für Aktien und andere nicht festverzinsliche Wertpapiere, die wie Anlagevermögen behandelt werden, bilden dürfen.[662]

[659] Hierunter fallen zum einen der Bilanzverlust und die in der Bilanz ausgewiesenen immateriellen Vermögensgegenstände. Zum anderen kann die BaFin einen Korrekturposten für noch nicht bilanzwirksam gewordene Verluste festlegen. Des Weiteren sind Kredite an Gesellschafter und stille Gesellschafter, denen mehr als 25% des Kapitals bzw. der Stimmrechte gehören bzw. deren Vermögenseinlage mehr als 25% des Kernkapitals ohne Berücksichtigung der Vermögenseinlagen stiller Gesellschafter beträgt, vom Kernkapital abzuziehen, sofern sie nicht zu marktüblichen Konditionen gewährt wurden bzw. entgegen der Bankübung nicht ausreichend besichert sind. Vgl. Boos [Eigenmittelausstattung (2004)], S. 375, Rz. 43 ff.

[660] Vgl. Büschgen/Börner [Bankbetriebslehre (2003)], S. 310.

[661] Vgl. § 10 Abs. 2b S. 1 Nr. 1 KWG.

[662] Vorsorgereserven nach § 340f HGB dürfen nur max. in Höhe von vier Prozent der in § 340f HGB genannten Vermögensgegenstände gebildet werden.

Einige Sparkassengesetze sehen die Möglichkeit der Ausgabe von Genussrechtsverbindlichkeiten vor,[663] dessen Anrechenbarkeit als Ergänzungskapital an restriktive Bedingungen geknüpft ist.[664] Zusätzlich sind unter bestimmten Bedingungen die nachrangigen Verbindlichkeiten Bestandteil des Ergänzungskapitals.[665]

Darüber hinaus ermöglicht § 10 Abs. 2b S. 1 Nr. 6 KWG die Hinzurechnung von nicht realisierten Reserven in Grundstücken, grundstücksgleichen Rechten und Gebäuden in Höhe von 45% des Unterschiedsbetrages zwischen dem Buchwert und Beleihungswert. Nicht realisierte Reserven in Wertpapieren können gem. § 10 Abs. 2b S. 1 Nr. 7a KWG in Höhe von 35% des Unterschiedsbetrages zwischen dem Buchwert (zuzüglich Vorsorgereserven) und dem Kurswert dem Ergänzungskapital zugerechnet werden, sofern die Wertpapiere an einer Wertpapierbörse zum Handel zugelassen sind.

Bei Sparkassen ist die Sondersituation zu beobachten, dass *die Anteile an Verbundunternehmen* nicht von den Sparkassen direkt, sondern über den regionalen Sparkassenverband gehalten werden. Diese Anteile werden zu keinem Zeitpunkt an einer Börse notiert, da eine Veräußerung des Anteilsbesitzes an Unternehmen außerhalb der Sparkassenorganisation nicht vorgesehen und sinnvoll ist. Um eine Benachteiligung der Sparkassen aufgrund dieser Sondersituation zu verhindern, hat der Gesetzgeber zusätzlich die Anrechenbarkeit der nicht realisierten Reserven an Verbundanteilen in Höhe von 35% zum Ergänzungskapital in § 10 Abs. 2b S.1 Nr. 7b KWG vorgesehen.[666]

Neben der teilweisen Berücksichtigung der stillen Reserven in Wertpapieren und an Verbundunternehmen dürfen Sparkassen auch nicht realisierte Reserven in Investmentanteilen (§ 10 Abs. 2b S. 1 Nr. 7c) in Höhe von 35% dem Ergänzungskapital zurechnen.

---

663 Vgl. exemplarisch § 29 Abs. 2 SpkG NW.

664 Hierunter fallen im Wesentlichen die Teilnahme an Verlusten der Sparkasse in voller Höhe und die Berechtigung der Sparkasse, im Falle eines Verlustes die Zinszahlungen aufzuschieben, eine ursprünglich vereinbarte Laufzeit von mindestens fünf Jahren sowie eine Mindestrestlaufzeit von zwei Jahren. Darüber hinaus dürfen die Genussrechtsinhaber im Falle einer Insolvenz oder der Liquidation erst nach den übrigen Gläubigern befriedigt werden. Vgl. Reischauer/Kleinhans [Kreditwesengesetz I (2004)], § 10, S. 77, Tz. 101 ff.

665 Vgl. § 10 Abs. 2b S. 1 Nr. 5 KWG.
Erforderlich ist, dass das aufgrund der Eingehung einer nachrangigen Verbindlichkeit eingezahlte Kapital im Falle einer Insolvenz oder Liquidation erst nach Befriedigung aller nicht nachrangigen Gläubiger zurückerstattet wird und die ursprüngliche Laufzeit mindestens fünf Jahre beträgt. Sofern ein Rückzahlungsanspruch innerhalb der nächsten zwei Jahre besteht, werden die nachrangigen Verbindlichkeiten nur noch zu zwei Fünftel dem Ergänzungskapital zugerechnet. Des Weiteren muss in der vertraglichen Vereinbarung ein Ausschluss der Aufrechnung und der Besicherung festgelegt sein, d. h., dass der Gläubiger keine Aufrechnung des Rückerstattungsanspruchs gegen Forderungen an die Sparkasse vornehmen kann. Vgl. Boos [Eigenmittelausstattung (2004)], S. 392, Rz. 109 ff.

666 Vgl. Reischauer/Kleinhans [Kreditwesengesetz I (2004)], § 10, S. 96, Tz. 130.

Die Anrechenbarkeit von nicht realisierten stillen Reserven zum Ergänzungskapital ist an die Einhaltung bestimmter Bedingungen geknüpft. Neben einem Kernkapitalkoeffizienten von mindestens 4,4% dürfen stille Reserven nur bis zu einem Höchstbetrag von 1,4% der nach ihrem Risiko gewichteten Aktiva dem Ergänzungskapital zugerechnet werden.[667]

Bei der Berechnung des Ergänzungskapitals ist eventuell eine Berücksichtigung des von der BaFin festgesetzten Korrekturpostens nach § 10 Abs. 3b KWG vorzunehmen.

Für öffentlich-rechtliche Sparkassen ist das Ergänzungskapital von besonderer Bedeutung. Aufgrund der eingeschränkten Möglichkeit, extern Eigenkapital aufzunehmen, sind entweder die erwirtschafteten Gewinne zu thesaurieren und/oder aber Ergänzungskapital aufzunehmen, um die Eigenkapitalanforderungen des Kreditwesengesetzes erfüllen zu können.

Das aus den obigen Posten bestehende Kern- und Ergänzungskapital stellt das haftende Eigenkapital einer Sparkasse dar, welches zur Unterlegung der Adressausfallrisiken, die bei Sparkassen vor allem im Kredit- und Wertpapieranlagengeschäft vorhanden sind, benötigt wird. Neben der Unterlegung der Adressausfallrisiken sind im Rahmen des Grundsatzes I Marktrisiken mit Eigenmitteln zu unterlegen. Hierfür stehen das nicht benötigte Kern- und Ergänzungskapital (sog. freies Kern- und Ergänzungskapital) sowie Drittrangmittel zur Verfügung.[668]

	Definition der Drittrangmittel (§ 10 Abs. 2c KWG)
	Nettobuchgewinne aus Handelspositionen
+	Kurzfristige nachrangige Verbindlichkeiten nach § 10 Abs. 7 KWG
	Drittrangmittel

Tabelle 16: Zusammensetzung der Drittrangmittel bei Sparkassen

[667] Vgl. § 10 Abs. 4a S.1 KWG.
Als Nettobuchgewinn wird hierbei der Betrag bezeichnet, der sich bei einer Glattstellung aller Handelsbuchpositionen ergeben würde, abzgl. aller vorhersehbaren Aufwendungen und Ausschüttungen. Darüber hinaus ist der Nettogewinn um die bei einer Liquidation der Sparkasse voraussichtlich entstehenden Verluste aus dem Anlagebuch, soweit diese nicht bereits als Korrekturposten gem. § 10 Abs. 3b KWG berücksichtigt sind, zu reduzieren.
Die Anrechenbarkeit der kurzfristigen nachrangigen Verbindlichkeiten ist an die Erfüllung der in § 10 Abs. 7 S. 1 bis 4 KWG aufgeführten Bedingungen gebunden. Die Buchwerte der verbrieften eigenen kurzfristigen nachrangigen Verbindlichkeiten, die im Rahmen der Marktpflege erworben wurden, sind zu kürzen. Vgl. Reischauer/Kleinhans [Kreditwesengesetz I (2004)], § 10, S. 128, Tz. 176 ff.

[668] Vgl. Büschgen/Börner [Bankbetriebslehre (2003)], S. 315 f.

Die *Drittrangmittel* bei Sparkassen setzen sich aus den Nettobuchgewinnen aus Handelspositionen sowie den kurzfristigen nachrangigen Verbindlichkeiten zusammen.[669]

Die Drittrangmittel stehen im Wesentlichen für Marktrisiken aus Fremdwährungsgeschäften, Optionspreisrisiken sowie Marktrisiken des Handelsbestandes zur Verfügung. Drittrangmittel dürfen nach § 10 Abs. 2c S. 2 KWG zusammen mit dem freien Ergänzungskapital 250% des freien Kernkapitals nicht übersteigen. Darüber hinaus ist die Nutzung von Drittrangmitteln auf höchstens 5/7 der Anrechnungsbeträge für Marktrisikopositionen beschränkt, d. h., dass 2/7 durch freies Kernkapital unterlegt werden müssen.[670]

Für die Ermittlung der erforderlichen Eigenmittelunterlegung ist neben einer Bestimmung des haftenden Eigenkapitals eine *Berechnung der Risikoaktiva* erforderlich. Zur Begrenzung des Adressenausfallrisikos werden Aktivgeschäfte nach Risikogesichtspunkten ausgewählt, einer Bewertung unterzogen und dem haftenden Eigenkapital gegenübergestellt. Die Risikoaktiva dürfen das 12,5fache des haftenden Eigenkapitals nicht überschreiten.

Für die Berechnung der erforderlichen Eigenmittelunterlegung wird eine Unterscheidung der mit Ausfallrisiken behafteten Geschäfte in bilanzwirksame und nicht bilanzwirksame Geschäfte vorgenommen.

Als *Risikoaktiva* sind gemäß § 4 Abs. 2 Grundsatz I anzusehen:

1. Bilanzaktiva[671],
2. außerbilanzielle Geschäfte, soweit sie nicht unter Nr. 3 und 4 fallen,
3. Swapgeschäfte
4. Termingeschäfte und Optionsrechte,

soweit diese Posten bei der Ermittlung der Anrechungsbeträge für die Handelsbuch-Risikopositionen nicht zu berücksichtigen sind.

---

669 Vgl. § 10 Abs. 2c KWG

670 Vgl. Boos [Eigenmittelausstattung (2004)], S. 399, Rz. 136 f.

671 Nicht zu berücksichtigen sind neben Barrengold Bilanzaktiva, die in die Ermittlung der Rohwarenpositionen eingezogen, nach § 10 Abs. 2 und 6 KWG vom haftenden Eigenkapital abgezogen oder in vollem Umfang mit haftendem Eigenkapital unterlegt werden (§ 4 Abs. 3 Grundsatz I).

Bei der Ermittlung der Höhe der Risikoaktiva steht die risikogewichtete Aggregation der mit Ausfallrisiken behafteten Bankgeschäfte im Mittelpunkt. Die Berechnung der erforderlichen Eigenmittelunterlegung erfolgt für alle mit einem Ausfallrisiko behafteten Geschäfte anhand der in Abbildung 22 dargestellten Methode.

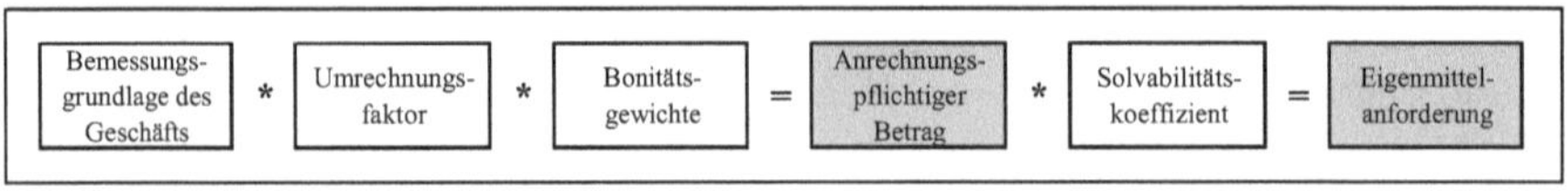

Abbildung 22: Berechnung der erforderlichen Eigenmittelunterlegung für mit Ausfallrisiken behaftete Geschäfte[672]

Als *Bemessungsgrundlage* für das bilanzwirksame Geschäft werden die Nominal- oder Buchwerte herangezogen.[673] Der Umrechnungsfaktor für diese Geschäfte beträgt durchgehend 100%. Um den für die Unterlegung mit Eigenmitteln erforderlichen anrechnungspflichtigen Betrag zu ermitteln, ist das Produkt aus der Bemessungsgrundlage des Geschäfts, dem Umrechnungsfaktor und dem dem Geschäft zugeordneten Bonitätsgewichtungsfaktor zu bilden. In Abhängigkeit von der Kontrahentengruppe wird eine Unterteilung in sechs verschiedene Bonitätsgruppen vorgenommen. Diesen Gruppen sind individuelle Bonitätsgewichtungsfaktoren von 0%, 10%, 20%, 50%, 70% bzw. 100% zugeordnet.[674]

Um die außerbilanziellen Geschäfte mit bilanzwirksamen Geschäften vergleichbar zu machen, sind diese Geschäfte in *Kreditäquivalente*, die in Quantität und Qualität den Verlustrisiken der Kredite entsprechen, zu transformieren. Hierbei sind von Seiten der Bankenaufsicht für traditionelle sowie innovative Geschäfte unterschiedliche Umrechnungsfaktoren festgelegt worden.

Bei den traditionellen bilanzunwirksamen Geschäften erfolgt gemäß § 8 Grundsatz I eine Zuordnung in Abhängigkeit des Risikogehalts in vier Risikoklassen, denen Umrechnungsfaktoren von 0%, 20%, 50% sowie 100% zugeordnet sind.[675] Diese sind mit der Bemessungsgrundlage, die in der Regel den Buchwerten entspricht, zu multiplizieren.

[672] Quelle: Zensen [Bewertung Universalbanken (2002)], S. 110.
[673] Vgl. § 6 Grundsatz I.
[674] Vgl. § 13 Grundsatz I.
Für eine ausführliche Beschreibung der Einordnung in die jeweiligen Bonitätsgewichtungsfaktoren vgl. Schulte-Mattler [Grundsatz I (2004)], S. 1602 ff., Rz. 3-74 sowie Reischauer/Kleinhans [Kreditwesengesetz II (2004)], Kz. 191, S. 167 ff.
[675] Für eine ausführliche Beschreibung der den einzelnen außerbilanziellen Geschäften zuzuordnenden Risikoklassen vgl. insbesondere Schulte-Mattler [Grundsatz I (2004)], S. 1580, Rz. 2-18.

Die Ermittlung der Risikoäquivalente der innovativen Geschäfte hat mithilfe der Laufzeitmethode[676] oder der Marktbewertungsmethode[677] zu erfolgen.[678] Sofern es sich bei der Sparkasse um ein Handelsbuchinstitut handelt, ist die Marktbewertungsmethode zwingend vorgegeben.[679] Während die einfachere, aber risikotheoretisch nicht begründbare Laufzeitmethode nur einen pauschalen, von den aktuellen Marktbedingungen unabhängigen Kreditäquivalenzbetrag (Multiplikation des Nominalbetrags des Geschäftes mit einem risiko- und laufzeitabhängigen Gewichtungssatz) errechnet, erfolgt bei der Marktbewertungsmethode eine differenzierte Vorgehensweise. Hierbei sind die Risikoaktiva zunächst mit ihrem potenziellen Eindeckungsaufwand anzurechnen, soweit dieser nach der täglich vorzunehmenden Bewertung bei einem Ausfall des Vertragspartners im Betrachtungszeitpunkt entstehen würde. Zusätzlich zu diesem Eindeckungsaufwand wird ein Zuschlag für die in Zukunft mögliche Risikoerhöhung (Add-on) in Ansatz gebracht. Die Höhe des Add-on wird im Grundsatz I in Abhängigkeit der Geschäfte und der Restlaufzeit festgelegt.[680]

Sowohl bei den traditionellen als auch den innovativen bilanzunwirksamen Geschäften ermittelt sich der anrechnungspflichtige Betrag aus dem Produkt der Risikoäquivalente und den bereits bei bilanzwirksamen Geschäften vorgestellten Bonitätsgewichten. Hierbei ist zu beachten, dass für innovative außerbilanzielle Geschäfte der Gewichtungsfaktor auf max. 50% begrenzt wurde.[681]

Im Rahmen des Grundsatz I als aufsichtsrechtliche Norm sind neben den Adressenausfallrisiken auch *(Markt-)Preisrisiken* mit Eigenmitteln zu unterlegen. Als Marktrisikopositionen im Sinne des Grundsatz I werden Geschäfte verstanden, die primär Preisrisiken ausgesetzt sind.

Die Marktpreisrisikoposition setzt sich aus den drei Komponenten Währungsgesamtposition, Rohwarenposition sowie Handelsrisikoposition zusammen. Letztere unterteilt sich des Weiteren in die Blöcke allgemeines und besonderes Zinsrisiko, allgemeines und besonderes Aktienkursrisiko sowie Ausfallrisiken im Handelsbuch. Sofern es sich

[676] Vgl. § 11 Grundsatz I.
[677] Vgl. § 10 Grundsatz I.
[678] Zur Darstellung der Methoden vgl. Reischauer/Kleinhans [Kreditwesengesetz II (2004)], Kz. 191, S. 32 ff.
[679] Vgl. § 9 Abs. 1 S.1 Grundsatz I.
[680] Vgl. Schulte-Mattler [Grundsatz I (2004)], S. 1588, Rz. 1-7 sowie Reischauer/Kleinhans [Kreditwesengesetz II (2004)], Kz. 191, S. 32 f.
[681] Vgl. Büschgen/Börner [Bankbetriebslehre (2003)], S. 319 f.

bei der Sparkasse um ein Nicht-Handelsbuchinstitut handelt, ist die Berechnung der Handelsrisikopositionen entbehrlich.[682]

Für die einzelnen Risikopositionen sind Messgrößen zu ermitteln, die das den Geschäften innewohnende Risiko widerspiegeln. Die Ermittlung der Messgrößen ist mithilfe von extern vorgegebenen Standardverfahren vorzunehmen.[683]

Zur Bestimmung der erforderlichen Eigenmittelunterlegung ist der Building-Block-Ansatz zu verwenden. Hiernach werden in einem ersten Schritt für jede einzelne Komponente die Messgrößen berechnet und in einem zweiten Schritt auf Gesamtbankebene addiert.[684]

Nachdem die anrechnungspflichtigen Beträge für die mit Adressenausfallrisiken sowie (Markt-)Preisrisiken behafteten Geschäfte ermittelt wurden, ist unter Zugrundelegung des *Solvabilitätskoeffizienten* die erforderliche Eigenmittelunterlegung zu ermitteln.

Derzeit müssen die risikogewichteten Aktiva mit mindestens acht Prozent durch Eigenmittel unterlegt sein. Zusätzlich muss der nicht für Adressenausfallrisiken benötigte Teil der Eigenmittel (freies Kernkapital, freies Ergänzungskapital und Drittrangmittel) ausreichen, um den Anrechnungsbetrag aus den Marktrisiken abzudecken.[685] Neben der Einhaltung des Solvabilitätskoeffizienten auf Institutsebene ist analog im Rahmen der Bewertung eine Einhaltung der Eigenmittelvorschriften auf Ebene der Institutsgruppe erforderlich (§ 10a KWG).

Die zurzeit geltenden internationalen Eigenkapitalregeln aus dem Jahre 1998 (Basel I) sind seit Mitte der neunziger Jahre aufgrund der wenig differenzierten Berechnung der Kapitalanforderungen in die Kritik geraten. Seit Einführung von Basel I sind neue Finanzinstrumente und Methoden zur Kreditrisikosteuerung entwickelt worden, die in Basel I kaum berücksichtigt werden. Hinzu kommt, dass die alleinige Ausrichtung der erforderlichen Eigenkapitalunterlegungen auf Kredit- und Marktpreisrisiken nicht dem tatsächlichen Risikoprofil der Banken entspricht. Diese Schwächen sollen mit Einführung von *Basel II* weitmöglichst abgestellt werden.[686]

[682] Für die Darstellung der einzelnen Marktrisikopositionen vgl. u. a. Büschgen/Börner [Bankbetriebslehre (2003)], S. 322 ff. sowie Schulte-Mattler [Grundsatz I (2004)], S. 1569, Rz. 1-13.

[683] Die Darstellung der einzelnen Verfahren würde den Rahmen dieser Arbeit sprengen. Für eine Darstellung der einzelnen Verfahren vgl. u. a. Büschgen/Börner [Bankbetriebslehre (2003)], S. 327 ff.

[684] Vgl. Büschgen/Börner [Bankbetriebslehre (2003)], S. 322.

[685] Vgl. Büschgen/Börner [Bankbetriebslehre (2003)], S. 335.

[686] Vgl. Deutsche Bundesbank [Basel II (2004)], S. 76.

Die neue Basler Eigenkapitalverordnung basiert auf drei sich gegenseitig ergänzenden Säulen. Die *erste Säule* beschäftigt sich mit den neuen quantitativen Anforderungen an die Eigenkapitalausstattung der Institute. Die bankaufsichtliche Erfahrung hat in der Vergangenheit gezeigt, dass die Eigenkapitalanforderungen für sich allein keine ausreichende Gewähr für die Solvenz einer Bank darstellen. Aus diesem Grund werden die Mindestkapitalanforderungen aus Säule I um eine intensivierte *qualitative Bankenaufsicht (Säule II)* ergänzt. Die dritte Säule sieht erweiterte *Offenlegungsanforderungen* an die Institute vor, um dem Markt einen besseren Einblick in die Risiko- und Eigenkapitalsituation der Institute zu ermöglichen.[687]

Für die Bewertung von Sparkassen sind die neuen Regelungen zu den Mindestkapitalanforderungen von besonderer Bedeutung, da diese die Höhe der möglichen Ausschüttungen an die Träger beeinflussen können. Aus diesem Grund sollen im Folgenden die neuen nach Basel II geltenden Mindestkapitalanforderungen dargestellt werden.

Die neuen Mindestkapitalanforderungen sehen vor, dass zukünftig neben den Kredit- und Marktrisiken auch die *operationellen Risiken* mit Eigenkapital zu unterlegen sind. Hierbei darf die Relation des aufsichtsrechtlichen Eigenkapitals zu den Eigenkapitalanforderungen für Marktrisiken und operationelle Risiken, welche jeweils mit dem Faktor 12,5 multipliziert werden, zuzüglich der Summe der risikogewichteten Aktiva für Kreditrisiken, den Wert von acht Prozent nicht unterschreiten.[688]

Die Definition des aufsichtsrechtlichen Eigenkapitals sowie die Messverfahren zur Ermittlung des Marktrisikos entsprechen den Regelungen von Basel I.[689] Wesentliche Neuerungen ergeben sich bei der *Ermittlung des Kreditrisikos*. Durch Basel II wird das zentrale Ziel einer risikogerechteren Ermittlung der erforderlichen Eigenmittelunterlegung für Kreditrisiken verfolgt. Hierzu stehen den Kreditinstituten zukünftig mit dem Standard-, dem Basis- sowie dem fortgeschrittenen Internal Ratings-Based-Ansatz drei verschiedene Verfahren zur Verfügung.

Während bei den derzeit gültigen Regelungen von Basel I die Risikogewichtung der Kredite von der Gruppe, in die der Kreditnehmer zugeordnet wird (Unternehmen, Bank, Staat), abhängt, erfolgt beim *Standardansatz* eine Festlegung der Risikogewichte in Abhängigkeit der Bonitätseinstufungen von aufsichtlich anerkannten externen Ratingagenturen. Hiernach werden die gerateten Forderungen je nach Höhe des exter-

---

[687] Vgl. Schulte-Mattler [Eigenkapitalübereinkunft (2004)], S. 2259 ff.
[688] Vgl. Wiedemeier [Operationelle Risiken (2002)], S. 238.
[689] Vgl. Europäische Zentralbank [Basler Eigenkapitalvereinbarung (2005)], S. 54.

nen Ratings mit einem Risikogewicht zwischen 0% und 150% belegt. Die ungerateten Forderungen werden mit 100% gewichtet.[690]

Eine der wichtigsten Neuerungen stellt der auf internen Ratings basierende Ansatz zur Messung von Kreditrisiken *(IRB-Ansatz)* dar. Hierdurch bekommen Kreditinstitute erstmals die Möglichkeit, die regulatorische Eigenmittelunterlegung für Kreditrisiken mithilfe von bankinternen Verfahren zu bestimmen. Kernelement des IRB-Ansatzes ist eine Risikogewichtungsfunktion, die einen Zusammenhang zwischen der annualisierten Ausfallwahrscheinlichkeit eines Kreditnehmers und dem Risikogewicht bzw. der erforderlichen Eigenmittelunterlegung herstellt.[691] Die Höhe der erforderlichen Eigenmittelunterlegung errechnet sich bei dem IRB-Ansatz aus dem Produkt der Forderungshöhe bei Ausfall (Exposure at Default: EAD) und dem Ergebnis der Risikogewichtungsfunktion, dessen Ergebnis von den Risikoparametern Ausfallwahrscheinlichkeit (Probabilitiy of Default: PD), Verlustquote (Loss Given Default: LGD) und der effektiven Restlaufzeit der Forderung (Maturity: M) abhängt.[692]

Mit dem IRB-Basisansatz sowie dem fortgeschrittenen IRB-Ansatz stehen den Kreditinstituten zwei verschiedene IRB-Ansätze zur Verfügung, die sich hinsichtlich der von den Kreditinstituten zu bestimmenden Eingangsparameter und Mindestanforderungen unterscheiden. Bei Verwendung des *IRB-Basisansatzes* werden den Kreditinstituten zum einen die Verlustquote und die Forderungshöhe bei Ausfall bankenaufsichtlich vorgegeben, deren Höhe von der Art des Produktes und zum anderen von den gestellten Sicherheiten abhängt. Zum anderen wird eine einheitliche effektive Restlaufzeit von 2,5 Jahren für alle Kreditnehmergruppen festgelegt. Der IRB-Basisansatz erfordert daher von den Kreditinstituten nur eine bankinterne Ermittlung der Ausfallwahrscheinlichkeit. Bei Anwendung des *fortgeschrittenen IRB-Ansatzes* ist hingegen von den Banken eine bankinterne Ermittlung aller vier Risikoparameter (PD, LGD, EAD, M) vorzunehmen.[693]

Die zweite wesentliche Neuerung von Basel II bei den Mindestkapitalanforderungen stellt die neu eingefügte *Unterlegungspflicht für operationelle Risiken* dar. Hier sieht Basel II mit dem Basisindikatoransatz, dem Standardansatz sowie den ambitionierten Messansätzen drei verschiedene Methoden vor, die sich durch den ansteigenden Entwicklungsgrad der Methode bei gleichzeitig zunehmend differenzierter Erfassung und Messung der operationellen Verluste unterscheiden.[694]

---

[690] Vgl. Deutsche Bundesbank [Basel II (2004)], S. 76 f.
[691] Vgl. Büschgen/Börner [Bankbetriebslehre (2003)], S. 337.
[692] Vgl. Deutsche Bundesbank [Basel II (2004)], S. 80.
[693] Vgl. Deutsche Bundesbank [Basel II (2004)], S. 80.
[694] Vgl. Minz [Operationelle Risiken (2004)], S. 179.

5.3.3 Berücksichtigung der Vorschriften des Sparkassengesetzes

Sparkassen haben neben den Eigenkapitalvorschriften gleichzeitig die Restriktionen der landesspezifischen Sparkassengesetze sowie Satzungen bezüglich der Gewinnverwendung zu berücksichtigen.

Die (Landes-)Sparkassengesetze sehen in der Regel vor, dass der überwiegende Teil des Jahresüberschusses der Sicherheitsrücklage bzw. den freien Rücklagen zugeführt werden muss. Die Höhe der maximalen Ausschüttung wird im Allgemeinen von der Relation zwischen der Sicherheitsrücklage und den risikogewichteten Aktiva gemäß Grundsatz I der BaFin bestimmt. Vereinzelt erfolgt auch eine Abstellung auf die Relation der Sicherheitsrücklage zur Bilanzsumme am Bilanzstichtag. Sofern eine Ausschüttung von Gewinnen erfolgt, sind diese von den Anstaltsträgern für gemeinnützige Zwecke zu verwenden.[695]

Exemplarisch sieht § 27 des Sparkassengesetzes von Mecklenburg-Vorpommern vor, dass der um den Verlustvortrag aus dem Vorjahr geminderte Jahresüberschuss nach Vorwegzuführung in die Sicherheitsrücklage bzw. zu den freien Rücklagen verbleibende Betrag zu max. 50% ausgeschüttet werden darf, wenn die nach § 10 Abs. 1 KWG i. V. mit dem Grundsatz I ermittelten Risikoaktiva zu mehr als zwölf vom Hundert durch die Sicherheitsrücklage gedeckt sind. Ist die Relation geringer, dürfen entsprechend nur geringere Anteile des Jahresüberschusses ausgeschüttet werden.

In einigen Sparkassengesetzen wird in jüngster Zeit der ausschüttungsfähige Betrag erhöht. So sieht das Sparkassengesetz des Landes Niedersachsen vor, dass der Jahresüberschuss vollständig ausgeschüttet werden darf, wenn die Sicherheitsrücklage mindestens 10% der risikogewichteten Aktiva beträgt.

Die Tabelle 17 gibt einen Überblick über die in einzelnen Bundesländern bestehenden Ausschüttungsrestriktionen.

[695] Vgl. Lepper [Sparkassengewinne (2003)], S. 99 f.

Bundesland	Relation Bemessungsgrundlage max. Ausschüttungsquote			
Baden-Württemberg[1]	<4%	4-7,5%	7,5-10%	>10%
§ 31 Abs. 2 SpkG BW	0%	25%	50%	100%
Bremen[2]	<10%	10-12,5%	12,5-15%	>15%
§ 23 Abs. 3 SpkG Brem.	0%	10%	25%	50%
Hessen[1]	<4%	4-6%	>6%	
§ 16 Abs. 3 SpkG Hess.	0%	25%	50%	
Mecklenburg-Vorpommern[2]	<6%	6-7%	7-8%	8-9%
§ 27 Abs. 3 SpkG MV	0%	10%	15%	20%
	9-10%	10-11%	11-12%	>12%
	25%	30%	40%	50%
Niedersachsen[1]	<8,5%	8,5-9%	9-10%	>10%
§ 24 Abs. 2 SpkG Nds.	20%	50%	75%	100%
Nordrhein-Westfalen[1]	<7%	7-8%	8-9%	9-10%
§ 28 Abs. 2 SpkG NW	0%	10%	15%	20%
	10-11%	11-12%	>12%	
	25%	30%	35%	
Rheinland-Pfalz[3]	<10%	10-12,5%	12,5-15%	>15%
§ 20 Abs. 3 SpkG RP	0%	10%	25%	50%
Saarland[3]	<10%	10-12,5%	12,5-15%	>15%
§25 Abs. 3 SpkG Saarl.	0%	10%	25%	50%
Schleswig-Holstein[1]	<3%	3-5%	>5%	
§ 28 Abs.3 SpkG SH	0%	10%	25%	
Thüringen[1]	<5%	5-7,5%	7,5%-10%	>10%
§ 21 Abs. 2 SpkG Thür.	0%	10%	25%	75%

1 Bemessungsgrundlage: Sicherheitsrücklage zu Bilanzsumme am Bilanzstichtag
2 Bemessungsgrundlage: Sicherheitsrücklage zu gewichteten Risikoaktiva
3 Bemessungsgrundlage: Haftendes Eigenkapital zu gewichteten Risikoaktiva

Tabelle 17: Übersicht über Ausschüttungsrestriktionen einzelner Sparkassengesetze[696]

696 Quelle: Eigene Darstellung.

5.3.4 Ermittlung der Ausschüttungsquoten unter Berücksichtigung bankaufsichtsrechtlicher Vorschriften und gesetzlicher sowie satzungsmäßiger Vorschriften

Nachdem in den vorangegangenen Ausführungen die erforderlichen Eigenkapitalbestandteile der Sparkasse und die zu berücksichtigenden Risikopositionen im Rahmen der gesetzlichen Auflagen des § 10 und § 10a KWG und des Grundsatzes I bestimmt wurden sowie auf die Ausschüttungsrestriktionen der jeweiligen (Landes-) Sparkassengesetze eingegangen wurde, ist im Folgenden zu klären, wie diese Beschränkungen bei der *Ermittlung der Ausschüttungsquote* zu berücksichtigen sind.

Sparkassen sind verpflichtet, die erforderliche Eigenmittelquote von acht Prozent zu jedem Zeitpunkt sowohl auf Einzel- als auch auf Gruppeninstitutsebene einzuhalten. Neben der Einhaltung der Eigenmittelquote ist auch die Gesamtziffer (Grundsatz-I-Koeffizient) zu ermitteln, die sich aus dem Verhältnis der Risikoaktiva zum haftenden Eigenkapital und zusätzlich aus dem Verhältnis der nicht für Adressenausfallrisiken benötigten Teile der Eigenmittelbasis (freies Kern- und Ergänzungskapital sowie Drittrangmittel) zum Anrechnungsbetrag aus Preisrisiken errechnet.

Die geplante Geschäftsentwicklung der Sparkasse kann somit nicht losgelöst von der Entwicklung des bankaufsichtsrechtlich erforderlichen Eigenkapitals betrachtet werden. Vielmehr ist im Rahmen einer Kontrollrechnung für jedes Planjahr zu überprüfen, ob die aus den Planbilanzen resultierende erforderliche Eigenmittelunterlegung unter Berücksichtigung des geplanten Ausschüttungsverhaltens durch die vorhandenen aufsichtsrechtlich anerkannten Eigenmittel gewährleistet ist. Hierfür ist eine Planung der für die *Ermittlung der Risikoaktiva* erforderlichen Adressenausfallrisiken notwendigen Positionen erforderlich. Anhand dieser Planung ist zu überprüfen, ob die sich am Ende des Jahres ergebenden Risikoaktiva aus Adressenausfallrisiken acht Prozent des haftenden Eigenkapitals nicht überschreiten.[697]

Sofern diese Deckung nicht gegeben ist, ist im einfachsten Fall eine Anpassung der Ausschüttungsquote der Sparkasse vorzunehmen. In den Fällen, in denen selbst eine Vollthesaurierung des Ausschüttungsbetrages nicht ausreicht, um die Eigenmittelanforderungen zu erfüllen, ist im Modell eine externe Eigenkapitalzufuhr als negativer Zielbeitrag zu berücksichtigen.[698]

Bei öffentlich-rechtlichen Sparkassen besteht des Weiteren das Problem, dass eine externe Eigenkapitalaufnahme nur eingeschränkt möglich ist. Aus diesem Grund ist evtl.

[697] Vgl. Adolf/Cramer/Ollmann [Ertragswert (1989)], S. 546 f.; Geltinger/Gerstmaier [Unternehmensbewertung (2003)], S. 187 f.

[698] Vgl. Zensen [Bewertung Universalbanken (2002)], S. 112.

eine Thesaurierung von Teilen des Jahresüberschusses in vorherigen Jahren notwendig, um die aufsichtsrechtlichen Eigenmittelanforderungen in den folgenden Jahren erfüllen zu können.

Neben der Berücksichtigung der Adressenausfallrisiken sind *Marktrisiken* mit freiem haftenden Eigenkapital und Drittrangmitteln zu unterlegen und bei der Erstellung der Überleitungsrechnung zwischen Jahresüberschuss und dem den Anteilseignern zufließenden Nettozuflüssen zu berücksichtigen. Marktrisiken resultieren aus Änderungen von Marktpreisen und sind daher in der Realität nicht hinreichend genau planbar. Aus diesem Grund wird in der Praxis aus Vereinfachungsgründen häufig unterstellt, dass die Höhe der Marktrisiken im Vergleich zum letzten Ist-Jahr konstant bleiben. Diese Prämisse führt dazu, dass sich die Veränderungen der notwendigen Ausstattung mit Eigenmitteln lediglich aus den Veränderungen der Adressenausfallrisiken ergeben.[699]

Diese Vereinfachung ist auch vor dem Hintergrund vertretbar, dass im Rahmen der Bewertung üblicherweise höhere Mindestquoten für das Kern- und Ergänzungskapital als die gesetzlichen Mindestanforderungen, verwendet werden. In der Regel wird bei der Bewertung von Banken aufgrund von Ratingüberlegungen derzeit eine Mindestkernkapitalquote von 7% und für die Gesamtkennziffer von 10% unterstellt.

Neben den einzuhaltenden Bestimmungen des Grundsatz I haben Sparkassen die *Gewinnverwendungsvorschriften* des jeweiligen (Landes-)Sparkassengesetzes sowie gegebenenfalls ihrer Satzung zu berücksichtigen. Aufgrund der für Sparkassen bestehenden eingeschränkten Möglichkeiten, externes Eigenkapital aufzunehmen und der damit verbundenen Erfordernis zur Thesaurierung von Teilen des Jahresüberschusses, unterliegen die Ausschüttungsmöglichkeiten gesetzlichen Restriktionen. Die Sparkassengesetze bzw. Satzungen sehen in der Regel vor, dass die Höhe der zulässigen Ausschüttung durch die vorhandene Eigenmittelausstattung determiniert ist.[700]

Die auf das handelsrechtliche Jahresergebnis einzuhaltenden *Maximalausschüttungsquoten* stellen somit eine weitere Ausschüttungsgrenze dar und führen somit zwangsläufig - wie die einzuhaltenden aufsichtsrechtlichen Eigenkapitalvorschriften - zum Erfordernis der Aufstellung einer Überleitungsrechnung vom geplanten und bereinigten handelsrechtlichen Jahresüberschuss auf den ausschüttungsfähigen Cashflow.

Aufgrund der restriktiven Gewinnverwendungsvorschriften für öffentlich-rechtliche Sparkassen führen diese häufig zu einer Gewinnthesaurierung, die deutlich oberhalb

---

[699] Vgl. Geltinger/Gerstmaier [Unternehmensbewertung (2003)], S. 188.
[700] Vgl. Kapitel 5.3.3

der erforderlichen Thesaurierung der bankaufsichtsrechtlichen Eigenmittelanforderungen liegt.[701]

In der *Detailplanungsphase* wird bei der Ermittlung eines objektivierten Unternehmenswertes auf das individuelle Unternehmenskonzept abgestellt und eine Verwendung der thesaurierten Beträge entsprechend der Planung unterstellt. Sofern keine Planungen für die Verwendung der thesaurierten Beträge vorliegen, wird eine kapitalwertneutrale Anlage der Thesaurierungsbeträge zum Kapitalisierungszinssatz vor Steuern (d. h. vor Unternehmenssteuern) vereinfachend unterstellt, sofern dem nicht tatsächliche Gegebenheiten erkennbar entgegenstehen.[702]

Für die *zweite Planungsphase* wird grundsätzlich typisierend angenommen, dass das Ausschüttungsverhalten des zu bewertenden Unternehmens dem der Alternativanlage entspricht, sofern dem nicht Besonderheiten, die aufgrund der Branchenzugehörigkeit, der Kapitalstruktur oder der rechtlichen Rahmenbedingungen zu beachten sind, entgegenstehen. Diese Annahme führt dazu, dass die Wiederanlage der thesaurierten Beträge kapitalwertneutral zum Kapitalisierungszinssatz (vor Berücksichtigung der auf der Unternehmensebene anfallenden Steuern) erfolgt.[703]

Bei der Bewertung von Sparkassen kann das Ausschüttungsverhalten der Alternativanlage nicht ohne weiteres für die Sparkasse übernommen werden, sofern das jeweilige (Landes-)Sparkassengesetz geringere Ausschüttungsquoten vorsieht. In diesem Fall ist die Ausschüttungsquote für die ewige Rente vor dem Hintergrund der sparkassengesetzlichen Restriktionen zu ermitteln.

---

[701] Dies zeigt sich daran, dass bei Sparkassen die Kernkapitalquote und der Solvabilitätskoeffizient deutlich oberhalb der gesetzlichen Mindestgrenzen liegen. Per 31.12.2005 betrug die Kernkapitalquote der Sparkassen durchschnittlich 8,1% und der Solvabilitätskoeffizient 12,6%. Vgl. Deutscher Sparkassen- und Giroverband [Ertragslage (2006)], S. 3.

[702] Vgl. IDW [IDW S 1 (2005)], S. 1308, Tz. 47.

[703] Vgl. IDW [IDW S 1 (2005)], S. 1308, Tz. 48.

5.4 Ermittlung der Eigenkapitalkosten für die Bewertung von Sparkassen

5.4.1 Darstellung und Würdigung verschiedener Verfahren zur Ermittlung der Eigenkapitalkosten

5.4.1.1 Alternative Verfahren zur Messung der Eigenkapitalkosten

5.4.1.1.1 Schätzung der Eigenkapitalkosten auf Basis der zukünftigen Dividenden

Während in den bisherigen Ausführungen die Ermittlung der finanziellen Überschüsse dargestellt wurde, ist nunmehr auf die Bestimmung der Eigenkapitalkosten einzugehen, die zur Ermittlung des Unternehmenswertes benötigt werden.

Das Dividenden-Diskontierungs-Modell (DDM) sowie das Gordon-Growth-Modell (GGM) stellen ein einfaches, aus dem Shareholder Value-Gedanken abgeleitetes Verfahren zur Bestimmung der Renditeforderungen der Eigenkapitalgeber dar. Hierbei soll der Eigenkapitalkostensatz ermittelt werden, bei dem sich Angebot und Nachfrage nach einem Wertpapier im Gleichgewicht befindet.[704]

Die wesentliche *Prämisse* der beiden Verfahren ist die Annahme eines vollkommenen Kapitalmarktes. Hierdurch kann angenommen werden, dass der Marktpreis einer Aktie gleichzeitig dem tatsächlichen Marktwert des Unternehmens entspricht.[705] Darüber hinaus wird angenommen, dass die Anleger rationale und homogene Erwartungen aufweisen.

Wie bereits oben gezeigt, errechnet sich der Unternehmenswert einer Sparkasse als Gegenwartswert aller zukünftigen Ausschüttungen an die Eigner. Werden vereinfachend ein unendlicher Anlagehorizont unterstellt sowie für den gesamten Zeitraum konstante Dividendenzahlungen und Diskontierungsraten angenommen, kann der Zusammenhang zwischen dem Aktienkurs, der Dividendenausschüttung sowie der Renditeforderung der Eigenkapitalgeber wie folgt dargestellt werden:[706]

---

[704] Vgl. Arnsfeld [Eigenkapitalkostenkalkulation (1998)], S. 61.
[705] Vgl. Kunowski [Bewertung (2002)], S. 82.
[706] Zur Herleitung vgl. Arnsfeld [Eigenkapitalkostenkalkulation 1998)], S. 62 f.

(15) $P_0 = \frac{D_0}{k^{EK}} \rightarrow k^{EK} = \frac{D_0}{P_0}$

P_0	Aktienkurs im Zeitpunkt 0
D_0	zukünftige, unendlich konstante Dividendenzahlungen
k^{EK}	Eigenkapitalkosten

In der bankbetrieblichen Praxis ist häufig eine Gleichsetzung der Eigenkapitalkosten mit der Dividendenrendite anzutreffen.[707] Dieses Vorgehen ist allerdings nur unter der realitätsfremden Annahme zutreffend, dass die Dividendenzahlungen im gesamten Zeitraum konstant bleiben.

Im *Gordon-Growth-Modell* wird die Prämisse zukünftiger, konstanter Dividendenzahlungen aufgehoben und durch die Prämisse einer jährlich um den Wachstumsfaktor w steigenden Dividendenzahlung ersetzt.[708] Wird weiterhin ein unendlicher Zeitraum der Betrachtung zugrunde gelegt, kann die Beziehung zwischen Aktienkurs, Dividendenausschüttung und Renditeforderung der Eigenkapitalgeber wie folgt dargestellt werden:[709]

(16) $P_0 = \frac{D_0}{k^{EK} - w} \rightarrow k^{EK} = \frac{D_0}{P_0} + w$

w	konstante prozentuale Wachstumsrate der Dividenden

Die Erweiterung zeigt, dass sich die Renditeforderungen der Eigenkapitalgeber genau um die Wachstumsrate erhöht haben. Die getroffene Annahme, dass es sich um eine konstante Wachstumsrate handelt, schließt nicht aus, dass sich die Wachstumsraten in den einzelnen Perioden nicht verändern können. Die Formel impliziert lediglich, dass eine langfristig konstante Wachstumsrate geschätzt werden kann.

Der Vorteil des DDM bzw. des GGM zur Bestimmung der Eigenkapitalkosten liegt in der einfachen finanzmathematischen Anwendbarkeit, sofern die erforderlichen Größen Aktienkurs und Dividendenhöhe bekannt sind.

Sowohl das DDM als auch das GGM führen zu unzutreffenden Eigenkapitalkosten bei Banken, wenn keine bzw. nur geringe Dividendenausschüttungen vorgenommen werden. In diesen Fällen ist eine Ermittlung der Eigenkapitalkosten nicht möglich bzw. sie

---

[707] Vgl. Behm [Shareholder Value (1994)], S. 106.
[708] Vgl. Damodaran [Finance (2001)], S. 107 ff.
[709] Vgl. Behm [Shareholder Value (1994)], S. 107 ff.

können unterhalb der Fremdkapitalkosten liegen. Dieses ist vor dem Hintergrund, dass die Eigenkapitalgeber ein höheres Risiko als die Fremdkapitalgeber tragen, ökonomisch nicht plausibel.[710] Insbesondere bei Sparkassen, denen nur in geringem Umfang die Aufnahme von Eigenkapital möglich ist, werden große Teile des Jahresüberschusses thesauriert, so dass die Dividendenausschüttungen nicht die tatsächliche Leistungsfähigkeit der Sparkasse darstellen. Zusätzlich ist zu berücksichtigen, dass die Dividendenrendite deutscher Großbanken im Durchschnitt weniger als zwei Prozent beträgt.[711] Sie ist als Maßgröße auch nicht geeignet, da eine Ausschüttung von Jahresüberschüssen nur dann sinnvoll ist, wenn für die Banken keine weiteren Investitionsmöglichkeiten vorhanden sind, die eine Rendite oberhalb der Kapitalkosten erwirtschaften. Es sollte also nur der Betrag ausgeschüttet werden, für den keine Investitionsmöglichkeiten mit einer Mindestrendite der Kapitalkosten besteht. Außerdem ist zu berücksichtigen, dass die Eigenkapitalgeber bei einer Investition neben den Ausschüttungen die erwarteten Kurssteigerungen bei der Ermittlung ihrer Rendite berücksichtigen.[712]

Problematisch bei der Anwendung des GGM ist insbesondere die Sensitivität der Eigenkapitalkosten in Bezug auf Veränderungen bei der Wachstumsrate.[713] Die Anwendbarkeit des GGM ist auf die Fälle beschränkt, in denen die Wachstumsrate unterhalb der Eigenkapitalkosten liegt. Entspricht die Wachstumsrate exakt den Eigenkapitalkosten, ist der Wert nicht definiert. Sollte die Wachstumsrate oberhalb der Eigenkapitalkosten liegen, würde sich aus der obigen Gleichung ein negativer Wert für die Aktie ergeben, welches ökonomisch unplausibel ist.[714]

Zusammenfassend ist festzustellen, dass sowohl das Dividenden-Diskontierungs-Modell als auch das Gordon-Growth-Modell *nicht* für die Ermittlung der Eigenkapitalkosten im Rahmen der Bewertung von Sparkassen *geeignet* ist.

5.4.1.1.2 Schätzung der Eigenkapitalkosten nach dem Gewinnmodell

Ein weiteres mögliches Verfahren zur Bestimmung der Eigenkapitalkosten ist die Umkehrung des Kurs-/Gewinnverhältnisses. Formal kann dies wie folgt ausgedrückt werden:[715]

---

[710] Vgl. Behm [Shareholder Value (1994)], S. 106.
[711] Vgl. Nippel [Eigenkapital (2000)], S. 219.
[712] Vgl. Nippel [Eigenkapital (2000)], S. 219.
[713] Vgl. Kunowski [Bewertung (2002)], S. 84.
[714] Vgl. Faust [Eigenkapitalkosten (2002)], S. 118.
[715] Vgl. Behm [Shareholder Value (1994)], S. 109 f.

$$(17) \quad k_{EK} = \frac{G_0}{P_0}$$

G_0 Gewinn im Zeitpunkt 0

Die Anwendbarkeit dieser Formel setzt voraus, dass das zu bewertende Unternehmen einen Gewinn erzielt. Wie beim Dividenden-Diskontierungs-Modell wird hierbei die Annahme getroffen, dass die Gewinne in Zukunft konstant sind und somit die Eigenkapitalkosten im Zeitablauf konstant bleiben.[716]

Die Berechnung der Eigenkapitalkosten auf Grundlage des Gewinnmodells ist mit einer Reihe von Mängeln behaftet. Das Gewinnmodell berechnet die Eigenkapitalkosten auf Basis von Gewinnen. Wie bereits gezeigt, sind jedoch nicht die Gewinne, sondern die zukünftigen Ausschüttungen die richtige Maßgröße. Durch die statische Betrachtung wird implizit eine ewige Rente in Höhe des aktuellen Gewinns unterstellt.[717]

Hinzu kommen *praktische Probleme* beim Einsatz des Gewinn-/Kursverhältnisses. Die Höhe der ausgewiesenen Gewinne wird häufig durch bilanzpolitische Maßnahmen beeinflusst, so dass ein Vergleich der Eigenkapitalkosten zwischen mehreren Unternehmen erschwert wird. Banken können insbesondere durch das Wahlrecht zur Bildung von Vorsorgereserven nach § 340f HGB den ausgewiesenen Jahresüberschuss in für den externen Jahresabschlussadressaten nicht erkennbarer Weise beeinflussen.[718] Des Weiteren sind bei Sparkassen, bei denen die Thesaurierung von Teilen des Jahresüberschusses zur Erfüllung der Eigenkapitalvorschriften erforderlich ist, große Abweichungen zwischen den Gewinnen und den Ausschüttungen an die Eigentümer zu beobachten. Des Weiteren haben geringfügige Schwankungen der Gewinne erheblichen Einfluss auf die Eigenkapitalkosten.

Zusammenfassend ist festzustellen, dass das Gewinn-/Kursverhältnis *nicht* für die Ermittlung der Eigenkapitalkosten im Rahmen der Bewertung von Sparkassen *geeignet* ist.

716 Vgl. Behm [Shareholder Value (1994)], S. 109 f.
717 Vgl. Faust [Eigenkapitalkosten (2002)], S. 119.
718 Vgl. Faust [Eigenkapitalkosten (2002)], S. 119.

5.4.1.1.3 Schätzung der Eigenkapitalkosten anhand am Kapitalmarkt beobachtbarer Kapitalkosten

Ein weiteres alternatives Verfahren ist die direkte Ableitung der Eigenkapitalkosten aus dem Kapitalmarkt auf Basis der Kursentwicklung innerhalb eines Jahres und den erfolgten Ausschüttungen an die Eigentümer. Gegebenenfalls sind weitere Erlöse z. B. aus Bezugsrechten zu berücksichtigen.[719]

Der Grundgedanke besteht darin, dass angenommen wird, dass die vom Kapitalmarkt erwartete zukünftige Entwicklung des Kreditinstituts sich im Kurs widerspiegelt.

Die Jahresperformance lässt sich wie folgt berechnen:[720]

$$(18) \quad k_{EK} = \frac{\text{Dividende} + (\text{Kurs}_{\text{Jahresende}} - \text{Kurs}_{\text{Jahresanfang}})}{\text{Kurs}_{\text{Jahresanfang}}}$$

Der so ermittelte Eigenkapitalkostensatz ist aufgrund der stark schwankenden Börsenentwicklung in der Vergangenheit wenig aussagekräftig, so dass bei der Ermittlung auf mehrere Jahre zurückgegriffen werden sollte. Bei einer direkten Ableitung der Eigenkapitalkosten wird unterstellt, dass von Seiten des Marktes eine den zukünftigen Erwartungen entsprechende Bewertung des Kreditinstituts vorgenommen wird. Dies dürfte regelmäßig nicht der Fall sein. Vielmehr bestehen Informationsasymmetrien zwischen der Leitung des Kreditinstituts und den Aktionären bzw. potenziellen Anteilseignern, die zu einer abweichenden Börsenbewertung führen.[721]

Trotz der genannten Schwächen sollte dieser Ansatz zur Plausibilisierung des mit kapitalmarkttheoretischen Modellen ermittelten Eigenkapitalkostensatzes herangezogen werden. Um den Schwankungen des Kapitalmarktes Rechnung zu tragen, sollte diese Ermittlung auf Basis eines Durchschnittswertes der in den letzten Jahren zu beobachtenden Rendite erfolgen.

---

719 Vgl. Faust [Eigenkapitalkosten (2002)], S. 120.
720 Vgl. Brealey/Myers [Corporate Finance (2000)], S. 63.
721 Vgl. Faust [Eigenkapitalkosten (2002)], S. 120.

5.4.1.2 Ermittlung der Eigenkapitalkosten auf der Basis kapitalmarkttheoretischer Modelle

5.4.1.2.1 Capital Asset Pricing Model (CAPM)

Bei dem von Sharpe[722], Lintner[723] und Mossin[724] entwickelten Capital Asset Pricing Model (CAPM) handelt es sich um ein Erklärungsmodell für die Preisbildung auf dem Kapitalmarkt. Das CAPM verfolgt das Ziel, einen Zusammenhang zwischen den Renditeerwartungen unsicherer Wertpapiere und ihrem Risiko zu bestimmen. Die theoretischen Grundlagen bilden die Portfoliotheorie von Markowitz[725] sowie das Separationstheorem von Tobin[726].

In seiner Standardform liegen dem CAPM eine Reihe von *Prämissen* zugrunde:[727]

- Der Planungshorizont beträgt eine Periode.
- Die Anleger sind risikoscheu und haben homogene Erwartungen, d. h., ihren Entscheidungen liegt die gleiche Wahrscheinlichkeitsverteilung der Wertpapiererträge zugrunde. Die Anleger versuchen, den erwarteten Risikonutzen in der Planperiode zu maximieren (implizites Einperiodenmodell).
- Alle Wertpapiere werden auf einem Markt gehandelt und können beliebig geteilt werden.
- Es existiert ein risikoloser Zinssatz, zu dem unbeschränkt Mittel angelegt bzw. aufgenommen werden können.
- Der Markt ist vollkommen, so dass keine Transaktionskosten, Steuern oder andere Beschränkungen vorliegen. Der Markt ist informationseffizient. Die Informationen stehen den Anlegern kostenlos zur Verfügung.
- Es besteht ein vollständiger Wettbewerb. Alle Investoren agieren als Mengenanpasser, die den Preis nicht beeinflussen können.

---

[722] Vgl. Sharpe [Capital Asset Prices (1964)], S. 425 ff.
[723] Vgl. Lintner [Valuation of Risk Assets (1965)], S. 13 ff.
[724] Vgl. Mossin [Capital Asset Market (1966)], S. 768 ff.
[725] Vgl. Markowitz [Portfolio Selection (1952)], S. 77 ff.
[726] Vgl. Tobin [Liquidity Preference (1958)], S. 65 ff.
[727] Vgl. Baetge/Krause [Risiko (1994)], S. 438.

Ein risikoscheu und rational handelnder Investor trifft im Rahmen der Portfoliotheorie seine Investitionsentscheidungen auf Basis der erwarteten Renditen sowie der mit diesen Investitionen verbundenen Risiken. Als Risikomaß verwendet er hierbei die Standardabweichung (σ) bzw. Varianz (σ^2).[728]

In der folgenden Abbildung sind sämtliche mögliche Portfolios als Kombination unterschiedlicher risikobehafteter Anlagen dargestellt.

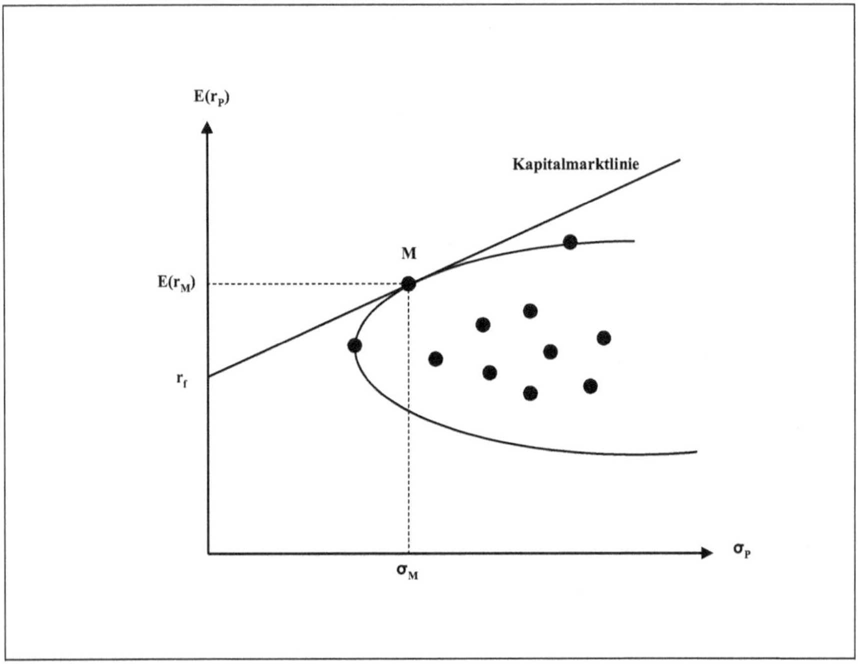

Abbildung 23: Kapitalmarktlinie[729]

Ein risikoscheu und rational handelnder Investor wird die Aufteilung seiner finanziellen Mittel in dem Maße vornehmen, dass kein alternatives Portfolio möglich ist, welches,

- bei gleichem Risiko eine höhere Renditeerwartung,
- bei gleichen Renditeerwartungen ein geringeres Risiko,

[728] Vgl. Perridon/Steiner [Finanzwirtschaft (2004)], S. 265.
[729] Quelle: In Anlehnung an Steiner/Bruns [Wertpapiermanagement (2002)], S. 23.

- sowohl eine höhere Renditeerwartung als auch gleichzeitig ein geringeres Risiko

besitzt.[730]

Diese Bedingungen sind nur für Portfoliokombinationen erfüllt, die auf der Effizienzkurve liegen. Aufgrund der Annahme, dass eine Geldaufnahme bzw. -anlage zum risikolosen Zinssatz erfolgen kann, ergibt sich ein *optimales Marktportfolio (M)*. Dieses ergibt sich grafisch als Tangentialpunkt einer vom risikolosen Zinssatz ausgehenden Gerade mit der Effizienzkurve.[731]

Eine Entscheidung, in welche risikobehafteten Wertpapiere investiert werden soll, kann somit unabhängig von der individuellen Risikoneigung getroffen werden *(Separationstheorem von Tobin)*. Jeder Investor wird das Marktportfolio halten, da nur hier das Rendite-/Nutzenverhältnis optimal ist. Seine individuelle Risikoneigung berücksichtigt der Investor durch entsprechende Kombinationen aus der Anlage bzw. Aufnahme zum risikolosen Zinssatz und der Anlage im Marktportfolio. Die optimale Aufteilung bestimmt sich für den einzelnen Investor aus dem Tangentialpunkt der individuellen Isonutzenkurve mit der Kapitalmarktlinie.[732]

Ausgehend von diesen Zusammenhängen können mithilfe des CAPM die Renditeforderungen der Investoren für eine bestimmte Anlage abgeleitet werden.

Zur Bestimmung des Gleichgewichtspreises für einzelne Anlagen geht man vom Marktportfolio aus. Da im Marktportfolio alle Wertpapiere mit ihrem Marktwert enthalten sind, kann der Wert jedes einzelnen Wertpapiers in Relation zum Marktportfolio ausgedrückt werden.[733]

Das CAPM geht von einer Zerlegung des gesamten Risikos eines unsicheren Wertpapiers in eine systematische und unsystematische Komponente aus. Unter dem *systematischen Risiko* werden hierbei die Schwankungen der Rendite eines einzelnen Wertpapiers verstanden, die sich bei der Schwankung der Gesamtmarktrendite ergeben und auf die Rahmenbedingungen des Marktes zurückzuführen sind. Das neben dem systematischen bestehende *unsystematische Risiko* beinhaltet die unternehmensspezifischen

---

[730] Vgl. Perridon/Steiner [Finanzwirtschaft (2004)], S. 266.
[731] Vgl. Steiner/Bruns [Wertpapiermanagement (2002)], S. 23 f.
[732] Vgl. Steiner/Bruns [Wertpapiermanagement (2002)], S. 23 f.
[733] Vgl. Steiner/Bruns [Wertpapiermanagement (2002)], S. 24.

Risiken. Diese können durch Diversifikation eliminiert werden, so dass der Kapitalmarkt das unsystematische Risiko nicht vergütet.[734]

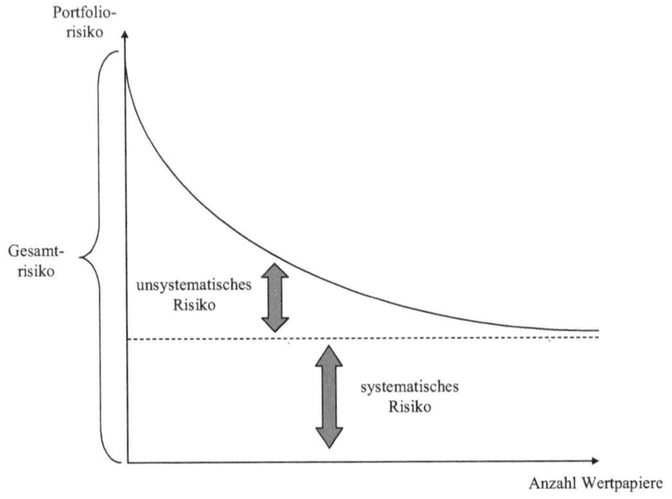

Abbildung 24: Diversifikationseffekte in einem Portfolio[735]

Die Wertpapierlinie stellt den linearen Zusammenhang zwischen der erwarteten Rendite eines Wertpapiers und seines systematischen Risikos dar (vgl. Abbildung 25).

Die erwartete Rendite für ein risikobehaftetes Wertpapier setzt sich demnach aus der risikolosen Verzinsung zuzüglich einer Risikoprämie zusammen, die sich aus der Multiplikation der Marktrisikoprämie mit dem unternehmensspezifischen Betafaktor ergibt. Mit steigendem Betafaktor erhöht sich linear die zu erwartende Rendite eines Wertpapiers. Je höher somit das systematische Risiko eines einzelnen Wertpapiers, desto größer wird die geforderte Rendite der Anleger ausfallen und vice versa.[736]

---

[734] Vgl. Brealey/Myers [Corporate Finance (2000)], S. 167; Copeland/Weston/Shastri [Finance (2005)], S. 152.

[735] Quelle: In Anlehnung an Brealey/Myers [Corporate Finance (2000)], S. 169.

[736] Vgl. IDW [WP-Handbuch II (2002)], S. 74, Tz. 214.

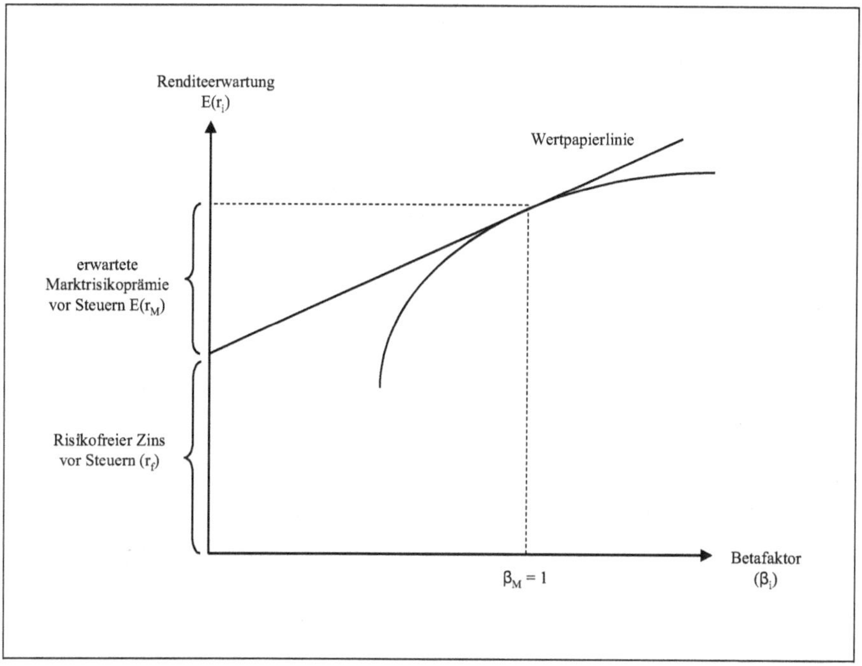

Abbildung 25: Wertpapierlinie[737]

Die erwartete Renditeforderung kann mithilfe der folgenden Formel ermittelt werden:[738]

(19) $$E(r_i) = r_f + [E(r_M) - r_f] * \beta_i$$

$E(r_i)$	erwartete Rendite eines Wertpapiers i
r_f	risikoloser Zinssatz
$E(r_M)$	erwartete Rendite des Marktportfolios
β_i	Betafaktor eines Wertpapiers i

Für die Ermittlung des Unternehmenswertes von Sparkassen mithilfe des Ertragswertverfahrens sind die Nettozuflüsse an die Eigentümer relevant, so dass die *persönlichen Ertragsteuern* in das Bewertungskalkül integriert werden müssen. Um eine Äquivalenz zwischen den Nettozuflüssen aus der Sparkassenbeteiligung und einer alternativen Anlage herzustellen, sind folglich auch die Auswirkungen der persönlichen Einkommen-

[737] Quelle: In Anlehnung an Brealey/Myers [Corporate Finance (2000)], S. 196.
[738] Vgl. Copeland/Weston/Shastri [Finance (2005)], S. 151.

steuer bei der Alternativanlage, und damit bei der Ermittlung des Diskontierungssatzes, zu berücksichtigen.

Das deutsche Ertragsteuersystem zeichnet sich durch eine unterschiedliche Besteuerung von Zinsen, Dividenden und Kursgewinnen aus. Während Zinseinkünfte der vollen Besteuerung unterliegen, sind die Dividendeneinkünfte nach dem Halbeinkünfteverfahren zu besteuern. Kursgewinne bleiben in der Regel bei einem Streubesitzaktionär steuerfrei.[739]

Prämissenbedingt vernachlässigt das CAPM in seiner Standardform persönliche Ertragsteuern. Eine Integration der unterschiedlichen Besteuerungswirkungen kann jedoch auf Grundlage des von Brennan entwickelten *Tax-CAPM* erfolgen.[740] Dieses erklärt in seiner Grundform Bruttorenditen (Renditen vor Abzug von Einkommensteuer) unter Berücksichtigung einer differenzierten Besteuerung von Dividenden, Kursgewinnen und Zinsen. Jonas, Löffler und Wiese zeigen die Umwandlung von mithilfe des Tax-CAPM ermittelten Bruttorenditen in Nettorenditen unter Berücksichtigung des deutschen Steuersystems auf.[741] Eine Ermittlung des Kapitalisierungszinssatzes nach Einkommensteuer kann mithilfe der folgenden Formel erfolgen:[742]

$$(20) \quad r_j^{nSt} = r_f \times (1 - s_{ESt}) + \left(r_M^{vSt} - d_M \times \frac{s_{ESt}}{2} - r_f \times (1 - s_{ESt} \right) \times \beta_j$$

r_j^{nSt} Alternativrendite der Vergleichsinvestition j nach Steuern
s_{ESt} persönlicher Einkommensteuersatz
r_M^{vSt} Bruttorendite des Marktportfolios
d_M Dividendenrendite des Marktportfolios

Der Basiszinssatz wird um die persönliche Einkommensteuer reduziert. Die Marktrisikoprämie errechnet sich aus der Differenz der Marktrendite vor Steuern, die um die Einkommensteuer auf die Ausschüttungen gekürzt wird, und dem um die persönliche Einkommensteuer reduzierten risikolosen Basiszinssatz. Eine Aufteilung der Rendite des Marktportfolios vor Steuern in steuerfreie Kursgewinne sowie steuerpflichtige Dividenden erfolgt mithilfe der Dividendenrendite des Marktportfolios, welche nach dem Halbeinkünfteverfahren mit dem hälftigen Einkommensteuersatz belastet wird.[743]

[739] Vgl. Kunowski [Unternehmensbewertungen (2005)], S. 572.
[740] Vgl. Brennan [Taxes (1970)], S. 417 ff.
[741] Vgl. Jonas/Löffler/Wiese [CAPM (2004)], S. 898 ff.
[742] Vgl. Jonas/Löffler/Wiese [CAPM (2004)], S. 893.
[743] Vgl. Beyer/Gaar [IDW S1 (2005)], S. 243.

Die folgende Abbildung zeigt einen Vergleich der Besteuerungswirkung im CAPM und Tax-CAPM sowie deren Auswirkungen auf die erwartete Rendite.

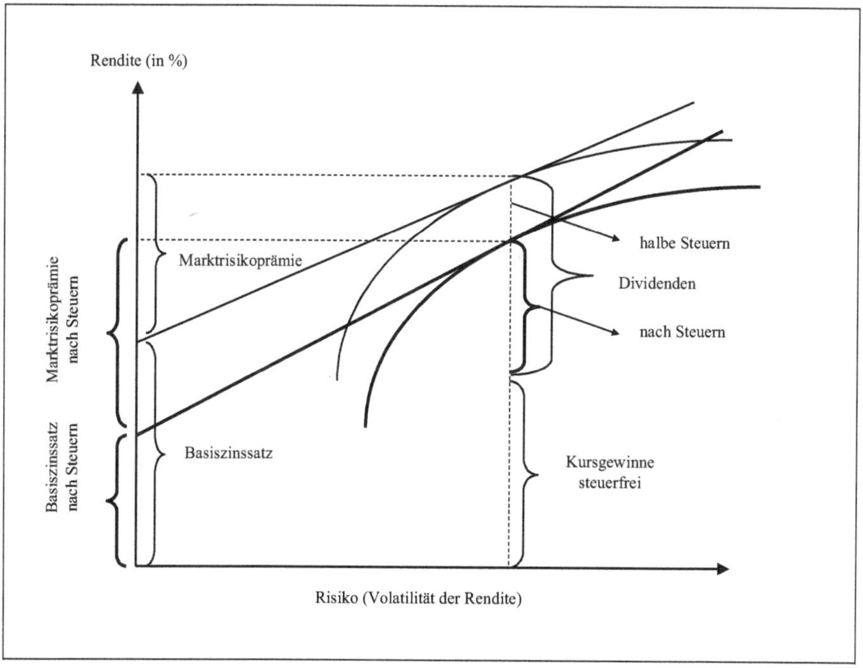

Abbildung 26: Vergleich Standard-CAPM und Tax-CAPM[744]

Die Berücksichtigung der persönlichen Einkommensteuer führt dazu, dass der risikolose Basiszinssatz nach Einkommensteuer unterhalb des Basiszinssatzes im Standard-CAPM liegt. Im Vergleich zum Standard-CAPM ist jedoch beim Tax-CAPM eine höhere Marktrisikoprämie anzusetzen. Die Abweichung ergibt sich aus den Effekten der persönlichen Einkommensteuer auf die erwartete Rendite des Marktportfolios vor Steuern und des risikolosen Basiszinssatzes. Die Kürzung des risikolosen Basiszinssatzes um die persönliche Einkommensteuer übersteigt die Auswirkungen der Besteuerung der ausgeschütteten Dividenden. Die Berücksichtigung der persönlichen Einkommensteuer führt somit zu einer Verschiebung der Effizienzlinie nach unten.[745]

Die Eignung des CAPM zur Schätzung von Eigenkapitalkosten ist nicht unumstritten. Hauptangriffspunkte bilden die dem Modell zugrunde liegenden restriktiven Prämis-

[744] Quelle: IDW [IDW S1 (2005)], S. 1321.
[745] Vgl. IDW [IDW S1 (2005)], S. 1321.

sen, Probleme bei der praktischen Anwendung sowie dessen empirischer Validierung.[746]

Die Kritik an den Prämissen bezieht sich zum einen auf die unterstellte Gleichgewichtsbedingung des Kapitalmarktes, die in der Realität so nicht besteht sowie den einperiodischen Planungszeitraum, der den Anwendungsbereich des Modells einschränkt. Zum anderen wird die fehlende Berücksichtigung der Besteuerung kritisiert, die jedoch in das Tax-CAPM integriert werden kann.[747]

Wesentlicher Ansatzpunkt der Kritik am CAPM aufgrund von empirischen Untersuchungen liegt in dem im Modell unterstellten eindeutigen linearen Risiko-Rendite-Zusammenhang, der den Einbezug weiterer potenzieller Einflussfaktoren auf die Renditeerwartungen ausschließt. In den vergangenen Jahren sind eine Reihe von Studien veröffentlicht worden, die sich mit der empirischen Validität des CAPM beschäftigen, die dabei für den amerikanischen und deutschen Markt zu unterschiedlichen Ergebnissen hinsichtlich der Gültigkeit des CAPM kommen.[748]

Besondere Aufmerksamkeit hat die im Jahr 1992 von Fama/French veröffentlichte Studie erlangt.[749] Sie haben für den amerikanischen Aktienmarkt nur einen schwachen Zusammenhang zwischen der Rendite und dem Betafaktor festgestellt. Einen hohen Erklärungsgrad besäßen hingegen das Buchwert-Marktwert-Verhältnis und die Unternehmensgröße. Als Ergebnis kommen sie zu dem Schluss, dass das CAPM abzulehnen sei. Die Ergebnisse von Fama/French sind in den nachfolgenden Jahren indes nicht ohne Widerspruch geblieben. Anhand einer Vielzahl von empirischen Studien sehen die Mehrzahl der Autoren die Gültigkeit des CAPM weiter als gegeben an.[750]

Empirische Studien hinsichtlich des Tax-CAPM für den amerikanischen Markt kommen ebenfalls zu unterschiedlichen Ergebnissen. Zu positiven Ergebnissen kommen u. a. Litzenberger/Ramaswamy, Rosenberg/Marathe und Ang/Peterson; Arbeiten von Miller/Scholes und Morgan negieren hingegen die Linearität des Zusammenhangs zwischen der erwarteten Wertpapierrendite und dem systematischen Risiko sowie der

---

746 Zur Modellkritik am CAPM vgl. u. a. Löhr [Ertragswertverfahren (1993)], S. 133 ff.; IDW [WP-Handbuch II (2002)], S. 74, Tz. 215.

747 Zur Modellkritik am CAPM vgl. u. a. Löhr [Ertragswertverfahren (1993)], S. 133 ff.; IDW [WP-Handbuch II (2002)], S. 74, Tz. 215.

748 Eine ausführliche Darstellung der einzelnen Studien zur Validierung des CAPM findet sich bei Ulschmid [Empirische Validierung (1994)], S. 93 ff.

749 Vgl. Fama/French [Returns (1992)], S. 427 ff.

750 Vgl. exemplarisch Clare/Priestley/Thomas [Evidence (1998)]; Jagannathan/Wang [CAPM (1993)]; Gordon/Gordon [Expected Return Model (1997)], S. 60; Kaplan/Ruback [Empirical Analysis (1995)].

Dividendenrendite.[751] Für den deutschen Markt kommt König zu dem Schluss, dass das Nachsteuer-CAPM nur einen geringern Erklärungsgehalt besitzt.[752] Zu einer anderen Aussage gelangen Dausend/Schmitt[753], die für den deutschen Markt eine erste empirische Überprüfung des Tax CAPM nach Einführung des Halbeinkünfteverfahrens vorgenommen haben, indem sie die mithilfe des TAX-CAPM berechneten Nachsteuerrenditen den jeweils tatsächlich beobachteten Nachsteuerrenditen gegenübergestellt haben.[754] Sie kommen zu dem Ergebnis, dass „es die beobachtete Renditeentwicklung der deutschen Blue Chips in den Jahren 2001 bis 2004 hinreichend gut beschreibt".[755]

Des Weiteren ist festzustellen, dass die Bestimmung der erforderlichen Parameter nicht unproblematisch und eindeutig ist. Ermessensspielräume können sich durch die Festlegung eines bestimmten Beobachtungszeitraums für die Bestimmung der Marktrisikoprämie bzw. des Betafaktors ergeben.[756] Die der Ermittlung zugrunde gelegten Daten spiegeln die Entwicklung in der Vergangenheit wider. Für die Bewertung von Sparkassen ist jedoch die zukünftige Entwicklung entscheidend. Geplante Änderungen der Unternehmensstrategie können einen Einfluss auf das systematische Risiko und folglich auf den Betafaktor der zu bewertenden Sparkasse haben. Die Höhe der Veränderung ist jedoch in der Regel unbestimmt bzw. kann nur unter einschränkenden Bedingungen quantifiziert werden.[757]

Bei der Ermittlung der Eigenkapitalkosten für Sparkassen ist darüber hinaus zu berücksichtigen, dass diese nicht an einer Börse notiert sind und die Eigenkapitalkosten daher grundsätzlich nur aus vergleichbaren börsennotierten Unternehmen abgeleitet werden können.[758]

Unabhängig von den Kritikpunkten ist festzustellen, dass das CAPM eine hohe praktische Relevanz besitzt und eine Falsifikation des CAPM weder theoretisch noch praktisch bislang gelungen ist.[759] Das Institut der Wirtschaftsprüfer empfiehlt die Anwendung des Tax-CAPM zur Bestimmung der Eigenkapitalkosten im Rahmen der Bewer-

[751] Vgl. Litzenberger/Ramaswamy [Capital Asset Prices(1979)], S. 183 f.; Rosenberg/Marathe [Capital Asset Pricing (1979)], S. 202 f.; Ang/Peterson [Return (1985)], S. 541 ff.; Miller/Scholes [Dividends (1982)], S. 1123 ff.; Morgan [Dividends(1982)], S. 1083 ff.

[752] Vgl. König [Besteuerung (1990)], S. 142 ff.

[753] Vgl. Dausend/Schmitt [Tax CAPM (2006)].

[754] Als Datenbasis wurden 29 gegenwärtig im DAX notierte Aktien für den Zeitraum von 2001 bis 2004 untersucht.

[755] Vgl. Dausend/Schmitt [Tax CAPM (2006)], S. 156 ff.

[756] Vgl. Mandl/Rabel [Unternehmensbewertung (1997)], S. 309 f.

[757] Vgl. Mandl/Rabel [Unternehmensbewertung (1997)], S. 309 f.

[758] Vgl. IDW [WP-Handbuch II (2002)], S. 74, Tz. 215.

[759] In der Realität ist das Marktportfolio nicht bestimmbar, so dass eine Überprüfung nur auf Basis eines Ersatz-Marktportfolios vorgenommen werden kann. Ein Überblick über empirische Untersuchungen zum CAPM findet sich bei Bauer [Risiko (1992)], S. 98 ff.

tung von Unternehmen.[760] Das Tax-CAPM ist aufgrund der realen Existenz der Einkommensteuer gegenüber dem Standard-CAPM für die Erklärung der empirisch beobachteten Kapitalmarktrenditen besser geeignet. Durch das Tax-CAPM können die unterschiedlichen Besteuerungen der unterschiedlichen Einkunftsarten auf die zu ermittelnden Risikoprämien und Renditen abgebildet werden.[761] Das Modell ist daher prinzipiell als Basis für die Ermittlung der Eigenkapitalkosten von Sparkassen als geeignet anzusehen.

5.4.1.2.2 Arbitrage Pricing Theory (APT)

Ein anderes Verfahren zur Bestimmung der Eigenkapitalkosten stellt die von Ross[762] entwickelte Arbitrage Pricing Theory dar.

Analog zum CAPM handelt es sich bei der APT um ein Preisbildungsmodell, welches versucht, die von den Investoren geforderte Eigenkapitalrendite aus einer Gleichgewichtsbedingung abzuleiten. Während bei dem Standardmodell des CAPM die erwartete Rendite eines Wertpapiers durch einen einzigen Faktor erklärt wird, ist die APT ein Mehrfaktorenmodell, bei dem die erwartete Wertpapierrendite auf mehrere Risikofaktoren zurückgeführt wird.[763]

Das theoretische Fundament stellt - nicht wie beim CAPM - die Portfoliotheorie dar, sondern ein in sich geschlossenes Arbitragegebäude. Der Grundgedanke basiert hierbei auf der Annahme, dass durch *Arbitrageprozesse* die Wertpapiere sich im Gleichgewicht befinden und somit stets richtig bewertet werden. Diese Arbitragefreiheitsbedingung bedeutet, dass durch den Kauf und Leerverkauf von Wertpapieren, die insgesamt keinen Kapitaleinsatz erfordern und durch die der Investor kein Risiko eingeht, am Markt keine Rendite erzielt werden kann. Folglich ist aufgrund der Arbitragefreiheit des Marktes die Erzielung eines risikolosen Gewinns ohne Kapitaleinsatz nicht möglich.[764]

---

[760] Vgl. IDW [IDW S1 (2005)], S. 1315, Tz. 124 ff.

[761] Vgl. Wagner/Jonas/Ballwieser/Tschöpel [Weiterentwicklung Unternehmensbewertungen 2004)], S. 892; Wagner/Jonas/Ballwieser/Tschöpel [Unternehmensbewertung (2006)], S. 1006 f.

[762] Vgl. Ross [APT (1976)], S. 341 ff.

[763] Vgl. Roll/Ross [Theory (1980)], S. 1074.

[764] Vgl. Perridon/Steiner [Finanzwirtschaft (2004)], S. 290.

Der APT liegen die folgenden *Prämissen* zugrunde:[765]

- Es liegt ein vollkommener Kapitalmarkt vor, der sich in einem Gleichgewichtszustand befindet und bei dem folglich keine Arbitragegewinne möglich sind.

- Die Investoren sind risikoscheu und versuchen, ihren individuellen Risikonutzen zu maximieren.

- Die Investoren verfügen über homogene Erwartungen bezüglich der erwarteten Wertpapierrenditen.

- Die Renditen der einzelnen Wertpapiere hängen von mehreren Faktoren ab.

- Leerverkäufe sind uneingeschränkt möglich.

- Es existiert eine risikolose Kapitalanlage- und -aufnahmemöglichkeit.

Die erwartete Rendite eines einzelnen Wertpapiers ermittelt sich nach der Arbitrage Pricing Theory nach folgender Formel:[766]

$$(21) \quad E(r_i) = r_f + [E(r_{F1}) - r_f] \times \beta_{i1} + [E(r_{F2}) - r_f] \times \beta_{i2} + \ldots + [E(r_{Fn}) - r_f] \times \beta_{in}$$

Die erwartete Rendite eines Wertpapiers bestimmt sich nach der APT durch den risikolosen Zinssatz r_f zuzüglich der erwarteten Risikoprämien $[E(r_{Fn})-r_f]$ der einzelnen renditebeeinflussenden Faktoren, gewichtet mit den individuellen Sensitivitäten β_{in} des Wertpapiers i in Bezug auf Veränderungen des Faktors n.[767] Hierbei wird ein linearer Zusammenhang zwischen den Wertpapierrenditen und den zugehörigen Risikofaktoren unterstellt.

Vorteilhaft wirken sich die gegenüber dem CAPM weniger restriktiven Prämissen der Arbitrage Pricing Theory aus. Sie kommt zum einen ohne die Annahme eines aus sämtlichen Anlagemöglichkeiten bestehenden Marktportfolios aus und zum anderen sind keine Annahmen über die Präferenzstrukturen der Anleger zu treffen.[768]

Wurde die Arbitrage Pricing Theory jahrelang aus theoretischer Sicht als überlegen angesehen[769], so ergeben sich jedoch bei der praktischen Anwendung eine Vielzahl

[765] Vgl. Steiner/Bruns [Wertpapiermanagement (2002)], S. 31.
[766] Vgl. Steiner/Bruns [Wertpapiermanagement (2002)], S. 32.
[767] Vgl. Damodaran [Valuation (2001)], S. 56.
[768] Vgl. Steiner/Nowak [Risikofaktoren (1994)], S. 349.
[769] Vgl. Roll/Ross [Theory (1980)], S. 28; Connor [Arbitrage Pricing Theory (1989)], S. 306 f.

von Problemen. Das größte Problem besteht vor allem darin, dass die APT selbst keine Aussagen über die preisbestimmenden Faktoren macht und bis heute weder die Anzahl der Faktoren noch die adäquate Methode zur Faktoridentifikation gefunden wurden. Zudem muss davon ausgegangen werden, dass sich nicht nur die Wichtigkeit einzelner Faktoren, sondern auch die Faktoren selbst im Zeitablauf sich ändern.[770] Damit besteht analog zum CAPM die Problematik der empirischen Überprüfbarkeit.

Autoren	Verwendete Risikofaktoren
Ausgewählte Risikofaktoren in der APT am amerikanischen Kapitalmarkt	
Copeland/Koller/Murrin	Index der industriellen Produktion, langfristiger Realzins, kurzfristige Inflation, langfristige Inflation, Ausfallrisiko.
Elton/Gruber/Mei	Zinsdifferenz zwischen langfristigen Staatsanleihen und 30-tägigen "Treasury Bills", Zinssatz der "Treasury Bills", Wechselkurs des US-Dollars zu einem ausgewählten Währungskorb, Veränderung des realen Bruttosozialprodukts und Inflation.
Chen/Roll/Ross	Risikoprämie, Zinsstruktur, Inflation, Industrieproduktion.
Young/Berry/Harvey/Page	Unerwartete Veränderung der Risikoprämie, unerwartete Veränderung der Zinsstruktur, unerwartete Inflation, unerwartete Veränderung der Umsatzwachstumsrate
Ausgewählte Risikofaktoren in der APT am deutschen Kapitalmarkt	
Hansmann	Zinssatz für Dreimonatsgeld, Umlaufrendite festverzinslicher Wertpapiere, Geschäftsklima-Index der verarbeitenden Industrie
Asprem	Industrieproduktion, Beschäftigung, Importe, Zins, Inflation.
Steiner/Nowak	Zins, Risikoprämie, Zinsstruktur, Inflation, Geldmenge, Auftragseingänge, Industrieproduktion, US-Dollar-Wechselkurs.
Wasserfallen	Importe, Konsumentenpreise

Tabelle 18: Ausgewählte Risikofaktoren der APT[771]

Die APT ist zwischenzeitlich zahlreichen empirischen Tests unterzogen worden, um den Zusammengang zwischen Risikofaktoren und Eigenkapitalkosten näher zu analysieren, ohne dass eindeutige Ergebnisse ermittelt werden konnten. Die oben stehende Tabelle stellt die Ergebnisse verschiedener Autoren gegenüber.[772]

---

770 Vgl. Steiner/Bruns [Wertpapiermanagement (2002)], S. 34 f.

771 Quelle: in Anlehnung an Nowak [Marktorientierte Unternehmensbewertung (2003)], S. 76.

772 Vgl. Elton/Gruber/Mei [Arbitrage Pricing Theory (1994)], S. 46 ff.; Chen/Roll/Ross [APT (1983)]; Young/Berry/Harvey [APT (1987)], S. 74; Copeland/Koller/Murrin [Unternehmenswert (1998)], S. 284 ff.; Hansmann [Aktienanlageplanung (1980)], S. 107; Asprem [Stock Prices (1989)], S. 589 ff.; Steiner/Nowak [Risikofaktoren (1994)], S. 353; Wasserfallen [Macroeconomic (1989)], S. 613 ff.
In der Übersicht für den deutschen Kapitalmarkt wurden ausschließlich Studien berücksichtigt, die primär auf makroökonomische Faktoren abstellen. Allerdings erscheint es auch sinnvoll zu sein, Informationen des Rechnungswesens als Erklärungsvariable einzubeziehen, da empirisch ein Zusammenhang zwischen Jahresabschlussinformationen und Aktienrenditen nachgewiesen werden kann. Vgl. Steiner/Nowak [Risikofaktoren (1994)], S. 351.

Inwieweit die APT bessere empirische Ergebnisse liefert als das CAPM ist in der finanzwirtschaftlichen Literatur umstritten.[773] In der Praxis der Unternehmensbewertung konnte sich die APT bislang nicht durchsetzen. Die Ursache hierfür liegt u. a. in den beschriebenen Problemen bei der Schätzung geeigneter Faktoren und deren spezifischen Einflüssen auf die Renditeschwankungen. Des Weiteren erhöhen die notwendigen Schätzparameter die Manipulationsanfälligkeit des Systems, da bei unterschiedlicher Faktorwahl regelmäßig abweichende Eigenkapitalkosten ermittelt werden.

Als Fazit bleibt festzuhalten, dass es fraglich ist, ob mithilfe der APT eine größere Erklärungsgenauigkeit gegenüber dem CAPM erlangt werden kann, zumal das CAPM durch Abwandlungen (Multi-Beta-CAPM) ebenfalls in der Lage ist, mehrere Einflussfaktoren zu berücksichtigen.[774]

5.4.1.2.3 Anwendbarkeit kapitalmarkttheoretischer Modelle für die Bewertung von Sparkassen

Im Rahmen der Bewertung von Sparkassen stellt sich die Frage, ob vor dem Hintergrund des öffentlichen Auftrages eine Ableitung der Eigenkapitalkosten auf Basis kapitalmarkttheoretischer Modelle vorgenommen werden kann.

Wie oben beschrieben verursacht die Beteiligung aus Sicht der Träger der Sparkasse Opportunitätskosten, deren Höhe von der besten Alternativanlage, welche aufgrund der Beteiligung nicht durchgeführt werden kann, bestimmt wird.[775]

Zimmermann/Jöhnk weisen darauf hin, dass aufgrund der für den Staat existierenden Handlungsrestriktionen bezüglich der Kapitalverwendung eine unreflektierte Übertragung risikoadjustierter Eigenkapitalkosten auf öffentlich-rechtliche Sparkassen nicht möglich ist. Die wirtschaftlichen Aktivitäten des Bundes, der Länder sowie der Kommunen setzen stets einen öffentlichen Zweck voraus.[776] Der Staat verfügt daher im Gegensatz zu Privatinvestoren über keine uneingeschränkten Möglichkeiten, wirtschaftliche Aktivitäten zu entfalten.

---

[773] Vgl. Kruschwitz/Löffler [APT (1997)], S. 644 ff.

[774] Die teilweise zu beobachtenden Abweichungen zwischen den mit Hilfe der APT bzw. des CAPM ermittelten Risikoprämien ist ökonomisch nicht erklärbar. Eine im Jahr 1997 für amerikanische Banken durchgeführte Untersuchung kommt zu einer Risikoprämie in Höhe von 8,08% (APT) und 5,55% (CAPM), mithin beträgt der Unterschied mehr als 31%. Vgl. Fama/French [Cost of Equity (1997)], S. 155 ff.

[775] Eine Sparkasse als Anstalt des öffentlichen Rechts verfügt juristisch über keine Eigentümer, sondern gehört sich selber. Wirtschaftlich jedoch sind die Gewährträger der Sparkasse als Eigenkapitalgeber anzusehen. Vgl. Horn [Sparkassen (1999)], S. 188.

[776] Vgl. Zimmermann/Jöhnk [Eigenkapitalkosten (1999)], S. 1052 ff.

Besteht für Sparkassen der öffentliche Auftrag, existiert für die Träger keine alternative Verwendungsmöglichkeit für das in der Sparkasse gebundene Vermögen. Dies führt dazu, dass für die öffentliche Hand aufgrund fehlender Alternativen keine Opportunitätskosten bestehen würden und die Eigenkapitalkosten nach dem Opportunitätskostenprinzip Null betragen müssten.[777]

Bei Sparkassen ist jedoch zu berücksichtigen, dass diese Leistungen nicht nur in öffentlich-rechtlichen Tätigkeitsfeldern, sondern auch in privatwirtschaftlichen Geschäftsfeldern anbieten, die nicht im Zusammenhang mit dem öffentlichen Auftrag stehen. Für diese über den öffentlichen Auftrag hinausgehenden wirtschaftlichen Aktivitäten benötigt die Sparkasse weiteres Eigenkapital der Eigentümer, welches für Alternativinvestitionen der Sparkassenträger nicht zur Verfügung steht.[778]

Um dieses Eigenkapital für eine alternative Anlage verwenden zu können, wäre eine Veräußerung der Sparkasse an einen Investor erforderlich. Selbst wenn eine Veräußerung nicht geplant und derzeit rechtlich nicht möglich ist, ist doch auf einen potenziell erzielbaren Veräußerungserlös abzustellen. Dieser hypothetisch zu erzielende Preis ist jedoch nicht von den Opportunitätskosten der Sparkassenträger, sondern vielmehr von den *Anlagealternativen eines potenziellen Investors abhängig*. Dieser wird maximal bereit sein, einen Preis zu zahlen, bei dem eine Rendite in gleicher Höhe wie z. B. bei einem Investment in eine vergleichbare Bank mit gleichem Risiko erzielt wird. Die Opportunitätskosten des potenziellen Investors, die dieser aus den kapitalmarkttheoretischen Modellen ableiten kann, stellen somit die für die Sparkassenbewertung entscheidenden Eigenkapitalkosten dar.

Im Rahmen des *öffentlichen Auftrages* kann eine Sparkasse Geschäfte tätigen, die einen negativen Kapitalwert aufweisen, aber der allgemeinen Öffentlichkeit einen Nutzen bringen. Dieser negative Kapitalwert stellt dabei die Kosten dar, die aufgrund der Verfolgung von öffentlichen Interessen durch die Sparkasse anfallen. Eine Berücksichtigung der Kosten des öffentlichen Auftrages kann jedoch keinen Einfluss auf die Höhe der Eigenkapitalkosten haben, da die Auswirkungen dieser Geschäfte bereits in der Planung der erwarteten Einzahlungsüberschüsse der einzelnen Geschäftsfelder berücksichtigt werden und es ansonsten zu einer Doppelerfassung kommen würde.

Der öffentliche Auftrag rechtfertigt aus den beschriebenen Gründen also nicht die Verwendung eines geringeren Eigenkapitalkostensatzes als bei anderen Unternehmen. Der

[777] Vgl. Zimmermann [Kostendeckung (1999)], S. 332 f.

[778] Bei Sparkassen erfolgt keine direkte Zuführung von Eigenkapitalmitteln durch die Träger. Eine Erhöhung erfolgt allerdings im Rahmen der Gewinnthesaurierung. Die Träger führen also indirekt Eigenkapital zu, indem sie auf eine Ausschüttung von Teilen der Gewinne verzichten.

Eigenkapitalkostensatz ist folglich auch im Rahmen der Sparkassenbewertung auf Basis von kapitalmarkttheoretischen Modellen, insbesondere des CAPM, abzuleiten.[779]

5.4.1.3 Fazit

Die alternativen Verfahren zur Ermittlung der Eigenkapitalkosten sind angesichts der dargelegten Probleme für die Sparkassenbewertung nicht geeignet. Neben den hohen Sensitivitäten in Bezug auf geringfügige Veränderungen der erforderlichen Parameter stellt die Prämisse eines vollkommenen Kapitalmarktes und die damit verbundene Annahme von homogenen und rationalen Erwartungen der Aktionäre keinen hinreichenden Realitätsbezug dar. Die Modelle berücksichtigen nicht, dass der Aktienkurs nicht nur von der Höhe des aktuellen Jahresüberschusses bzw. der Dividende abhängt. Vielmehr sind die Erwartungen der Anleger über die zukünftige Gewinnentwicklung entscheidend.[780] Darüber hinaus setzen die alternativen Eigenkapitalkostenverfahren voraus, dass der Markt eine den zukünftigen Geschäftserwartungen entsprechende Bewertung der jeweiligen Bank vornimmt. Diese Annahme dürfte jedoch aufgrund der bestehenden Informationsasymmetrien in der Mehrzahl der Fälle nicht zutreffen.

Für Sparkassen wird darüber hinaus die Anwendbarkeit insbesondere durch die fehlende Börsennotierung der Sparkassen eingeschränkt. Die für die Durchführung der Verfahren benötigten Informationen über den Aktienkurs stehen daher nicht zur Verfügung. Die Eigenkapitalkosten können somit nur aus einer Peer Group abgeleitet werden, die aus vergleichbaren, börsennotierten Banken besteht. Hierbei besteht insbesondere das Problem, dass durch eine gezielte Ausübung von Ansatz- und Bewertungswahlrechten die Gewinnhöhe der einzelnen Banken beeinflusst werden kann.

Die kapitalmarkttheoretischen Modelle ermitteln die Eigenkapitalkosten unter Berücksichtigung von Risikoprämien, welche das systematische Risiko abdecken. Beide Verfahren unterstellen damit, dass lediglich das systematische Risiko einen Einfluss auf die Höhe der Eigenkapitalkosten aufweist, da das unsystematische Risiko durch Diversifikation eliminiert werden kann. Während beim CAPM das systematische Risiko durch einen einzelnen Faktor bestimmt wird, erklärt die APT dieses durch mehrere Faktoren (Mehrfaktorenmodell).

---

[779] Serfling/Pape sprechen sich ebenfalls für die Anwendung von kapitalmarkttheoretischen Modellen, insbesondere des CAPM, zur Bestimmung risikoadjustierter Eigenkapitalkosten aus. Vgl. Serfling/Pape [Risikoadjustierte Eigenkapitalkosten (2001)], S. 316 ff.

[780] Vgl. Faust [Eigenkapitalkosten (2002)], S. 119.

Die Kritik am CAPM bezieht sich insbesondere auf die dem Modell zugrunde gelegten restriktiven Prämissen, Probleme bei der praktischen Anwendung sowie dessen empirische Validierung. Empirische Studien kommen hinsichtlich dem unterstellten linearen Risiko-Rendite-Zusammenhang zu abweichenden Ergebnissen. Allerdings ist eine empirische Falsifizierung des CAPM bislang nicht erfolgt.

Die Arbitrage Pricing Theory weist das Problem auf, dass keine Aussagen über die das systematische Risiko bestimmenden Faktoren noch deren Anzahl getroffen werden. In empirischen Studien konnte hinsichtlich der relevanten Faktoren und deren Gewichtung keine eindeutigen Ergebnisse ermittelt werden. Die APT wird daher aufgrund der höheren Modellkomplexität und der bestehenden Unsicherheit über die relevanten Einflussfaktoren und deren Sensitivität in der Praxis kaum eingesetzt.[781]

Da das CAPM nach dem derzeitigen Stand der wissenschaftlichen Diskussion zur Erklärung des Zusammenhangs zwischen Rendite und Risiko von Wertpapieren am besten geeignet ist und in der Literatur sowie in der Praxis die weiteste Verbreitung gefunden hat, soll im Rahmen der weiteren Arbeit die Ermittlung der Eigenkapitalkosten von Sparkassen auf Basis des CAPM in Form des Tax-CAPM erfolgen. Erst durch die Anwendung des Tax-CAPM wird die Integration der unterschiedlichen Besteuerung der einzelnen Einkunftsarten ermöglicht.

5.4.2 Bestimmung der Determinanten des Eigenkapitalkostensatzes auf Basis des Tax-CAPM aus Sicht der Träger der Sparkasse

5.4.2.1 Ermittlung des risikolosen Basiszinssatzes

Wie beschrieben, soll die Ermittlung der Eigenkapitalkosten von Sparkassen auf Basis des Tax-CAPM erfolgen. Die folgende Abbildung gibt einen Überblick über die zu bestimmenden Determinanten.

[781] Vgl. Patterson [Cost of Capital (1995)], S. 153.

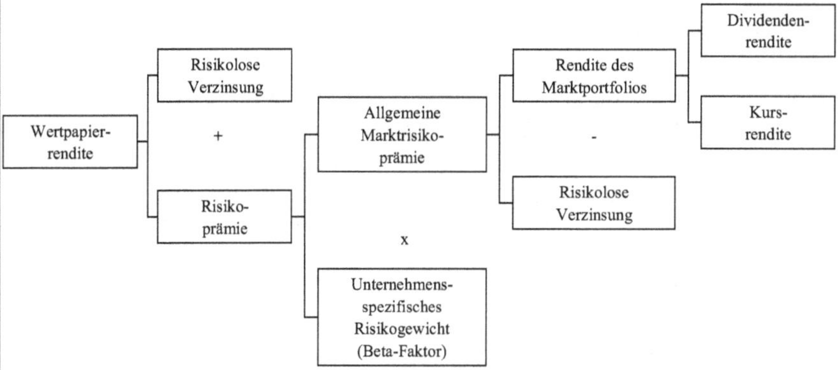

Abbildung 27: Determinanten des Tax-CAPM[782]

Als erste Komponente ist der *risikolose Basiszinssatz nach persönlicher Einkommensteuer* zu ermitteln. Damit eine Anlage für einen Investor risikolos ist, muss diese zwei Bedingungen erfüllen. Zum einen darf die Anlage keinen Ausfall-, Zinsänderungs- sowie Währungsrisiken unterliegen.[783] Zum anderen darf für den Anleger über den gesamten Investitionszeitraum kein Wiederanlagerisiko bestehen. Der verwendete risikolose Basiszinssatz muss aus diesem Grund laufzeitäquivalent zur Investition „Sparkasse" sein.[784]

Für den in dieser Arbeit angenommenen Fall einer zeitlich unbegrenzten Fortführung der Sparkasse muss die risikolose Anlage folglich ebenfalls eine zeitlich unbegrenzte Dauer aufweisen. Eine Alternativanlage, die die beiden obigen Bedingungen erfüllt, d. h., die sowohl risikolos ist als auch eine unendliche Laufzeit aufweist, ist in der Pra-

[782] Quelle: Eigene Darstellung.
[783] Vgl. Widmann/Schieszl/Jeromin [Kapitalisierungszinssatz (2003)], S. 800.
[784] Vgl. Damodaran [Valuation (2001)], S. 58 f.

xis nicht vorzufinden. Als Alternative werden daher die quasi-sicheren Bundesanleihen herangezogen.[785]

In der Literatur werden zurzeit mit dem vergangenheitsorientierten und dem marktzinsorientierten Ansatz zwei verschiedene Verfahren zur Ermittlung des risikolosen Basiszinssatzes diskutiert, die im Folgenden dargestellt werden sollen.[786]

Bei dem *vergangenheitsorientierten Ansatz* ergibt sich der risikolose Basiszinssatz als gewichteter durchschnittlicher Zinssatz aus dem Stichtagszinssatz langlaufender Bundesanleihen sowie dem zu erwartenden Wiederanlagezinssatz.[787] Für die Ermittlung der Umlaufrendite langlaufender Bundesanleihen werden Bundesanleihen mit zehnjähriger Laufzeit bevorzugt.[788] Seit 1986 werden in der Bundesrepublik Deutschland zwar auch 30jährige Bundesanleihen emittiert. Deren Marktvolumen ist jedoch relativ gering, so dass die Bewertung dieser Bundesanleihen eventuell nicht zuverlässig ist.[789]

Durch die Verwendung der Stichtagszinssätze 10jähriger Bundesanleihen muss zur Herstellung der Laufzeitäquivalenz eine *Wiederanlageprämisse* über die nach diesem Zeitraum zu erwartende Verzinsung getroffen werden. Als Wiederanlagezinssatz ist hierbei eine erwartete durchschnittliche risikolose Verzinsung über alle zukünftigen Niedrig- und Hochzinsphasen anzusetzen.[790] Aufgrund der Schwierigkeit der Ermittlung des Zinssatzes zum Wiederanlagezeitpunkt wird in der Rechtsprechung eine Ableitung des Wiederanlagezinssatzes auf Basis historischer Durchschnittsrenditen akzeptiert.[791] Zur Vermeidung von systematischen Prognosefehlern ist allerdings zwingend zu untersuchen, ob bestimmte zu beobachtende Zinstrends eine Anpassung der historischen Durchschnittsrendite erforderlich machen, die u. a. auf nachhaltige Veränderungen der Inflationsrate sowie des Realzinsniveaus zurückzuführen sein können.[792]

Neben dem vergangenheitsorientierten Ansatz ist in letzter Zeit eine Ableitung des risikolosen Basiszinssatzes anhand eines *marktzinsorientierten Ansatzes* in den Fokus

---

[785] Vgl. u. a. IDW [WP-Handbuch II (2002)], S. 103, Tz. 292; Baetge/Niemeyer/Kümmel [Bewertungsverfahren (2005)], S. 286 f.

[786] Vgl. Jonas/Wieland-Blöse/Schiffarth [Basiszinssatz (2005)], S. 647, Widmann/Schieszl/Jeromin [Kapitalisierungszinssatz (2003)], S. 800 ff.; Gebhardt/Daske [Risikofreie Zinssätze (2005)], S. 649 ff.

[787] Vgl. Kniest [Zinssatz (2005)], S. 10.

[788] Vgl. IDW [WP-Handbuch II (2002)], S. 103, Tz. 292; Baetge/Krause [Unternehmensbewertung (1995)], S. 448 ff.

[789] Vgl. Wagner [Shareholder Value (1996)], S. 336. Eine andere Auffassung vertritt Jonas. Vgl. Jonas [Unternehmensbewertung (1995)], S. 87 f.

[790] Vgl. Widmann/Schieszl/Jeromin [Kapitalisierungszinssatz (2003)], S. 802.

[791] Für eine Aufführung diverser Rechtsurteile vgl. IDW [WP-Handbuch II (2002)], S. 103, Fn. 588.

[792] Vgl. Widmann/Schieszl/Jeromin [Kapitalisierungszinssatz (2003)], S. 802 f.

gerückt. Hierbei erfolgt eine Ableitung aus der aktuellen am Kapitalmarkt beobachtbaren *Zinsstrukturkurve*, die börsentäglich von der Deutschen Bundesbank mithilfe der Svensson-Methode berechnet wird.[793]

Die erwarteten Zahlungsströme des zu bewertenden Unternehmens sind im Zeitablauf schwankend und zeitlich unbegrenzt. Die Ermittlung des Barwertes dieser schwankenden Zahlungsreihe kann daher nur auf Basis der Summe der Barwerte der jeweiligen Periodenzahlungen erfolgen, so dass laufzeitspezifische Zinssätze für die einzelnen Zahlungsströme (z. B. spot rates) erforderlich sind. Bei den am Markt notierten Staatsanleihen handelt es sich überwiegend um Kuponanleihen, die durch einen jährlich fixen und endlichen Zahlungsstrom gekennzeichnet sind. Diese Anleiherenditen können somit nicht direkt für die Unternehmensbewertung verwendet werden, da hierfür die spot rates bekannt sein müssen. Mithilfe der *Svensson-Methode*[794] können diese benötigten spot rates aus den am Markt beobachtbaren Kuponanleiherenditen berechnet und zu einer kontinuierlichen Zinsstrukturkurve zusammengeführt werden.[795]

Die Ermittlung der laufzeitabhängigen spot rates erfolgt hierbei als Funktion in Abhängigkeit von sechs Parametern:[796]

(22)
$$z(T,\beta) = \beta_0 + \beta_1\left(\frac{1-\exp(-T/\tau_1)}{(T/\tau_1}\right) + \beta_2\left(\frac{1-\exp(-T/\tau_1)}{(T/\tau_1} - \exp(-\frac{T}{\tau_1})\right) + \beta_3\left(\frac{1-\exp(-T/\tau_2)}{(T/\tau_2} - \exp(-\frac{T}{\tau_2})\right)$$

Hierbei bezeichnet z(T,β) den Zinssatz für die Laufzeit T als Funktion des Parametervektors β und die Variablen β_0, β_1 ,β_2 ,β_3, τ_1 und τ_2 die zu schätzenden Parameter dieses Vektors.

Zu beachten ist, dass die nach der Svensson-Methode ermittelten spot rates stetige Zinssätze darstellen. In der Bewertungspraxis werden jedoch üblicherweise diskrete Zinssätze verwendet, so dass die stetigen spot rates in diskrete spot rates umzurechnen sind.[797]

---

793 Vgl. Jonas/Wieland-Blöse/Schiffarth [Basiszinssatz (2005)], S. 647.

794 Zur Svensson-Methode vgl. ausführlich Deutsche Bundesbank [Zinsstrukturkurven (1997)], S. 61 ff.

795 Vgl. Jonas/Wieland-Blöse/Schiffarth [Basiszinssatz (2005)], S. 647.

796 Vgl. Deutsche Bundesbank [Zinsstrukturkurven (1997)], S. 64.

797 Eine Umrechnung von stetigen spot rates r_s in diskrete spot rates r_d ist mit folgender Formel möglich: $r_d=\exp(r_s(T,\beta,\tau))-1$.

Die Zinsstrukturkurve kann nun grafisch anhand der diskreten Renditen für unterschiedliche Restlaufzeiten dargestellt werden. Es zeigt sich, dass die langfristige Extrapolation der geschätzten Zinsstrukturkurve gegen den Schätzparameter β_0, im Beispiel (vgl. Abbildung 28) gegen 4,33%, konvergiert.

Mithilfe der Svensson-Methode können *somit periodenspezifische risikolose Zinssätze* ermittelt werden. Hierbei ist es jedoch empfehlenswert, eine Durchschnittsbildung aus historischen Zerobond-Zinssätzen vorzunehmen, um eine Glättung von kurzfristigen Marktschwankungen sowie Schätzfehlern insbesondere im Bereich der langfristigen Zinssätze zu erreichen. Der Arbeitskreis Unternehmensbewertung des IDW (AKU) empfiehlt hierbei eine Durchschnittsbildung auf Basis der dem Bewertungsstichtag vorangegangenen drei Monaten.[798]

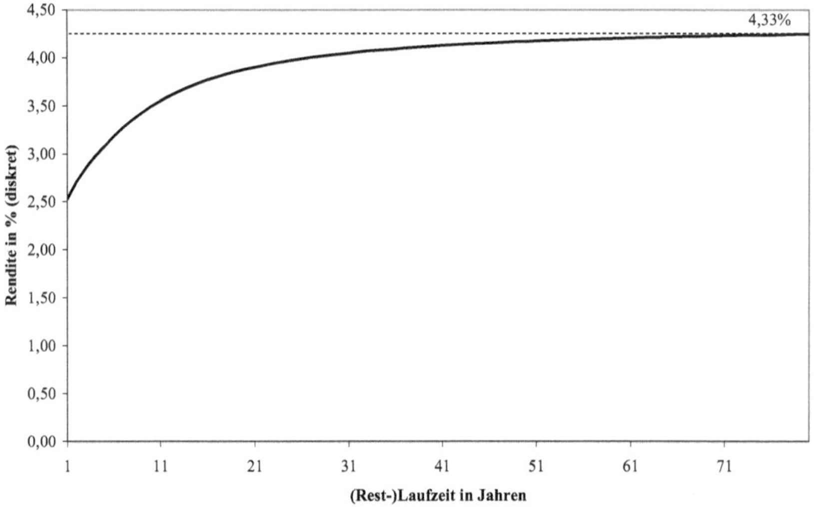

Abbildung 28: Zinstrukturkurve nach Svensson-Methode[799]

In der Bewertungspraxis wird regelmäßig die Ermittlung eines für alle Perioden geltenden einheitlichen Zinssatzes bevorzugt. Dieser kann ausgehend von den Daten der

[798] Vgl. IDW [AKU (2005)], S. 555 f.

[799] Zinsstrukturkurve aufgrund der Durchschnittswerte vom 2.10.2005 bis 2.1.2006. Die erforderlichen Daten können auf der Homepage der Deutschen Bundesbank (www.bundesbank.de) abgerufen werden.

Zinsstrukturkurve für konstante oder stetig wachsende Zahlungsreihen mit folgender Formel ermittelt werden:[800]

(23) $$r_f = \frac{CF \times (1+w)}{BW} + w$$

Im obigen Beispiel errechnet sich ein einheitlicher Basiszinssatz von 4,10%.[801]

Mit den von der Deutschen Bundesbank nach der Svensson-Methode ermittelten Zinsstrukturkurven liegt eine Ausgangsbasis für die Ermittlung des risikolosen Basiszinssatzes vor. Aufgrund der objektivierten Nachvollziehbarkeit der Herleitung und einer rein zukunftsorientierten Ermittlung auf Basis aktueller Zinsstrukturdaten des Kapitalmarktes sollte für Zwecke der Bewertung von Sparkassen eine Ermittlung des risikolosen Basiszinssatzes auf Basis der Svensson-Methode erfolgen.

Nachdem der risikolose Basiszinssatz vor persönlicher Einkommensteuer mithilfe der Svensson-Methode ermittelt wurde, ist dieser noch um die *persönlichen Einkommensteuern* zu kürzen. Bei der Ermittlung von objektivierten Unternehmenswerten wird ein typisierter, unbeschränkt steuerpflichtiger natürlicher Anteilseigner mit einem typisierten Steuersatz von 35% unterstellt.[802] Bei den Trägern der Sparkassen ergeben Besonderheiten bei der Besteuerung. Die Geldanlage in Staatsanleihen fällt auf Ebene der Sparkassenträger regelmäßig in den Bereich der Vermögensverwaltung. Hierduch unterliegen die Zinserträge zum einen keiner Einkommensteuer und zum anderen wird gemäß § 44a Abs. 4 Nr. 2 EStG von einem Kapitalertragsteuerabzug Abstand genommen.[803] Diese unterschiedliche Besteuerung führt dazu, dass der risikolose Basiszinssatz nach Steuern aus Sicht der Sparkassenträger höher ausfällt.

	Steuerpflichtiger	
	Träger	**typisierter Investor**
risikoloser Basiszinssatz	4,00%	4,00%
typisierte Einkommensteuer (35%)		-1,40%
risikoloser Basiszinssatz nach Steuern	**4,00%**	**2,60%**

Tabelle 19: Ermittlung des risikolosen Basiszinssatzes nach Steuern[804]

800 Vgl. Jonas/Wieland-Blöse/Schiffarth [Basiszinssatz (2005)], S. 648.

801 Der Basiszinssatz wurde unter der Annahme einer jährlich mit ein Prozent wachsenden zu diskontierenden Zahlungsreihe abgeleitet.

802 Vgl. IDW [IDW S1 (2005)], S. 1308, Tz. 53.

803 Vgl. Kessler/Fritz/Gastl [Öffentliche Hand (2004)], S. 2327.

804 In Anlehnung an die Empfehlung des IDW wird der auf Basis der Svensson-Methode ermittelte Basiszinssatz auf 4,00% abgerundet.

5.4.2.2 Ermittlung der Marktrisikoprämie nach Steuern

Neben der Ermittlung des risikolosen Basiszinssatzes nach Steuern ist zur Berechnung der Eigenkapitalkosten die Schätzung der Marktrisikoprämie nach Steuern erforderlich. Die Marktrisikoprämie setzt sich aus der um den risikolosen Basiszinssatz nach Steuern gekürzten Rendite des Marktportfolios nach Steuern zusammen (vgl. Abbildung 27, S. 193).

Für die Ermittlung der Marktrisikoprämie stehen zwei verschiedene Vorgehensweisen zur Verfügung. Zum einen kann die Marktrisikoprämie aus den *Prognosen von Analysten* abgeleitet werden. Sie ermittelt sich aus der von den Analysten erwarteten Rendite der nächsten Periode zuzüglich eines von den Analysten geschätzten, zukünftig zu erwartenden konstanten Dividendenwachstums. Diese Vorgehensweise wird in der Regel in der Literatur abgelehnt, da Analysten die Prognose von Wachstumsraten bislang nur begrenzt gelungen ist und die implizite Annahme eines konstanten Dividendenwachstums eine sehr restriktive Annahme darstellt.[805]

Zum anderen kann die *Marktrisikoprämie auf Basis von historischen* **Daten** bestimmt werden. Diese bevorzugte Vorgehensweise unterstellt implizit, dass die Vergangenheit ein geeigneter Indikator für die zukünftige Entwicklung des Marktes ist und die Erwartungen der Investoren wesentlich von der historischen Performance beeinflusst werden.[806] Die nach dieser Vorgehensweise ermittelten Risikoprämien werden durch die Wahl des der Ermittlung zugrunde gelegten Marktportfolios, der Dauer der Betrachtungsperiode, der Messmethode sowie der alternativen risikolosen Rendite determiniert.[807]

Bei dem Marktportfolio im Sinne des CAPM handelt es sich um eine theoretische, in der Praxis nicht bestimmbare Größe. Das Marktportfolio muss konzeptionsbedingt alle risikobehafteten Anlagemöglichkeiten beinhalten. Zu diesen gehören neben den am organisierten Kapitalmarkt gehandelten Anlagen u. a. auch Immobilien oder Beteiligungen an nicht börsennotierten Unternehmen.[808] Durch die Möglichkeit von internationalen Kapitalmarktanlagen ist das Marktportfolio nicht nur auf die nationalen Investitionsmöglichkeiten zu begrenzen. Die Rendite eines solchen Portfolios ist grundsätzlich nicht messbar. Als Ersatz für das Marktportfolio wird in der Regel ein breiter Ak-

---

[805] Vgl. Copeland/Koller/Murrin [Unternehmenswert (2002)], S. 272.; King/Grabowski [Equity Risk Premiums (2000)], S. 64 ff.

[806] Vgl. King/Grabowski [Equity Risk Premiums (2000)], S. 57.

[807] Vgl. Damodaran [Valuation (2001)], S. 61 ff.; Mandl/Rabel [Unternehmensbewertung (1997)], S. 292 ff.; King/Grabowski [Equity Risk Premiums (2000)], S. 57 ff.; Copeland/Koller/Murrin [Valuation (2005)], S. 297 ff.

[808] Vgl. Baetge/Krause [Risiko (1994)], S. 441.

tienindex verwendet, der zwangsläufig nur ein Teilportfolio des theoretischen Marktportfolios abbildet.[809]

Bei der Auswahl des Aktienindex sollte darauf geachtet werden, dass es sich um einen *Performance-Index* handelt. Diese nehmen eine Bereinigung der Einflüsse von Kapitalerhöhungen und Dividendenzahlungen vor und gewichten die einzelnen Werte nach ihrer Marktkapitalisierung. Durchgeführte Kapitalerhöhungen und Dividendenzahlungen führen zu Kursveränderungen, die nicht auf die Entwicklung des Marktes zurückzuführen sind. Kursindizes, die eine Gewichtung über die einzelnen Aktienkurse und nicht über die Marktkapitalisierung vornehmen, sind daher als Ersatzmarktportfolios nicht geeignet.[810]

Wesentlichen Einfluss auf die historische Marktrisikoprämie hat das zugrunde gelegte *Zeitintervall.* Die Schätzung der Marktrisikoprämie sollte auf Basis einer langen Beobachtungsphase erfolgen.[811] Nur bei ausreichend langen Zeiträumen finden ungewöhnliche Effekte keine übermäßige Bedeutung, werden aber angemessen berücksichtigt, da sie von Zeit zu Zeit auftreten können. Für den Ansatz eines kurzen Beobachtungszeitraums spricht zwar die Verwendung von aktuelleren Zahlen, jedoch besteht die Gefahr, dass die ermittelten Werte durch kurzfristige Anomalien geprägt sind und durch die Wahl eines geeigneten Zeitraums Ermessensspielräume ausgenutzt werden können.[812] Aus diesem Grund ist die Dauer des Beobachtungszeitraums so zu wählen, dass die darin enthaltenen Konjunkturzyklen vollständig erfasst werden.[813]

Neben dem verwendeten Beobachtungszeitraum wird die Höhe der historischen Marktrendite auch durch die *Messmethode* beeinflusst. Sie kann sowohl als arithmetischer[814] als auch als geometrischer[815] Mittelwert errechnet werden. In der Literatur wird mittlerweile eine Ermittlung der Marktrisikoprämie auf Basis des arithmetischen Mittels präferiert.[816]

---

809 Vgl. Nowak [Unternehmensbewertung (2003)], S. 89 f.

810 Vgl. Faust [Eigenkapitalkosten (2002)], S. 106 f.

811 Vgl. Copeland/Koller/Murrin [Unternehmenswert (2002)], S. 267 f.

812 Vgl. Mandl/Rabel [Unternehmensbewertung (1997)], S. 293; Ibbotson Associates [Yearbook (1998)], S. 156 f.

813 Vgl. Mandl/Rabel [Unternehmensbewertung (1997)], S. 293

814 Das arithmetische Mittel (r_a) der Renditen (r_t) über n Perioden berechnet sich wie folgt:

$$r_a = \frac{1}{n}\sum_{t=1}^{n} r_t$$

815 Das geometrische Mittel (r_g) der Renditen (r_t) über n Perioden berechnet sich wie folgt:

$$r_g = \sqrt[n]{\prod_{t=1}^{n}(1+r_t)} - 1$$

816 Vgl. Stehle [Risikoprämie (2004)], S. 910 f.

Die letzte Determinante, die die Höhe der Marktrisikoprämie beeinflusst, ist die risikofreie Rendite nach Steuern.

In einer umfassenden Studie hat Stehle für den Zeitraum von 1955 bis 2003 eine arithmetische Marktrendite vor Steuern auf Basis des CDAX[817] von 12,40% ermittelt.[818] Unter Berücksichtigung der persönlichen Einkommensteuer errechnet sich eine Marktrendite nach Steuern von 11,16%. Für die Ermittlung des risikolosen Basiszinssatzes werden die Renditen des REXP[819] herangezogen. Die Durchschnittsrendite betrug hierbei 6,94% (vor Steuern) bzw. 4,50% (nach Steuern). Ausgehend von diesen Werten beträgt die Marktrisikoprämie vor Steuern 5,46% und nach Steuern 6,66%.[820]

Für Zwecke der Unternehmensbewertung ist nicht die historische, sondern die zukünftige Marktrendite relevant. Aufgrund der im Verlauf des Beobachtungszeitraums deutlich verbesserten Möglichkeiten zur internationalen Diversifikation und eines in Zukunft gegebenenfalls geringeren Risikos von Kursschwankungen bei Aktien hält Stehle einen Abschlag vom errechneten langjährigen Durchschnitt in einer Größenordnung von 1,0 bis 1,5 Prozentpunkten für zulässig. Bei Zugrundelegung des CDAX ist seiner Meinung nach eine Marktrisikoprämie nach Steuern von 5,5% vertretbar.[821] Der AKU empfiehlt derzeit, bei der Ermittlung von objektivierten Unternehmenswerten, denen ein typisierter Investor zugrunde liegt, Werte von 4,0% bis 5,0% für die Marktrisikoprämie vor Steuern bzw. von 5,0% bis 6,0% für die Marktrisikoprämie nach Steuern anzusetzen.

Für die Ermittlung der Marktrisikoprämie nach Steuern für Zwecke der Bewertung von Sparkassen können die empfohlenen Werte nicht direkt übernommen werden. Den Empfehlungen bzw. Berechnungen liegt ein typisierter Investor zugrunde, der einen typisierten Einkommensteuersatz von 35% aufweist. Seine Dividendeneinkünfte werden nach dem Halbeinkünfteverfahren besteuert und seine Kursgewinne sind bislang steuerfrei.[822]

---

[817] Der CDAX umfasst alle im Amtlichen Handel in Frankfurt notierten Aktien.

[818] Vgl. Stehle [Risikoprämie (2004)], S. 921.

[819] Der REXP umfasst alle Anleihen, Obligationen und Schatzanweisungen der Bundesrepublik Deutschland und dem Fonds Deutsche Einheit mit konstanter Verzinsung und einer Restlaufzeit von mehr als 0,5 Jahren.

[820] Für eine Übersicht weiterer Studien zur Ermittlung der Marktrisikoprämie vgl. Wagner/Jonas/Ballwieser/Tschöpel [Unternehmensbewertung (2006)], S. 1027 f.

[821] Vgl. Stehle [Risikoprämie (2004)], S. 921. Wagner/Jonas/Ballwieser/Tschöpel erachten einen Abschlag von 1 bis 2 Prozentpunkten von der auf Basis des arithmetischen Mittels ermittelten Risikoprämie für empfehlenswert. Vgl. Wagner/Jonas/Ballwieser/Tschöpel [Unternehmensbewertung (2006)], S. 1019.

[822] Vgl. Stehle [Risikoprämie (2004)], S. 920.

Für die *Bewertung von Sparkassen* wird daher folgende Vorgehensweise zur Ermittlung der Marktrisikoprämie nach Steuern vorgeschlagen. Ausgangspunkt ist die ermittelte Marktrendite vor Steuern. Diese Marktrendite ist in seine beiden Bestandteile Dividendenrendite und Kursgewinne zu zerlegen. Die Ableitung der Dividendenrendite sollte ebenfalls auf Basis des CDAX erfolgen.[823] Die Differenz aus Marktrendite vor Steuern und Dividendenrendite ergibt anschließend die Kursrendite. Sind beide Komponenten bekannt, sind die Steuerwirkungen aus Sicht der Träger in Abzug zu bringen.

Wie beschrieben, erfolgt eine Ableitung der Marktrisikoprämie aus einem Aktienportfolio. Eine Beteiligung der Träger in ein entsprechendes Aktienportfolio fällt regelmäßig in den Bereich der Vermögensverwaltung. Ausgeschüttete Gewinne einer Kapitalgesellschaft unterliegen nach § 43 Abs. 1 S. 1 Nr. 1 i. V. m. § 43a Abs. 1 Nr. 1 EStG einem Kapitalertragsteuersatz von 20%. Zu beachten ist, dass in den Fällen, in denen der Gläubiger eine inländische juristische Person des öffentlichen Rechts ist, eine hälftige Erstattung der Kapitalertragsteuer gemäß § 44a Abs. 8 S. 2 EStG vorgesehen ist. Dies führt dazu, dass Dividendenausschüttungen auf Ebene der Sparkassenträger einer definitiven Kapitalertragsteuer von 10% unterliegen. Erzielte Kursgewinne sind steuerfrei.[824]

Als letzte Komponente ist der risikolose Basiszinssatz nach Steuern in Abzug zu bringen. Hierbei sollte der aus der Zinsstrukturkurve geschätzte risikolose Basiszinssatz herangezogen werden, um eine Konsitenz mit der zur Berechnung des risikolosen Basiszinssatzes verwendeten Größe sicherzustellen. Wie bereits in Kapitel 5.3.2.1 beschrieben, unterliegen die Zinseinkünfte aus Staatsanleihen auf Ebene der Sparkassenträger weder der Einkommensteuer noch einer definitiven Kapitalertragsteuer. Die Marktrisikoprämie nach Steuern kann somit für Sparkassen anhand folgender Formel berechnet werden:

$$\text{(24)} \quad MRP^{nSt} = r_M^{vSt} - d_M \times s_{KESt} - r_f$$

MRP^{nSt}	Marktrisikoprämie nach Steuern
r_M^{vSt}	Rendite des Marktportfolios vor Steuern
d_M	Dividendenrendite des Marktportfolios
r_f	risikoloser Basiszinssatz
s_{KESt}	definitiver Kapitalertragsteuersatz

[823] Vgl. Hillmer [Unternehmensbewertung (2005)], S. 424.
[824] Vgl. Kessler/Fritz/Gastl [Öffentliche Hand (2004)], S. 2327.

Die folgende Abbildung zeigt ein Beispiel, wie ausgehend von den ermittelten Daten sich die Marktrisikoprämie nach Steuern aus Sicht der Träger bzw. für einen typisierten Investor unterscheiden.

	Aus Sicht der Träger		
	vor Steuern	**Steuern**	**nach Steuern**
Dividendenrendite	4,05%	-0,41%	3,65%
+ Kursrendite	4,95%	0,00%	4,95%
- risikofreier Basiszinssatz	4,00%	0,00%	4,00%
= Marktrisikoprämie	**5,00%**		**4,60%**

	Aus Sicht eines typisierten Investors		
	vor Steuern	**Steuern**	**nach Steuern**
Dividendenrendite	4,05%	-0,71%	3,34%
+ Kursrendite	4,95%	0,00%	4,95%
- risikofreier Basiszinssatz	4,00%	-1,40%	2,60%
= Marktrisikoprämie	**5,00%**		**5,69%**

Annahmen: Die Dividendenrendite beträgt 45% der Marktrendite vor Steuern

Tabelle 20: Ermittlung der Marktrisikoprämie nach Steuern für die Träger der Sparkasse bzw. für einen typisierten Investor

Wie erläutert, errechnet sich die Marktrisikoprämie nach Steuern aus der Differenz zwischen der Marktrendite nach Steuern und dem risikofreien Basiszinssatz nach Steuern, so dass die Steuerauswirkungen getrennt für die beiden genannten Positionen zu untersuchen sind. Die *Marktrendite nach Steuern* fällt aus Sicht der Sparkassenträger aufgrund der geringeren Besteuerung der Dividendeneinkünfte (10% Kapitalertragsteuer vs. 17,5% Halbeinkünfteverfahren) höher aus. Der risikofreie Basiszinssatz nach Steuern fällt aus Sicht der Sparkassenträger aufgrund der fehlenden Belastung mit Einkommensteuer höher aus. Diese beiden Effekte führen dazu, dass sich für die Träger der Sparkasse eine deutlich *höhere Marktrisikoprämie nach Steuern* einstellt.

Die Auswirkungen der unterschiedlichen Besteuerung lassen sich anhand des folgenden vereinfachten Beispiels darstellen. Unter der Annahme eines konstanten Jahresüberschusses vor Steuern von 100 GE und der Nichtberücksichtigung von Ausschüttungsrestriktionen ergeben sich bei einem unterstellten Betafaktor von eins folgende Unternehmenswerte:

	Sparkasse	Kapitalbank
Jahresüberschuss vor Steuern	**100,00**	**100,00**
- Gewerbeertragsteuer (16,67%)	-16,67	-16,67
- Körperschaftsteuer inkl. Soli (26,35%)	-21,96	-21,96
= Ergebnis nach Steuern	**61,37**	**61,37**
- typisierte persönliche Einkommensteuer (17,5%)		-10,74
- definitive Kapitalertragsteuer (10%)	-6,14	
= Zahlungsüberschuss auf Ebene der Träger/Anteilseigner	**55,24**	**50,63**
Risikoloser Basiszinssatz nach Steuern	4,00%	2,60%
Marktrisikoprämie nach Steuern	4,60%	5,69%
Betafaktor	1,00	1,00
Eigenkapitalkosten	**8,60%**	**8,29%**
Unternehmenswert	**642,27**	**610,76**

Tabelle 21: Auswirkungen der unterschiedlichen Besteuerung auf den Unternehmenswert

Das Beispiel zeigt, dass sich aus der unterschiedlichen Besteuerung zwei gegenläufige Effekte ergeben. Auf der einen Seite sind aufgrund der geringeren Besteuerung auf Ebene der Sparkasse höhere Ausschüttungen an die Anteilseigner zu verzeichnen. Auf der anderen Seite führt die beschriebene Berücksichtigung von Steuern bei der Ermittlung des Diskontierungssatzes zu höheren Eigenkapitalkosten. Dieser höhere Eigenkapitalkostensatz reicht indes nicht aus, um den Werteffekt aus den höheren Ausschüttungen an die Anteilseigner zu kompensieren. Im Ergebnis ergibt sich aus Sicht der Träger ein höherer Unternehmenswert für die Sparkasse als für den Eigentümer eines Kreditinstituts in der Rechtsform einer Kapitalgesellschaft.

5.4.2.3 Ermittlung des Betafaktors

Während die Rendite der risikolosen Anlage (r_f) und die Marktrisikoprämie (r_m-r_f) vom Kapitalmarkt exogen vorgegeben ist, handelt es sich bei dem Betafaktor um den einzigen unternehmensindividuellen Einflussfaktor bei der Ermittlung der Eigenkapitalkosten auf Basis des CAPM.

Annahmengemäß unterstellt das CAPM, dass für die Renditeerwartung eines einzelnen Wertpapiers lediglich das systematische Risiko entscheidend ist. Als Maßgröße für das systematische Risiko eines bestimmten Wertpapiers wird im CAPM der Betafaktor verwendet.

$$(25) \quad \beta_i = \frac{cov_{im}}{\sigma_m^2}$$

Dieses *Volatilitätsmaß* zeigt, in welchem Umfang die Rendite eines einzelnen Wertpapiers die Rendite des Marktportfolios nachvollzieht.[825] Aktien mit einem Betafaktor größer (kleiner) als 1 sind risikoreicher (risikoärmer) als das Marktportfolio, d. h., sie reagieren überproportional (unterproportional) auf Veränderungen der Marktrenditen. Anlagen mit einem Betafaktor von 1 reagieren dagegen proportional zum Marktportfolio, welches ebenfalls einen Betafaktor von 1 aufweist. Anlagen mit einem Betafaktor von Null sind risikolos.[826]

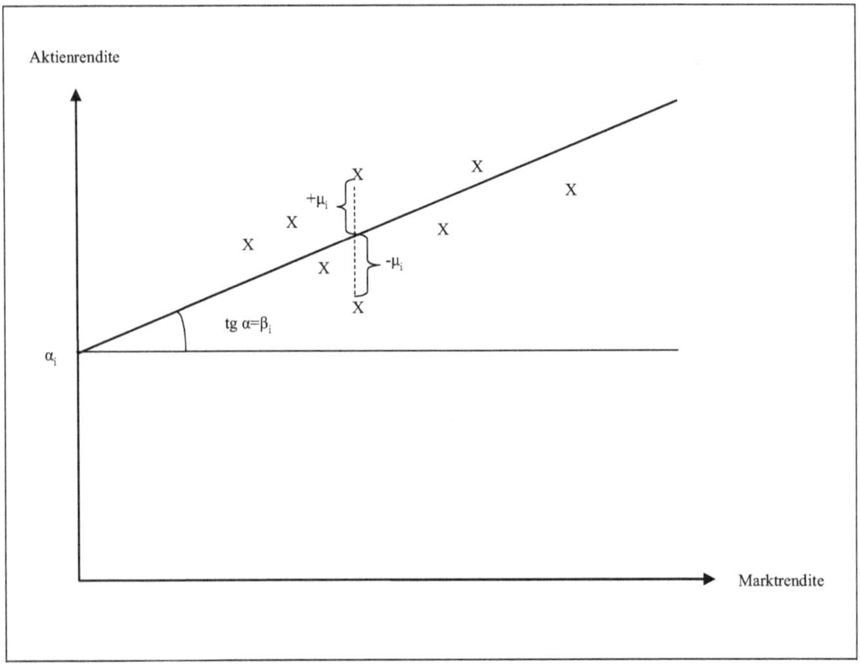

Abbildung 29: Regressionsgerade im Marktmodell

Für *börsennotierte Unternehmen* kann der Betafaktor auf Basis von Vergangenheitsdaten durch eine „Regression der zu bewertenden Gesellschaft und der Rendite eines In-

[825] Vgl. Ernst/Schneider/Thielen [Unternehmensbewertungen (2003)], S. 57 f.
Die Kovarianz ist das Maß der Parallelität zweier Zeitreihen. Eine positive (negative) Kovarianz gibt an, dass sich die Rendite einer bestimmten Kapitalanlage in die gleiche (entgegengesetzte) Richtung bewegt wie die Rendite des Marktportfolios. Die Varianz gibt das Ausmaß der Abweichung der Rendite von der erwarteten Rendite wieder.

[826] Vgl. Baetge/Krause [Risiko (1994)], S. 439.

dex, der das Marktportfolio ersetzt", abgeleitet werden.[827] Diese Vorgehensweise basiert auf dem Marktmodell von Sharpe[828], welches einen linearen Regressionszusammenhang zwischen der Rendite einer Aktie und der Marktrendite unterstellt.[829]

Für die Anwendung des Marktmodells sind Informationen über die in der Vergangenheit realisierten Renditen des Marktportfolios und der Renditen des Wertpapiers erforderlich. Die Rendite einer Aktie setzt sich aus Kursgewinnen, Dividendenzahlungen sowie Bezugsrechtserlösen zusammen.[830] Um die lineare Regressionsanalyse durchführen zu können, sind mindestens 50 Datenpaare erforderlich, da andernfalls das lineare Bestimmtheitsmaß überschätzt wird.[831]

Das *unsystematische Risiko* wird als Abweichung μ_i der tatsächlichen Renditen von der Regressionsfunktion des Marktmodells erfasst. Der Erwartungswert für die Abweichungen μ_i beträgt null. Die Funktion des Marktmodells lautet daher wie folgt:[832]

(26) $$R_i = \alpha_i + \beta_i * R_M$$

α_i	von der Marktrendite unabhängige Wertpapierrendite
$\beta_i R_m$	systematische Wertpapierrendite
R_m	Rendite des Marktportfolios
R_i	Rendite des Wertpapiers i
μ_i	Zufallsfehler

Das α_i gibt den von der Marktrendite unabhängigen Teil der Unternehmensrendite an, der auch bei einer Marktrendite von Null bestehen bleibt. Für die Bestimmung des systematischen Risikos ist die Steigung der Regressionsgerade relevant, die dem Betafaktor des CAPM entspricht.[833] Um die Güte der ermittelten Regressionsgerade beurteilen zu können, wird das lineare Bestimmtheitsmaß R^2 errechnet.[834] Je näher dieses an den Wert eins herankommt, desto genauer wird die Renditeentwicklung durch die Regressionsgerade erklärt.[835]

827 Vgl. Ballwieser [Aspekte (1995)], S. 123.
828 Vgl. Sharpe [Portfolio Analysis (1962)], S. 277 ff.
829 Vgl. Steiner/Bruns [Wertpapiermanagement (2002)], S. 37 f.
830 Vgl. Baetge/Krause [Risiko (1994)], S. 437.
831 Vgl. Baetge/Krause [Risiko (1994)], S. 442.
832 Vgl. Steiner/Bruns [Wertpapiermanagement (2002)], S. 38.
833 Vgl. Zimmermann [Betawerte (1997)], S. 19.
834 Das lineare Bestimmheitsmaß R^2 wird wie folgt ermittelt: $R^2 = \beta_i^2 * (\sigma_m^2 / \sigma_i^2)$
835 Vgl. Steiner/Bruns [Wertpapiermanagement (2002)], S. 38.

Der mithilfe des Marktmodells ermittelte historische Betafaktor wird im Rahmen der Ermittlung der Eigenkapitalkosten von börsennotierten Unternehmen als Schätzer für den unbekannten zukünftigen Betafaktor verwendet.

Schwieriger gestaltet sich die Ermittlung des Betafaktors für Sparkassen, da diese an keiner Börse notiert sind. Einen Überblick über *alternative Verfahren* zur Bestimmung des Betafaktors für *nicht börsennotierte Unternehmen* gibt die Abbildung 30.

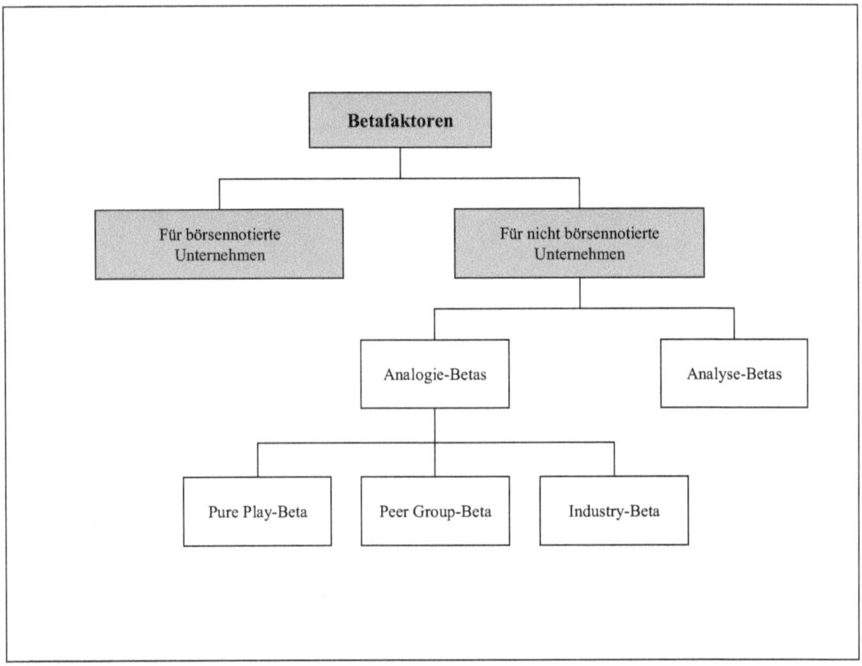

Abbildung 30: Möglichkeiten der Ermittlung von Betafaktoren

Generell kann zwischen Verfahren unterschieden werden, die den Betafaktor aus vergleichbaren Unternehmen (Analogiebetas) ableiten bzw. die eine Ermittlung des Betafaktors anhand von wesentlichen ökonomischen Bestimmungsfaktoren für das systematische Risiko vornehmen (Analysebetas).

Das Problem der fehlenden Marktdaten bei nicht börsennotierten Unternehmen bzw. der Bewertung von Unternehmensbereichen wird bei den Analogieansätzen durch die Verwendung von *„Ersatzbetafaktoren"* gelöst. Diese „Ersatzbetafaktoren" werden dabei von vergleichbaren börsennotierten Unternehmen abgeleitet. Der Grundgedanke hierbei ist, dass vergleichbare Unternehmen eine ähnliche Risikostruktur aufweisen und somit der Betafaktor des/der Vergleichsunternehmen auf das nicht börsennotierte Bewertungsobjekt übertragen werden kann. Das Hauptproblem bei der Verwendung von Analogie-Betas besteht in der Identifikation des Vergleichsunternehmens oder der Vergleichsunternehmen.[836]

Je nach verwendeten Vergleichsunternehmen können die Analogie-Betas in Pure Play-Betas, Peer Group-Betas und Industry-Betas unterteilt werden.[837]

Bei einem *Pure Play-Beta* wird der Betafaktor aus dem Betafaktor eines einzelnen Referenzunternehmens abgeleitet. Voraussetzung für eine sinnvolle Anwendung des Pure Play-Betas ist das Vorhandensein eines Vergleichsunternehmens, welches die gleichen bewertungsrelevanten Eigenschaften wie das Bewertungsobjekt aufweist. Neben objektiven Kriterien (Branche, Unternehmensgröße, Verschuldungsgrad etc). müssen auch subjektive Einschätzungen (Wettbewerbspositionierung, Flexibilität etc.) in die Auswahl eines einzelnen Referenzunternehmens einfließen.[838] Für die Ermittlung des Betafaktors von Sparkassen anhand eines Pure Play-Betas tritt das Problem auf, aufgrund der geringen Anzahl an börsennotierten Kreditinstituten, ein geeignetes börsennotiertes Unternehmen zu finden. Aus diesem Grund erscheint dieses Verfahren für die Schätzung des Betafaktors von Sparkassen nicht geeignet.

Alternativ zum Pure Play-Beta kann der Betafaktor einer Sparkasse auch aus einer Vergleichsgruppe *(Peer Group)* ermittelt werden. Hierbei wird aus einer möglichst großen Anzahl an vergleichbaren börsennotierten Unternehmen ein Durchschnitts-Beta ermittelt. Die ausgewählten Vergleichsunternehmen sollten das Bewertungsobjekt in den bewertungsrelevanten Eigenschaften möglichst gut approximieren.[839] Kriterien sind beispielsweise Produktpalette, Kundenstruktur, Unternehmensgröße und Marktanteil etc.[840] Das Peer Group-Beta bietet den Vorteil, dass durch die gezielte Auswahl mehrerer Referenzunternehmen die spezifischen Besonderheiten der Sparkasse berücksichtigt werden können.[841]

Eine weitere Möglichkeit ist die Ableitung des Betafaktors aus *Industry-Betas*. Der Grundgedanke ist hierbei, dass das systematische Risiko eines Unternehmens wesentlich durch die Branche, in der es tätig ist, beeinflusst wird.[842] Hierbei wird implizit un-

836 Vgl. Ballwieser [DCF-Verfahren 1998)], S. 83.
837 Vgl. Arnsfeld [Eigenkapitalkostenkalkulation (1998)], S. 273 ff.
838 Vgl. Freygang [Kapitalallokation (1993)], S. 261 f.
839 Vgl. Freygang [Kapitalallokation (1993)], S. 259 f.
840 Vgl. Faust [Eigenkapitalkosten (2002)], S. 189..
841 Vgl. Ernst/ Schneider/Thielen [Unternehmensbewertungen (2003)], S. 64.
842 Vgl. Arnsfeld [Eigenkapitalkostenkalkulation (1998)], S. 273.

terstellt, dass das operative und finanzwirtschaftliche Risiko für die Unternehmen der Branche in etwa die gleiche Größe aufweisen.[843] Das Industry-Beta für Banken wird hierbei als arithmetisches Mittel der börsennotierten Kreditinstitute ermittelt. Industry-Betas werden z. B. täglich von der Deutschen Börse AG mit Bezug auf den CDAX für 18 Branchen[844], darunter auch Banken, berechnet.[845]

Das Industry-Beta bietet gegenüber dem Pure Play-Beta den Vorteil, dass durch die Zusammenfassung der individuellen Beta-Werte der Branchenunternehmen Ausreißer und statistische Schätzfehler reduziert werden.[846] Allerdings weisen sie den Nachteil auf, dass die unternehmensspezifischen Besonderheiten von Sparkassen nicht berücksichtigt werden können.[847] Für die Bewertung von Sparkassen sollte daher für die Ermittlung des Betafaktors nicht auf die Verwendung von Branchenbetas zurückgegriffen werden. Bei einer Betrachtung der verschiedenen Betafaktoren der Kreditinstitute wird deutlich, dass von Seiten des Kapitalmarktes Banken mit unterschiedlichen Geschäftsschwerpunkten auch als unterschiedlich risikoreich eingestuft werden. Institute mit einer stärkeren internationalen Ausrichtung sowie umfangreichen Handels- und Investmentbanking-Aktivitäten werden aufgrund der höheren Ergebnisvolatilität als risikoreicher eingestuft als Institute, deren Geschäftsschwerpunkte im Hypotheken- und Firmenkreditgeschäft liegen. Die Verwendung von Branchenbetas würde daher zu ungenauen Schätzungen führen.[848]

Bisher wurde implizit angenommen, dass die betrachteten Unternehmen innerhalb derselben Branchen bzw. die Referenzunternehmen über eine gleiche Kapitalstruktur verfügen.[849] Das systematische Risiko eines Wertpapiers setzt sich aus zwei Komponen-

---

Die Ermittlung von Vergleichsunternehmen kann in Amerika auf Basis des SIC Code (Standard Industrial Classification Code) erfolgen.

843 Vgl. Arbeitskreis „Finanzierung" der Schmalenbach-Gesellschaft Deutsche Gesellschaft für Betriebswirtschaft e. V. [Kapitalkosten (1996)], S. 552 f.

844 Stand März 2006 (Quelle: www.deutscheboerse.de).
Alternativ könnten die Branchen-Betas auch marktgewichtet ermittelt werden. Zimmermann weist jedoch darauf hin, dass die gleichgewichteten Branchen-Betas zu besseren Prognosen führen. Des Weiteren ist darauf zu achten, das in die Berechnung keine illiquiden Aktien eingehen, da die Illiquidität von Aktien dazu führt, dass deren Kurs häufig nicht dem aktuellen Informationsstand entspricht und somit die gemessenen systematischen Renditen von den (nicht beobachtbaren) „wahren" Renditen abweichen und somit zu Verzerrung des Betafaktors führen. Vgl. Zimmermann [Betawerte (1997)], S. 51, 326 f. u. 351.

845 Bei Banken kann ein Branchenbeta beispielsweise auf Basis des CDAX Bank Performance Index ermittelt werden.

846 Vgl. Arbeitskreis „Finanzierung" der Schmalenbach-Gesellschaft Deutsche Gesellschaft für Betriebswirtschaft e. V. [Kapitalkosten (1996)], S. 552 f.

847 Vgl. Ernst/Schneider/Thielen [Unternehmensbewertungen (2003)], S. 64.

848 Vgl. Faust [Eigenkapitalkosten (2002)], S. 191 f.

849 Vgl. Freygang [Kapitalallokation (1993)], S. 265 f.

ten zusammen. Zum einen beeinflusst das Geschäftsrisiko, welches durch das Operating Beta ausgedrückt wird, das systematische Risiko. Zum anderen hat auch das durch das Financial Beta ausgedrückte Kapitalstrukturrisiko einen Einfluss auf die Höhe des systematischen Risikos.[850] Da der Verschuldungsgrad einen Einfluss auf die Höhe des systematischen Risikos hat, ist bei unterschiedlichen Kapitalstrukturen eine Bereinigung erforderlich. Der Betawert eines mit einer schlechteren Eigenkapitalquote ausgestatteten Kreditinstituts mit gleichem Geschäftsrisiko müsste aus diesem Grund oberhalb dessen eines Kreditinstituts mit höherer Eigenkapitalquote liegen.

Eine Bereinigung der Auswirkungen unterschiedlicher Kapitalstrukturen auf das systematische Risiko kann wie folgt vorgenommen werden: In einem ersten Schritt wird der Effekt des Fremdkapitals auf den Betafaktor des Vergleichsunternehmens herausgerechnet (unlevered) und somit der unlevered-Betafaktor bei fiktiver vollständiger Eigenfinanzierung der/des Vergleichsunternehmen(s) bestimmt. Um den Betafaktor des Bewertungsobjektes zu ermitteln, wird das unlevered-Beta anschließend an die Kapitalstruktur des Bewertungsobjektes angepasst.[851]

Die Ermittlung des unlevered-Betafaktors und des relevered-Betafaktors kann mit folgenden Bereinigungsformeln erfolgen:[852]

$$(27)\quad \beta_{uV} = \beta_{vV} * \frac{1}{1 + (1 - s_v) * \left(\frac{FK}{EK}\right)_V}$$

$$(28)\quad \beta = \left[1 + (1 - s) * \frac{FK}{EK}\right] * \beta_{uV}$$

β_{uV}	Betafaktor des unverschuldeten Vergleichsunternehmens
β_{vV}	Betafaktor des verschuldeten Vergleichsunternehmens
β	Betafaktor des Bewertungsobjektes
s_V	Ertragsteuersatz des Vergleichsunternehmens
s	Ertragsteuersatz des Bewertungsobjektes
$(FK/EK)_V$	Verschuldungsgrad des Vergleichsunternehmens
FK/EK	Verschuldungsgrad des Bewertungsobjektes

Für Banken ist zu berücksichtigen, dass diese bedingt durch die aufsichtsrechtlichen Eigenkapitalvorschriften über ähnliche Kapitalstrukturen verfügen, so dass i. d. R. auf eine Anpassung verzichtet werden kann.[853]

[850] Vgl. Faust [Eigenkapitalkosten (2002)], S. 192.
[851] Vgl. Ernst/Schneider/Thielen [Unternehmensbewertungen (2003)], S. 64 f.
[852] Vgl. Schacht/Fackler [Discounted Cash-flow-Verfahren (2005)], S. 195.

Die ermittelten Peer Group- bzw. Industry-Betas können indes nicht direkt für die Ermittlung der Eigenkapitalkosten von Sparkassen verwendet werden. Wie bereits in einem früheren Kapitel beschrieben, unterliegen Sparkassen bankspezifischen Risiken. Hierunter fallen u. a. das Zinsänderungsrisiko und das Ausfallrisiko.[854]

Während die erwarteten Ausfälle über die Kalkulation von Standardrisikokosten bei der Ermittlung der finanziellen Nettozuflüsse ermittelt werden, kann eine Berücksichtigung des unerwarteten Ausfallrisikos lediglich bei der Ermittlung der Risikoprämie der Eigenkapitalkosten erfolgen. Ähnlich gestaltet sich die Situation beim Zinsänderungsrisiko. Bei der Prognose des Zinsüberschusses wird ebenfalls dessen Erwartungswert angesetzt, so dass eine Berücksichtigung des Zinsänderungsrisikos bei der Ermittlung der finanziellen Nettozuflüsse an die Sparkassenträger nicht erfolgen kann. Dieses ist vielmehr ebenfalls bei der Bestimmung der Risikoprämie der Eigenkapitalkosten zu berücksichtigen.

Wie bereits beschrieben, kann eine Quantifizierung des unerwarteten Ausfallrisikos, welches sich durch die Schwankung des Risikoergebnisses ausdrückt, durch Risikomaßzahlen wie der Standardabweichung oder des Value-at-Risk vorgenommen werden. Für die Quantifizierung des Zinsänderungsrisikos bietet sich die Durchführung einzelner Zinsszenarien an, aus denen auf Basis der einzelnen Barwerte anschließend die Varianz der Szenario-Barwerte ermittelt wird.

Bei Verwendung von Peer Group-Betas ist darauf zu achten, dass die vergleichbaren börsennotierten Unternehmen u. a. über eine ähnliche Risikostruktur verfügen. Aufgrund der geringen Anzahl an börsennotierten Kreditinstituten ist davon auszugehen, dass diese Vergleichbarkeit nur eingeschränkt gegeben ist. Aus diesem Grund ist es gegebenenfalls erforderlich, den auf Basis von Peer Group-Betas ermittelten Betawert um Zu- bzw. Abschläge zu korrigieren, um der unterschiedlichen Risikostruktur zwischen dem Bewertungsobjekt und den Vergleichsunternehmen Rechnung zu tragen.[855] Da quantitative Angaben über die Höhe des unerwarteten Ausfallrisikos und des Zinsänderungsrisikos der Vergleichsunternehmen im Regelfall nicht veröffentlicht werden,

---

853 Vgl. Adamus/Koch [Bewertung von Banken (2006)], S. 155 f.; Faust [Eigenkapitalkosten (2002)], S. 193.
Empirische Studien weisen darüber hinaus darauf hin, dass die Anpassung der Unterschiede in der Kapitalstruktur eher zu schlechteren Ergebnissen führen. Vgl. Zimmermann [Betawerte (1997)], S. 351.

854 Vgl. Kapitel 5.2.1.4 u. 5.2.7.3.

855 Vgl. Kirsten [Shareholder-Value-Konzept (2000)], S. 161 f.
In verschiedenen Studien wurde nachgewiesen, dass vor allem das Zinsänderungsrisiko einen direkten Einfluss auf die Aktienrenditen von Kreditinstituten ausübt. Vgl. Arnsfeld [Eigenkapitalkostenkalkulation (1998)], S. 93; Oertmann/Rendu/Zimmermann [Interest (1996)], S. 3.

kann eine Quantifizierung der Zu- bzw. Abschläge nur auf Basis der Erfahrung des Bewerters erfolgen.

Neben den Analogieansätzen zur Schätzung der zukünftigen Betafaktoren von nicht börsennotierten Unternehmen kann eine *Ableitung auf Basis von Analyseansätzen* erfolgen.[856] In diesen Fällen wird die Ermittlung nicht auf Basis von historischen Daten vorgenommen. Vielmehr unterstellen die Analyseansätze einen Zusammenhang zwischen dem systematischen Risiko als Marktrisiko und bestimmten Risikokennziffern des Unternehmens bzw. der Volkswirtschaft als Fundamentalrisiko. Dabei wird angenommen, dass die betriebs- und/oder volkswirtschaftlichen Risikodeterminanten im Marktpreis der Wertpapiere abgebildet werden. Auf effizienten Kapitalmärkten passt sich das Marktrisiko an jede Veränderung des fundamentalen Risikos an.[857] Die Analyseansätze versuchen, eine theoretisch beweisbare oder empirisch belegbare Beziehung zwischen den beobachtbaren Unternehmens- und Wirtschaftsdaten und dem Marktrisiko herzustellen.[858] Sofern dieser Zusammenhang entweder theoretisch oder empirisch nachgewiesen werden kann, ist über die bekannten Risikokennziffern des Unternehmens bzw. der Volkswirtschaft einen Rückschluss auf das systematische Risiko möglich.

In Abhängigkeit der verwendeten Bezugsgrößen kann eine Systematisierung der Analyseansätze in

- Gewinnbetafaktoren (earning beta),
- Buchhalterische Betafaktoren (accounting beta) und
- Fundamentalbetafaktoren (fundamental beta)

vorgenommen werden.[859]

Die Ermittlung von *Gewinnbetafaktoren* basiert auf der Prämisse, dass ein Zusammenhang zwischen dem ausgewiesenen Periodengewinn des Unternehmens bzw. dessen Veränderung und seinem systematischen Risiko besteht. Grundlegend ist die Annahme, dass aus den Veränderungen der Ergebnisschwankungen des Ergebnisses des

[856] Für eine ausführliche Erläuterung der Analyseverfahren und empirischen Studien vgl. Freygang [Kapitalallokation (1993)], S. 274 ff.

[857] Vgl. Arbeitskreis „Finanzierung" der Schmalenbach-Gesellschaft Deutsche Gesellschaft für Betriebswirtschaft e.V. [Kapitalkosten (1996)], S. 556; Beaver/Kettler/Scholes [Risk (1970)], S. 679.

[858] Vgl. Arbeitskreis „Finanzierung" der Schmalenbach-Gesellschaft Deutsche Gesellschaft für Betriebswirtschaft e.V. [Kapitalkosten (1996)], S. 554 ff.

[859] Vgl. Morin [Cost (1984)], S. 53 ff.

externen Rechnungswesens wesentliche Informationen über die Risikocharakteristik des Unternehmens gewonnen werden können.[860]

Die Verwendung von Gewinnbetafaktoren ist für die Ermittlung des Betafaktors von Sparkassen nicht geeignet. Zum einen ist zu beachten, dass Banken und Sparkassen über umfangreiche Gestaltungsmöglichkeiten des Jahresüberschusses aufgrund von bestehenden Bewertungs- und Ansatzwahlrechten verfügen und damit die Vergleichbarkeit von Gewinngrößen nicht gegeben ist. Zum anderen konnten durchgeführte empirische Studien nur eine geringe Signifikanz ermitteln.[861]

Bei den *buchhalterischen Betafaktoren* wird - im Gegensatz zu den Gewinnbetafaktoren - angenommen, dass das systematische Risiko nicht ausschließlich durch eine Erklärungsvariable, sondern durch mehrere buchhalterische Risikokennzahlen determiniert wird.[862] Die Ermittlung von buchhalterischen Betafaktoren basiert damit auf dem gleichen Grundgedanken wie der Ansatz zur Ermittlung von Gewinnbetafaktoren.

Beaver/Kettler/Scholes haben in einer ersten empirischen Studie sieben Risikokennzahlen auf einen möglichen Zusammenhang mit dem systematischen Risiko untersucht. Für den amerikanischen Markt haben sie mit der Dividendenrendite, Wachstum und Ertragsvariabilität drei Risikogrößen identifiziert, deren Veränderungen im Zeitablauf einen signifikanten Einfluss auf den Betawert aufweisen.[863] Weitere Studien, die zum Teil zu abweichenden Ergebnissen gelangen, wurden u. a. von Gonedes, Beaver/Manegold, Rosenberg/McKibben, Bildersee und Thomas durchgeführt.[864]

Eine Übertragung der Ergebnisse für den amerikanischen Kapitalmarkt auf den deutschen Kapitalmarkt ist vor dem Hintergrund abweichender Bilanzierungs- und Publizitätsvorschriften nur eingeschränkt möglich. Für den deutschen Kapitalmarkt wurden

---

[860] Vgl. Faust [Eigenkapitalkosten (2002)], S. 202 f.

[861] Vgl. Freygang [Kapitalallokation (1993)], S. 290.

[862] Vgl. Freygang [Kapitalallokation (1993)], S. 289 f.

[863] Vgl. Beaver/Kettler/Scholes [Risk (1970)], S. 654 ff. Als Risikomaße wurden die Dividendenquote, das Wachstum der Aktiva, der Financial Leverage, die Liquidität, die Unternehmensgröße, die Ertragsvariabilität und das Gewinnbeta untersucht.

[864] Vgl. Gonedes [Risk (1973)]; Beaver/Manegold [Risk (1975)]; Rosenberg/McKibben [Risk (1973)]; Bildersee [Risk (1975)].
Eine Übersicht an empirischen Studien und deren Ergebnisse, die den Zusammenhang zwischen buchhalterischen Risikokennzahlen und dem Marktrisiko für den amerikanischen und deutschen Kapitalmarkt untersuchen, findet sich in Nowak [Unternehmensbewertung (2003)], S. 111 f. sowie Freygang [Kapitalallokation (1993)], S. 291 ff.

Anfang der neunziger Jahre Studien u. a. von Müller und Bauer durchgeführt.[865] Im Rahmen der Studien konnte zwar ein Zusammenhang zwischen dem systematischen Risiko eines Unternehmens und bestimmten Unternehmensdaten nachgewiesen werden, allerdings konnte den einzelnen Variablen indes keine Prognosefähigkeit zugesprochen werden.[866] Zimmermann kommt im Rahmen seiner Untersuchung zu dem Ergebnis, dass zwischen den Betawerten deutscher Aktien und Unternehmenskennzahlen keine ökonomisch erklärbaren, stabilen und signifikanten Zusammenhänge bestehen.[867]

Während bei den Gewinn- und buchhalterischen Betafaktoren angenommen wird, dass das systematische Risiko nur durch unternehmensinterne Daten beeinflusst wird, unterstellen *fundamentale Betafaktoren*, dass sowohl Änderungen im Unternehmen als auch im Unternehmensumfeld einen Einfluss auf die Höhe des systematischen Risikos haben. Der Ansatz umfasst somit neben buchhalterischen Risikokennzahlen auch volkswirtschaftliche Kennzahlen.[868]

Eine von Bildersee durchgeführte Studie hat bestätigt, dass neben den aus der traditionellen Bilanzanalyse bekannten Risikokennzahlen auch andere, nicht unmittelbar im Rechnungswesen abbildbare Informationen einen Beitrag zur Erklärung von Betafaktoren liefern können.[869] Die wenigen bislang veröffentlichten Studien kommen zu dem Ergebnis, dass mit fundamentalen Betawerten ein deutlich höherer Erklärungsgehalt gegenüber historischen Betas bei der Bestimmung der zukünftigen Betafaktoren eines Unternehmens erreicht werden kann.[870]

Zwischenzeitlich bieten eine Reihe von Beratungsunternehmen fundamentale Betafaktoren bzw. Risikoindizes für einzelne Unternehmen und Branchen an. So hat beispielsweise BARRA ein Fundamentalfaktorenmodell zur Risikoanalyse für den deutschen Markt entwickelt. Dieses nimmt eine Ermittlung anhand von zehn Risikofaktoren vor, welche sich wiederum aus einer Anzahl von Deskriptoren mit Informationen über Jahresabschlüsse und Börsenkurse einer Gesellschaft zusammensetzen. Um dem

[865] Im Rahmen seiner Studie hat Müller die höchste Korrelation für die Kennzahlen Ertragsvariabilität sowie die Veränderung der Bilanzsumme und des Cashflows festgestellt. Vgl. Müller [Aktienbewertung (1992)]; S. 151 ff. Bauer kam indes zu dem Ergebnis, dass die Kennzahlen zur Unternehmensgröße relativ den größten Beitrag zur Erklärung unterschiedlicher Betafaktoren ergeben. Vgl. Bauer [Risiko (1992)], S. 212.
Weitere Untersuchungen für den deutschen Kapitalmarkt wurden u. a. von Möller, Müller und Bauer durchgeführt. Vgl. Freygang [Kapitalallokation (1993)], S. 297 ff.

[866] Vgl. Bauer [Risiko (1992)], S. 188 f.

[867] Vgl. Zimmermann [Betawerte (1997)], S. 331.

[868] Vgl. Arbeitskreis „Finanzierung" der Schmalenbach-Gesellschaft Deutsche Gesellschaft für Betriebswirtschaft e.V. [Kapitalkosten (1996)], S. 555 f.

[869] Vgl. Bildersee [Risk (1975)], S. 81 ff.

[870] Vgl. Rosenberg [Betas (1985)]; Rosenberg/Marathe [Risk (1975)].

engen Zusammenhang zwischen dem systematischen Risiko und der Branchenzugehörigkeit Rechnung zu tragen, erfolgt zusätzlich die Berücksichtigung der Branche.[871]

Bei der Bestimmung von Fundamentalbetafaktoren für nicht börsennotierte Unternehmen ist darauf zu achten, dass nur Daten in die Berechnung einfließen dürfen, die sich aus Daten des Rechnungswesens oder Branchenanalysen ergeben.[872]

Die Verwendung von Fundamentalbetafaktoren bieten den Vorteil, dass wesentliche Veränderungen im Unternehmen und im Gesamtmarkt sofort berücksichtigt werden, da sie sich nicht auf historische Kursbeobachtungen stützen, sondern anhand von statistisch ermittelten fundamentalen Einflussfaktoren bestimmt werden, während bei den Analogiebetas diese Reaktion erst zeitversetzt zu beobachten ist.[873]

Ein zentrales Problem der Analyseansätze besteht in der Identifikation der einzelnen Einflussfaktoren, der Anzahl der relevanten Einflussfaktoren sowie in der Festlegung der unternehmensspezifischen Sensitivitäten.[874] In der Regel sind die Vergangenheitsdaten nicht in dem erforderlichen Umfang vorhanden, um statistisch verlässlich einen Zusammenhang zwischen den ausgewählten Größen und der Entwicklung der Vergleichsunternehmen am Kapitalmarkt überprüfen zu können. Die benötigten Daten stehen i. d. R. nur jährlich bzw. vierteljährlich zur Verfügung.[875] Die innewohnende Prämisse, dass die Betafaktoren unterschiedlicher Unternehmen auf die verwendeten Faktoren im gleichen Umfang reagieren, stellt eine wesentliche Schwäche dieses Ansatzes dar.[876]

Bei der Verwendung von Analysebetas ist des Weiteren kritisch anzumerken, dass diese sich im Wesentlichen auf buchhalterische Kennzahlen stützen. Insbesondere Banken verfügen über umfangreiche Bewertungs- und Ansatzwahlrechte. Hinzu kommt das Problem, dass die verwendeten Kennzahlen nicht zwangsläufig nur das operative Risiko des Unternehmens beinhalten. Beispielsweise kann die verwendete Gewinngröße wesentlich durch nicht-operative Einflüsse beeinflusst sein.[877]

---

[871] Für eine Beschreibung des von BARRA entwickelten Verfahrens vgl. Faust [Eigenkapitalkosten (2002)], S. 206 ff.
[872] Vgl. Freygang [Kapitalallokation (1993)], S. 321.
[873] Vgl. Faust [Eigenkapitalkosten (2002)], S. 209.
[874] Vgl. Faust [Eigenkapitalkosten (2002)], S. 212.
[875] Vgl. Damodaran [Finance (2001)], S. 209.
[876] Vgl. Freygang [Kapitalallokation (1993)], S. 323.
[877] Vgl. Damodaran [Finance (2001)], S. 209.

Aufgrund der oben aufgeführten Probleme und Mängel ist die alleinige Verwendung von Analysebetas nicht zu empfehlen.[878] Für die Ermittlung des Betafaktors von Sparkassen sollte die Ermittlung auf Basis einer Peer Group erfolgen, auch wenn dieser Ansatz den Nachteil aufweist, dass die aus einer Peer Group abgeleiteten Betafaktoren gegebenenfalls um Zu- bzw. Abschläge zu korrigieren sind, um dem unterschiedlichen Umfang der unterliegenden bankspezifischen Risiken Rechnung zu tragen. Der auf diese Art bestimmte Betafaktor sollte indes zusätzlich mit den von Beratungsunternehmen wie BARRA veröffentlichten Fundamentalbetafaktoren für die Finanzdienstleistungsbranche plausibilisiert werden.

5.4.2.3 Berücksichtigung der fehlenden Fungibilität

Die Ermittlung des Unternehmenswertes mithilfe des Ertragswertverfahrens erfolgt durch Diskontierung der zukünftig erwarteten Nettozuflüsse an die Unternehmenseigner mit einem aus einer äquivalenten Alternativinvestition abgeleiteten Eigenkapitalkostenssatz. Um die erforderliche Äquivalenz zwischen dem Bewertungsobjekt und der Alternativinvestition sicherzustellen, werden in der Theorie als Äquivalenzanforderungen die Laufzeit-, Kaufkraft- und Risikoäquivalenz sowie die Verfügbarkeitsäquivalenz gefordert.[879]

Wie gezeigt, sollte die Ermittlung der Eigenkapitalkosten von Sparkassen auf Basis des Tax-CAPM erfolgen. Hiernach bestimmen sich die Eigenkapitalkosten aus einem risikolosen Zinssatz, zuzüglich einer Risikoprämie, die sich aus der Multiplikation der Marktrisikoprämie mit dem unternehmensspezifischen Betafaktor ergibt. Die Ableitung der Marktrisikoprämie erfolgt in der Praxis auf Basis eines breiten Aktienportfolios. Sowohl die für die Bestimmung des risikolosen Basiszinssatz herangezogenen Staatsanleihen als auch das Aktienportfolio weisen die Besonderheit auf, dass diese aufgrund der bestehenden Börsennotierung fungibel sind. Unter Fungibilität wird hierbei die Fähigkeit verstanden, das Eigentumsrecht schnell, sicher und ohne hohe Transaktionskosten in Geld substituieren zu können.[880] Sparkassen sind indes nicht an einer Börse notiert. Hinzu kommt, dass aufgrund der derzeit bestehenden Regelungen der jeweiligen (Landes-)Sparkassengesetze eine Veräußerung der Sparkasse bzw. Anteile an dieser nicht möglich ist.

---

878 Vgl. Zimmermann [Betawerte (1997)], S. 353; Faust [Eigenkapitalkosten (2002)], S. 210. Eine andere Meinung vertritt Freygang, der sich aufgrund der relativen Enge des deutschen Kapitalmarktes für die Verwendung von Fundamentalbetas ausspricht. Vgl. Freygang [Kapitalallokation (1993)], S. 338.

879 Vgl. Ballwieser/Leuthier [Grundprinzipen (1986)], S. 604 ff.

880 Vgl. Glazer [Lack of Marketability (2005)], S. 60.

Um die Verfügbarkeitsäquivalenz zwischen dem Bewertungsobjekt „Sparkasse" und der Alternativinvestition herzustellen, wird in der Literatur teilweise der Ansatz eines Fungibilitätszuschlags[881] bei der Ermittlung der Eigenkapitalkosten gefordert. Einige Autoren fordern der eingeschränkten Fungibilität nicht-börsennotierter Unternehmen durch einen Zuschlag auf den Basiszinssatz, andere Autoren bei der Bestimmung des Risikozuschlags Rechnung zu tragen.[882]

Für Deutschland besteht das Problem, dass keine empirische Studien über die Höhe des Fungibilitätszuschlags vorliegen. Aus diesem Grund ist ein Rückgriff auf in den USA durchgeführten Studien erforderlich. Zu berücksichtigen ist, dass der eingeschränkten Fungibilität im amerikanischen Raum nicht durch eine Anpassung des Diskontierungssatzes, sondern durch einen pauschalen Abschlag (Discount for lack of marketability) vom (Basis-)Unternehmenswert Rechnung getragen wird. Im Rahmen der Unternehmensbewertung bzw. im M&A-Bereich werden Abschläge vom (Basis-) Unternehmenswert von 35% bis zu 40%, in Einzelfällen von 5% bis 70%, vorgenommen.[883]

Zur Quantifizierung des Fungibilitätszuschlags wurden in den USA diverse Studien und Sammlungen ökonomischer Sachverhalte und gerichtlicher Entscheidungen durchgeführt, die auf der Ähnlichkeit vergleichbarer Sachverhalte aufsetzen. Unterschieden werden kann zwischen den „Pre-IPO-Studies" sowie den „Restricted Stock-Studies".[884]

Die *„Pre-IPO-Studies"* ermitteln den Abschlag aus dem Unterschied zwischen den im Vorfeld eines Börsenganges gezahlten Aktienpreisen und dem sich beim Börsengang einstellenden Aktienpreis.[885] Emory und Willamette Management Associates (WMA) haben diverse Studien auf Basis des IPO-Ansatzes durchgeführt. Emory ermittelte für den Zeitraum von 1980 bis 1997 die Höhe des Fungibilitätszuschlags aus der Differenz zwischen den für Transaktionen, die innerhalb von fünf Monaten vor dem Börsengang durchgeführt wurden, gezahlten Preisen und dem Emissionskurs. Die ermittelten durchschnittlichen Discounts for lack of marketability betrugen zwischen 42% und

[881] Teilweise werden auch die Bezeichnungen Mobilitätszuschlag bzw. Immobilitätszuschlag verwendet.
[882] Vgl. Mandl/Rabel [Unternehmensbewertung (1997)], S. 217; Helbling [Unternehmensbewertung (1998)], S. 421; Barthel [Fungibilitätszuschlag (2003)], S. 181 f.
[883] Vgl. Barthel [Fungibilitätszuschlag (2003)], S. 1184.
[884] Vgl. Pratt [Valuing Businesses (2001)], S. 147 ff.
[885] Vgl. Laro/Pratt [Business Valuation (2005)], S. 291.

45%. Zu ähnlichen Ergebnissen kam die Studie von WMA, in der Transaktionen innerhalb von drei Jahren vor dem Börsengang untersucht wurden.[886]

Bei den *„Restricted Stock-Studies"* werden Unternehmen betrachtet, bei denen ein Teil der ausgegebenen Aktien bereits an einer Börse gehandelt werden, der Rest hingegen (noch) nicht börsennotiert ist. Gegenstand der Analysen ist der Abschlag vom Börsenkurs, mit dem bei einer außerbörslichen Platzierung die nicht notierten Aktien belegt werden.[887] Die „Restricted Stock-Studies" ermittelten durchschnittliche Abschläge in einer Größenordnung zwischen 20% und 35%.[888]

Obwohl eine Berücksichtigung des Fungibilitätsabschlags bei der Ermittlung der Eigenkapitalkosten theoretisch richtig ist, sollte aufgrund der bislang nicht bestehenden empirischen Untersuchungen für den deutschen Markt und der größeren Transparenz bei der Bewertung von Sparkassen die fehlende Fungibilität durch einen für den amerikanischen Raum typischen pauschalen Abschlag auf den (Basis-)Unternehmenswert vorgenommen werden. Anhaltspunkte für die Höhe des Fungibilitätsabschlags können aus den empirischen Studien für den amerikanischen Raum gewonnen werden. Bei der Bewertung von Sparkassen ist zu berücksichtigen, dass ihr Vermögen überwiegend aus geldnahen Vermögensteilen besteht und diese Vermögensteile eine relativ hohe Fungibilität aufweisen und daher zu erwarten ist, dass der Fungibilitätsabschlag eher niedrig ausfällt.[889]

5.5 Prognose des Restwertes bei der Bewertung von Sparkassen

Da mit zunehmender Entfernung vom Bewertungszeitpunkt die Prognoseunsicherheit tendenziell immer weiter zunimmt, wird in der Bewertungspraxis aus Gründen der Komplexitätsreduktion der Prognosezeitraum mithilfe der so genannten *Phasenmethode* in operabel gestaltbare Einheiten zerlegt.[890] Ausgangspunkt der Planungen ist im Regelfall eine unendliche Lebensdauer des Bewertungsobjekts. In einer ersten, näheren Phase mit einer Dauer von etwa drei bis fünf Jahren können die Unternehmenserträge häufig detailliert geschätzt werden. Für die sich an diesen Detailprognosezeitraum anschließende fernere Phase sind hingegen nur noch Trenderwartungen ableitbar,

---

[886] Für eine Übersicht über diverse Pre-IPO-Studies vgl. Bajaj/Denis/Ferris [Marketability Discounts (2001)], S. 94 ff.; Laro/Pratt [Business Valuation (2005)], S. 291 ff.; Damodaran [Marketability (2005)], S. 30 f.

[887] Vgl. Glazer [Lack of Marketability (2005)], S. 60.

[888] Für eine Übersicht über diverse „Restricted Stock-Studies" vgl. Bajaj/Denis/Ferris [Marketability Discounts (2001)], S. 96 ff.; Laro/Pratt [Business Valuation (2005)], S. 286 ff.

[889] Vgl. Barthel [Fungibilitätszuschlag (2003)], S. 1183.

[890] Vgl. IDW [WP-Handbuch II (2002)], S. 60, Tz. 180 ff.

die in der Regel auf einer mehr oder weniger pauschalen Fortschreibung der finanziellen Überschüsse und damit der Detailplanungen der ersten Phase aufbauen.[891] Der Wertbeitrag dieser Phase zum Unternehmenswert wird als Restwert bezeichnet.[892]

Die *Bedeutung des Restwertes* für den gesamten Unternehmenswert wird durch die Dauer des Detailplanungszeitraum, den langfristigen Wachstumserwartungen und die Kapitalkosten beeinflusst. In den beiden folgenden Beispielen wird der Anteil des Restwertes am gesamten Unternehmenswert bei unterschiedlichen Detailplanungszeiträumen und Kalkulationszinssätzen sowie bei unterschiedlichen Wachstumsraten dargestellt.

In dem ersten Beispiel wird vereinfachend unterstellt, dass die Sparkasse über einen unendlichen Zeitraum konstante finanzielle Überschüsse erwirtschaftet. Bei Anwendung der Zwei-Phasen-Methode ergeben sich bei unterschiedlichen Kalkulationszinssätzen (k) die in der nachfolgenden Übersicht dargestellten Anteile des Restwertes am gesamten Unternehmenswert:[893]

	Länge des Detailplanungszeitraums							
	0	**1**	**3**	**5**	**7**	**10**	**12**	**30**
k = 6,0%	100,00%	94,34%	83,96%	74,73%	66,51%	55,84%	49,70%	17,41%
k = 8,0%	100,00%	92,59%	79,38%	68,06%	58,35%	46,32%	39,71%	9,94%
k = 10,0%	100,00%	90,91%	75,13%	62,09%	51,32%	38,55%	31,86%	5,73%

Tabelle 22: Bedeutung des diskontierten Restwertes am gesamten Unternehmenswert in Abhängigkeit von der Länge des Detailplanungszeitraums bei unterschiedlichen Kalkulationszinssätzen

Aus der Übersicht können zwei Erkenntnisse abgeleitet werden. Zum einen steigt der Anteil des Restwertes am gesamten Unternehmenswert mit abnehmender Dauer des Detailplanungszeitraums. Zum anderen ist zu beobachten, dass mit zunehmender Höhe des Kalkulationszinssatzes die Bedeutung des diskontierten Restwertes abnimmt.

Dieses Beispiel wird in einem weiteren Schritt dahingehend erweitert, dass die finanziellen Überschüsse des Unternehmens nunmehr mit einer jährlichen konstanten Wachstumsrate (w) ansteigen. Unter der Prämisse eines Kalkulationszinssatzes von

891 Vgl. IDW [WP-Handbuch II (2002)], S. 61, Tz. 184.

892 Der Anteil des Barwertes des Restwertes am gesamten Unternehmenswert kann in Abhängigkeit von der Länge des Detailplanungszeitraums (T) und der Höhe der Kapitalkosten (k) mit folgender Formel bestimmt werden: $1-[1+k)^T-1] / (1+k)^T$.

893 Der Anteil des Barwertes des Restwertes am gesamten Unternehmenswert kann in Abhängigkeit von der Länge des Detailplanungszeitraums (T) und der Höhe der Kapitalkosten (k) mit folgender Formel bestimmt werden: $1-[1+k)^T-1] / (1+k)^T$.

10% ergibt sich in Abhängigkeit der Dauer der Detailplanungsphase folgende Bedeutung des Barwertes des Restwertes:[894]

	Länge des Detailplanungszeitraums							
	0	**1**	**3**	**5**	**7**	**10**	**12**	**30**
w = 0%	100,00%	90,91%	75,13%	62,09%	51,32%	38,55%	31,86%	5,73%
w = 1%	100,00%	91,82%	77,41%	65,26%	55,02%	42,59%	35,90%	7,72%
w = 2%	100,00%	92,73%	79,73%	68,55%	58,95%	47,00%	40,41%	10,38%

Tabelle 23: Anteil des diskontierten Restwertes am gesamten Unternehmenswert in Abhängigkeit von der Länge des Detailplanungszeitraums für unterschiedliche Wachstumsraten

Dieses erweiterte Beispiel zeigt, dass mit zunehmender Wachstumsrate der finanziellen Überschüsse der Anteil des diskontierten Restwertes bei gegebener Länge des Detailplanungszeitraums zunimmt.

Die obigen Beispiele verdeutlichen die hohe Bedeutung des Restwertes auf den gesamten Unternehmenswert. Bei in der Praxis üblicherweise zu beobachtenden Detailplanungszeiträumen von drei bis fünf Jahren entfallen über die Hälfte des gesamten Unternehmenswertes auf den Restwert, so dass aufgrund der hohen Wertrelevanz der Ermittlung des Restwertes besondere Aufmerksamkeit zu schenken ist.[895]

In der Literatur werden unterschiedliche *Methoden* für die Ermittlung des Restwertes aufgeführt. Hierbei werden neben der Ermittlung des Restwertes auf Basis des Cashflows alternative Verfahren diskutiert.[896] Zu diesen zählen die Verwendung von Liquidations- oder Reproduktionswerten am Ende des Detailplanungszeitraums, die Ermittlung des Restwertes mithilfe von Multiplikatoren oder auch nur die Verwendung des Buchwertes am Ende des Detailplanungszeitraums.[897]

Die Anwendung des *Liquidationswertes* ist nur in den Fällen sachgerecht, bei denen am Ende der ersten Prognosephase die Sparkasse voraussichtlich auch liquidiert werden soll.[898] Falls dagegen eine Fortführung der Sparkasse - wie im Rahmen dieser Arbeit angenommen - beabsichtigt ist, stellt der Liquidationswert keinen angemessenen

[894] Bei mit konstanter Rate (w) wachsenden finanziellen Überschüssen kann der Anteil des Barwertes des Restwertes am gesamten Unternehmenswert in Abhängigkeit der Länge des Detailplanungszeitraums (T) mit folgender Formel berechnet werden: $1-[(1+k)^T-(1+w)^T]/(1+k)^T$.

[895] Vgl. Henselmann [Restwert (2000)], S. 151 f.

[896] Für eine umfassende Untersuchung der Eignung möglicher Verfahren zur Ermittlung des Restwertes vgl. Stellbrink [Restwert (2005)], S. 63 ff.

[897] Vgl. u. a. Bausch/Pape [Restwert (2005)], S. 477 ff.; Born [Unternehmensbewertung (2003)], S. 103 ff.; Copeland/Koller/Murrin [Unternehmenswert (2002)], S. 340 ff.; Damodaran [Valuation (2001)], S. 184 ff.

[898] Vgl. Born [Unternehmensbewertung (2003)], S. 154 f.

Restwert dar. Der Unternehmenswert wird durch die den Trägern der Sparkassen zufließenden, auf den Bewertungsstichtag diskontierten Nettozahlungen und nicht durch den Betrag, der im Rahmen einer fiktiven Liquidation erzielbar wäre, determiniert. Auch die *übrigen alternativen Verfahren* sind zur Ermittlung des Restwertes nicht geeignet. Bei diesen Verfahren ist die Kenntnis der Inputgrößen am Ende des Detailplanungszeitraums erforderlich. Diese Informationen liegen jedoch nicht vor, so dass bei diesen Verfahren die gleiche Prognoseproblematik wie bei der Ermittlung des Restwertes auf Basis des Cashflows besteht. Zudem gilt zu beachten, dass die Entscheidungsgrundlage die auf den Bewertungsstichtag diskontierten Nettozahlungen an die Träger und nicht die Gewinne oder Buchwerte bilden.[899]

Bei der Bestimmung des *Fortführungswertes auf Basis der zukünftigen Cashflows* wird unterstellt, dass die finanziellen Überschüsse der Sparkasse während der Fortführungsperiode mit einer konstanten Wachstumsrate (w) wachsen bzw. konstant bleiben (w=0). Damit kann der Fortführungswert (RW) mithilfe der Formel der ewigen Rente berechnet werden:[900]

$$(29)\quad RW_T = \frac{E_{T+1}}{k_{EK} - w}$$

RW_T Fortführungswert zum Zeitpunkt T
E_{T+1} Finanzieller Überschuss in der zweiten Phase
k_{EK} Eigenkapitalkosten
w Erwartete Wachstumsrate der finanziellen Überschüsse

Um den Fortführungswert mit obiger Formel ermitteln zu können, ist zum einen die Ermittlung der nachhaltigen finanziellen Überschüsse an die Eigner und zum anderen die Festlegung der erwarteten Wachstumsrate erforderlich. Wie beschrieben, ist eine detaillierte Prognose der zukünftigen finanziellen Überschüsse nur für einen bestimmten Zeitraum möglich. Für die an diesen Detailplanungszeitraum anschließende Phase sind vereinfachte Annahmen zu treffen, um die nachhaltig zu erwartenden finanziellen Überschüsse ermitteln zu können.

In der Literatur werden verschiedene Vorgehensweisen zur Ableitung der nachhaltigen finanziellen Überschüsse diskutiert. Unterschieden wird zwischen Methoden, die die nachhaltigen finanziellen Überschüsse aus den unveränderten bzw. modifizierten Planwerten des letzten Detailplanungsjahres ableiten bzw. die Ermittlung auf Basis eines Trends bzw. Durchschnitts der im Detailplanungszeitraum geplanten Werte vor-

[899] Vgl. Copeland/Koller/Murrin [Unternehmenswert (2002)], S. 340 ff.
[900] Vgl. Wiedmann/Aders/Wagner [Bewertung (2001)], S. 715.

nehmen. Des Weiteren besteht die Möglichkeit, den nachhaltigen finanziellen Überschuss losgelöst von der Detailplanungsphase zu planen.[901]

In der Bewertungspraxis wird eine Ableitung auf Basis der *Werte des letzten Detailplanungsjahres* präferiert.[902] Hierbei wird unterstellt, dass die Sparkasse am Ende des Detailplanungszeitraums die Grenzen des Wachstums erreicht hat. Die Werte des letzten Detailplanungsjahres sind gegebenenfalls zu modifizieren.

Abweichungen können sich insbesondere beim Zinsüberschuss ergeben. Während im Detailplanungszeitraum ein konkretes Zinsszenario angenommen wird, sollte für die Phase der ewigen Rente ein langfristiges Durchschnittsszenario unterstellt werden. Dies kann Anpassungen gegenüber dem letzten Detailplanungsjahr insbesondere beim nachhaltigen Kapitaldispositionsbeitrag (z. B. aufgrund des als nachhaltig angesehenen risikolosen Zinssatzes) sowie beim Fristentransformationsbeitrag erfordern.[903] Modifikationen können darüber hinaus bei den anderen Verwaltungsaufwendungen und den Personalaufwendungen notwendig sein. Anpassungen können sich bei den anderen Verwaltungsaufwendungen beispielsweise ergeben, wenn anstelle der Verwendung von Abschreibungen auf Reinvestitionsraten zurückgegriffen wird.[904]

Sofern die Sparkasse Pensionszusagen gegeben hat, kann unter Umständen ebenfalls eine Anpassung des letzten Detailplanungsjahreswertes erforderlich sein. Die Aufwendungen für die Altersversorgung über die Bildung von Pensionsrückstellungen sind in der Praxis schwer zu prognostizieren, da im Regelfall den Pensionsaufwendungen nicht Pensionsauszahlungen in gleicher Höhe gegenüberstehen und sowohl handels- als auch steuerrechtliche Beschränkungen für die Bildung von Pensionsrückstellungen bestehen.[905] In der zweiten Planungsphase setzt das Bewertungskalkül voraus, dass die jährlichen Pensionsaufwendungen den jährlichen Pensionszahlungen entsprechen, d. h., dass sich das Unternehmen in einem Gleichgewichtszustand befindet. Sofern der Barwert der Pensionszahlungen nicht als separater Posten in Abzug gebracht wird, sondern in die Planung der finanziellen Überschüsse integriert wird, sind die bis zur Erreichung des Beharrungszustandes anfallenden Zuführungen zu den Pensionsrückstellungen in Form einer Annuität zu berücksichtigen.[906]

---

[901] Vgl. Henselmann [Restwert (2000)], S. 156; Stellbrink [Restwert (2005)], S. 112 ff.; Geltinger/ Gerstmeier [Unternehmensbewertung (2003)], S. 57 ff.
[902] Vgl. Stellbrink [Restwert (2005)], S. 112 m. w. N.
[903] Vgl. Knüsel/Lossin [Ertragswertverfahren (2004)], S. 96.
[904] Vgl. IDW [WP-Handbuch II (2002)], S. 92, Tz. 263 ff.
[905] Vgl. Peemöller/Kunowski [Ertragswertverfahren (2005)], S. 243 f.
[906] Vgl. Born [Unternehmensanalyse (2003)], S. 101.

Bei Planungspositionen, die konjunkturbedingten, zyklischen Schwankungen unterliegen, wie z. B. die Risikovorsorge und das Eigenhandelsergebnis, empfiehlt sich eine Ableitung der nachhaltigen Höhe der jeweiligen Position auf Basis von Durchschnittswerten bzw. eines zu beobachtenden Trends. Hierbei ist zu beachten, dass eine Ableitung aus den Werten des Detailplanungszeitraums nur in den Fällen sachgerecht ist, bei denen die Detailplanungsphase einen vollständigen Konjunkturzyklus umfasst. Ist dies nicht der Fall, ist der der Ermittlung zugrunde liegende Zeitraum um Vergangenheitsperioden zu erweitern.[907]

Während im Detailplanungszeitraum Änderungen der Preis- und Mengenkomponenten für die einzelnen Ertrags- und Aufwandskomponenten explizit in der Prognose der finanziellen Überschüsse berücksichtigt werden, sind für die zweite Phase des Prognosezeitraums mehr oder weniger pauschale Annahmen über das Wachstum der finanziellen Überschüsse zu treffen.[908] Für die Zeit nach dem Detailplanungszeitraum wird daher häufig ein jährlich nachhaltiges Wachstum der finanziellen Überschüsse unterstellt. Dieses gleichmäßige Wachstum wird in der Formel der ewigen Rente durch einen *Wachstumsabschlag* im Kalkulationszinssatz berücksichtigt.

Als Gründe für ein nachhaltiges Wachstum der finanziellen Überschüsse werden in der Literatur neben der Fähigkeit der Unternehmen, Preissteigerungen auf den Absatzmarkt abzuwälzen, auch mögliche Mengen- und Strukturveränderungen aufgeführt.[909] Inwieweit diese einzelnen Komponenten einen Wachstumsabschlag bei Sparkassen rechtfertigen, soll im Folgenden untersucht werden.

Der Ansatz eines nominal mit einer konstanten Rate wachsenden finanziellen Überschusses wird vielfach mit der Fähigkeit der Unternehmen begründet, eine Geldentwertungsrate auf den Absatzmarkt zu überwälzen.[910] Ausschlaggebend für die Höhe der Wachstumsrate ist die bestehende Erwartungshaltung hinsichtlich des Umfangs, in dem die Preiserhöhungen bei den Produktionsfaktoren an die Kunden durch höhere Preise kompensiert werden können.[911] Grundsätzlich sind dabei die folgenden drei Alternativen denkbar:[912]

- *Inflationsproportionales Wachstum*: Der Sparkasse gelingt es, die Preiserhöhungen bei den Produktionsfaktoren vollständig durch höhere Preise auf ihre Kunden ab-

[907] Vgl. Stellbrink [Restwert (2005)], S. 113 f.
[908] Vgl. IDW [WP-Handbuch II (2002)], S. 82, Tz. 236.
[909] Vgl. IDW [IDW S1 (2005)], S. 1313, Tz. 104.
[910] Vgl. Stellbrink [Restwert (2005)], S. 123 f.
[911] Vgl. Stellbrink [Restwert (2005)], S. 124 f.; Mandl/Rabel [Unternehmensbewertung (1997)], S. 156.
[912] Vgl. Mandl/Rabel [Unternehmensbewertung (1997)], S. 191.

zuwälzen. Hierdurch wird eine parallele Entwicklung der Preise auf den Beschaffungs- und Absatzmärkten angenommen, so dass die nominellen finanziellen Überschüsse in gleicher Höhe der Preissteigerungsrate wachsen. Folglich bleiben die realen finanziellen Überschüsse aufgrund eines inflationsneutralen Wachstums konstant.

- *Reales Wachstum*: Der Sparkasse gelingt es, die Preiserhöhungen bei den Produktionsverfahren an ihre Kunden in dem Ausmaß weiterzugeben, dass ein über der Preissteigerungsrate liegendes Wachstum der finanziellen nominellen Überschüsse erreicht werden kann. Die realen finanziellen Überschüsse der Sparkasse steigen in diesem Fall an.

- *Kaufkraftabnahme*: Die Sparkasse kann die Preiserhöhungen nicht in vollem Umfang durch höhere Preise an ihre Kunden weitergeben. In diesem Fall ist die Wachstumsrate geringer als die Inflationsrate, so dass trotz nominell wachsender finanzieller Überschüsse die realen finanziellen Überschüsse im Zeitablauf abnehmen.

Der Wachstumsabschlag beim Diskontierungssatz darf daher nicht als pauschale Berücksichtigung der Inflation verstanden werden, sondern er spiegelt den unternehmensindividuellen Grad der Überwälzungsfähigkeit wider.

Preisänderungen beeinflussen zum einen die Kaufkraft der nominal entziehbaren finanziellen Überschüsse und zum anderen die Höhe der finanziellen Überschüsse selbst.[913] Eine Berücksichtigung inflationsbedingter Preissteigerungen kann bei der Unternehmensbewertung grundsätzlich durch eine Nominal- oder durch eine Realrechnung berücksichtigt werden. Während bei einer Nominalrechnung die finanziellen Überschüsse und der Kalkulationszinssatz nominal, d. h. einschließlich der erwarteten Preisänderung, angesetzt werden, sind bei einer Realrechnung hingegen die beiden Komponenten real, d. h., um Preissteigerungen bereinigt, zu veranschlagen.[914]

Obwohl die Real- und Nominalrechnung bei konsistenter Anwendung zum gleichen Ergebnis kommen, sollte bei der Bewertung von Sparkassen grundsätzlich von einer *Nominalrechnung* ausgegangen werden. Hierfür spricht, dass zum einen die Ermittlung der Ertragsteuern auf nominalen finanziellen Überschüssen basiert und zum anderen der landesübliche Zinssatz, der als Grundlage für die Ermittlung der Eigenkapital-

---

[913] Vgl. Drukarczyk [Unternehmensbewertung (2003)], S. 502.
[914] Vgl. Aders/Schröder [Fortführungswert (2004)], S. 100.

kosten herangezogen wird, bereits eine Geldentwertungsprämie enthält und somit bereits eine Nominalgröße darstellt.[915]

Für Industrie- und Handelsunternehmen scheint eine Weitergabe der Preissteigerungen auf der Beschaffungsseite plausibel. Um die Kaufkraft der Unternehmenserträge konstant zu halten, werden die Unternehmen im Allgemeinen versuchen, ihre Verkaufspreise in entsprechendem Umfang zu erhöhen. Inwieweit diese Preissteigerungen durchgesetzt werden können, wird insbesondere durch die Marktstellung der Unternehmen sowie der in der Branche vorherrschenden Konkurrenzsituation und der gesamtwirtschaftlichen Lage determiniert.[916]

Aufgrund der aufgezeigten hohen Relevanz des Wachstumsabschlages auf den gesamten Unternehmenswert soll im Folgenden untersucht werden, inwieweit diese Plausibilität auch bei Sparkassen anwendbar ist. Hierzu werden die Reaktionen der wichtigsten Komponenten des Betriebsergebnisses von Sparkassen auf Geldwertänderungen untersucht.

Die Höhe der allgemeinen Verwaltungsaufwendungen betrug bei den Sparkassen im Geschäftsjahr 2005 durchschnittlich 63,3% des Rohertrags. Hiervon entfallen rund 38,8% auf den Personalaufwand und ca. 24,5% auf die anderen Verwaltungsaufwendungen.[917] Hinsichtlich der Auswirkungen von Preissteigerungen auf diese beiden Komponenten bestehen gegenüber Unternehmen aus anderen Branchen keine wesentlichen Unterschiede, so dass ein negativer Einfluss der Inflationsrate auf die Höhe der allgemeinen Verwaltungsaufwendungen angenommen werden kann. Aus diesem Grund ist davon auszugehen, dass auch die Sparkassen versuchen werden, die gestiegenen Kosten an ihre Kunden weiterzugeben.

Sparkassen erwirtschaften nach wie vor den Großteil ihrer Erfolgsbeiträge im Zinsgeschäft. Die zukünftigen Kundenzinssätze setzen sich aus dem Zinssatz für ein laufzeitkongruentes Geld- oder Kapitalmarktgeschäft zuzüglich der Konditionenmargen zusammen. Bei den Geld- und Kapitalmarktzinssätzen handelt es sich um Nominalzinssätze. Eine Untersuchung der Deutschen Bundesbank hat ergeben, dass der erwartete Realzins am deutschen Kapitalmarkt bei durchschnittlich vier Prozent und am Geldmarkt bei rund 2,75% lag.[918] Der zu beobachtende Abstand zu den jeweiligen Nomi-

[915] Vgl. IDW [WP-Handbuch II (2002)], S. 79, Tz. 229.
[916] Vgl. IDW [WP-Handbuch II (2002)], S. 82, Tz. 234.
[917] Vgl. Deutscher Sparkassen- und Giroverband [Geschäftszahlen 2005 (2006)], S. 5.
[918] Die Realzinsen unterlagen innerhalb der einzelnen Zinszyklen deutlichen Schwankungen, jedoch ähneln sich die Durchschnittswerte der jeweiligen Zyklen.

nalzinssätzen am Geld- und Kapitalmarkt betrug in beiden Fällen rund drei Prozent und entsprach damit der durchschnittlichen Preissteigerung.[919]

Unterstellt man langfristig einen konstanten Realzins in Höhe des durchschnittlichen Realzinsniveaus der Vergangenheit, so bleibt auch der Nominalzinssatz bei einer zukünftig konstanten Preissteigerungsrate konstant. Im Gegensatz zu Industrieunternehmen führt somit eine positive Geldentwertungsrate selbst bei vollständiger Überwälzbarkeit zu keiner inflationsbedingten Veränderung der nominellen Zahlungsüberschüsse aus dem zinstragenden Geschäft, da die erwartete Preissteigerungsrate bereits im zukünftig zugrunde liegenden Zinssatz enthalten ist. [920]

Auswirkungen auf die Höhe der nominellen Zahlungsüberschüsse aus dem zinstragenden Geschäft sind hingegen aufgrund von *inflationsbedingten Erhöhungen der Kredit- und Einlagenvolumina* zu erwarten. Die Aktivseite der Sparkassen wird durch die Forderungen gegenüber Kunden dominiert, deren Anteil an der Bilanzsumme in 2005 durchschnittlich rund 60,4% betrug.[921] Unterstellt man, dass diese Kredite zur Finanzierung von Investitionsgütern oder anderen Sachwerten verwendet werden, so führen inflationsbedingte Preissteigerungen der kreditfinanzierten Werte zu einer Erhöhung des Kreditvolumens, da zukünftig von den Kreditnehmern die höheren Anschaffungskosten finanziert werden müssen. Gelingt es den Sparkassen, zukünftig die Bruttozinsspanne konstant zu halten, wird sich der absolute Zinsüberschuss aufgrund dieser inflationsbedingten Volumensausweitung erhöhen.[922]

Neben dem Zinsüberschuss weist der Provisionsüberschuss bei Banken einen maßgeblichen Einfluss auf die Ertragslage aus. Auch wenn sich in den Provisionserträgen und -aufwendungen eine große Bandbreite verschiedener Geschäfte widerspiegelt,[923] wird das Provisionsergebnis maßgeblich vom Wertpapiergeschäft und den Gebühren im Privat- und Geschäftsgiroverkehr beeinflusst. Gerade in diesen Bereichen ist in den letzten Jahren eine deutliche Zunahme des Wettbewerbs aufgrund des Markteintritts von Direktbanken und Direktbrokern zu beobachten gewesen, die ihre günstigeren Kostenstrukturen an die Kunden weitergeben. Dies führte zu einem deutlich verschärf-

[919] Vgl. Deutsche Bundesbank [Realzinsen (2001)], S. 41 ff.

[920] Vgl. Zensen [Bewertung Universalbanken (2002)], S. 174 f.

[921] Vgl. Deutscher Sparkassen- und Giroverband [Geschäftszahlen 2005 (2006)], S. 4.

[922] Während bis 2001 ein deutlicher Rückgang der Bruttozinsspanne bei den Sparkassen zu verzeichnen war, konnte sich diese in den letzten Jahren geringfügig erhöhen (Vgl. Abbildung 1, S. 1). Neben dem bestehenden Wettbewerbsdruck wirkte sich insbesondere das sehr niedrige Zinsniveau und die flache Zinsstrukturkurve auf die Bruttozinsspanne aus. Für die Zukunft ist indes zu erwarten, dass sich das allgemeine Zinsniveau wieder erhöhen wird und somit tendenziell zu einer Verbesserung der Bruttozinsspanne beitragen wird. Aus diesem Grund kann nach derzeitigem Stand m. E. nach durchaus davon ausgegangen werden, dass es den Sparkassen in Zukunft gelingen wird, ihre Bruttozinsspanne konstant zu halten.

[923] Vgl. Kapitel 5.2.2.

ten Preiswettbewerb, der sich beispielsweise in kostenloser Depotführung, niedrigeren Ordergebühren sowie kostenlosen Girokonten widerspiegelt. Zumindest für die überwiegend standardisierten Leistungen erscheint daher vor dem aktuellen Wettbewerbsumfeld die Weitergabe inflationsbedingter Kosten nur bedingt möglich.

Als Fazit kann somit festgehalten werden, dass eine Wachstumsrate für die Fähigkeit der Sparkasse, inflationsbedingte Kostensteigerungen auf der Beschaffungsseite an die Kunden weiterzugeben, im Wesentlichen durch die preissteigerungsbedingte Ausweitung der Kredit- und Einlagenvolumina begründet werden kann.[924] Neben der Fähigkeit, Preissteigerungen auf dem Absatzmarkt abzuwälzen, werden auch mögliche Mengen- und Strukturveränderungen als Gründe für den Ansatz eines Wachstumsabschlags angeführt.[925] Aussagen, inwieweit mögliche Mengen- und Strukturveränderungen einen Wachstumsabschlag bei der Bewertung von Sparkassen rechtfertigen, können nur unter Würdigung des jeweiligen Einzelfalls getroffen werden. In der Praxis wird im Regelfall ein Wachstumsabschlag zwischen 0,5% und 1,0% angesetzt.

Bei der Ermittlung der nachhaltigen finanziellen Überschüsse stellt sich des Weiteren die Frage, inwieweit die *Gewinnthesaurierungen* bei der Ermittlung des Restwertes zu berücksichtigen sind. Ob diese Gewinnthesaurierungen bewertungsrelevant sind, hängt davon ab, ob ein Zufluss an die Träger zu irgendeinem Zeitpunkt vorgesehen ist, da sich der Unternehmenswert aus den Nettozuflüssen an die Träger errechnet. Diese Frage kann bei Sparkassen bejaht werden. Zum einen sehen die jeweiligen (Landes-) Sparkassengesetze die Möglichkeit von Ausschüttungen vor, zum anderen waren in der Vergangenheit Gewinnausschüttungen an die Träger zu beobachten.[926]

Im Folgenden soll zwischen Gewinnthesaurierungen, die zur Erfüllung der Eigenmittelunterlegungsvorschriften erforderlich sind und zwischen darüber hinausgehenden Gewinnthesaurierungen aufgrund der jeweiligen (Landes-) Sparkassengesetze differenziert werden.

Wie beschrieben, haben Sparkassen den Grundsatz I einzuhalten, der eine Mindestrelation zwischen den risikogewichteten Aktiva und den Eigenmitteln von acht Prozent vorsieht. Um die *aufsichtsrechtliche Eigenmittelunterlegungspflicht* einzuhalten, kann es bei steigenden Risikoaktiva erforderlich sein, Teile des Jahresüberschusses zu the-

---

[924] Eine andere Auffassung vertreten Geltinger/Gerstmeier und Zensen, die sich für keinen Ansatz einer Wachstumsrate aussprechen. Die Autoren berücksichtigen jedoch nicht die inflationsbedingten Auswirkungen auf die Volumina des zinstragenden Geschäfts. Vgl. Geltinger/Gerstmeier [Unternehmensbewertung (2003)], S. 196; Zensen [Bewertung Universalbanken (2002)], S. 171 ff.

[925] Vgl. IDW [IDW S1 (2005)], S. 1313, Tz. 104.

[926] Zu einer Untersuchung des Ausschüttungsverhaltens der Sparkassen vgl. Kleff/Weber [Payout Policy (2005)], S. 9 f.

saurieren.[927] Diese thesaurierten Mittel werden im Bewertungsmodell für die fiktive Tilgung von verzinslichen Passiva eingesetzt, so dass der sich hieraus ergebende Kapitaldispositionsbeitrag in das nachhaltige Ergebnis einfließt. Diese Vorgehensweise führt zu keiner Veränderung der Höhe der Risikoaktiva, jedoch liegt der Kapitaldispositionsbeitrag regelmäßig unterhalb des Kapitalisierungszinssatzes vor Steuern, so dass sich die aufsichtsrechtliche Eigenmittelunterlegungspflicht negativ auf den Unternehmenswert auswirkt.

Bei den Gewinnthesaurierungen aufgrund der *Ausschüttungsrestriktion* der jeweiligen (Landes-)Sparkassengesetze ist ein anderes Vorgehen empfehlenswert. Hierzu kann auf die Ausführungen in den neuen „Grundsätze zur Durchführung von Unternehmensbewertungen (IDW S1)" zurückgegriffen werden. Wie bereits in einem früheren Kapitel beschrieben, sieht der neue IDW S1 eine Abkehr von der Vollausschüttungshypothese zugunsten geplanter Ausschüttungen vor. Hiernach wird eine Anlage der thesaurierten Mittel zum Kapitalisierungszinssatz vor Steuern (d. h. vor Unternehmenssteuern) vereinfacht unterstellt, sofern dem nicht tatsächliche Gegebenheiten entgegenstehen.[928] Eine Wiederanlage der thesaurierten Beträge zum Eigenkapitalkostensatz vor Steuern führt grundsätzlich zu einer Kapitalwertneutralität der Thesaurierung, da mit der Wiederanlage exakt die Alternativrendite vor Steuern verdient wird. Ein Werteffekt ergibt sich jedoch aus der zeitlichen Verschiebung der Ausschüttungsbesteuerung in die Zukunft. Dieser Werteffekt steigt c. p. mit zunehmender Thesaurierungsquote.[929] Diesem Ansatz soll auch bei der Bewertung von Sparkassen gefolgt werden. Sparkassen verfügen über die Möglichkeit, die thesaurierten Mittel in ein Aktienportfolio zu investieren, welches eine erwartete Verzinsung in Höhe des Kapitalisierungszinssatzes vor Steuern aufweist. Wie beschrieben, führen die thesaurierten Beträge später zu höheren Überschüssen. Eine Berücksichtigung des thesaurierungsbedingten Wachstums kann bei der ewigen Rente entweder durch einen weiteren Wachstumsabschlag, der neben dem mengen- und/oder preisbedingten Wachstumsabschlag tritt, oder alternativ durch eine Berücksichtigung im Zähler erfolgen.[930]

Als Fazit kann festgehalten werden, dass bei Sparkassen eine Ermittlung des Restwertes auf Basis der zukünftigen Cashflows erfolgen sollte. Der Ansatz einer Wachstumsrate für die Fähigkeit der Sparkasse, inflationsbedingte Kostensteigerungen auf der

---

[927] Vgl. Kapitel 5.3.2.

[928] Vgl. IDW [IDW S1 (2005)], S. 1308, Tz. 47.

[929] Vgl. Wagner/Jonas/Ballwieser/Tschöpel [Weiterentwicklung Unternehmensbewertungen (2004)], S. 895.

[930] Vgl. Wagner/Jonas/Ballwieser/Tschöpel [Weiterentwicklung Unternehmensbewertungen (2004)], S. 897 f. Der thesaurierungsbedingte Wachstumsabschlag kann durch Multiplikation der Eigenkapitalrendite vor Steuern mit dem Term (1-Ausschüttungsquote) ermitteln. Zur Herleitung vgl. Wagner/Jonas/Ballwieser/Tschöpel [Weiterentwicklung Unternehmensbewertungen (2004)], S. 897 f.

Beschaffungsseite an die Kunden weiterzugeben, kann im Wesentlichen mit der preisbedingten Ausweitung der Kredit- und Einlagevolumina begründet werden. Durch die im IDW S1 n. F. vorgenommene Abkehr von der Vollausschüttungshypothese ist nunmehr neben dem mengen- und/oder preisbedingten Wachstumsabschlag ein weiterer thesaurierungsbedingter Wachstumsabschlag zu berücksichtigen, sofern das auf die Thesaurierung zurückzuführende Wachstum der nachhaltigen finanziellen Überschüsse nicht im Zähler berücksichtigt wird.

5.6 Bewertung des nicht betriebsnotwendigen Vermögens

Sparkassen verfügen neben dem betriebsnotwendigen Vermögen auch über nicht betriebsnotwendiges Vermögen. Hierbei wird angenommen, dass ein Vermögensgegenstand dem nicht betriebsnotwendigen Vermögen zuzurechnen ist, sofern es frei veräußerbar ist, ohne die eigentliche Unternehmensaufgabe zu berühren. Derartiges Vermögen ist üblicherweise unter den Sachanlagen und den Beteiligungen sowie den Wertpapieren zu finden. Die Abgrenzung zwischen dem betriebsnotwendigen und nicht betriebsnotwendigen Vermögen gestaltet sich im Einzelfall jedoch als schwierig, da ihre Zweckbestimmung subjektiven Einschätzungen des Sparkassenmanagements bzw. des Bewerters unterliegt.[931]

Bei Sparkassen ist der Umfang des nicht betriebsnotwendigen Vermögens im Regelfall geringer als bei den Privatbanken, die über umfangreiche Industriebeteiligungen verfügen. Die Ursache hierfür liegt in den eingeschränkten Beteiligungsmöglichkeiten der Sparkassen, die in den jeweiligen Sparkassenverordnungen festgelegt sind. So sieht beispielsweise § 7 der Sparkassenverordnung des Landes Sachsen-Anhalt vor, dass die Sparkasse sich nur an Einrichtungen der Sparkassenorganisation, Wohnungsunternehmen im Geschäftsgebiet sowie Unternehmen zur Förderung der Wirtschaftsentwicklung im Geschäftsgebiet und Unternehmen, die dem Betrieb der Sparkasse dienen, beteiligen darf. Zusätzlich ist festgelegt, dass der Gesamtbetrag der Beteiligungen (ohne Beteiligungen an Einrichtungen der Sparkassenorganisation) 30% des haftenden Eigenkapitals der Sparkasse nicht überschreiten darf.

Im Rahmen der Bewertung von Sparkassen sind die nicht betriebsnotwendigen Vermögensgegenstände mit ihrer *bestmöglichen Verwertung* zu berücksichtigen. Hierzu ist die Ermittlung eines Liquidationswertes dieser Vermögensgegenstände vorzunehmen und dem Barwert der finanziellen Überschüsse im Falle eines Verbleibs im Unternehmen gegenüberzustellen.[932]

---

[931] Vgl. Wilkens/Zemke [Fusionen (2000)], S. 281.
[932] Vgl. IDW [IDW S1 (2005)], S. 1310, Tz. 68.

Bei der Ermittlung des *Liquidationswertes* sind entsprechende Liquidationskosten, die steuerlichen Auswirkungen auf Unternehmensebene sowie die Verwendung der freigesetzten Mittel mit zu berücksichtigen. Zusätzlich sind die Steuerwirkungen auf Eigentümerebene in Abhängigkeit von der beabsichtigten Verwendung der Erlöse zu berücksichtigen. Dies kann dazu führen, dass analog zur Bewertung des betriebsnotwendigen Vermögens zur Berücksichtigung steuerlich bedingter positiver Werteffekte lediglich eine Teilausschüttung vorzunehmen ist.[933] Sofern nicht eine sofortige Veräußerung des nicht betriebsnotwendigen Vermögens geplant ist, ist die Aufstellung eines Liquidationskonzeptes erforderlich, das den Liquidationszeitraum festlegt. Die erst zu einem späteren Zeitpunkt anfallenden Liquidationserlöse sind daher unter Berücksichtigung der Liquidationskosten auf den Bewertungsstichtag abzuzinsen.[934]

Sofern der ermittelte Liquidationswert den Barwert bei Verbleib im Unternehmen überschreitet, ist die Veräußerung aus Unternehmenssicht vorteilhafter. Um den Unternehmensgesamtwert der Sparkasse zu ermitteln, ist daher dem Barwert der finanziellen Überschüsse des betriebsnotwendigen Vermögens zusätzlich der Liquidationswert des nicht betriebsnotwendigen Vermögens hinzuzufügen.[935] Zu beachten ist hierbei, dass bei Ansatz eines Sonderwertes zum einen eine Bereinigung der Aufwendungen und Erträge in den Planungsrechnungen erforderlich ist. Zum anderen sind die Plan-Bilanzen und Risikoaktivaplanungen um die entsprechenden Buchwerte zu bereinigen.

---

[933] Vgl. Beyer/Gaar [IDW S1 (2005)], S. 245.
[934] Vgl. IDW [IDW S1 (2005)], S. 1310, Tz. 69.
[935] Vgl. IDW [IDW S1 (2005)], S. 1310, Tz. 68.

6 Schlussbetrachtung

Mit der vorliegenden Arbeit wurde das Ziel verfolgt, ein Konzept zur Bewertung von Sparkassen zu entwickeln, welches sich mit den branchen- und sparkassenspezifischen Besonderheiten, die bei der Bewertung auftreten, auseinandersetzt.

Hierzu wurden in *Kapitel 2* zunächst die bewertungsrelevanten Charakteristika der Sparkassen aufgezeigt, um die begriffliche und inhaltliche Grundlage für die weitere Arbeit zu legen. Hierbei zeigte sich, dass sich die Sparkassen insbesondere durch ihre Rechtsform als Anstalt des öffentlichen Rechts, dem in den jeweiligen (Landes-) Sparkassengesetzen festgelegten öffentlichen Auftrag, bestehenden Gewinnausschüttungsrestriktionen sowie inhaltlichen und räumlichen Beschränkungen ihrer Geschäftstätigkeit von den anderen Bankengruppen unterscheiden.

Zu Beginn von *Kapitel 3* wurden die verschiedenen Anlässe zur Bewertung von Sparkassen sowie Funktionen, in denen der Bewerter tätig wird, erläutert. Die Ausführungen zeigten, dass der klassische Bewertungsanlass des Kaufs bzw. Verkaufs bei Sparkassen (derzeit) ins Leere greift, da die jeweiligen (Landes-) Sparkassengesetze derzeit eine Veräußerung nicht ermöglichen. Aus diesem Grund stellt eine angestrebte Fusion zwischen Sparkassen den in der Praxis am häufigsten zu beobachtenden Bewertungsanlass dar.

Die Ermittlung eines Unternehmenswertes darf nicht losgelöst von der Funktion, in der der Bewerter tätig ist, erfolgen. Die Funktionenlehre des IDW unterscheidet hierbei zwischen der Ermittlung von objektiviertenen und subjektiven Unternehmenswerten. Für die weitere Arbeit wurde die Ermittlung eines subjektiven Unternehmenswertes aus Sicht der Träger der Sparkasse zugrunde gelegt.

Abschließend wurden verschiedene Bewertungsmethoden dargestellt und auf ihre Eignung zur Bewertung von Sparkassen untersucht. Dabei wurde festgestellt, dass allein die Zukunftserfolgsverfahren geeignet sind. Grundsätzlich ist zwar eine Überführung der einzelnen Ausprägungen der Zukunftserfolgsverfahren möglich, so dass prinzipiell die Entscheidung für ein bestimmtes Zukunftserfolgsverfahren keine Wertänderung bewirkt. Allerdings ist zu berücksichtigen, dass eine Überführbarkeit nur unter restriktiven Annahmen sichergestellt ist. Sparkassen weisen gegenüber Unternehmen anderer Branchen den Unterschied auf, dass die Finanzierungsseite der operativen Geschäftstätigkeit zuzuordnen ist. Aus diesem Grund ist den Nettoverfahren der Vorzug zu geben. Für die weitere Arbeit wurde das Ertragswertverfahren nach IDW verwendet, welches sich bei den Wirtschaftsprüfern für die Bewertung von Banken durchgesetzt hat.

In *Kapitel 4* wurden die Grundlagen für die Ermittlung der benötigten Ertragsüberschüsse gelegt. Hierbei wurde aufgezeigt, wie mithilfe der Phasenmethode der im Zeitablauf zunehmenden Unsicherheit Rechnung getragen werden kann, indem der Planungszeitraum in eine Detailplanungsphase von drei bis fünf Jahren und eine anschließende pauschalierte Fortschreibung aufgeteilt wird. Um der hohen Komplexität des Bewertungsobjektes „Sparkasse" gerecht zu werden, ist eine Aufgliederung der Sparkasse in strategische Geschäftsfelder und deren separate Planung erforderlich. Für Sparkassen bietet sich eine Untergliederung anhand von Kundengruppen an. Abschließend wurde ein Schema zur Ermittlung der zukünftigen Ertragsüberschüsse auf Ebene der Sparkasse vorgestellt.

In *Kapitel 5* lag der Schwerpunkt der weiteren Auseinandersetzung in der Untersuchung, wie die Besonderheiten des Bewertungsobjektes „Sparkasse" in den Wertermittlungsprozess integriert werden können. Im Mittelpunkt stand hierbei die Prognose der einzelnen Planungspositionen sowie die Ermittlung eines geeigneten Kapitalisierungszinssatzes.

Die bedeutendste Ertragsquelle ist nach wie vor das Zinsergebnis, dessen Planung auf Basis der Marktzinsmethode erfolgen sollte. Diese bietet den Vorteil, dass zum einen der Zinsüberschuss in die drei Komponenten Konditionenbeitrag, Kapitaldispositionsbeitrag und Strukturbeitrag aufgegliedert werden kann. Zum anderen ermöglicht die Anwendung der Marktzinsmethode die Durchführung getrennter Planungen der Volumina des Aktiv- und Passivgeschäfts. Diese sollte separat für das Alt- und Neugeschäft erfolgen, um den unterschiedlichen Sicherheitsgraden hinsichtlich der zukünftigen Entwicklung Rechnung tragen zu können. Bei Sparkassen ist zusätzlich die Begrenzung des Neukundenpotenzials durch das zu beachtende Regionalprinzip sowie eventuell bestehende inhaltliche Geschäftsbeschränkungen zu berücksichtigen.

Von besonderer Bedeutung für Sparkassen sind die bankspezifischen Risiken. Hierbei wurde deutlich, dass eine ausschließliche Berücksichtigung im Kapitalisierungszinssatz nicht sachgerecht ist. Vielmehr sind diese - sofern möglich - in die Ermittlung des Erwartungswertes bei den einzelnen Planungsposten einzubeziehen. Das Ausfallrisiko kann in der Regel lediglich durch segmentspezifische und somit vergangenheitsorientierte Kalkulationsverfahren berücksichtigt werden. Die Verwendung von individuellen Verfahren scheitert an den dafür benötigten kundenspezifischen Daten, die im Vorfeld einer Bewertung nicht zur Verfügung stehen. Hinsichtlich der Ausfallrisiken bleibt für Sparkassen festzuhalten, dass aufgrund des zu beachtenden Regionalprinzips und des öffentlichen Auftrages positive und negative Auswirkungen auf die Risikosituation zu beobachten sind. Während sich die fehlende Möglichkeit zur überregionalen Risikodiversifizierung sowie die Gefahr von Klumpenrisiken risikoerhöhend auswirken, sind auf der anderen Seite risikomindernde Effekte durch die Zusammensetzung des Kreditportfolios aus vielen kleinen und mittleren Kreditverträgen sowie dem hohen Informationsstand aufgrund der räumlichen Nähe zu verzeichnen. Der wegen des öffentlichen Auftrages im Kreditgeschäft gesetzte Schwerpunkt der Finanzierung von kleineren und mittleren Unternehmen sowie der Förderung von Existenzgründungen wirkt sich indes aufgrund der häufig zu geringen Eigenkapitalausstattung dieser Unternehmen risikoerhöhend aus.

Des Weiteren wurde festgestellt, dass sowohl das Währungsrisiko als auch das Kursrisiko aus Geschäften resultiert, die dem Eigenhandel zuzuordnen sind. Aufgrund der für Sparkassen untergeordneten Rolle dieses Bereichs wird von einer formalen Integration in die Erfolgsplanung abgesehen. Anders gestaltet sich dies hingegen für das Zinsänderungsrisiko. Für die Quantifizierung des Zinsänderungsrisikos werden mithilfe des Elastizitätskonzeptes für unterschiedliche Zinsentwicklungen die dazugehörigen Erfolgsszenarien entwickelt und mit den jeweiligen Eintrittswahrscheinlichkeiten gewichtet. Die zinsänderungsbedingte Schwankungsbreite gibt Aufschluss über die Höhe des Zinsänderungsrisikos und ist bei der Ermittlung der Risikoprämie des Kapitalisierungszinssatzes zu berücksichtigen.

Für die Ermittlung des Unternehmenswertes von Sparkassen aus Sicht der Träger sind ausschließlich die diesen zufließenden finanziellen Mittel relevant. Aus diesem Grund sind zum einen die Steuerwirkungen auf Trägerebene und zum anderen die Auswirkungen der aufsichtsrechtlichen Eigenmittelunterlegungspflicht und die in den jeweiligen (Landes-)Sparkassengesetzen festgelegten Gewinnverwendungsvorschriften auf die Höhe der Ausschüttungen zu beachten. Es zeigte sich, dass es sich bei Sparkassen um Betriebe gewerblicher Art handelt, deren Ausschüttungen auf Trägerebene nicht mit Einkommensteuer belastet werden. Stattdessen ist eine definitive Kapitalertragsteuerbelastung von zehn Prozent in Abzug zu bringen. Die zu beachtenden Eigenmittelanforderungen und Gewinnverwendungsvorschriften führen dazu, dass die erzielten Ertragsüberschüsse nicht vollständig an die Träger ausgeschüttet werden können. Für diese thesaurierten Beträge wird für den Detailplanungszeitraum eine Verwendung entsprechend dem individuellen Unternehmenskonzept angenommen. Sofern entsprechende Planungen nicht vorliegen, ist vereinfachend von einer kapitalwertneutralen Anlage zum Kapitalisierungszinssatz vor Steuern auszugehen. Für die Phase der ewigen Rente sollte ebenfalls vereinfachend eine Wiederanlage der thesaurierten Beträge kapitalwertneutral zum Kapitalisierungszinssatz vor Steuern erfolgen.

Der zweite Schwerpunkt in *Kapitel 5* lag in der Ermittlung der erforderlichen Eigenkapitalkosten. Hierzu wurden verschiedene Verfahren beschrieben und auf ihre Eignung für die Bewertung von Sparkassen untersucht. Aufbauend auf der Erkenntnis, dass das Tax-CAPM das geeignete Verfahren zur Bestimmung der Eigenkapitalkosten ist, wurde die Ermittlung der einzelnen Determinanten des Tax-CAPM unter Berücksichtigung der Besteuerung dieser Alternativanlage auf Trägerebene erläutert. Hierbei zeigte sich, dass der risikolose Basiszinssatz mithilfe der Svensson-Methode zukunftsorientiert auf Basis der von der Deutschen Bundesbank veröffentlichten Zinsstrukturkurve ermittelt werden kann. Darüber hinaus wurde zum einen festgestellt, dass die Erträge aus der risikolosen Geldanlage auf Ebene der Sparkassenträger in den Bereich der Vermögensverwaltung fallen und damit keiner Einkommensteuer unterliegen. Zum anderen führt die abweichende Besteuerung von Dividendeneinkünften mit einer definitiven Kapitalertragsteuerbelastung von 10% und die fehlende Besteuerung des risikolosen Basiszinssatzes zu einer niedrigeren Marktrisikoprämie nach Steuern als bei einem für die Ermittlung objektivierter Unternehmenswerte unterstellten typisierten Investor. Zusätzlich wurde aufgezeigt, dass aufgrund der fehlenden Börsennotierung von Sparkassen eine Ableitung des Betafaktors aus historischen Daten nicht möglich ist. Vielmehr ist eine Ermittlung auf Basis von Analogieansätzen vorzunehmen, die mit fundamentalen Betafaktoren plausibilisiert werden sollten. Des Weiteren wurde herausgearbeitet, dass Sparkassen gegenüber der für die Ermittlung des Eigenkapitalkostensatzes verwendeten Alternativinvestition das Problem einer eingeschränkten Fungibilität aufweisen. Um die Verfügbarkeitsäquivalenz zwischen den beiden Alternativen herzustellen, ist zusätzlich ein Fungibilitätsabschlag zu berücksichtigen.

Den Schlusspunkt in *Kapitel 5* bilden Ausführungen zur Ermittlung des Restwertes sowie zur Berücksichtigung des nicht betriebsnotwendigen Vermögens.

Der Restwert ist bei angenommener unendlicher Unternehmensfortführung mithilfe der Formel für die ewige Rente zu ermitteln. Es wurde aufgezeigt, wie die nachhaltigen finanziellen Überschüsse abgeleitet werden können und dass auch bei Sparkassen ein Wachstum der nachhaltigen finanziellen Überschüsse unterstellt werden kann. Hierbei wurde deutlich, dass die Rechtfertigung des Ansatzes einer Wachstumsrate im Wesentlichen auf inflationsbedingte Ausweitungen der Volumina des Kredit- und Einlagengeschäfts zurückzuführen ist. Um dem sich aus der Thesaurierung ergebenden Wachstum der finanziellen Überschüsse in der ewigen Rente Rechnung zu tragen, kann - je nach Darstellung - ein weiterer thesaurierungsbedingter Wachstumsabschlag erforderlich werden.

Zusammenfassend kann festgehalten werden, dass die Durchführung von Sparkassenbewertungen mit den allgemeinen Unternehmensbewertungskenntnissen nicht durchführbar ist. Vielmehr sind neben umfangreichen Branchenkenntnissen auch Erfahrungen hinsichtlich der Einschätzung und Quantifizierung der sparkassentypischen Risiken erforderlich.

Abschließend sei an dieser Stelle darauf hingewiesen, dass sich die gesamte Sparkassenlandschaft derzeit in Bewegung befindet. Neben der immer wieder aufflackernden Privatisierungsdiskussion ist in letzter Zeit zusätzlich der in § 40 KWG festgelegte Namensschutz des Begriffs „Sparkasse" in das Visier der Diskussion geraten. Sollten sich daher in Zukunft einige der wesentlichen Charaktereigenschaften von Sparkassen ändern, wären gegebenenfalls geringfügige Modifikationen des oben beschriebenen Ansatzes erforderlich, die jedoch ohne großen Aufwand integriert werden könnten. So würde beispielsweise die Änderung der Rechtsform von Sparkassen zum einen eine Anpassung der Ermittlung der Steuerbelastung auf Ebene der Anteilseigner an die geänderten steuerlichen Grundlagen erforderlich machen. Zum anderen müssten die geänderten steuerlichen Auswirkungen bei der Ermittlung der Eigenkapitalkosten berücksichtigt werden.

Literaturverzeichnis

Adam, Dietrich [Planung (1996)]: Planung und Entscheidung: Modelle, Ziele, Methoden, 4. Aufl., Wiesbaden, 1996.

Adamus, Nik/Koch, Thorsten [Bewertung von Banken (2006)]: Bewertung von Banken, in: Drukarczyk, Jochen/Ernst, Dietmar (Hrsg.): Branchenorientierte Unternehmensbewertung, München, 2006, S. 131-162.

Aders, Christian/Schröder, Jakob [Fortführungswert (2004)]: Konsistente Ermittlung des Fortführungswertes bei nominellen Wachstum, in: Richter, Frank/Timmreck, Christian (Hrsg.): Unternehmensbewertung, Stuttgart, 2004, S. 99-116.

Adolf, Rüdiger/Cramer, Jürgen/Ollmann, Michael [Bewertung (1989)]: Die Bewertung von Kreditinstituten, in: Die Bank, 1989, Heft 9, S. 485-492.

Adolf, Rüdiger/Cramer, Jürgen/Ollmann, Michael [Ertragswert (1989)]: Die Bewertung von Kreditinstituten: ein Modell zur Ermittlung des Ertragswertes, in: Die Bank, 1989, Heft 10, S. 546-554.

Adrian, Reinhold/Heidorn, Thomas [Bankbetrieb (2000)]: Der Bankbetrieb, 15. Aufl., Wiesbaden, 2000.

Akmann, Michael [Ergebnissteuerung (1994)]: Ergebnissteuerung in Kreditinstituten, Frankfurt a. M., 1994.

Ammann, Helmut/Müller, Stefan [IFRS (2004)]: IFRS - International Financial Reporting Standards - Bilanzierungs-, Steuerungs- und Analysemöglichkeiten, Herne, 2004.

Ang,James/Peterson, David [Return (1985)]: Return, Risk, and Yield: Evidence from Ex Ante Data, in: Journal of Finance, Heft 6, 1985, S. 537-548.

Apweiler, Herbert/Theileis, Ulrich/Althoff, Frank et. al. [MaRisk (2005)]: MaRisk: ein Vergleich des Entwurfs vom 2. Februar 2005 mit den MaK, MaH und MaIR, Frankfurt a. M., 2005.

Arbeitskreis „Finanzierung" der Schmalenbach-Gesellschaft Deutsche Gesellschaft für Betriebswirtschaft e.V. [Kapitalkosten (1996)]: Wertorientierte Unternehmenssteuerung mit differenzierten Kapitalkosten, in: ZfbF, Heft 6, 1996, S. 543-578.

Arnsfeld, Torsten [Eigenkapitalkostenkalkulation (1998)]: Deduktion einer grenzkostenorientierten Eigenkapitalkostenkalkulation für Banken, Frankfurt a. M., 1998.

Ashauer, Günter [Einlagengeschäft (1993)]: Das Einlagengeschäft, in: Obst, Georg/ Hintner, Otto u. a. (Hrsg.): Geld-, Bank- und Börsenwesen: Ein Handbuch, 39. Aufl., Stuttgart, 1993, S. 505-525.

Asprem, Mads [Stock Prices (1989)]: Stock Prices, Asset Portfolios and Macroeconomic Variables in ten European Countries, in: Journal of Banking an Finance, Heft 13, 1989, S. 589-612.

Baetge, Jörg/Krause, Clemens [Risiko (1994)]: Die Berücksichtigung des Risikos bei der Unternehmensbewertung - Eine empirisch gestützte Betrachtung des Kalkulationszinses, in: BFuP, 1994, Heft 5, S. 433-456.

Baetge, Jörg/Niemeyer, Kai/Kümmel, Jens [DCF-Verfahren (2005)]: Darstellung der Discounted-Cash-Flow-Verfahren (DCF-Verfahren) mit Beispiel, in: Peemöller, Volker (Hrsg.): Praxishandbuch der Unternehmensbewertung, 3. Aufl., Herne, 2005, S. 265-375.

Bajaj, Mukesh/Denis, David/Ferris, Stephen et. al. [Marketability Discount (2001)]: Firm Value and Marketability Discounts, in: The Journal of Corporation Law, Fall 2001, S. 89-115.

Ballwieser, Wolfgang/Leuthier, Rainer [Grundprinzipen (1986)]: Grundprinzipien, Verfahren und Probleme der Unternehmensbewertung, in: DStR, 1986, Teil I: S. 545-551, Teil II: S. 604-610.

Ballwieser, Wolfgang [Unternehmensbewertung (1993)]: Unternehmensbewertung und Komplexitätsreduktion, 3. Aufl., Wiesbaden, 1993.

Ballwieser, Wolfgang [Unternehmensbewertung (1993)]: Methoden der Unternehmensbewertung, in: Gebhardt, Günter/Gerke, Wolfgang/Steiner, Manfred (Hrsg.): Handbuch des Finanzmanagements: Instrumente und Märkte der Unternehmensfinanzierung, München, 1993, S. 151-176.

Ballwieser, Wolfgang [Aspekte (1995)]: Aktuelle Aspekte der Unternehmensbewertung, in: WPg, Heft 4/5, 1995, S. 119-129.

Ballwieser, Wolfgang [DCF-Verfahren (1998)]: Unternehmensbewertung mit Discounted Cash Flow-Verfahren, in: WPg, Heft 3, 1998, S. 81-92.

Ballwieser, Wolfgang [Ertragswertverfahren (2005)]: Verbindungen von Ertragswert- und Discounted-Cash Flow-Verfahren, in: Peemöller, Volker (Hrsg.): Praxishandbuch der Unternehmensbewertung, 3. Aufl. Herne, 2005, S. 363-375.

BaFin [MaRisk (2005)]: Rundschreiben 18/2005: Mindestanforderungen an das Risikomanagement, 2005.

Bartetzky, Peter/Oesterhelweg, Olaf [Fristentransformation (2002)]: Hat die Fristentransformation Einfluss auf den Wert einer Bank?, in: Die Sparkasse, Heft 11, 2002, S. 508-512.

Barthel, Carl [Fungibilitätszuschlag (2003)]: Unternehmenswert: Berücksichtigungsfähigkeit und Ableitung von Fungibilitätszuschlägen, in: DB Heft 22, 2003, S. 1181-1186.

Basler Ausschuss für Bankenaufsicht [Eigenkapitalanforderungen (2004)]: Internationale Konvergenz der Eigenkapitalmessung und der Eigenkapitalanforderungen - überarbeitetes Rahmenwerk, Basel, 2004.

Bauer, Christoph [Risiko (1992)]: Das Risiko von Aktienanlagen. Die fundamentale Analyse und Schätzung von Aktienrisiken, Köln, 1992.

Bausch, Andreas/Pape, Ulrich [Restwert (2005)]: Ermittlung von Restwerten - eine vergleichende Gegenüberstellung von Ausstiegs- und Fortführungswerten, in: Finanz-Betrieb, Heft 7/8, 2005, S. 474-484.

Baxmann, Ulf [Kostenmanagement (2003)]: Kostenmanagement und Effizienzsteigerung: strategische Ansätze zur Krisenbewältigung in der deutschen Kreditwirtschaft, in: Baxmann, Ulf (Hrsg.): Kostenmanagement und Effizienzsteigerung, 2003, S. 1-47.

BDO Deutsche Warentreuhand AG [Sparkassenstudie (2005)]: Sparkassen in Deutschland: Herausforderungen und Handlungsoptionen, Hamburg, 2005.

Beaver, William/Kettler, Paul/Scholes, Myron [Risk (1970)]: The Association between Market Determined and Accounting Determined Risk Measures, in: The Accounting Review, Heft 4, 1970, S. 654-682.

Beaver, William/Manegold, James [Risk (1975)]: The Association between Market-Determindes and Accounting Determined Measures of Systematic Risk: Some Further Evidence, in: Journal of Financial and Quantitative Analysis, Heft 2, S. 231-284.

Becker, Dirk [Bewertung (1999)]: Bewertung von Bankakquisitionen unter Einbeziehung von Zusammenschlusseffekten, Berlin, 1999.

Behm, Ulrich [Shareholder Value (1994)]: Shareholder-Value und Eigenkapitalkosten von Banken, Bern, 1994.

Behringer, Stefan [Unternehmensbewertung (2004)]: Unternehmensbewertung der Mittel- und Kleinbetriebe: betriebswirtschaftliche Verfahrensweisen, 3. Aufl., Berlin, 2004.

Berndt, Holger [Verbund (2001)]: Der Verbund Sparkassen-Finanzgruppe: Bewährte Prinzipien und neue Herausforderungen, in: Eichhorn, Peter/Kirchhoff, Ulrich: Öffentliche Banken, Baden-Baden, 2001, S. 5-19.

Bertram, Klaus [Pensionsrückstellungen (2006)]: Einheitliche Bewertung von Pensionsrückstellungen in Handels- und Steuerbilanz, in: DB, Heft 7, 2006, S. 350-352.

Betsch, Oskar/Thomas, Peter [Industrialisierung (2005)]: Industrialisierung der Kreditwirtschaft: Informationstechnologie und Managementkonzepte, Wiesbaden, 2005.

Beyer, Sven/Gaar, Andreas [IDW S1 (2005)]: Neufassung des IDW S1 „Grundsätze zur Durchführung von Unternehmensbewertungen", in: Finanz-Betrieb, Heft 4, 2005, S. 240-251.

Bieg, Hartmut [Unternehmensbewertung (1990)]: Investition und Unternehmensbewertung, Freiburg, 1990.

Bildersee, John [Risk (1975)]: The Association between a Market-Determined Measure of Risk and Alternative Measures of Risk, in: Accounting Review, Heft 1, 1975, S. 81-98.

Blume, Heiko Hubertus [Sparkassen (2000)]: Sparkassen im Spannungsfeld zwischen öffentlichem Auftrag und kreditwirtschaftlichem Wettbewerb, Baden-Baden, 2000.

Böcking, Hans-Joachim/Nowak, Karsten [Marktorientierte Unternehmensbewertung (1999)]: Marktorientierte Unternehmensbewertung: Darstellung und Würdigung der marktorientierten Vergleichsverfahren vor dem Hintergrund der deutschen Kapitalmarktverhältnisse, in: Finanz-Betrieb, Heft 8, 1999, S. 169-176.

Böhmer, Gregor [Verbundkonzept (2004)]: Neues Verbundkonzept - Zielsetzung, Inhalt und Erwartung, in: Die Sparkassen, Heft 2, 2004, S. 64-68.

Boos, Karl-Heinz/Fischer, Reinfried/Schulte-Mattler, Hermann [Kreditwesengesetz (2004)]: Kreditwesengesetz: Kommentar zu KWG und Ausführungsvorschriften, 2. Aufl., München, 2004.

Boos, Karl-Heinz [Eigenmittelausstattung (2004)]: § 10 Eigenmittelausstattung, in: Boos, Karl-Heinz/Fischer, Reinfried/Schulte-Mattler, Hermann (Hrsg.): Kreditwesengesetz: Kommentar zu KWG und Ausführungsvorschriften, München, 2004, S. 347-406.

Born, Karl [Unternehmensanalyse (2003)]: Unternehmensanalyse und Unternehmensbewertung, 2. Aufl. Stuttgart, 2003.

Börner, Christoph/Lowis, Stehpan [Rahmenmodell (1997)]: Ein Rahmenmodell für die Umsetzung des Shareholder-value-Konzepts bei Banken, in: Büschgen, Hans (Hrsg.): Mitteilungen und Berichte des Instituts für Bankwirtschaft und Bankrecht an der Universität zu Köln, 1997, Nr. 77, S. 87-132.

Börner, Dietrich [Unternehmensbewertung (1988)]: Unternehmensbewertung, in: Albers, Willi u. v. a. (Hrsg.): Handwörterbuch der Wirtschaftswissenschaft, Bd. 8, Stuttgart, 1988, S. 111-123.

Börner, Dietrich [Strategisches Bankmanagement (2000)]: Strategisches Bankmanagement: Ressourcen- und marktorientierte Strategien von Universalbanken, München, 2000.

Botsis, Dionysios/Abendroth, Sören/Ammann, Kai [Due Diligence (2004)]: Due Diligence bei Banken, in: Richter, Frank/Timmreck, Christian (Hrsg.): Unternehmensbewertung, Stuttgart, 2004, S. 137-163.

Botsis, Dionysios/Lütke-Uhlenbrock, Christian[Sparkassen (2005)]: BDO-Studie „Sparkassen in Deutschland: Herausforderungen und Handlungserfordernisse", in: BDO Deutsche Warentreuhand AG (Hrsg.): Aktuelle Information „Banken und Sparkassen", Heft 1, 2005, S. 7-12.

Brakensiek, Thomas [Ausfallrisiken (1991)]: Die Kalkulation und Steuerung von Ausfallrisiken im Kreditgeschäft der Banken, Frankfurt a. M., 1991.

Brandt, Hans-Dieter [Sparkassen (1993)]: Wem gehören die Sparkassen, in: Sparkasse, Heft 2, 1993, S. 54-55.

Brealey, Richard /Myers, Stewart [Corporate Finance (2000)]: Principles of corporate finance, 6. ed., Boston, 2000.

Brennan, Michael [Taxes (1970)]: Taxes, Market Valuation and Corporate Financial Policy, in: National Tax Journal, 1970, S. 417-427.

Bretzke, Wolf-Rüdiger [Unternehmensbewertung (1974)]: Unternehmensbewertung und unvollkommene Information, Köln, 1974.

Bretzke, Wolf-Rüdiger [Prognoseproblem (1975)]: Das Prognoseproblem bei der Unternehmensbewertung: Ansätze zu einer risikoorientierten Bewertung ganzer Unternehmungen auf der Grundlage von Erfolgsprognosen, Düsseldorf, 1975.

Bretzke, Wolf-Rüdiger [Unternehmensbewertung (1975)]: Funktionen und Folgen der Verwendung objektivistischer Wertkonventionen bei der Unternehmensbewertung, in: WPg, Heft 2, 1975, S. 125-131.

Bretzke, Wolf-Rüdiger [Methodenstreit (1976)]: Zur Problematik des Objektivitätsanspruchs in der Unternehmensbewertungslehre: ein Nachtrag zu einem Methodenstreit, in: BfuP, Heft 11, 1976, S. 543-553.

Brümmerhoff, Dieter/Lehmann, Erik [Öffentlicher Auftrag (2000)]: Öffentlichrechtliche Sparkassen oder wie gemeinnützig ist der öffentliche Auftrag?, in: ZögU, Heft 2, 2000, S. 131-148.

Brune, Jens [Shareholder-Value-Ansatz (1996)]: Der Shareholder Value Ansatz als ganzheitliches Instrument strategischer Planung und Kontrolle: Eine Untersuchung unter Beachtung besonderer Rahmenbedingungen in der Bundesrepublik Deutschland, Köln, 1996.

Buchner, Robert [Unternehmensbewertung (1995)]: Marktorientierte Unternehmensbewertung, in: Seicht, Gerhard (Hrsg.): Jahrbuch für Controlling und Rechnungswesen, Wien, 1995, S. 401-427.

Bühler, Roger [APV (1998)]: APV - Adjusted Present Value: Darstellung dieses Bewertungsansatzes anhand einer Fallstudie, in: Der Schweizer Treuhänder, Heft 9, 1998, S. 873-881.

Bundesministerium der Finanzen [Betriebe gewerblicher Art (2002)]: Auslegungsfragen zu § 20 Abs. 1 Nr. 10 EStG; Betriebe gewerblicher Art als Schuldner der Kapitalerträge, BMF-Schreiben IV A 2 - S 1910 - 194/02 vom 11.09.2002.

Büschgen, Hans [Bankunternehmensplanung (1983)]: Strategische Bankunternehmensplanung und Geschäftsfeldplanung, in: Betriebswirtschaftliche Blätter, Heft 8, 1983, S. 274-279.

Büschgen, Hans [Strategische Bankplanung (1983)]: Strategische Bankplanung im marktorientierten Bereich, in: Die Bank, Heft 6, 1983, S. 260-271.

Büschgen, Hans [Bankbetriebslehre (1998)]: Bankbetriebslehre: Bankgeschäfte und Bankmanagement, 5. Aufl., Wiesbaden, 1998.

Büschgen, Hans /Börner, Christoph [Bankbetriebslehre (2003)]: Bankbetriebslehre, 4. Aufl., Stuttgart, 2003.

Busse von Colbe, Walther [Zukunftserfolg (1957)]: Der Zukunftserfolg. Die Ermittlung des künftigen Unternehmenserfolges und seine Bedeutung für die Bewertung von Industrieunternehmen, Wiesbaden, 1957.

Busse von Colbe, Walther/Becker, Winfried/Berndt, Helmut et al. [DVFA (2000)]: Ergebnis je Aktie nach DVFA/SG, Stuttgart, 2000.

Buzzell, Robert/Gale, Bradley [PIMS (1989)]: Das PIMS-Programm - Strategien und Unternehmenserfolg, Wiesbaden, 1989.

Chen, Nai-Fu/Roll, Richard/Ross, Stephan [APT (1983)]: Economic Forces and the Stock Market: Testing the APT and Alternative Asset Pricing Theories, Yale School of Management, Working Paper, 1983.

Christians, Uwe [Geschäftsfeldplanung (2001)]: Strategische Geschäftsfeldplanung, in: Schierenbeck, Henner/Rolfes, Bernd/Schüller, Stephan (Hrsg.): Handbuch Bankcontrolling, 2. Aufl., Wiesbaden, 2001, S. 637-651d.

Clare, A,/Priestley, R./Thomas, S. [Evidence (1998)]: Reports of Beta's Death are Premature: Evidence from the UK, in: Journal of Banking and Finance, Heft 9, 1998, S. 1207-1229.

Claussen, Bernd [Teilprivatisierung (1990)]: Teilprivatisierung kommunaler Sparkassen?: Ökonomische und rechtliche Rahmenbedingungen für eine Beteiligung Privater an den kommunalen Kreditinstituten, Baden-Baden, 1990.

Coenenberg, Adolf/Schultze, Wolfgang [Unternehmensbewertung (2002)]: Unternehmenbewertung: Konzeptionen und Perspektiven, in: DBW, Heft 6, 2002, S. 597-621.

Connor, Greogory [Arbitrage Pricing Theory (1989)]: Discussion: Notes on the Arbitrage Pricing Theory, in: Battachary, Sudipto/Constantinides, George (Hrsg.): Theory of Valuation: Frontiers of Modern Financial Theory, Totowa, 1989, S. 298-308.

Copeland, Thomas/Weston, Fred/ Shastri, Kuldeep [Finance (2005)]: Financial Theory and Corporate Policy, 4. ed., Boston 2005.

Copeland, Tom/Koller, Tim/Murrin, Jack [Valuation (2005)]: Valuation: measuring and managing the value of companies, 4. ed., New York, 2005.

Copeland, Tom/Koller, Tim/Murrin, Jack [Unternehmenswert (2002)]: Unternehmenswert: Methoden und Strategien für eine wertorientierte Unternehmensführung, 3. Aufl., Frankfurt a. M., 2002.

Damodaran, Aswath [Investment (1996)]: Investment valuations: tools and techniques for determining the value of any asset, New York, 1996.

Damodaran, Aswath [Finance (2001)]: Corporate Finance: theory and practice, 2. ed., New York, 2001.

Damodaran, Aswath [Valuation (2001)]: The dark side of valuation: valuing old tech, new tech and economy companies, London, 2001.

Damodaran, Aswath [Control Value (2005)]: The Value of Control: Implications for Control Premia, Minority Discounts and Voting Share Differential, June 2005, Online Publikation unter: http://stern.nyu.edu/~adamordar/pdfiles/papers/controlvalue.pdf (29.6.2006).

Damodaran, Aswath [Marketability (2005)]: Marketability and Value: Measuring the Illiquidity Discount, July 2005, Online Publikation unter: http://stern.nyu.edu/~adamordar/pdfiles/papers/liquidity.pdf (29.6.2006).

Dausend, Florian/Lenz, Hansrudi [Residualgewinnmodell (2006)]: Unternehmensbewertung mit dem Residualgewinnmodell unter Einschluss persönlicher Steuern, in: WPg, Heft 11, 2006, S. 719-729.

Dausend, Florian/Schmitt, Dirk [Tax CAPM (2006)]: Erste empirische Befunde zum Tax CAPM, in: Finanz-Betrieb, Heft 3, 2006, S. 153-161.

Day, Georges [Creating Value (1990)]: Market driven Strategy: Processes for creating value, 3. ed., New York, 1990.

Day, Georges/Fahey, Liam [Strategies (1998)]: Valueing Market Strategies, in: Journal of Marketing, Heft 7, 1998, S. 45-57.

Deimel, Klaus/Isemann, Rainer/Müller, Stefan [Erlösrechnung (2006)]: Kosten- und Erlösrechnung: Grundlagen, Managementaspekte und Integrationsmöglichkeiten der IFRS, München, 2006.

Deutsche Bundesbank [Zinsstrukturkurven (1997)]: Schätzung von Zinsstrukturkurven, in: Deutsche Bundesbank (Hrsg.): Monatsbericht Oktober 1997, 1997, S. 61-66.

Deutsche Bundesbank [Realzinsen (2001)]: Realzinsen: Entwicklung und Determinanten, in: Deutsche Bundesbank (Hrsg.): Monatsbericht Juli 2001, 2001, S. 33-50.

Deutsche Bundesbank [Ertragslage (2002)]: Die Ertragslage der deutschen Kreditinstitute im Jahr 2001, in: Deutsche Bundesbank (Hrsg.): Monatsbericht September 2002, 2002, S. 17-47.

Deutsche Bundesbank [Basel II (2004)]: Neue Eigenkapitalanforderungen für Kreditinstitute (Basel II), in: Deutsche Bundesbank (Hrsg.): Monatsbericht September 2004, 2004, S. 75-100.

Deutsche Bundesbank [Ertragslage (2005)]: Die Ertragslage der deutschen Kreditinstitute im Jahr 2004, in: Deutsche Bundesbank (Hrsg.): Monatsbericht September 2005, 2005, S. 15-43.

Deutscher Sparkassen- und Giroverband [Strategie (2002)]: Strategie der Sparkassen-Finanzgruppe - Strategische Leitlinien und konkrete Handlungsfelder, Berlin, 2002.

Deutscher Sparkassen- und Giroverband [Märkte (2003)]: Märkte 2003, Berlin, 2004.

Deutscher Sparkassen- und Giroverband [Geschäftszahlen 2003 (2004)]: S-Finanzgruppe, Deutscher Sparkassen- und Giroverband - Geschäftszahlen 2003, Berlin, 2004.

Deutscher Sparkassen- und Giroverband [Bankzweigstellen (2004)]: Fakten, Analysen, Positionen, Nr. 10: Bankzweigstellen vor Ort - unverzichtbar für leistungsfähige Regionen, Berlin, 2004.

Deutscher Sparkassen- und Giroverband [Zahlungsverkehr (2004)]: Sparkassen steigern die Leistungsfähigkeit im Zahlungsverkehr, Pressemitteilung Nr. 50/2004 vom 6.5.2004.

Deutscher Sparkassen- und Giroverband [Fakten (2005)]: Fakten, Analysen, Positionen, Nr. 17: Sparkassen - Hausbanken des Mittelstandes in Deutschland, Berlin, 2005.

Deutscher Sparkassen- und Giroverband [Geschäftszahlen 2004 (2005)]: S-Finanzgruppe, Deutscher Sparkassen- und Giroverband - Geschäftszahlen 2004, Berlin, 2005.

Deutscher Sparkassen- und Giroverband [Sparkassenfachbuch 2006 (2005)]: Sparkassenfachbuch 2006, Stuttgart, 2005.

Deutscher Sparkassen- und Giroverband [Ertragslage (2006)]: Sparkassen verbessern Ertragslage: Höchster Jahresüberschuss seit 5 Jahren, Pressemitteilung 22/2006 vom 22.3.2006.

Deutscher Sparkassen- und Giroverband [Geschäftszahlen 2005 (2006)]: S-Finanzgruppe, Deutscher Sparkassen- und Giroverband - Geschäftszahlen 2005, Berlin, 2006.

Deutscher Sparkassen- und Giroverband [Märkte 2005 (2006)]: Märkte 2005, Berlin, 2006.

Diedrich, Ralf [Methoden (1993)]: Methoden der künstlichen Intelligenz zur Lösung des Prognoseproblems bei der Unternehmensbewertung: ein Prognoseverfahren auf der Grundlage der Prädiktenlogik 1. Ordnung, Berlin, 1993.

Döhring, Jens [Gesamtrisiko-Management (1996)]: Gesamtrisiko-Management von Banken, München, 1996.

Dombret, Andreas/Bender, Oliver [Bewertung von Banken (2001)]: Kapitalmarktorientierte Bewertung von Banken in der Praxis, in: Hummel, Detlev/Breuer, Rolf-E. (Hrsg.): Handbuch Europäischer Kapitalmarkt, Wiesbaden, 2001, S. 323-332.

Dombret, Andreas/Gossow, Philipp/Häcker, Joachim [Valuation of Banks (2004)]: Valuation of Banks - both Art and Science, in: Fischer, Matthias (Hrsg.): Handbuch Wertmanagement in Banken und Versicherungen, Wiesbaden, 2004, S. 87-103.

Drukarczyk, Jochen [Unternehmensbewertung (2003)]: Unternehmensbewertung, 4. Aufl., München, 2003.

Edwards, Edgar/Bell, Philip [Income (1961)]: The Theory and Measurement of Business Income, Berkeley, 1961.

Eidel, Ulrike [Performance-Messung (1999)]: Moderne Verfahren der Unternehmensbewertung und Performance-Messung: Kombinierte Analysemethoden auf der Basis von US-GAAP-, IAS- und HGB-Abschlüssen, Herne, 1999.

Eilenberger, Guido/Burr, Wolfgang [Virtualisierung (1997)]: Zur Virtualisierung von Banken: Konsequenzen des Electronic Banking für Bankorganisation und Bankwettbewerb, in: Hörter, Stefan/Wagner, Andreas (Hrsg.): Visionen im Bankmanagement, Festschrift für Leo Schuster, München, 1997, S. 183-216.

Elton, Edwin/Gruber, Martin/Mei, Jian-Ping [Arbitrage Pricing Theory (1994)]: Cost of capital using arbitrage pricing theory: A case study of nine New York utilities, in: Financial Markets, Institutions and Instruments, Heft 3, 1994, S. 46-73.

Engeleiter, Hans-Joachim [Unternehmensbewertung (1970)]: Unternehmensbewertung, Stuttgart, 1970.

Entrop, Oliver/Scholz, Hendrik/Wilkens, Marco [Fristentransformation (2002)]: Zum Einfluss der Fristentransformation auf den Wert einer Bank, in: Die Sparkasse, Heft 8, 2002, S. 360-364.

Ernst, Dietmar [Zirkularitätsproblem (2000)]: Lösung des Zirkularitätsproblems der DCF-Bewertung durch mathematische Iteration, in: Mergers and acquisitions, Heft 4, 2000, S. 149-153.

Ernst, Dietmar/Schneider, Sonja/Thielen, Björn [Unternehmensbewertungen (2003)]: Unternehmensbewertungen erstellen und verstehen - Ein Praxisleitfaden, München, 2003.

Europäische Zentralbank [Basler Eigenkapitalvereinbarung (2005)]: Die neue Basler Eigenkapitalvereinbarung: Wesentliche Merkmale und Auswirkungen, in: Europäische Zentralbank (Hrsg.): Monatsbericht Januar 2005, 2005, S. 53-63.

Fackler, Matthias/Schacht, Ulrich [EVA (2005)]: Konzept des Economic-Value-Added, in: Schacht, Ulrich/Fackler, Matthias (Hrsg.): Praxishandbuch Unternehmensbewertung: Grundlagen, Methoden, Fallbeispiele, Wiesbaden, 2005, S. 295-312.

Fama, Eugene/French, Kenneth [Costs of Equity (1997)]: Industrial Costs of Equity, in: Journal of Financial Economics, Heft 2, 1997, S. 153-193.

Fama, Eugene/French, Kenneth [Returns (1992)]: The Cross-section of Expected Stock Returns, in The Journal of Finance, 1992, S. 427-465.

Faust, Martin [Eigenkapitalkosten (2002)]: Bestimmung der Eigenkapitalkosten im Rahmen der wertorientierten Unternehmenssteuerung von Kreditinstituten, Marburg, 2002.

Fieseler, Bernd [Refinanzierung (2005)]: Neue Wege der Refinanzierung, in: ZfgK, Heft 14, 2005, S. 750-751.

Frankenberger, Wilhelm [Regionalprinzip (2004)]: Das Regionalprinzip: Sinnvolles Ordnungsprinzip oder Teufelszeug, in: ZfgK, Heft 3, 2004, S. 120-124.

Freygang, Winfried [Kapitalallokation (1993)]: Kapitalallokation in diversifizierten Unternehmen: Ermittlung divisionaler Eigenkapitalkosten, Wiesbaden, 1993.

Friesen, Alexander von [Haftungszusagen (1998)]: Staatliche Haftungszusagen für öffentliche Kreditinstitute aus europarechtlicher Sicht, Stuttgart, 1998.

Frommann, Laurin [Erfolgsfaktoren (2002)]: Quantitative Erfolgsfaktoren bei der Vorbereitung von Bankfusionen unter besonderer Berücksichtigung der Bankenbewertung, Bern, 2002.

Gaida, Stefan [Kreditrisikokosten-Kalkulation (1997)]: Kreditrisikokosten-Kalkulation mit Optionspreisansätzen. Die empirische Anwendung eines Modells von Longstaff und Schwartz auf risikobehaftete Finanztitel, Münster, 1997.

Gärtner, Stefan [Sparkassen (2003)]: Sparkassen als Akteure einer integrierten Personalentwicklung: Potential für die Zukunft oder Illusion, Gelsenkirchen, 2003.

Gebhardt, Günther/Daske, Holger [Risikofreie Zinssätze (2005)]: Kapitalmarktorientierte Bestimmung von risikofreien Zinssätzen für die Unternehmensbewertung, in: WPg, Heft 12, 2005, S. 649-655.

Geltinger, Andreas/Gerstmeier, Wolfang [Unternehmensbewertung (2003)]: Unternehmensbewertung: allgemeine Grundsätze und Besonderheiten bei der Bewertung und wertorientierten Steuerung von Banken, Stuttgart, 2003.

Glazer, Russel [Lack of Marketability (2005)]: Understanding the Valuation Discount for Lack of Marketability, in: The CPA Journal, August 2005, S. 60.

Gonedes, Nicholas [Risk (1973)]: Evidence on the Information Content of Accounting Numbers: Accounting-Based and Market-Based Estimates of Systematic Risk, in: Journal of Financial and Quantitative Analysis, Heft 3, S. 407-443.

Gordon, Joseph/Gordon, Myron [Expected Return Model (1997)]: The Finite Horizon Expected Return Model, in: Financial Analysts Journal, Heft 5-6, 1997, S. 52-61.

Güde, Udo [Geschäftspolitik (1995)]: Geschäftspolitik der Sparkassen: Grundlagen und aktuelle Probleme, 6. Aufl., Stuttgart, 1995.

Hachmeister, Dirk [Discounted Cash Flow (2000)]: Der Discounted Cash Flow als Maß der Unternehmenswertsteigerung, 4. Aufl., Frankfurt a. M., 2000.

Häck, Nils [Öffentliche Hand (2004)]: Die öffentliche Hand im Körperschaft- und Umsatzsteuerrecht, Stuttgart, 2004.

Hansmann, Karl-Werner [Aktienanlageplanung (1980)]: Dynamische Aktienanlageplanung, in: Jacob, Herbert (Hrsg.): Betriebswirtschaftliche Forschung zur Unternehmensführung, Wiesbaden, 1980.

Hartmann-Wendels, Thomas/Pfingsten, Andreas/Weber, Martin [Bankbetriebslehre (2004)]: Bankbetriebslehre, 3. Aufl., Berlin, 2004.

Hax, Herbert [Investitionstheorie (1985)]: Investitionstheorie, 5. Aufl., Würzburg, 1985.

Helbling, Carl [Unternehmensbewertung (1998)]: Unternehmensbewertung und Steuern, 9. Aufl., Düsseldorf, 1998.

Helling, Nico [Strategieorientierte Unternehmensbewertung (1994)]: Strategieorientierte Unternehmensbewertung: Instrumente und Techniken, Wiesbaden, 1994.

Henneke, Hans/Wohltmann, Matthias [Sparkassenwesen (2005)]: Notwendigkeit und Grenzen von Kooperationen und Fusionen im Sparkassenwesen, in: Der Landkreis, Heft 2, 2005, S. 82-91.

Henselmann, Klaus [Unternehmenswert (1999)]: Unternehmensrechnungen und Unternehmenswert: Ein situativer Ansatz, Aachen, 1999.

Henselmann, Klaus [Restwert (2000)]: Der Restwert in der Unternehmensbewertung: Eine „Kleinigkeit“?: in: Finanz-Betrieb, Heft 3, 2000, S. 151-157.

Herrmann, Hans-Joachim [Planung (1992)]: Modellgestützte Planung in Unternehmen: Entwicklung eines Rahmenkonzeptes, Wiesbaden, 1992.

Herzog, R. [Substanzwert (1962)]: Der Substanzwert im Rahmen der Unternehmensbewertung. Ein Diskussionsbeitrag, in: DB, Heft 50, 1962, S. 1615-1616.

Hillmer, Hans-Jürgen [Unternehmensbewertung (2005)]: Aktuelle Fragen der Unternehmensbewertung, in: Finanz-Betrieb, Heft 6, 2005, S. 423-425.

Hinterhuber, Hans [Unternehmensführung I (2004)]: Strategische Unternehmensführung - I. Strategisches Denken: Vision, Unternehmenspolitik, Strategie, 7. Aufl., Berlin, 2004.

Hinterhuber, Hans [Strategisches Handeln (2004)]: Strategisches Unternehmensführung - II. Strategisches Handeln: Ziele und Rahmenbedingungen für die Funktionsbereiche, Organisation, Umsetzung, Unternehmenskultur, strategisches Controlling, Leadership, 7. Aufl., Berlin, 2004.

Hoffmann, Thomas/Christians, Uwe [Planung 1992)]: Die mittelfristige Planung einer Bank: Fragestellungen und Lösungsmöglichkeiten mithilfe von Planungsmodellen, in: Controlling, Heft 2, 1992, S. 84-91.

Höhmann, Kai [Shareholder Value (1998)]: Shareholder Value von Banken, Wiesbaden, 1998.

Hölscher, Reinhold [Risikokosten-Management (1987)]: Risikokosten-Management in Kreditinstituten: Ein integriertes Modell zur Messung und ertragsorientierten Steuerung der bankbetrieblichen Erfolgsrisiken, Frankfurt a. M., 1987.

Hölscher, Reinhold/Kalhöfer, Christian/Bonn, Rainer [Bewertung operationeller Risiken (2005)]: Die Bewertung operationeller Risiken in Kreditinstituten, in: Finanz-Betrieb, Heft 7-8, 2005, S. 490-504.

Homburg, Christian [Modelle (2000)]: Quantitative Betriebswirtschaftslehre, Entscheidungsunterstützung durch Modelle, 3. Aufl., Wiesbaden, 2000.

Horn, Hans-Detlef [Sparkassen (1999)]: Sparkassen privatisieren? Anmerkungen zum (bayerischen) Stand der Dinge, in: Die Sparkasse, Heft 4, 1999, S. 187-189.

Hörter, Steffen [Shareholder-Value-Konzept (1996)]: Das Shareholder-Value-Konzept: Ein Steuerungsinstrument für Banken?, in: ZfgK, Heft 4, 1996, S. 146-148.

Hüfner, Bernd [Aktienbewertung (2000)]: Fundamentale Aktienbewertung und Rechnungslegung: eine konzeptionelle Eignungsanalyse, Frankfurt a. M., 2000.

Ibbotson Associates [Yearbook (1998)]: Stocks, Bonds, Bills and Inflation, 1998 Yearbook, Chicago, 1998.

IDW [WP-Handbuch II (2002)]: Handbuch für Rechnungslegung, Prüfung und Beratung, Band II, 12. Aufl., Düsseldorf, 2002.

IDW [IDW S1 (2000)]: Grundsätze zur Durchführung von Unternehmensbewertungen (IDW S1), in: WPg, Heft 17, 2000, S. 825-842.

IDW [IDW S 1 (2005)]: IDW Standard: Grundsätze zur Durchführung von Unternehmensbewertungen (IDW S 1), in: WPg, Heft 23, 2005, S. 1303-1321.

Jagannathan, Ravi/Wang, Zhenyu [CAPM (1993)]: The CAPM is Alive and Well, Research Department Stuff Report, Federal Reserve Bank of Minneapolis, 1993.

Jöhnk, Thorsten/Zimmermann, Gebhard [Balanced Scorecard (2001)]: Balanced Scorecard in öffentlich-rechtlichen Kreditinstituten, Stuttgart, 2001.

Johnsen, Hazel [Bank mergers (1995)]: Bank mergers, acquisitions and strategic alliances, New York, 1995.

Jonas, Martin [Unternehmensbewertung (1995)]: Unternehmensbewertung: Zur Anwendung der Discounted-Cash-flow-Methode in Deutschland, in: BFuP, Heft 1, 1995, S. 83-98.

Jonas, Martin/Löffler, Andreas/Wiese, Jörg [CAPM (2004)]: Das CAPM mit deutscher Einkommensteuer, in: WPg, Heft 17, 2004, S. 898-906.

Jonas, Martin/Wieland-Blöse, Heike/Schiffarth, Stefanie [Basiszinssatz (2005)]: Basiszinssatz in der Unternehmensbewertung, in Finanz-Betrieb, Heft 10, 2005, S. 647-653.

Kaplan, Steven/Ruback, Richard [Empirical Analysis (1995)]: The Valuation of Cash Flow Forecasts: An Empirical Analysis, in: Journal of Finance, Heft 4, 1995, S. 1059-1093.

Kelbling, Martin/Botsis, Dionysios [Marktorientierte Verfahren (2001)]: Marktorientierte Verfahren bei der Bewertung von Kreditinstituten, in: M&A, Heft 10, 2001, S. 463-469.

Kerstien, Heinrich [Budgetierung (1995)]: Budgetierung in Kreditinstituten: Operative Ergebnisplanung auf Basis entscheidungsorientierter Kalkulationsverfahren, Sternenfels, 1995.

Kessler, Wolfgang/Fritz, Thomas/Gastl, Christian [Öffentliche Hand (2004)]: Ertragsbesteuerung der öffentlichen Hand - Auswirkungen der aktuellen Gesetzesänderungen, in: BB, Heft 43, 2004, S. 2325-2331.

King, David/Grabowski, Roger [Equity Risk Premiums (2000)]: Equity Risk Premiums, in: Reilly, Robert/ Schweihs, Robert (Hrsg): Handbook of Advanced Business Valuation, Boston, 2000, S. 55-80.

Kirchhoff, Ulrich [Arbeitsteilung (2001)]: Zukünftige Arbeitsteilung zwischen Sparkassen und Landesbanken vor dem Hintergrund neuer Geschäftsfelder und Vertriebswege, in: Eichhorn, Peter/Kirchhoff, Ulrich (Hrsg.): Öffentliche Banken, 2001, S. 41-64.

Kirsten, Dirk [Shareholder-Value-Konzept (2000)]: Das bankspezifische Shareholder-Value-Konzept: Anwendbarkeit und Konkretisierung für deutsche Kreditinstitute, Wiesbaden, 2000.

Kleff, Volker/Weber, Martin [Payout Policy (2005)]: Payout Policy and Owners's Interests - Evidence from German Savings Banks, ZEW Discussion Paper No. 05/-59, Mannheim, 2005.

Klein, Mikko [Sparkassen (2003)]: Die Privatisierung der Sparkassen und Landesbanken, Frankfurt a. M., 2003.

Kleinheyer, Norbert [Ertragsentwicklung (2001)]: Strategische Konsequenzen aus der Ertragsentwicklung der Sparkassen, in: Eichhorn, Peter/Kirchhoff, Ulrich (Hrsg.): Öffentliche Banken, 2001, S. 65-77.

Kniest, Wolfgang [Zinssätze (2005)]: Quasi-risikolose Zinssätze in der Unternehmensbewertung, in: BewertungsPraktiker, Heft 1, 2005, S. 9-12.

Knüsel, Daniel [Unternehmensbewertung (1994)]: Die Anwendung der Discounted Cash Flow-Methode zur Unternehmensbewertung, Winterthur, 1994.

Knüsel, Daniel/Lossin, Martin [Ertragswertverfahren (2004)]: Besonderheiten der Bewertung von Banken nach dem Ertragswertverfahren, in: Everling, Oliver/Goedeckemeyer, Karl Heinz (Hrsg.): Bankenrating - Kreditinstitute auf dem Prüfstand, Wiesbaden, 2004, S. 81-105.

Koch, Thorsten [Bankakquisition (2000)]: Bewertung von Bankakquisitionen, Frankfurt a. M., 2000.

Koch, Thorsten [Unternehmensbewertung (2004)]: Besonderheiten der Unternehmensbewertung von Banken, in: Richter, Frank/Timmreck, Christian (Hrsg.): Unternehmensbewertung, Stuttgart, 2004, S. 119-135.

Koehn, Hank/Selbert, Roger [Strategies (1994)]: Developing Strategies for the Future, in: Cox, Edwin (Hrsg.): Bankers Desk Reference, 1984, S. 185-201.

Koesfeld, Ingo/Timmreck, Christian [Due Diligence (2004)]: Due Diligence im Rahmen von Bankaquisitionen, in: M&A, Heft 3, 2004, S. 100-107.

König, Rolf [Besteuerung (1990)]: Ausschüttungsverhalten von Aktiengesellschaften, Besteuerung und Kapitalmarktgleichgewicht, Hamburg, 1990.

Körnert, Jan/Rossaro, Fabiana [Marktzinsmethode (2004)]: Der Eigenkapitalbeitrag in der Marktzinsmethode, Freiberg, 2004.

Köster, Thomas [Kapitalversorgung (2003)]: Kapitalversorgung des Mittelstandes: Ein Problem der Zukunft?, in: Tietmeyer, Hans/Rolfes, Berd (Hrsg.): Die Banken und der Mittelstand: Beiträge des Duisburger Banken-Symposiums, 2003, S. 1-27.

Krumnow, Jürgen/Sprießler, Wolfgang/Bellavite-Hövermann, Yvette et. al. [Rechnungslegung Kreditinstitute (2004)]: Rechnungslegung für Kreditinstitute - Kommentar zum deutschen Bilanzrecht unter Berücksichtigung von IAS/IFRS, 2. Aufl., Stuttgart, 2004.

Kruschwitz, Lutz/Löffler, Andreas [APT (1997)]: Ross′ APT ist gescheitert. Was nun?, in: ZfbF, Heft 7-8, 1997, S. 644-651.

Kucher, Andreas [Conglomerate Valuation (2000)]: Conglomerate Valuation: Eine Untersuchung von DCF-, EVA-, CVA-, CFROI-Methoden und Multiples in verschiedenen Branchen, Frankfurt a. M., 2000.

Kümmel, Axel [Shareholder Value (1994)]: Bewertung von Kreditinstituten nach dem Shareholder-value-Ansatz: Unter besonderer Berücksichtigung des Zinsänderungsrisikos, Ludwigsburg, 1994.

Kunowski, Stefan [Bewertung (2002)]: Bewertung von Kreditinstituten, München, 2002.

Kunowski, Stefan [Unternehmensbewertungen (2005)]: Änderung des IDW-Standards zu den Grundsätzen zur Durchführung von Unternehmensbewertungen, in: DStR, Heft 13, 2005, S. 569-573.

Küspert, Andreas [Bewertung (1991)]: Bildung und Bewertung strategischer Geschäftsfelder im Privatkundengeschäft einer Universalbank, München, 1991.

Küspert, Andreas [Strategische Geschäftsfelder (1991)]: Bildung und Bewertung strategischer Geschäftsfelder, in: Die Bank, Heft 8, 1991, S. 425-434.

Lachnit, Laurenz [True and fair view (1993)]: „True and fair view" und Rechnungslegung über stille Rücklagen im Jahresabschluss von Kapitalgesellschaften, in: WPg, Heft 7, 1993, S. 193-201.

Lachnit, Laurenz [Bilanzanalyse (2004)]: Bilanzanalyse: Grundlagen, Einzel- und Konzernabschlüsse, Internationale Abschlüsse, Unternehmensbeispiele, Wiesbaden, 2004.

Lachnit, Laurenz/Müller, Stefan [Performancedarstellung (2002)]: Probleme der wertorientierten Performancedarstellung von Unternehmen, in: DB, Heft 49, 2002, S. 2553-2559.

Lachnit, Laurenz/Müller, Stefan [Internationalisierung (2005)]: Internationalisierung der Rechnungslegung und Ratingsysteme der Kreditinstitute, in: Müller, Stefan/Jöhnk, Thorsten/Bruns, Andreas (Hrsg.): Beiträge zum Finanz-, Rechnungs- und Bankwesen - Stand und Perspektiven, Wiesbaden, 2005, S. 221-239.

Laitenberger, Jörg/Tschöpel, Andreas [Halbeinkünfteverfahren (2003)]: Vollausschüttung und Halbeinkünfteverfahren, in: WPg, Heft 24, 2003, S. 1357-1367.

Lamberti, Hermann-Josef [Industrialisierung (2004)]: Industrialisierung des Bankgeschäfts: Betriebswirtschaft, in: Die Bank, Heft 6/7, 2004, S. 370-375.

Langschied, Jürgen [Sparkassenverbund (1993)]: Der Sparkassenverbund: Entwicklung und Gegenwartsprobleme, Wiesbaden, 1993.

Laro, David/Pratt, Shannon [Business Valuation (2005)]: Business Valuation and Taxes: Procedure, Law, and Perspective, Hoboken, 2005.

Laux, Helmut [Investitionsplanung (1971)]: Flexible Investitionsplanung, Opladen, 1971.

Laux, Helmut [Unternehmensbewertung (1971)]: Unternehmensbewertung bei Unsicherheit, in: ZfB, 41. Jg., 1971, S. 525-540.

Lehner, Alfred [Kostenrechnung (1982)]: Gedanken aus der praktischen Anwendung der Kostenrechnung im Sparkassenbetrieb, in: ZfB, Heft 8, 1982, S. 795-799.

Lepper, Markus [Sparkassengewinne (2003)]: Die Verwendung und insbesondere die Ausschüttung von Sparkassengewinnen, Baden-Baden, 2003.

Leuthier, Rainer [Interdependenzproblem (1988)]: Das Interdependenzproblem bei der Unternehmensbewertung, Frankfurt a. M., 1988.

Lintner, John [Valuation of Risk Assets (1965)]: The Valuation of Risk Assets and the Selection of Risky Investments in Stock Portfolios and Capital Budgets, in: The Review of Economics and Statistics, Vol. 47, 1965, S. 13-37.

Litzenberger, Robert/Ramaswamy, Krishna [Capital Asset Prices (1979)]: The Effect of Personal Taxes and Dividends on Capital Asset Prices, in: Journal of Financial Economics, Heft 7, 1979, S. 163-195.

Lizon, Rainer/Schatzschneider, Michael [DVFA/SG-Ergebnis (1996)]: DVFA/SG-Ergebnis - Basis der Emissionspreisfindung, in: Dr. Wieselhuber & Partner (Hrsg.): Voraussetzungen, Maßnahmen und Konzepte, Wiesbaden, 1996, S. 209-220.

Löhr, Dirk [Ertragswertverfahren (1993)]: Die Grenzen des Ertragswertverfahrens: Kritik und Perspektiven, Frankfurt a. M., 1993.

Löw, Edgar [Rechnungslegung Banken (2005)]: Rechnungslegung für Banken nach IFRS - Praxisorientierte Einzeldarstellungen, 2. Aufl., Wiesbaden, 2005.

Löw, Edgar/Roggenbuck, Harald [Ergebnis-je-Aktie (2001)]: Ergebnis-je-Aktie-Kennziffern für Banken im Blickwinkel nationaler und internationaler Rechnungslegung, in: BB, Heft 28/29, 2001, S. 1460-1468.

Löw, Edgar/Roggenbuck, Harald [Segmentberichterstattung (2005)]: Segmentberichterstattung, in: Löw, Edgar [Rechnungslegung Banken (2005)]: Rechnungslegung für Banken nach IFRS - Praxisorientierte Einzeldarstellungen, 2. Aufl., Wiesbaden, 2005, S. 899-965.

Loistl, Otto [Kapitalmarkttheorie (1994)]: Kapitalmarkttheorie, 3. Aufl., München, 1994.

Lücke, Wolfgang [Investitionsrechnung (1955)]: Investitionsrechnung auf der Grundlage von Ausgaben oder Kosten, in: Zeitschrift für handelswirtschaftliche Forschung, 1955, S. 310-324.

Lütke-Uhlenbrock, Christian/Strauch, Joachim [Unternehmensbewertungsverfahren (2002)]: Unternehmensbewertungsverfahren beim Börsengang an den Neuen Markt -

Eine empirische Analyse von Researchberichten, in: Finanz-Betrieb, Heft 6, 2002, S. 366-376.

Luttmer, Nina [Sparkassen-Privatisierungen (2005)]: Länder bremsen Sparkassen-Privatisierungen, FTD vom 23. Juni 2005, S. 23.

Mandl, Gerwald/Rabel, Klaus [Unternehmensbewertung (1997)]: Unternehmensbewertung: Eine praxisorientierte Einführung, Wien, 1997.

Mandl, Gerwald/Rabel, Klaus [Methoden (2005)]: Methoden der Unternehmensbewertung, in: Peemöller, Volker H. (Hrsg.): Praxishandbuch der Unternehmensbewertung, 3. Aufl., Herne, 2005, S. 47-88.

Mang, Thomas [Mittelstandsgeschäft (2003)]: Wohin muss sich das Mittelstandsgeschäft der Sparkassen entwickeln?, in: Tietmeyer, Hans/Rolfes, Bernd (Hrsg.): Die Banken und der Mittelstand: Beiträge des Duisburger Banken-Symposiums, 2003, S. 29-42.

Markowitz, Harry [Portfolio Selection (1952)]: Portfolio Selection, in Journal of Finance, 7 Jg. (1952), S.77-91.

Matschke, Manfred Jürgen [Arbitriumwert (1971)]: Der Arbitrium- oder Schiedsspruchwert der Unternehmung: Zur Vermittlerfunktion eines unparteiischen Gutachters bei der Unternehmensbewertung, in: BfuP, 1971, S. 508-520.

Matschke, Manfred Jürgen [Entscheidungswert (1975)]: Der Entscheidungswert der Unternehmung, Wiesbaden, 1975.

Matschke, Manfred Jürgen [Argumentationswert (1976)]: Der Argumentationswert der Unternehmung - Unternehmensbewertung als Instrument der Beeinflussung in der Verhandlung, in: BfuP, Heft 6, 1976, S. 517-524.

Matschke, Manfred Jürgen [Argumentationsfunktion (1977)]: Die Argumentationsfunktion der Unternehmensbewertung, in: Goetzke, Wolfgang/Sieben, Günter (Hrsg.): Moderne Unternehmensbewertung und die Grundsätze ihrer ordnungsgemäßen Durchführung, Köln, 1977, S. 91-104.

Matschke, Manfred Jürgen [Konfliktsituation (1981)]: Unternehmensbewertung in dominierenden Konfliktsituationen am Beispiel der Bestimmung der angemessenen

Barabfindung für den ausgeschlossenen oder ausscheidungsberechtigten Minderheitskapitalgesellschafter, in: BfuP, Heft 2, 1981, S. 115-129.

Matschke, Manfred Jürgen/Witt, Carsten [Entscheidungswertermittlung (2004)]: Entscheidungswertermittlung bei der Vereinigung von Sparkassen, in: Burckhardt, Thomas/Körnert, Jan/Walther, Ursula (Hrsg.): Banken, Finanzierung und Unternehmensführung, Berlin, 2004, S. 249-269.

Matten, Chris [Bank Capital (2000)]: Managing Bank Capital: capital allocation and performance measurement, 2. ed., Chichester, 2000.

McGoldrick, Peter/Greenland, Steven [Financial Services (1994)]: Retailing of Financial Services, London, 1994.

Meffert, Heribert [Marketing (1998)]: Marketing: Grundlagen marktorientierter Unternehmensführung: Konzepte - Instrumente - Praxisbeispiele, 8. Aufl., 1998, Wiesbaden.

Mellerowicz, Konrad [Wert (1952)]: Der Wert der Unternehmung als Ganzes, Essen, 1952.

Merkle, Thomas [Bereichsbewertung (2001)]: Bereichsbewertung der Universalbank: Konzeption, Synergierelevanz und externe Umsetzbarkeit, Frankfurt a. M., 2001.

Mertens, Peter/Rässler, Susanne (Hrsg.) [Prognoserechnung (2005)]: Prognoserechnung, 6. Aufl., Heidelberg, 2005.

Miller, Merton/Modigliani, Franco [Dividend Policy (1961)]: Dividend Policy, Growth, and the Valuation of Shares, in: The Journal of Business, Heft 10, 1961, S. 411-433.

Miller, Merton/Scholes, Myron [Dividends (1982)]: Dividends and Taxes: Some Empirical Evidence, in: Journal of Political Economy, Heft 12, 1982, S. 1118-1141.

Miller, William [Valuation (1995)]: Commercial Bank Valuation, New York, 1995.

Minz, Kirsten-Annette [Operationelle Risiken (2004)]: Operationelle Risiken in Kreditinstituten, Frankfurt a. M., 2004.

Modigliani, Franco/Miller, Merton H. [Cost of Capital (1958)]: The Cost of Capital, Corporation Finance and the Theory of Investment, in: The American Economic Review, Vol. 48 (1958), S. 261-297.

Moody's Investor Service [WLSGV (2004)]: Westfälisch-Lippischer Sparkassen- und Giroverband (WLSGV) - Analyse September 2004, London, 2004.

Moormann, Jürgen [Planung (1988)]: Strategische Planung in Geschäftsbanken: Ergebnis einer Umfrage, in: Die Bank, 1988, S. 309-315.

Moormann, Jürgen/Möbus, Dirk [Wertschöpfungsmanagement (2004)]: Wertschöpfungsmanagement in Banken, Frankfurt a. M., 2004.

Morgan, Leuan [Dividends (1982)]: Dividends and Capital Asset Prices, in: Journal of Finance, Heft 4, 1982, S. 1071-1086.

Morin, Roger [Cost (1984)]: Utilities' Cost of Capital, Arlington, 1984.

Mossin, Jan [Capital Asset Market (1966)]: Equilibrium in a Capital Asset Market, in: Econometrica, Vol. 34, 1966, S. 768-783.

Moxter, Adolf [Grundsätze (1976)]: Grundsätze ordnungsmäßiger Unternehmensbewertung, 1. Aufl., Wiesbaden, 1976.

Moxter, Adolf [Grundsätze (1983)]: Grundsätze ordnungsmäßiger Unternehmensbewertung, 2. Aufl., Wiesbaden, 1983.

Müller, Thomas [Risikovorsorge (2000)]: Risikovorsorge im Jahresabschluss von Banken, Düsseldorf, 2000.

Müller, Wolfgang [Aktienbewertung (1992)]: Bilanzinformation und Aktienbewertung, Frankfurt a. M., 1992.

Münstermann, Hans [Wert (1970)]: Wert und Bewertung der Unternehmung, 3. Aufl., Wiesbaden, 1970.

Myers Stewart C. [Corporate Financing (1974)]: Corporate Financing and Investment Decisions - Implications for Capital Budgeting, in: The Journal of Finance, Vol. 29 (1974), S. 1-25.

Neuberger, Doris/Schindler, Michael [Öffentlicher Auftrag (2001)]: Nutzen und Kosten des öffentlichen Auftrags bei Sparkassen und Landesbanken, in: Eichhorn, Peter/ Kirchhoff, Ulrich (Hrsg.): Öffentliche Banken, 2001, S. 86-117.

Nippel, Peter [Eigenkapital (2000)]: Eigenkapital, Eigenkapitalkosten und Gewinnverwendung öffentlich-rechtlicher Kreditinstitute, in: ZBB, Heft 4, 2000, S. 217-225.

Nölle, Jens-Uwe [Unternehmensbewertung (2005)]: Grundlagen der Unternehmensbewertung, in: Schacht, Ulrich/Fackler, Matthias (Hrsg.): Praxishandbuch Unternehmensbewertung: Grundlagen, Methoden, Fallbeispiele, 2005, Wiesbaden, S. 13-31.

Nowak, Karsten [Unternehmensbewertung (2003)]: Marktorientierte Unternehmensbewertung - Discounted Cash Flow, Realoption, Economic Value Added und der Direct Comparison Approach, 2. Aufl., Wiesbaden, 2003.

Oehler, Andreas [Retail Banking (2005)]: Retail Banking: Wettbewerb und Kundenerwartungen, in: Finanz-Betrieb, Heft 2, 2005, S. 83-92.

Oertmann, Peter/Rendu, Christel/Zimmerman, Heinz [Interest (1996)]: Interest rate risk of financial corporations' equity returns: A European perspective, Working Paper, Universität St. Gallen, 1996.

o. V. [Wertpapierabwicklung (2004)]: Zwei Buchungskreise zusammengeführt - DWP-Bank harmonisiert getrennte IT-Landschaften, in: Die Sparkassen-Zeitung, Beilage Oktober 2004, S. B15.

o. V. [Strategiefelder (2003)]: Deutliche Fortschritte in allen Strategiefeldern, in: Die Sparkassen-Zeitung, 19. März 2004, S. 6.

o. V. [Fusionen (2004)]: Bankenverband erwartet weitere Fusionen unter Banken und Sparkassen, in: Handelsblatt, 26. Dezember 2004.

o. V. [Novum (2004)]: Novum im Sparkassensektor - Kommune trennt sich von ihrem Institut, in: Börsen-Zeitung, 31. Januar 2004, S. 8.

o. V. [Ertragsschwäche (2005)]: Strukturelle Ertragsschwäche in einem gesättigten Markt, in: ZfgK, Heft 22, 2005, S. 1235-1236.

o. V. [Sparkassengesetz (2006)]: Hessen novelliert Sparkassengesetz: CDU-Kabinett beschließt im zweiten Quartal, in: Börsen-Zeitung, 2. März 2006, S. 1.

o. V. [Sparkassen (2006)]: Befürchtungen der Sparkassen sind Polemik, in: Börsen-Zeitung, 2. März 2006, S. 3.

o. V. [Electronic Cash (2006)]: Electronic Cash - Fit für Europa, in: Die Sparkasse, Heft 1, 2006, S. 18-20.

Padberg, Thomas [Analyse Jahresabschlüsse (2005)]: Analyse der Jahresabschlüsse von Genossenschaftsbanken und Sparkassen, Frankfurt a. M., 2005.

Patterson, Cleveland [Cost of Capital (1995)]: The Cost of Capital - Theory and Estimation, London, 1995.

Peemöller, Volker H./Bömelburg, Peter/Denkmann, Andreas [Unternehmensbewertung (1994)]: Unternehmensbewertung in Deutschland: Eine empirische Erhebung, in: WPg, Heft 22, 1994, S. 741-749.

Peemöller, Volker H. [Werttheorien (2005)]: Wert und Werttheorien, in: Peemöller, Volker H. (Hrsg.): Praxishandbuch der Unternehmensbewertung, 3. Aufl., Herne, 2005, S. 1-14.

Peemöller, Volker H./Kunowski, Stefan [Ertragswertverfahren (2005)]: Ertragswertverfahren nach IDW, in: Peemöller, Volker H. (Hrsg.): Praxishandbuch der Unternehmensbewertung, Herne, 2005, 3. Aufl., S. 201-263.

Perridon, Louis/Steiner, Manfred [Finanzwirtschaft (2004)]: Finanzwirtschaft der Unternehmung, 13. Aufl., München, 2004.

Piorkowski, Jens [Sparkassenorganisation (1997)]: Die deutsche Sparkassenorganisation 1924 bis 1934, Stuttgart, 1997.

Popp, Matthias [Vergangenheitsanalyse (2005)]: Vergangenheits- und Gegenwartsanalyse, in: Peemöller, Volker H. (Hrsg.): Praxishandbuch der Unternehmensbewertung, 3. Aufl., 2005, S. 101-1313.

Porter, Michael [Wettbewerbsvorteile (1999)]: Wettbewerbsvorteile: Spitzenleistungen erreichen und behaupten, 5. Aufl., Frankfurt a. M., 1999.

Porter, Michael [Wettbewerbsstrategie (1999)]: Wettbewerbsstrategie: Methoden zur Analyse von Branchen und Konkurrenten, 10. Aufl., Frankfurt a. M., 1999.

Pratt, Shannon [Valuing Businesses (2001)]: The Market Approach to Valuing Businesses, New York, 2001.

Priewasser, Erich [Bankbetriebslehre (1992)]: Bankbetriebslehre, 3. Aufl., München, 1992.

Priewasser, Erich [Prognose (1994)]: Die Priewasser-Prognose. Bankstrategie und Bankmanagement 2009, Frankfurt a. M., 1994.

Prokop, Jörg [Bewertung (2003)]: Die Bewertung zukünftiger Unternehmenserfolge: Konzepte - Möglichkeiten - Grenzen, Wiesbaden, 2003.

Prokop, Jörg [Probleme (2003)]: Probleme der Discounted-Cashflow-Bewertung: FTE-, WACC, TCF- und APV-Ansatz im Vergleich, in: UM, Heft 3, 2003, S. 85-92.

Prokop, Jörg [Residualgewinnmodell (2004)]: Der Einsatz des Residualgewinnmodells im Rahmen der Unternehmensbewertung nach IDW S 1, in: FinanzBetrieb, Heft 3, 2004, S. 188-193.

Prußog, Carsten [Risiken (2000)]: Shareholder-Value-bezogene Abbildung von Risiken im Wertebereich bei Banken als Basis eines Risk-Return-Controlling, Frankfurt a. M., 2000.

Rappaport, Alfred [Shareholder Value (1981)]: Selecting Strategies that Create Shareholder Value, in: Harvard Business Review, Heft 3, 1981, S. 139-149.

Rappaport, Alfred [Shareholder Value (1999)]: Shareholder Value: Ein Handbuch für Manager und Investoren, 2. Aufl., Stuttgart, 1999.

Regnery, Peter [Bankenaufsicht (1994)]: Bankenaufsicht, Bankeneigenkapital und Wettbewerb: Die Eigenkapitaldefinition nach der Vierten KWG-Novelle und der Einfluss auf die Wettbewerbsfähigkeit deutscher Kreditinstitute, Stuttgart, 1994.

Reicherter, Matthias [Kreditgenossenschaft (2000)]: Fusionsentscheidung und Wert der Kreditgenossenschaft, Wiesbaden, 2000.

Reischauer, Friedrich/Kleinhans, Joachim [Kreditwesengesetz I (2004)]: Kreditwesengesetz (KWG) Band I, Berlin, 2004.

Reischauer, Friedrich/Kleinhans, Joachim [Kreditwesengesetz II (2004)]: Kreditwesengesetz (KWG) Band II, Berlin, 2004.

Rohmann, Martin [Ausfallrisiken (2000)]: Risikoadjustierte Bewertung und Steuerung von Ausfallrisiken in Banken, Bonn, 2000.

Rolfes, Bernd [Zinsänderungsrisiko (1985)]: Die Steuerung des Zinsänderungsrisikos in Kreditinstituten, Frankfurt a. M., 1985.

Rolfes, Bernd [Risikosteuerung (1989)]: Risikosteuerung mit Zinselastizitäten, in: ZfgK, Heft 5, 1989, S. 196-201.

Rolfes, Bernd [Elastizitätskonzept (2001)]: Das Elastizitätskonzept der Zinsrisikosteuerung, in: Schierenbeck, Henner/Rolfes, Bernd/Schüller, Stephan (Hrsg.): Handbuch Bankcontrolling, 2. Aufl., Wiesbaden, 2001, S. 943-965.

Rolfes, Bernd [Gesamtbanksteuerung (1999)]: Gesamtbanksteuerung, Stuttgart, 1999.

Rolfes, Bernd/Schwanitz, Johannes [Zinselastizitäten (1992)]: Die „Stabilität" von Zinselastizitäten, in: Die Bank, Heft 6, 1992, S. 334-337.

Roll, Richard/Ross, Stephen [Theory (1980)]: An Empirical Investigation of the Arbitrage Pricing Theory, in: The Journal of Finance, 1980, S. 1073-1103.

Rosenberg, Barr [Betas (1985)]: Prediction of Common Stock Betas - A Ten-year-old Prediction Rule has Performed Well, in: Journal of Portfolio Management, Heft 2, 1985, S. 5-14.

Rosenberg, Barr/Marathe, Vinay [Risk (1975)]: The Prediction of Investment Risk: Systematic and Individual Risk, Reprint No. 21 of the Institute of Business and Economic Research of the University of California, Berkeley, from Proceedings of Seminar on the Analysis of Security Prices, University of Chicago, November 1975, S. 85-225.

Rosenberg, Barr/Marathe, Vinay [Capital Asset Pricing (1979)]: Tests of Capital Asset Pricing Hypotheses, in: Research in Finance, Heft 1, 1979, S. 115-223.

Rosenberg, Barr/McKibben, Walt [Risk (1973)]: The Prediction of Systematic and Specific Risk in Common Stocks, in: Journal of Financial and Quantitative Analysis, Heft 2, 1973, S. 317-333.

Ross, Stephen [APT (1976)]: The Arbitrage Theory of Capital Asset Pricing, in: Journal of Economic Theory, Heft 4, 1976, S. 341-360.

Rudolph, Bernd [Optionspreismodell (2001)]: Kalkulation von Risikokosten auf Basis des Optionspreismodells, in: Schierenbeck, Henner/Rolfes, Bernd/Schüller, Stephan: Handbuch Bankcontrolling, 2. Aufl., Wiesbaden, 2001, S. 331-343.

Sapienza, Paola [State-Owned Firms (2002)]: What Do State-Owned Firms Maximize? Evidence form the Italian Banks, CEPR Discussion Paper No. 3168, London, 2002.

Schacht, Ulrich/Fackler, Matthias [Discounted Cash-flow-Verfahren (2005)]: Discounted Cash-flow-Verfahren - Eine Einführung, in: Schacht, Ulrich/Fackler, Matthias (Hrsg.): Praxishandbuch Unternehmensbewertung - Grundlagen, Methoden, Fallbeispiele, Wiesbaden, 2005, S. 185-213.

Schäl, Ingo/Stummer, Wolfgang [Basel II (2005)]: Kategorisierung operationeller Risiken im Umfeld von Basel II, in: Finanz-Betrieb, Heft 12, 2005, S. 786-798.

Scharpf, Paul [Bankbilanz (2004)]: Bankbilanz, 2. Aufl., Düsseldorf, 2004.

Scheele, Martin [Zusammenschluss (1994)]: Zusammenschluss von Banken und Versicherungen: Analyse des Privatkundengeschäfts anhand industrieökonomischer Modelle, Wiesbaden, 1994.

Scheffler, Wolfram [Besteuerung (1998)]: Besteuerung von Unternehmen, Band I, 3. Aufl., Heidelberg, 1998.

Scheike, Alexander [Privatisierung (2004)]: Rechtliche Voraussetzungen für die materielle Privatisierung kommunaler Sparkassen: Eine Untersuchung unter besonderer Berücksichtigung der Rechtsform der eingetragenen Genossenschaft, Frankfurt a. M., 2004.

Schell, Gerhard [Ertragsermittlung (1988)]: Die Ertragsermittlung für Bankbewertungen, Frankfurt a. M., 1988.

Schell, Gerhard [Geschäftspolitik (1989)]: Der Einfluss der Geschäftspolitik auf den Ertragswert von Banken, in: DB, Heft 51/52, 1989, S. 2553-2555.

Schierenbeck, Henner [Bankmanagement Band I (2003)]: Ertragsorientiertes Bankmanagement Band 1: Grundlagen, Marktzinsmethode und Rentabilitäts-Controlling, 8. Aufl., Wiesbaden , 2003.

Schierenbeck, Henner [Bankmanagement II (2003)]: Ertragsorientiertes Bankmanagement: Band 2: Risiko-Controlling und Bilanzstruktur-Management, 8. Aufl., Wiesbaden, 2003.

Schierenbeck, Henner [Konzeption (1997)]: Konzeption eines integrierten Risikomanagements, in: Rolfes, Bernd/Schierenbeck, Henner/Schüller, Stephan (Hrsg.): Risikomanagement in Kreditinstituten, 2. Aufl., Frankfurt a. M., 1997, S. 1-51.

Schierenbeck, Henner/Hölscher, Reinhold [BankAssurance (1998)]: BankAssurance: Institutionelle Grundlagen der Bank- und Versicherungsbetriebslehre, 4. Aufl., Stuttgart, 1998.

Schildbach, Thomas [Funktionenlehre (1993)]: Kölner versus phasenorientierte Funktionenlehre der Unternehmensbewertung, in: BfuP, Heft 1, 1993, S. 25-38.

Schlierbach, Helmut [Sparkassenrecht (2003)]: Das Sparkassenrecht in der Bundesrepublik Deutschland, 5. Aufl., Stuttgart, 2003.

Schmid, Peter [Bankmarketing (1990)]: Strategisches Bankmarketing zur Betreuung multinationaler Unternehmen: Grundlagen und Anwendungen bei Schweizer Großbanken, Bern, 1990.

Schmidbauer, Rainer [Steuern (2002)]: Die Berücksichtigung von Steuern in der Unternehmensbewertung: Analyse der Auswirkungen des StSenkG, in: Finanz-Betrieb, Heft 4, 2002, S. 209-220.

Schmoll, Anton [Kreditportefeuilles (2001)]: Analyse und Steuerung des Kreditportefeuilles in: Schierenbeck, Henner/ Rolfes, Bernd/ Schüller, Stephan (Hrsg.): Handbuch Bankcontrolling, 2. Aufl., Wiesbaden, 2001, S. 873-897.

Schobert, Rudolf/Tietz, Wilfried [Entwicklungsprognosen)]: Entwicklungsprognosen, in: Diller, Hermann (Hrsg.): Marketingplanung, München, 1998, S. 119-159.

Schroeder-Wildberg, Uwe [Allfinanz (2004)]: Integrierte Finanzdienstleistung - mehr als nur Allfinanz, in: Fischer, Matthias (Hrsg.): Handbuch Wertmanagement in Banken und Versicherungen, Wiesbaden, 2004, S. 451-472.

Schulte-Mattler, Hermann [Eigenkapitalübereinkunft (2004)]: Neue Baseler Eigenkapitalübereinkunft (Basel II): Ein Überblick, in: Boos, Karl-Heinz/Fischer, Reinfrid/Schulte-Mattler, Hermann (Hrsg.): Kreditwesengesetz: Kommentar zu KWG und Ausführungsvorschriften, München, 2004, S. 2254-2310.

Schulte-Mattler, Hermann [Grundsatz I (2004)]: Grundsatz I: Grundsätze über die Eigenmittel und die Liquidität der Kreditinstitute, in: Boos, Karl-Heinz/Fischer, Reinfrid/Schulte-Mattler, Hermann (Hrsg.): Kreditwesengesetz: Kommentar zu KWG und Ausführungsvorschriften, München, 2004, S. 1536-1714.

Schultze, Wolfgang [Unternehmensbewertung (2001)]: Methoden der Unternehmensbewertung: Gemeinsamkeiten, Unterschiede, Perspektiven, Düsseldorf, 2001.

Schuster, Bernd [Herausforderungen (2005)]: Herausforderungen einer veränderten Unternehmensumwelt für das Geschäftsmodell der Banken: in: Lange, Thomas/Schulze, Heike (Hrsg.): Wertmanagement in Banken, Wiesbaden, 2005, S. 279-298.

Schwanitz, Johannes [Zinsrisikosteuerung (1996)]: Elastizitätsorientierte Zinsrisikosteuerung in Kreditinstituten, Frankfurt a. M., 1996.

Schweiger, Georg [Strategische Optionen (2004)]: Strategische Optionen im gegenwärtigen Konzentrationsprozess, in: Schäfer, Bernhard (Hrsg.): Handbuch Regionalbanken, Wiesbaden, 2004, S. 77-92.

Schwetzler, Bernhard [Ausschüttungssperrvorschriften (1998)]: Gespaltene Besteuerung, Ausschüttungssperrvorschriften und bewertungsrelevante Überschüsse bei der Unternehmensbewertung, in: WPg, Heft 16, 1998, S. 695-705.

Schwetzler, Bernhard [Bankbewertung (2004)]: Bankbewertung und Bankcontrolling, in: Burkhardt, Thomas/Körnert, Jan/Walther, Ursula (Hrsg.): Banken, Finanzierung und Unternehmensführung, Berlin, 2004, S. 391-412.

Schweyer, Eckart/Tschesche, Frank [Steuerliche Fragestellungen (2005)]: Steuerliche Fragestellungen bei der Vereinigung von Sparkassen des öffentlichen Rechts, in: BB, Heft 4, 2005, S. 183-189.

Sen, Metehan/Holzhäuser, Markus [Banken (2004)]: Methoden der externen Unternehmensbewertung von Banken, in: Everling, Oliver/Goedeckemeyer, Karl-Heinz (Hrsg.): Bankenrating - Kreditinstitute auf dem Prüfstand, Wiesbaden, 2004, S. 63-79.

Seppelfricke, Peter [Multiplikatorverfahren (1999)]: Moderne Multiplikatorverfahren bei der Aktien- und Unternehmensbewertung, in: Finanz-Betrieb, Heft 10, 1999, S. 300-307.

Serfling, Klaus/Pape, Ulrich [Risikoadjustierte Eigenkapitalkosten (2001)]: Risikoadjustierte Eigenkapitalkosten öffentlicher Unternehmen, in: ZöGU, Heft 3, 2001, S. 308-325.

Sharpe, William [Portfolio Analysis (1963)]: A simplified Model for Portfolio Analysis, in: Management Science, Vol. 9, 1963, S. 277-293.

Sharpe, William [Capital Asset Prices (1964)]: Capital Asset Prices: A Theory of Market Equilibrium under Conditions of Risk, in: The Journal of Finance, Vol. 19, 1964, S. 425-442.

Sieben, Günter [Substanzwert (1963)]: Der Substanzwert der Unternehmung, Wiesbaden, 1963.

Sieben, Günter [Entscheidungswert (1976)]: Der Entscheidungswert in der Funktionenlehre der Unternehmensbewertung, in: BfuP, Heft 6, 1976, S. 491-504.

Sieben, Günter [Funktionen (1983)]: Funktionen der Bewertung ganzer Unternehmen und von Unternehmensanteilen, in: WISU, Heft 12, 1983, S. 539-542.

Sieben, Günter [Unternehmensbewertung (1993)]: Unternehmensbewertung, in: Wittmann, Waldemar/Kern, Werner/ Köhler, Richard et al. (Hrsg.): Handwörterbuch der Betriebswirtschaft, Teilbd. 3, 5. Aufl., Stuttgart, 1993, Sp. 4315-4331.

Sieben, Günter/Diedrich, Ralf/Kirchner, Martin et al. [Ergebnisprognose (1990)]: Expertengestützte Ergebnisprognose zur Unternehmensbewertung, in: DB, Heft 1, 1990, S. 1-8.

Sieben, Günter/Kirchner, Martin [Substanzwert (1988)]: Renaissance des Substanzwertes? Kritische Stellungsnahme zum Beitrag von Dr. Carl Zimmerer: Ertragswertgutachten. Eine Polemik, in DBW, 1988, S. 540-543.

Sieben, Günter/Maltry, Helmut [Substanzwert (2005)]: Der Substanzwert der Unternehmung, in: Peemöller, Volker (Hrsg.): Praxishandbuch Unternehmensbewertung, 3. Aufl., Herne, 2005, S. 377-401.

Sieben, Günter/Schildbach, Thomas [Entwicklung (1979)]: Zum Stand der Entwicklung der Lehre von der Bewertung ganzer Unternehmen, in: DStR, 1979, S. 455-461.

Sieben, Günter/Schildbach, Thomas [Entscheidungstheorie (1994)]: Betriebswirtschaftliche Entscheidungstheorie, 4. Aufl., Düsseldorf, 1994.

Sonntag, Alexander [Bewertung (2001)]: Bewertung von Banken: Ein Discounted Cash Flow-Ansatz für Commercial Banks unter Einbeziehung der Marktzinsmethode, Wiesbaden, 2001.

Stefanovic, Milos [Portfolio Management (1984)]: Portfolio Management: Ein Instrument der strategischen Planung und seine Anwendbarkeit in Kreditinstituten, Berlin, 1984.

Spellmann, Frank [Gesamtrisiko-Messung (2002)]: Gesamtrisiko-Messung von Banken: Ein Beitrag zur Analyse von Markt- und Kreditrisiken und ihres Risikoverbundes, Wiesbaden, 2002.

Spremann, Klaus [Valuation (2004)]: Valuation: Grundlagen moderner Unternehmensbewertung, München, 2004.

Stehle, Richard [Risikoprämie (2004)]: Die Festlegung der Risikoprämie von Aktien im Rahmen der Schätzung des Wertes von börsennotierten Kapitalgesellschaften, in: WPg, Heft 17, 2004, S. 906-927.

von Stein, Johann Heinrich [Bankleistung (1993)]: Arten und Wesensmerkmale der Bankleistung, in: Obst, Georg/Hintner, Otto et. al. (Hrsg.): Geld-, Bank- und Börsenwesen, 39. Aufl., Stuttgart, 1993, S. 357-359.

Steinberg, Rainer [Zinsänderungsrisiko (1999)]: Zinsänderungsrisiko und Bankenaufsicht - Analyse und Weiterentwicklung bankaufsichtsrechtlicher Zinsrisikonormen, Frankfurt a. M., 1999.

Steiner, Manfred/Bruns, Christoph [Wertpapiermanagement (2002)]: Wertpapiermanagement, 8. Aufl., Stuttgart, 2002.

Steiner, Manfred/Nowak, Thomas [Risikofaktoren (1994)]: Zur Bestimmung von Risikofaktoren am deutschen Aktienmarkt auf Basis der Arbitrage Pricing Theory, in: DBW, Heft 3, 1994, S. 347-362.

Steiner, Manfred/Wallmeier, Martin [Unternehmensbewertung (1999)]: Unternehmensbewertung mit Discounted Cash Flow-Methoden und dem Economic Value Added-Konzept, in: Finanz-Betrieb, Heft 1, 1999, 1-10.

Steinmeyer, Thomas [Kreditrisikohandel (2005)]: Rahmenbedingungen und Ziele für den Kreditrisikohandel mit Sparkassen, in: Gruber, Josef/Gruber, Walter/Braun, Hendryk (Hrsg.): Praktiker-Handbuch Asset Backed-Securities und Kreditderivate: Strukturen, Preisbildung, Anwendungsmöglichkeiten, aufsichtliche Behandlung, Stuttgart, 2005, S. 285-304.

Stellbrink, Jörn [Restwert (2005)]: Der Restwert in der Unternehmensbewertung, Düsseldorf, 2005.

Stern, Klaus/Nierhaus, Michael [Regionalprinzip (1991)]: Das Regionalprinzip im öffentlich-rechtlichen Sparkassenwesen, Stuttgart, 1991.

Stewart, Bennett [Quest for Value (1991)]: The Quest for Value, The EVA™ Management Guide, New York, 1991.

Stickelmann, Karsten [Operationelle Risiken (2002)]: Operationelles Risiko - Abgrenzung, Definition und Anforderungen gemäß Basel II, in: Eller, Roland/Gruber, Walter/Reif, Markus (Hrsg.): Handbuch Operationelle Risiken: Aufsichtsrechliche Anforderungen, Quantifizierung und Management, Praxisbeispiele, Stuttgart, 2002, S. 3-41.

Strutz, Eric [Wertmanagement (1993)]: Wertmanagement von Banken, Bern, 1993.

Tanew-Iliizschew, Gerhild [Portfolio-Analyse (1982)]: Portfolio-Analyse als Instrument strategischen Bankmanagements, in: ÖBA, 1982, S. 133-148.

Tobin, James [Liquidity Preference (1958)]: Liquidity Preference as Behavior Towards Risk, in: Review of Economic Studies, Vol. 25, 1958, S. 65-87.

Ulschmid, Christoph [Empirische Validierung (1994)]: Empirische Validierung von Kapitalmarktmodellen - Untersuchungen zum CAPM und zur APT für den deutschen Kapitalmarkt, Frankfurt a. M., 1994.

Viel, Jakob/Bredt, Otto/Renard, Maurice [Bewertung (1971)]: Die Bewertung von Unternehmungen und Unternehmensanteilen, 4. Aufl., Zürich, 1971.

Wagner, Wolfgang [Shareholder Value (1996)]: Shareholder-Value als Managementinstrument und Aspekte des Konzeptes für die Unternehmensbewertung, in: Baetge, Jörg (Hrsg.): Rechnungslegung und Prüfung, Düsseldorf, 1996, S. 309-354.

Wagner, Wolfgang/Jonas, Martin/Ballwieser, Wolfgang/Tschöpel, Andreas [Weiterentwicklung Unternehmensbewertungen (2004)]: Weiterentwicklung der Grundsätze zur Durchführung von Unternehmensbewertungen (IDW S1), in: WPg, Heft 17, 2004, S. 889-898.

Wagner, Wolfgang/Jonas, Martin/Ballwieser, Wolfgang/Tschöpel, Andreas [Unternehmensbewertung (2006)]: Unternehmensbewertung in der Praxis - Empfehlungen und Hinweise zur Anwendung von IDW S 1 -, in: WPg, Heft 16, 2006, S. 1005-1028.

Wariboko, Nimi [Bank Valuation (1994)]: Principles and Practive of Bank Analysis and Valuation, Ibadan, 1994.

Wasserfallen, Walter [Macroeconomic (1989)]: Macroeconomic News and the Stock Market: Evidence from Europe, in: Journal of Banking and Finance, Heft 13, 1989, S. 613-626.

Wehber, Thorsten [Gewährträgerhaftung (2005)]: Gewährträgerhaftung und Anstaltslast - ein historischer Rückblick, in: ZfgK, Heft 14, 2005, S. 752-755.

Widmann, Bernd/Schiezl, Sven/Jeromin, Axel [Kapitalisierungszinssatz (2003)]: Der Kapitalisierungszinssatz in der praktischen Unternehmensbewertung, in: Finanz-Betrieb, Heft 12, 2003, S. 800-810.

Wiedemeier, Ingo [Operationelle Risiken (2002)]: Identifikation und Analyse operationeller Risiken in Banken und Sparkassen unter Berücksichtigung aufsichtsrechtlicher Anforderungen, in: Eller, Roland/Gruber, Walter/Reif, Markus (Hrsg.): Handbuch Operationelle Risiken: Aufsichtsrechtliche Anforderungen, Quantifizierung und Management, Praxisbeispiele, Stuttgart, 2002, S. 235-256.

Wiedmann, Harald/Aders, Christian/Wagner, Marc [Bewertung (2001)]: Bewertung von Unternehmen und Unternehmensanteilen, in: Breuer, Rolf (Hrsg.): Handbuch Finanzierung, 3. Aufl., Wiesbaden, 2001, S. 707-743.

Wiek, Ekkehard [Aktie (1992)]: Lohnt die Aktie das Risiko?, in: Die Bank, Heft 12, 1992, S. 718-722.

Wildgruber, Jörg [Prognoseproblem (1998)]: Das Prognoseproblem bei der Ermittlung des Entscheidungswertes von Kreditinstituten, Frankfurt a. M., 1998.

Wilkens, Marco/Zemke, Gebhard [Fusionen (2000)]: Fusionen: Welchen Wert hat eine Bank, in: Die Bank, Heft 4, 2000, S. 274-281.

Wimmer, Konrad [Bankkalkulation (2004)]: Bankkalkulation und Risikomanagement: Controlling in Kreditinstituten, 3. Aufl., Berlin, 2004.

Wittmann, Antje [Sparkassenverbund (2004)]: Der Sparkassenverbund, Stuttgart, 2004.

Wolfers, Benedikt/Kaufmann, Marcel [Öffentlich-rechtliche Rahmenbedingungen (2004)]: Öffentlich-rechtliche Rahmenbedingungen und Umstrukturierungsmodelle für Landesbanken und Sparkassen, in: Fischer, Matthias (Hrsg.): Handbuch Wertmanagement in Banken und Versicherungen, Wiesbaden, 2004, S. 201-214.

Young, David/Berry, Michael/Harvey, David et al. [APT (1987)]: Systematic Risk and Accounting Information under the Arbitrage Pricing Theory, in: Financial Analysts Journal, Heft 9-10, 1987, S. 73-76.

Zensen, Rainer [Bewertung Universalbanken (2002)]: Die Bewertung von deutschen Universalbanken unter Berücksichtigung rechtsformspezifischer Besonderheiten, Frankfurt a. M., 2002.

Zessin, Axel [Unternehmensbewertung (1982)]: Unternehmensbewertung von Kreditinstituten, Göttingen, 1982.

Zimmermann, Gebhard [Kostendeckung (1999)]: Kostendeckung bei öffentlichen Dienstleistungen, in: Bräunig, Dietmar/Greiling, Dorothea (Hrsg.): Stand und Perspektiven der Öffentlichen Betriebswirtschaftslehre, 1999, S. 328-335.

Zimmermann, Gebhard/Jöhnk, Thorsten [Eigenkapitalkosten (1999)]: Probleme bei der Bestimmung der Eigenkapitalkosten öffentlicher Unternehmen, in: ZfgK, Heft 19, 1999, S. 1052-1054.

Zimmermann, Jochen/Prokop, Jörg [Unternehmensbewertung (2003)]: Rechnungswesenorientierte Unternehmensbewertung und Clean Surplus Accounting: konzeptionelle Bewertungseignung der Konzernabschlüsse deutscher Aktiengesellschaften, in: KoR, Heft 3, 2003, S. 134-142.

Zimmermann, Peter [Betawerte (1997)]: Schätzung und Prognose von Betawerten: Eine empirische Untersuchung am deutschen Aktienmarkt, Bad Soden, 1997.

Kolibri 360 GmbH
Ferdinand-Jühlke-Straße 7
99095 Erfurt, Deutschland
produktsicherheit@kolibri360.de